"十二五"普通高等教育本科国家级规划教材
全国高等学校管理科学与工程类专业规划教材

（第3版）

项目管理

毕星　主编

清华大学出版社
北京

内容简介

本书系统介绍了项目管理的理论和应用，内容包括项目与项目管理、项目组织与项目经理、项目启动、项目计划、项目控制、项目沟通与冲突管理、项目风险管理、项目采购管理、项目终止，并在附录中给出一个比较完整的项目管理案例。

本书内容丰富，文字简洁，适于作为大学本科生及研究生项目管理课程的教材，也可供各类工程技术、管理人员阅读。本书还为教师提供教学课件，方便教学。

图书在版编目(CIP)数据

项目管理/毕星主编. —3版. —北京：清华大学出版社，2017(2023.8重印)
(全国高等学校管理科学与工程类专业规划教材)
ISBN 978-7-302-48128-7

Ⅰ. ①项… Ⅱ. ①毕… Ⅲ. ①项目管理—高等学校—教材 Ⅳ. ①F224.5

中国版本图书馆CIP数据核字(2017)第205872号

责任编辑：高晓蔚
封面设计：何凤霞
责任校对：王荣静
责任印制：杨 艳

出版发行：清华大学出版社
网 址：http://www.tup.com.cn，http://www.wqbook.com
地 址：北京清华大学学研大厦A座 **邮 编**：100084
社 总 机：010-83470000 **邮 购**：010-62786544
投稿与读者服务：010-62776969，c-service@tup.tsinghua.edu.cn
质量反馈：010-62772015，zhiliang@tup.tsinghua.edu.cn
印 装 者：小森印刷霸州有限公司
经 销：全国新华书店
开 本：185mm×230mm **印 张**：20 **插 页**：1 **字 数**：415千字
版 次：2000年7月第1版 2017年11月第3版 **印 次**：2023年8月第8次印刷
定 价：49.00元

产品编号：067141-02

前言 PREFACE

在当今国际社会，项目及项目管理的使用一直在持续增长。在我国当前的社会生活中，项目和项目管理也已经扮演越来越重要的角色。通过项目组织，能够实现在用传统方式组织时很难实现的目标。尽管项目管理的实践早在伟大的金字塔时代之前就出现了，但它作为一种科学的方法并广为应用还是始于20世纪60年代。

企业大量运用项目管理来更有效地完成时间、资源有限的任务；经济服务领域更普遍应用项目管理实现其组织的目标；广告策划、政治活动、家庭假期，甚至一个项目管理的研讨班都作为项目来组织。

在本书第1版出版时，项目管理方面的著作还为数不多，项目管理的教科书更少。但在此后的10年间，我国出现了一股“项目管理热”，项目管理的著作、教科书大量出版。中国引文数据库统计有1 010种项目管理著作，并且这一数量还在不断增加。虽然目前项目管理方面的著作数量很大，但大多数的质量并不理想，能真正有独到的思想、见解，兼有理论性和可操作性的著作还不多见。

我们真正需要的是从管理角度说明项目管理的教科书。这样的书应当说明管理各类项目的基本性质，项目可以是公共的、商业的、工程的、信息系统的，等等，还应说明采用这种独特行动方式所需要的特殊技术和洞察力。

本书就是一本基于管理视角的项目管理教科书，主要为大学高年级学生和研究生学习项目管理之用。正在从事项目管理实践的项目经理们如果看到这本书，相信也会有相应的收获。本书还可以用做各级各类政府、企业培训各类项目管理人才的教材。

全书共分为9章，全部内容主要根据项目管理的逻辑过程组织，同时也将一些项目管理特有的专门和综合工作作为本书的内容，力求介绍完整的项目管理方法体系。

第1章集中介绍项目和项目管理的基本概念、基本特征、理论基础等一些有关项目管理的最基本问题；第2章是关于项目组织建立和项目经理的内容，描述不同的项目组织形式，讨论它们的优、缺点，介绍如何选择项目组织形式，介绍项目经理的作用和职责以及项目经理应当具备的个人素质；第3章介绍项目管理的最初任务，包括规定初步的范围并初步落实财务资源，确定项目目标，认定利益相关者；第

4 章介绍计划这一项目管理基本职能的有关要求、主要内容和一些计划工具；第 5 章介绍项目的控制过程，以及项目控制的方法和工具；第 6 章讨论在项目管理实践中普遍存在并且需要良好管理的沟通与冲突问题的解决办法；第 7 章讨论项目风险管理这样一个当代项目管理实践中的必要和重要问题，介绍项目风险管理的过程和方法；第 8 章是关于项目采购及与此有关的合同方面的知识，项目中经常有采购活动，这方面的知识是十分重要的；第 9 章讨论项目终止的方式等问题。

第 3 版的主要变化如下：

（1）根据美国项目管理学会(PMI)发布的《项目管理知识体系指南》(*A Guide to the Project Management Body of Knowledge*，PMBOK)第 5 版对相关内容进行了更新。

（2）将术语“利害关系人”改为“利益相关者”。

（3）将对 ISO 10006 的介绍改为对 ISO 21500《项目管理指南》(第 1 版，2012 年)的介绍。

（4）增加对“组织过程资源”和“企业环境因素”的介绍。

（5）将“收集需求”改为独立的一节。

（6）增加网络时间参数计算的例子。

本书力求吸收国内外先进、权威的项目管理理论、方法体系，在内容上实现普遍性、先进性、创造性、理论性和实践性的良好结合。本书与美国项目管理学会发布的《项目管理知识体系指南》第 5 版保持了一致。

本书的编写分工如下：复旦大学周建鸣、翟丽编写第 2 章；天津大学尚天成编写第 4 章；原北京翰联世纪企业管理技术有限公司任伟编写第 6 章；天津市经济技术开发区建设和交通局·规划和国土资源局黄东亮编写第 7 章；太原理工大学郭彬编写第 8 章；复旦大学翟丽编写第 9 章；天津大学毕星编写第 1、3、4、5 章。全书由毕星统稿。

本书的编写自始至终得到了清华大学出版社高晓蔚老师的关心和支持，在此向她表示衷心的感谢。

项目管理至今仍是一门发展中的学科，加之限于编者的水平，本书难免有许多不妥之处。恳请广大同行和读者不吝批评指正，以便今后改进。

毕　星

2017 年 8 月

目录 CONTENTS

CHAPTER 1

第1章 项目与项目管理

本章从项目定义开始，首先讨论项目的概念。通过对项目定义的讨论，总结项目的一些本质特征，并以此将项目与其他事物区分开来。进一步介绍项目的一些特点以及项目生命周期的概念，这些内容可帮助我们认识和掌握项目这种任务的独特之处。其次定义项目管理概念，项目管理在本书中被定义为一种管理方法体系。最后，介绍有关项目管理知识体系的内容。

1.1 什么是项目

1.1.1 项目的定义

首先来看两类任务。一类任务包括生产某种产品，每天在餐馆做菜，每天在同一路线上驾驶送货车，每天到机关上班等；另一类任务包括开发一种新产品，建造一座楼，编写一个软件，安装一套新的设备，编写一本书，拍摄一部电影等。其实，我们平时遇到的所有任务都可以归到上面两类当中去，即要么属于第一类，要么属于第二类。

第一类任务的主要特征是它们都持续不断地一直进行，尽管从事这些任务的人可能有所变化，但任务一般是一直持续进行的，我们不知道这些任务将在何时结束；这些任务同时还具有重复性、周期性，每次任务的完成过程都是上一次任务过程的重复，每次任务完成时的结果都与上一次的结果相同，我们也因此在这类任务开始之前就已知它们将要进行的过程和将产生的结果。人们通常把这类任务叫做“运行”(operation)，如果再通俗一些，可以称这些为例行任务或常规任务。

第二类任务的特征正好与第一类相反，在它们开始之后，经过了一段时间就必定结束，它们不会持续进行而没有终点；它们都是一次性的、不重复的，每项任务都有一个专有的过程和专有的结果。在这类任务开始之前，它的过程和结果对我们而言都是未知的，我们只有通过对它进行设计和计划，才能使这些内容由未知变为已知。相对于第一类任务，这类任务可称为例外任务或特殊任务。其实，这类任务就是项目管理的对象——项目(project)。

项目这个概念近年来有被用得太滥的倾向。人们把所有工作都说成项目，如修建一座水电站、引进新产品、购置一辆卡车、创设希望工程、开发地区经济等。从项目管理专业的要求来看，项目概念应该被清楚地定义，只有这样，才能从纷繁复杂的事务中把项目准确地识别出来，进而把项目管理好。如果不能准确地定义项目的概念，就无法认识项目的本质特征，就势必在项目和项目管理的理论与实践中产生混乱。

许多专家、学者和项目管理专业组织都为项目下了定义。PMI 前任主席，PMBOK 的最先倡导者 R. Max Wideman 在他的“Comparative Glossary of Project Management Terms V. 5. 5”一书中搜集了 34 种“项目”的定义，毕星、翟丽主编的《项目管理》一书列出了 7 种“项目”定义，本书推荐其中的两种最权威的定义。

1. 关于项目的定义一

项目是为了创造某项独特的产品、服务或结果而被承担下来的一项临时性努力。

这是美国项目管理学会（PMI）在其项目管理知识体系（PMBOK）中对项目所下的定义。

2. 关于项目的定义二

项目由一套独有的过程组成，这些过程又由具有开始和完成时间、受协调和控制的活动组成，所有活动都是为了实现项目的目标而需要完成的。

这是国际标准化组织（ISO）在它的一个国际标准《项目管理指南》（*Guidance on Project Management*，ISO 21500，2012）中给项目下的定义。

1.1.2 项目的特征

从以上两个权威的“项目”定义中，可以总结出项目具有的基本特征。

1. 临时性

临时性也叫做一次性，就是指每个项目都有其确定的起点和终点。当一个项目的目标已经实现，或者已经明确知道该项目的目标不再或不可能实现，或是对项目的需求已经不再存在时，该项目就到达了它的终点。换句话说，项目是必须结束的。一次性并不意味着时间短，许多项目要经历好几年，但在任何情况下项目的期限都是有限的，它不是一种持续不断的工作。

不能把项目的临时性用在项目所创造的产品或服务上，项目可能有意或无意地在比项目自身周期长得多的时间里对社会、经济和环境等方面产生影响，大多数项目是为了产生一种持续性的结果而进行的。例如，建立一座国家纪念碑的项目将产生长达几个世纪的期望结果。

项目与常规活动在目标上有着本质区别，它们是完全不同的两类事物。项目的目标是达到目标，然后结束项目，非项目的常规活动的目标是使业务持续下去；当宣布目标已经实现时，项目就停止了，而常规活动则是提出一系列新的目标并把工作继续下去。

项目与常规活动也有联系。一方面，一个项目所在的组织中经常同时进行项目与常规活动，它们同时使用组织的各种资源。另一方面，一个组织的最初成立往往与某个项目有关，当项目结束后，组织的业务就转为持续性的常规活动，在此后的时间里，组织中会经常产生各种各样的项目。尽管有联系，但必须明确的是，项目与常规活动有严格的界线。

临时性还可以解释项目中的其他一些方面。

(1) 机会或市场时机总是短暂的，即大部分项目都必须在一定的时限内创造出它们的产品或服务。

(2) 作为一个团队，项目班子极少在项目结束后继续存在。大部分项目班子是为实施特定项目而专门建立的，一旦项目完成，该项目班子就解散了。

2. 唯一性

唯一性也叫做独特性，或独一无二性。项目中必然包含一些以前没有做过的事情，所以它是唯一的。一项产品或服务尽管所属的种类广，但它仍然可以是唯一的。例如，尽管建造了成千上万座办公楼，但每一座都是唯一的——不同的拥有者、不同的设计、不同的地点、不同的承包商等。某些重复性因素的存在并不改变项目的唯一性特征。

一些文献还提到其他一些项目特征，包括目的性、生命周期、依赖性和冲突。

1.1.3　项目的内容组成与结构

项目定义将项目解释为“努力”“一套过程”，为此，需要进一步了解项目究竟由什么内容所组成，以及这些内容是一种什么样的结构。

首先，项目是由一系列需要人去做的工作所组成的，是活劳动，不是物化劳动，这是大多数人对项目的认识。尽管项目是有组织地进行的，但项目并不就是组织本身；尽管项目的结果可能是某种产品或服务，但项目也不是产品或服务本身。例如，谈到一个“工程项目”，应当把它理解为包括项目选定、设计、采购、制造(施工)、安装调试、移交用户在内的整个工作过程。不能把“工程项目”理解为将移交给用户的产品(土木建筑物)。确切地说，产品是项目的目的或结果。在一本项目管理著作中有这样的说法：“自古以来，劳动人民创造了众多伟大的项目，如中国的万里长城、都江堰工程和埃及的金字塔”，这种说法错把项目的结果当成了项目，而且误解了项目的概念。

其次，组成项目的所有工作不都是同样规模的工作，所有工作按照规模大小可以分属于不同的层次，较大的工作由一些较小的工作所组成。所以，全部的项目工作形成一种树形层次结构，如图 1-1 所示。

一个项目中所包含的工作的层次并不是固定不变的，它与项目的规模大小有关，但一般认为，大多数项目的层次可以按下面的体系考虑。

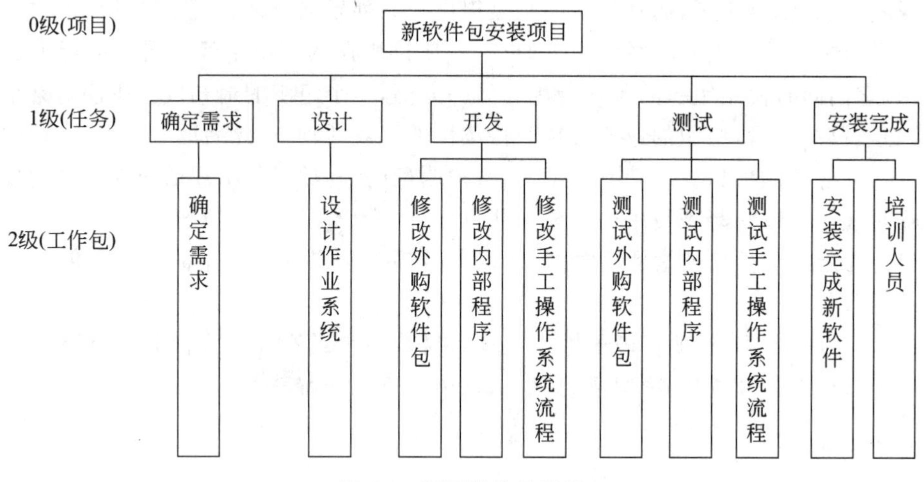

图 1-1　项目结构示意图

1. 大型项目

大型项目(program)不同于一般项目(project),它通常由若干个有联系的或类似的项目组成,也称做项目群,有时大型项目也指那些规模特别大、时间相当长的项目。例如一家建筑公司签订了一项建设一个居住小区的合同,这说明它们要承担一个大型项目,而这个大型项目显然是由许多项目组成的。

2. 项目

项目是本书讨论的对象,是大项目的组成部分。很难从理论上定量确定一个项目的最小范围,实践中的基本原则是一个项目应有相应的独立完整的生命周期,有能交付的独立产品。

3. 任务或活动

项目由任务或活动(task or activity)所组成。任务或活动就是构成项目的大项工作。

4. 工作包

任务或活动由工作包(work package)组成。工作包是定义在工作分解结构(WBS)中同一层次上的一组相关工作。

5. 工作单元

工作单元(work unit)是工作包的组成部分,它也是项目最基础的组成单位。

任何项目都可以根据以上的层次进行分解。当然,这些层次只是最基本的,现实项目在分解时,往往层次更多。但基本的层次给出了分析问题的思路。

1.1.4 项目的分类

项目的定义告诉了我们项目概念的内涵,那么项目概念的外延又怎样呢?下面通过给项目分类来了解项目的范围。

对项目分类有多种办法。

1. 按项目规模分类

根据投入项目的劳动、项目持续时间、项目投资额等指标,可以将项目分为大项目、中等项目及小项目。在采用这种方法对项目分类时,不同的国家、不同的行业会有不同的分类标准。

2. 按项目的复杂程度分类

项目所包含的内容、技术、组织关系、人员关系的复杂程度差别是相当大的,根据这些差别,可以把项目分为复杂项目和简单项目。

3. 按项目的结果分类

项目的结果基本上有两类,即产品和服务。项目也因此主要分为结果为产品的项目和结果为服务的项目。此外,有的项目结果兼有产品和服务两类。

4. 按行业分类

按项目所在的行业,可以把项目分成农业项目、工业项目、投资项目、建设项目、教育项目、社会项目等。

5. 按项目用户状况分类

可以把项目分为有明确用户的项目和无明确用户的项目。前者一般意味着项目是因一个或多个用户订货而存在,这类项目一般在项目或项目的上级组织与用户之间有合同关系;而后者可能是没有真正的用户,项目只是上级交办的一项特殊任务,其成果只向上级移交,这类项目的项目班子与上级之间一般不存在合同关系。

6. 组合分类

1)第一种组合分类

第一种组合分类是一种综合分类方法。可以依据三个变量对项目分类,这三个变量是项目的产品、产品的生产过程和项目文化强度。

项目类型的第一维是所要生产的产品本身。对于某些项目，生产的产品是全新的；而对于另一些项目，类似的产品先前已有生产。例如，建造三峡工程不同于建造一幢办公大楼。两者都是项目，但其最终产品所需的知识却有天壤之别。第一维将项目最终产品加以区分，如图 1-2 所示。

产品　旧 ←————→ 新

图 1-2　一维项目分类

项目类型的第二维是产品的生产过程。在有些情况下，生产过程事先完全明了；而在另外一些情况下，生产过程则需要边干边探索。再者，生产某种已知产品的项目，有时也要采用新的过程。这样一来，产品—过程坐标就形成了图 1-3 所示的格局。

项目类型的第三维是项目文化的强弱。一方面，如果一个组织中很少遇到项目，那么其工作人员就可能不习惯在临时性的队伍中工作，在多职能队伍中的相互关系准则就可能没有很好地确立，这种情况可称做弱项目文化。另一方面，一些组织有着组建临时队伍的传统，人们习惯于在多职能的基础上工作，这表示存在一种强项目文化。

项目的文化维可用来分割产品—过程图的 4 个象限，这样，项目的最终分类——三维项目分类就如图 1-4 所示。

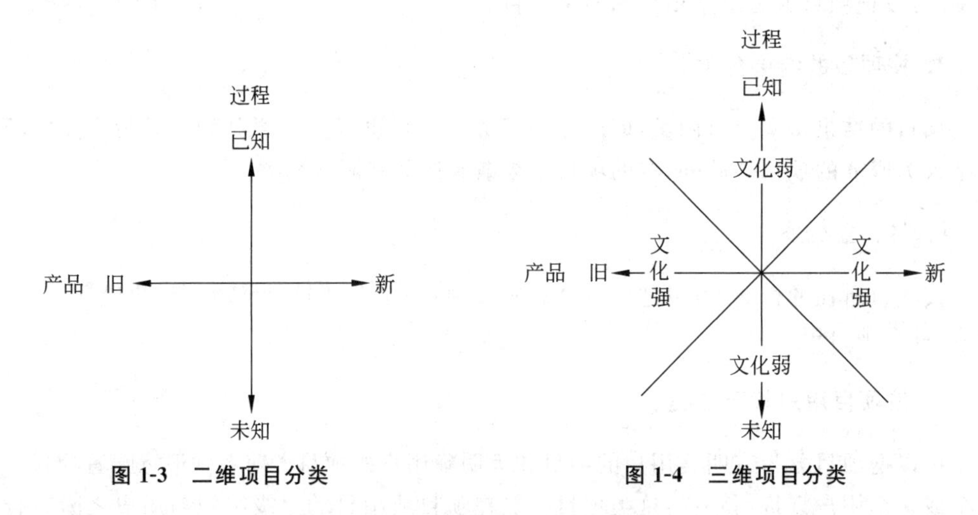

图 1-3　二维项目分类　　**图 1-4　三维项目分类**

问题的关键在于，项目的类型不同，对项目管理的主要内容的强调程度也不同。产品的已知程度越低，越要加强计划；生产过程越不清楚，越要加强控制；文化越弱，越要加强人员管理。

按照项目管理的观点，最简单的项目是产品已知、生产过程已知、项目文化强的项目，可这种情况极为少见；最困难的项目是产品未知、生产过程未知、项目文化弱的项目，它需要加强各方面的管理，而这种情况也不多见。

2）第二种组合分类

表 1-1 显示的是项目的第二种组合分类的办法。

表 1-1　第二种组合分类方法

项目种类	持续时间/月	风　险	复杂程度	技　术
A 型	18	高	高	突破性的，问题肯定存在
B 型	9～18	中	中	通用的，问题可能存在
C 型	3～9	低	低	训练有素，有一些问题
D 型	<3	很低	很低	常用的，没问题

项目的这种分类与在实践中应当把项目管理方法中的多少部分用于具体项目有很大联系。如果项目管理方法体系中的某个部分对具体项目不起明显的作用，或者不增加效益，就可以不用这部分。一定不能忽视用于计划和控制项目的管理成本，或者说要认识到使用项目管理的代价，我们不会花三周的时间去计划一个只需要两个月的项目。

A 型项目需要完整的项目管理方法，B 型和 C 型项目都需要一少部分的项目管理知识并放弃某些选择性的知识，但如果项目经理发现那些可选择的部分对他们的项目管理实践有更好的效果，也可以使用。D 型项目一般需要定义项目而且可能还需要范围说明和简单的进度计划。

1.1.5　项目概念的澄清

根据项目的定义，可以把工作分为项目和常规活动两类，这样定义的项目，或者说所有的项目都有共同的特征，也可以说项目是无差别的。这种性质表明项目作为一类任务，应当采用相应的方式进行管理。

同样根据项目的定义，人们必须认识到，每个项目都是独一无二的，其独特性通过这个项目的生命周期、交付结果、项目范围而规定。在实践中，项目是一个边界和内容都确定、一致的任务集合，或者说项目是一系列有限的任务，一个项目也只是一定数量的任务，当然，首先要有人确定这个边界和内容。项目任务的有限性、有界性是项目管理的基础。

项目概念的理论意义是规定项目的本质——临时任务。

项目概念的实践意义是强调任务是人为规定的，即人为规定项目范围。一个现实的项目是哪些任务，是由人在管理这个项目的过程当中主观规定的，并且规定这些任务就是项目管理的一项任务，即范围定义，而且把哪些任务划归为一个项目还取决于管理这个项目所采用的管理方法，这与许多人的认识不同。许多人认为，谈到一个具体项目，这个项目的内容范围在事实上就是固定的了，但由于项目的不确定性，在管理中又无法准确规定项目的组成内容，一个项目的内容是由这个项目技术上的内在性质所决定的，是不能改变的，与管理者、管理方法无关。例如，谈到一个工程建设项目，绝大多数人认为工程项目的内容主要包括项目论证决策、设计、采购、施工、试生产和竣工验收，每个工程项目的范围就是这些内容的具体化和细化。在这个基础上，管理工程项目的方法只能是针对工程项目特定的管理方法，工程项目管理方法不能用于管理软件开发项目，软件开发项目管理方法也不能用于管理工程项目。

但本书认为，采用项目管理方法所管理的一个项目必须是有确切边界的，而且这个边界是根据主观需要人为规定的。主观需要是指项目采用的管理方法和项目上级组织的要求和条件。管理方法主要分为项目管理方法和职能（企业）管理方法。如果一个组织准备对一个任务采用项目管理方法，它首先必须指定一个项目负责人——项目经理，然后和项目经理确定项目的范围，并据此范围定义项目、规定责任，在此之后，“项目”就等同于这个范围内的所有工作，或者说项目就是这些数量的工作，项目经理进行项目管理的对象也就是这些工作。在不违背项目定义的前提下，一个特定任务中的200项工作可以定义为一个项目，同一个任务中的500项工作也可以定义为另一个项目，这两个项目包含的工作可以是有重叠的，也可以是不重叠的。例如，一个工程建设任务中单独的设计、单独的施工或是设计与施工的组合就可以是三个不同的项目，甚至施工中的一部分，如上下水管道施工也可以是一个项目。

与此同时，项目管理方法并不依赖于项目的技术内容和范围，也就是说无论是工程设计项目、工程施工项目，还是软件开发项目、大型活动项目，它们在采用项目管理方法时，管理方法基本相同；一个项目可以采用项目管理方法，也可以采用其他方法进行管理。

现实生活中，人们经常提到“项目”一词，人们所说的许多“项目”虽然看起来符合项目管理中所定义的项目，但其实人们把一些事物叫做“项目”，只是出于习惯，也很随意，并不是按照项目的科学定义通过判断得出的结论。

在我国，“项目”被提到最多的领域是工程建设领域，在这个领域，人们从新中国成立以来一直使用“项目”这个术语。20世纪80年代，国内开始引入西方的项目管理方法，人们就认为我们一直从事的工程建设项目（过去叫做“基本建设项目”，简称“建设项目”）就是一种项目，就可以采用项目管理方法。那么，工程建设项目究竟是不是项目呢？

工程建设项目至今没有统一的定义，以下是几种比较权威的规定。

1. 关于工程建设项目的定义一

《辞海》（1999年版）中“建设项目”的定义为：“在一定条件约束下，以形成固定资产为目标的一次性事业。一个建设项目必须在一个总体设计或初步设计范围内，由一个或若干个互有内在联系的单项工程所组成，经济上实行统一核算，行政上实行统一管理。”一般而言，建设项目是指为了特定目标而进行的投资建设活动，故建设项目也称为投资建设项目，以下一律简称为工程项目，其内涵如下。

(1) 工程项目是一种既有投资行为又有建设行为的项目，其目标是形成固定资产。

工程项目是将投资转化为固定资产的经济活动过程。

(2)“一次性事业”即一次性任务,表示项目的一次性特征。

(3)“经济上实行统一核算,行政上实行统一管理”,表示项目在一定的组织机构内进行,项目一般由一个或几个组织联合完成。

(4) 对一个工程项目范围的认定标准,是具有一个总体设计或初步设计的。凡属于一个总体设计或初步设计的项目,不论是主体工程还是相应的附属配套工程,不论是由一个还是由几个施工单位施工,不论是同期建设还是分期建设,都视为一个工程项目。

这个定义与本书中的项目定义不同,它把建设项目定义为“事业”,而不是“努力”或“任务”。虽然在对定义内涵的解释中也把“事业”解释为“任务”,但此处的解释主要强调“事业”是一次性的,并不强调“事业”就是“任务”。而在随后的解释中,强调一个建设项目是由一个或若干个互有内在联系的单项工程所组成,那么什么是单项工程呢?

单项工程又称“工程项目”,是建设项目的组成部分,是具有独立设计文件,竣工后能独立发挥生产能力或工程效益的工程。单项工程是一个极为复杂的综合体,它由许多单位工程组成。这个定义已经与建设项目的定义有矛盾了,按单项工程的定义,只有一个单项工程才叫做一个工程项目,而建设项目的定义却把建设项目与工程项目混为一谈。按照单项工程的定义,单项工程是一项“工程”,如工业建设项目中的各个生产车间、仓库、办公楼等,学校建设项目中的教学楼、图书馆、学生宿舍、食堂等,其实这些都是某些任务的结果。所以,以上定义中建设项目、工程项目、单项工程都不是本书所定义的项目。

2. 关于工程建设项目的定义二

《建设工程项目管理规范 GB/T 50326-2006》:“为完成依法立项的新建、扩建、改建等各类工程而进行的、有起止日期的、达到规定要求的一组相互关联的受控活动组成的特定过程,包括策划、勘察、设计、采购、施工、试运行、竣工验收和考核评价等,简称为项目。”

这个定义将建设工程项目定义为一个“特定过程”,与本书中的项目定义不矛盾,是可以的。问题是这个定义把所有工程项目的范围都固定了,也就是说只有包括策划、勘察、设计、采购、施工、试运行、竣工验收和考核评价等全部内容的过程,才能算是项目。这与本书的项目定义有很大的不同。

按照国内的上述定义,虽然建设项目、建设工程项目、工程项目都不符合项目的定义,但事实上包括设计、施工等工作在内的工程建设过程确实符合项目的定义,因此肯定是一类项目。问题在于建设项目、建设工程项目、工程项目都应该被定义为为了建成某个工程产品所做的工作,而不应把这些项目定义成工程产品本身。另外,实践中被称为建设项目、建设工程项目、工程项目的任务通常都不是一个简单的项目,而是由多个项目组合成的项目群或项目组合。

在国内的其他领域,例如,制造业、IT 领域、服务行业等,从 20 世纪末开始接受项目管理。由于之前在这些领域没有应用过项目管理,所以从一开始接受的就是国际上对项目和项目管理的统一定义,没有在概念的理解和认识上产生误解和误识。

1.2 项目的利益相关者

项目的利益相关者(project stakeholders)是指那些积极介入项目,其利益可能由于项目执行或项目成功完成而受到积极或消极影响的个人和组织。

一个项目中最起码应当有以下的利益相关者。

1.2.1 项目经理

项目经理(project manager)是负责管理某一个项目的个人。项目经理一般要有足够的权力以便管理整个项目,并向用户负责,承担实现项目目标的责任。项目经理是项目团队的领导人。

1.2.2 用户

用户(customer)是指将来使用项目产品的个人或组织。一个项目的用户可能有多个层次,例如,一种新药的用户可能有开处方的医生、用药的病人以及支付药费的保险公司。用户与使用者(user)有时是同义词;而有时用户是指项目产品的购买者,使用者是指项目产品的使用者。

1.2.3 执行组织

执行组织(performing organization)指某个企业,这个企业的员工直接地承担项目中的工作。

1.2.4 项目团队成员

项目团队成员(project team members)指正在完成项目工作的小组成员。

1.2.5 项目出资人

项目出资人(project sponsor)指执行组织内部或外部以现金或实物为项目提供财务资源的个人或团体。

以上是绝大部分项目中最普遍的利益相关者,对于一些具体项目,其利益相关者可能还更多,例如,如果项目中存在向外部采购,那参与者就还有分包商。项目利益相关者较多的一个例子是采用项目融资的项目,以下是这类项目的主要利益相关者。

- 项目的直接主办人(通常就是项目公司,就是上面提到的执行组织)。
- 项目的实际投资者(即项目出资人)。

- 项目的贷款银行。
- 项目产品的购买者(即项目产品的用户)。
- 项目建设的工程公司/承包公司。
- 项目设备、能源、原材料供应者。
- 项目融资顾问。
- 有关政府机构。
- 法律、税务顾问。

1.3　项目生命周期

1.3.1　项目生命周期的含义

项目生命周期由一系列有序且有时重叠的项目阶段组成,这些阶段的名称和数量是由参与项目的组织根据其管理和控制需要、项目自身的属性以及它所在的专业领域确定的。

项目生命周期概念的要点主要有以下几个方面。

(1) 项目生命周期确定的是一个项目的过程,或者说是项目中需要做的技术工作,生命周期中所有的项目阶段之和应当等于这个项目的全部。从项目结构来看,每个阶段都是仅次于项目的一级项目工作,定义了项目所有的阶段也就定义了整个项目。

(2) "生命周期"一词带有"有限寿命"的含意,因而项目生命周期也意味着项目是一个有限的过程,即从项目开始到项目结束的过程,生命周期的确定等于项目开始点和结束点的确定,这与前文提到的项目的"临时性"是一致的。

(3) 项目生命周期有其特性与共性。项目生命周期的特性是指每个项目都有一个自己的生命周期,它与项目一一对应,是独一无二的,两个项目就有两个不同的生命周期,两个不同的生命周期不可能属于一个项目;项目生命周期的共性是指所有项目的生命周期在阶段数量、阶段的次序、寿命期间的项目发展速度、工作量分布甚至阶段名称等方面,都有一般性的规律。

1.3.2　项目生命周期的规律

大部分项目在从开始到结束的过程中,都经历类似的几个阶段,把图 1-5 表示的全部阶段称为项目的生命周期。在项目的生命周期内,首先项目诞生,项目经理被选出,项目班子成员和最初的资源被调集到一起,工作程序也都安排妥当;然后工作开始进行,各类要素很快组合到一起;接着就有了成果,一直持续到项目结束。但

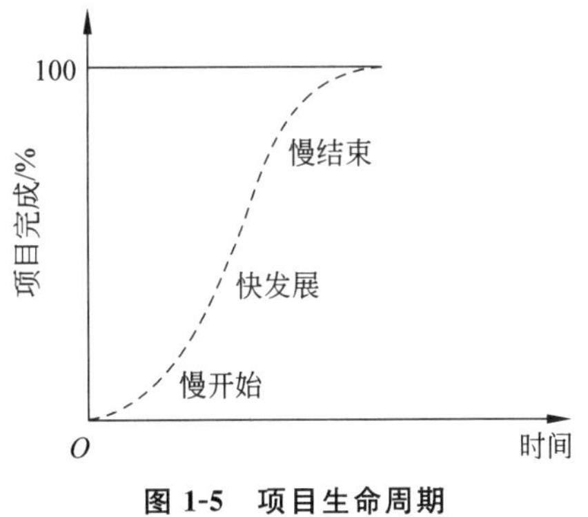

图 1-5　项目生命周期

项目结束阶段一些最后的任务可能会有些麻烦，这一方面是由于这时要把一些局部的内容集成到一起；另一方面也是由于项目班子成员出于种种原因“拖后腿”或抵制项目结束。

项目朝向目标慢—快—慢的进展方式是普遍的现象，观察过住宅或建筑物建设项目的人都会注意到这一现象。这主要是项目生命周期各阶段资源分布的变化所导致的。图 1-6 反映的是在项目生命周期各个阶段项目消耗劳动量的大小，图中横坐标表示时间，纵坐标可以是工时、单位时间消耗的资源或是在项目上工作的人数。消耗最少是在项目开始的时候，这时项目概念正在建立，项目正处在项目选择期间。如果这一关通过的话，随着计划的进行，活动增加，项目的正式工作开始进行，这样工作进行到一定的时候消耗将达到峰值。当项目快到结束时，消耗开始减少，最后当评估完成、项目终结时，消耗也将停止。

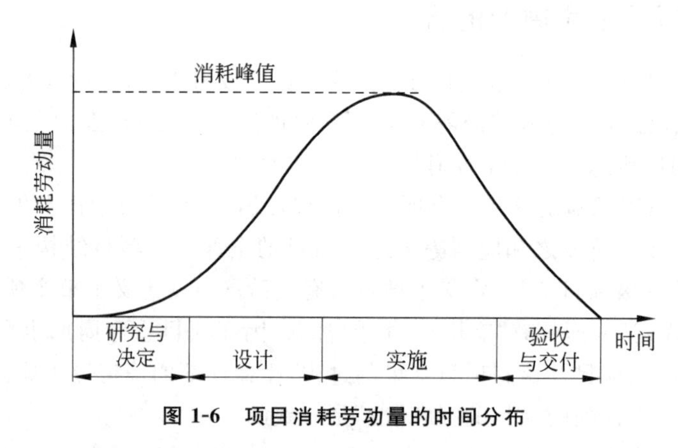

图 1-6　项目消耗劳动量的时间分布

满足性能、时间和成本这些普遍目标是在整个项目生命周期内都要着重考虑的问题。一般认为，在项目生命周期的早期，性能有优先地位，这时计划者正把重点放在寻求满足项目性能目标需要的特定方法上。把这些方法称做项目的技术，这是因为它们需要应用科学和艺术。

当主要的“怎样”问题解决后，项目人员有时变得专注于提高性能，而且经常要超过原有规范要求的等级。这种对更好性能的追求会延误项目进度而且增加成本。

项目技术的确定、进度计划的设计、成本的估算是同时完成的。人们通常认为，在生命周期早期，性能的地位优于进度和成本；在任务量大的中期，成本是最重要的；而到了需要向用户交货的项目最终阶段，进度变得极为重要。但现在，这种传统的至理名言可能不对。最近的研究指出，在所有的阶段，性能和进度都比成本更重要。

项目利益相关者对项目的影响、风险和不确定性在项目开始时最大，在寿命期间逐渐降低，如图 1-7 所示。图 1-7 还表现了变更和纠正错误的代价一般随着项目逐步完成而增大的现象。

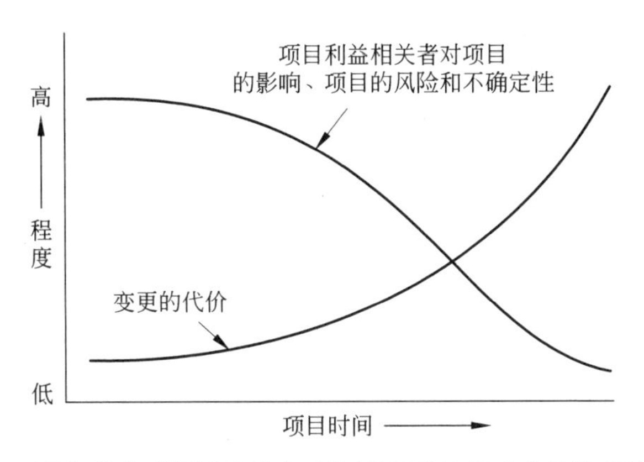

图 1-7　项目利益相关者对项目的影响、项目的风险和不确定性随时间变化的影响

每个项目的全部过程必然经过启动、成长、成熟、终止这几个阶段，并且，每个项目的生命周期都是独一无二的。每个项目的过程都不允许少于这些阶段，少于就不是一个完整的项目；每个项目的过程也不会多于这几个阶段，如果认为项目生命周期可以多于这个范围，那必定是错用了项目的概念。有人提出工程建设项目的生命周期可分为 4 个阶段：项目的前期策划和决策阶段、项目的设计与计划阶段、项目的实施阶段、项目的使用阶段。如果按本书的项目概念看，这个项目生命周期中少了项目终止阶段，多了一个"项目使用阶段"；按这种生命周期定义的"项目"不符合项目管理对项目的基本规定，也无法使用项目管理。项目管理规定项目必须是有专一目的的、有限的任务，这应该是项目最基本的判别标准。按照这样的标准，有些被叫做"项目"的不一定是项目，当然在有些地方，一些不被叫做项目的任务却的确是项目。

1.4　什么是项目管理

1.4.1　项目管理的定义

许多教科书及著作将项目管理解释为"对项目管理的过程""在一定约束条件下，为达到特定目标对项目计划、组织、指挥、控制的过程"等。这样定义虽在一定程度上解释了项目管理这一概念，但实际回答的都是项目管理"干什么"，而不是项目管理"是什么"，都没能完整、准确地揭示出项目管理概念的本质属性，据此很难掌握项目管理概念最基本的属性，也不易将项目管理与其他事务区分开。

本书认为，项目管理应当采用如下的定义：

项目管理是通过项目经理和项目团队的努力，运用系统理论和方法对组织的资源进行计划、组织、指挥、控制，旨在更好地实现项目的特定目的的科学管理方法体系。

1.4.2 项目管理定义的要点

1. 项目管理是一种科学管理方法体系

项目管理是一种已被公认的管理模式，而不是任意的一次管理过程。

项目管理从20世纪50年代末、60年代初诞生至今，一直就是一种管理项目的科学方法，但并不是唯一的方法，更不是一次具体的管理过程，它的产生时间本身已充分反映了这一点。在项目管理诞生之前，人们用其他方法管理了无数的项目；就是在今天，也有无数的项目并没有采用项目管理对它们进行管理。项目管理不是一次任意的管理项目的实践过程，而是在长期实践和研究的基础上总结而成的理论方法。应用项目管理，必须按项目管理方法体系的基本要求去做；若不按项目管理模式管理项目，虽不能否认是管理了项目，但也不能承认是采用了项目管理。我们常听到这样的说法，“我们在某个项目上使用了项目管理，取得了不错的效果”。这说明项目管理的确是也只能是一种工具或方法。

项目管理属于应用科学，它的全部内容都有很明显的实用性，而不是像数学、物理学那样的基础科学。

项目管理作为一种管理方法体系，在不同国家、不同行业以及它自身的不同发展阶段，无论在结构、内容上，还是在技术、手段上都有一定的区别。但它最基本的方面，也就是上述定义中所规定的那些内容，则始终如一，相对固定，且已形成为一种被公认的专业知识。项目管理是一种管理知识。

2. 项目管理的对象、目的

项目管理的对象是项目，即一系列的临时任务。“一系列”在此有着独特的含义，它强调项目管理的对象——项目是由一系列任务组成的整体系统，项目是一个技术问题。项目管理的目的是通过运用科学的项目管理技术，更好地实现项目目标。不能把项目管理的对象与企业管理的对象混为一谈，项目只是企业庞大系统的一部分；也不能把企业管理的目的当成项目管理的目的，企业管理的目的是多方面的，而项目管理的主要目的是实现项目的预定目标。

3. 项目管理的任务、职能

项目管理的职能与其他管理的职能是完全一致的，即对组织的资源进行计划、组织、指挥、控制。资源是指项目所在的组织中可得的、为项目所需要的那些资源，包括人员、技术、设备等。项目管理的任务是对项目及其资源的计划、组织、指挥、控制，切记不能将项目管理的任务与项目本身的任务混淆。

由于管理对象不同，项目管理与企业管理的任务也有很大区别。从关系上看，企业管理是项目管理的基础，项目管理是企业管理的组成部分；从管理任务的多少来看，项目管理的任务少于企业管理，有些项目中需要的一般管理可以留在企业管理中，项目管理只保留那些最针对项目、难以实行统一管理的部分职能。对于企业管理而言，项目管理只是一种特殊任务管理，它既不是完整的生产管理，更不是经营管理。

4. 项目管理运用系统理论与思想

将任务组织为项目的目的是将实现项目目标的责任和权力集中到一个人（项目经理）或一个小组身上。项目任务分别是由不同的人执行的，项目管理要求把这些任务和人员集中到一起，把它们当做一个整体对待，最终实现整体目标，这就是系统思想。

5. 项目管理职能主要是由项目经理执行的

在一般规模的项目中，项目管理由项目经理带领少量专职项目管理人员完成，项目组织中的其他人员，包括技术与非技术人员负责完成项目任务，并接受管理。如果项目规模很小，那么项目组织内可以只有一个专职管理人员，即项目经理。对于大项目，项目管理的基本权力和责任仍属于项目经理，只是更多的具体工作会分给其他管理人员，项目组织内的专职管理队伍也会更大，甚至组成一个与完成项目任务的人员相对分离的项目管理机构。总的来说，项目经理是采用项目管理的充分必要条件，项目经理负责项目管理，没有项目经理，就没有项目管理。

1.4.3 项目管理的特点

管理至少可以分成两种不同的类型：职能管理（有时称为专业管理）和项目管理。职能管理是协调那些由相同的人所做的有相似性质的重复性工作，例如企业中生产、销售、财务或人力资源部门的管理。项目管理是协调那种由以前从未一起工作过的人组建一个团队完成的一次性工作。例如，一个软件、工厂、特殊任务的设计、实施的管理。虽然管理的基本原理在两种类型上都适用，但在两者之间具有明显的差别。

许多人的职业生涯是从专业管理的环境中开始的。大学毕业后，一个人通常在他的对口专业工作，典型的例子是设计工程师、软件工程师、进度计划师或合同管理人员。工作集中围绕着由谁和如何完成工作的问题，重点在于为一个专业提供专门的技术知识。职业目标是成为一个特定技术领域的专家。

项目管理要求把注意力放在多个专业上。项目经理必须能够将权力和责任交付他人，并将注意力放在各种专业之间的衔接上。项目经理不能过多地卷入琐碎的工作之中，或包揽他人的专业工作，而应把注意力放在项目的目标上。

项目管理的一个基本原则是围绕所要完成的工作而组织这个项目。工作的焦点要围绕着“必须做什么”，“必须在什么时候完成”，以及“将花费多少成本”。项目经理必须向成为具有广阔管理视野的通才的目标发展。

一个项目的圆满完成取决于项目经理协调团队工作的能力，这个团队由具有完成工作的特定技术能力的专家组成。表1-2说明项目管理与专业管理之间的区别。

表1-2　项目管理与专业管理的区别

项目管理涉及的内容	专业管理涉及的内容
必须做什么(项目范围)	将要怎样做(技术方法)
必须在何时完成(进度计划)	谁将去做(分工)
要花费多少成本(成本预算)	将要做到多好(完成标准)
协调所有需要(集成管理)	协调专门的需要(专业管理)
以多专业为中心	以单一专业为中心
依靠他人(不以技术为基础)	提供技术专长(以技术为基础)
项目质量(注重结果)	技术的质量(注重过程)
管理的观点	技术的观点
通才方式	专家方式

1.4.4　项目管理的作用

经过几十年的实践，人们认识到项目管理这样一种针对特殊任务的特殊管理方法有许多不可替代的价值和作用。

对于一个应用了它的组织，项目管理保证可用的资源能以最有效的方式被运用，项目管理使上级领导能够在他们的单位内部了解到“正在发生什么”和“事情会发展到哪儿”。

世界上的许多组织，如NASA、IBM、AT&T、Siemens、Chiyoda Corporation、新加坡计算机协会，以及美国的一些州政府，都在创新过程中使用项目管理，计划、组织与控制战略的实施，监测企业的绩效，分析重要的偏差并预测这些偏差对组织和项目的影响。

美国学者David Cleland认为，在应对全球化的市场变动中，战略管理和项目管理将起到关键性的作用。美国著名的《财富》(*Fortune*)杂志提出项目经理将是21世纪年轻人的首选职业。

今天，项目管理已经应用在许多行业，从建筑、信息系统到健康保健、财务服务、教育与培训都在应用。随着应用范围的扩大，现在领导项目的人就有各种各样的背景，并在项目管理专业实际工作中把各种水平的经验带到他们的职位上。今天，项目管理已在全球被众多的公司、政府和非营利组织采用。项目管理的能力已成为一种广受欢迎的技能，在按时、按预算完成新项目和业务开发的全球竞争需要中发挥着重要作用。

21世纪，从事项目管理的专业人员将推动新的商业、企业的成功发展。

实施项目管理会给组织带来明显的价值。这一结论是美国PM Solutions公司在对100多位高级项目管理人员进行调查之后得出的。

超过 94%的回答者表示项目管理提高了他们组织的价值。

这些组织从财务标准，用户标准，项目、过程标准以及学习和成长标准几个方面证明了自身的重要进步。

调查表明，被调查的组织平均改进按顺序排列为，项目、过程执行改进方面 50%，财务绩效方面 54%，用户满意方面 36%，雇员满意方面 30%。那些不实行项目管理的组织与实行的相比将处于竞争的劣势。CBP 还调查了对所在组织的项目管理实践和其组织业务成果有所掌握的高级项目管理人员，结果显示，由于率先实行项目管理，组织确实很有进步。

(1) 有更好的工作能见度和更注重结果。

(2) 对不同的工作任务可改进协调和控制。

(3) 项目成员有较高的工作热情和较明确的任务方向。

(4) 广泛的项目职责能够加速管理人员的成长。

(5) 能够缩短产品开发时间。

(6) 能够减少总计划成本，提高利润率。

(7) 项目的安全控制较好。

1.4.5　项目管理的过程

1. 项目过程的分类

项目由过程组成，过程是“带来某个结果的一系列行动”。项目过程是由人执行的，一般可以分成两类。

(1) 项目管理过程是关于描述和组织项目工作的过程。项目管理过程在大多数时候可以用于大多数的项目，本书介绍的就是这样的过程。

(2) 面向产品的过程是关于规定和创造项目产品的过程，它其实就是项目自身的过程。面向产品的过程通常由项目生命周期定义，它随专业领域而改变。项目管理过程与项目过程在项目期间存在交叉和交互。

2. 项目管理过程的阶段

项目管理过程可以分成 5 个阶段。

(1) 启动过程(initiating processes)：认定一个项目或阶段应当开始并保证去做。

(2) 计划过程(planning processes)：为了实现承担项目所致力的商业需要而做出并维持一个可操作的系统的计划。

(3) 执行过程(executing processes)：为了执行计划而协调人和其他资源。

(4) 控制过程(controlling processes)：通过监测和测量进展并在必要时采取纠正行

动确保项目目标得到满足。

(5) 结束过程(closing processes)：项目或阶段的正式接受并使其有序地结束。

以上过程之间的关系如图 1-8 所示。

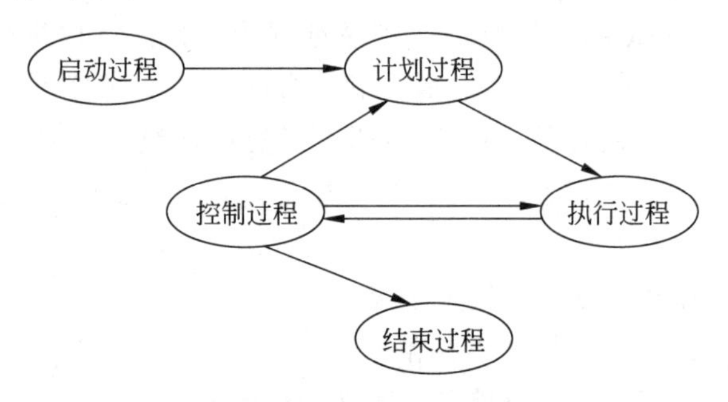

图 1-8　项目管理过程之间的关系

项目管理过程与项目过程在项目期间存在的交叉和交互如图 1-9 所示。

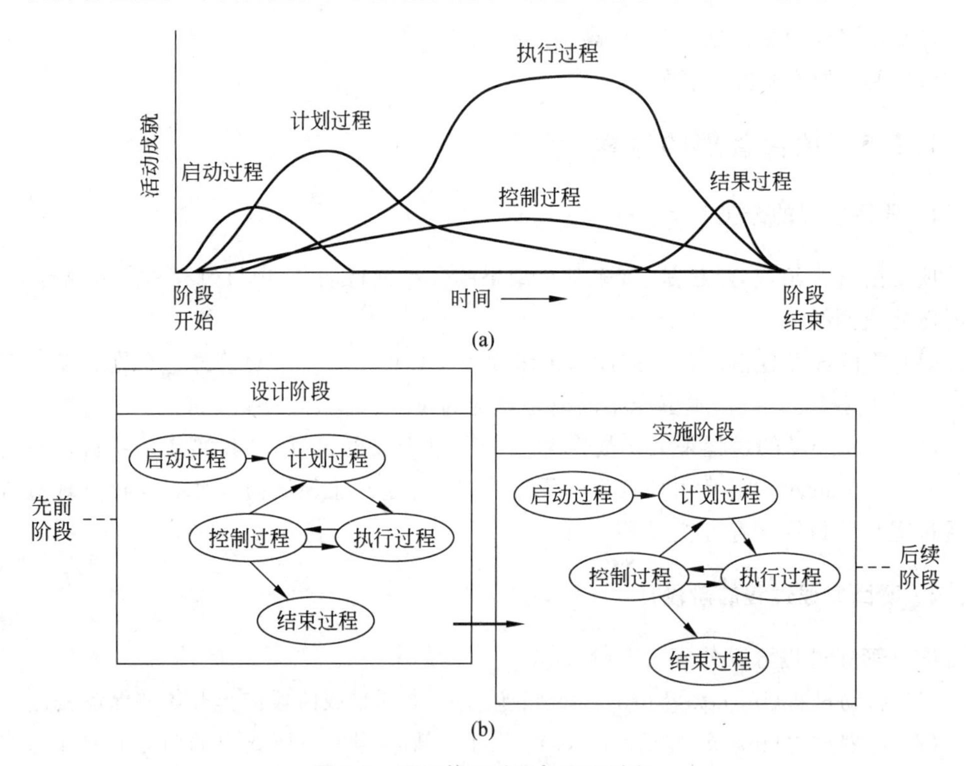

图 1-9　项目管理过程与项目过程

1.5　项目管理知识的层次

提到项目管理，人们也许会想到许多不同的内容，可能是网络技术、项目经理、项目管理软件、项目管理知识体系、项目生命周期等。的确，这些内容都属于项目管理的知识范围，但它们在项目管理知识范围中基本上不属于同一层次。为了完整准确地表述项目管理知识的范围，需要讨论清楚项目管理知识的结构。

项目管理知识结构是一种层次结构。图 1-10 反映了项目管理知识与其他知识的联系，可以借助这张图了解项目管理知识的结构。图中普遍接受的项目管理知识与实践就是多数人和权威机构公认的项目管理特有的核心知识的范围，一般管理知识与实践和项目管理的理论基础，应用领域知识与实践同项目管理的对象——项目相关。按照知识的完整程度，项目管理知识可以分为以下的层次。

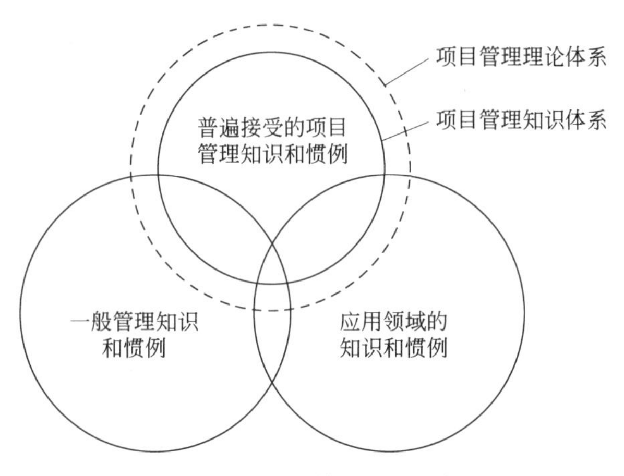

图 1-10　项目管理知识层次

1.5.1　项目管理理论体系

项目管理理论体系是指在理论上和实践中发现和使用的项目管理全部知识内容。这个概念在理论上有较大的意义，它的提出是为了给项目管理专业划定一个界限，使项目管理专业能区别于其他学科、专业。划定这个界限概念是十分必要的，如果没有它，项目管理就不能成为一个独立的学科、专业；建立这样一个项目管理知识边界也是有根据的，人们在项目管理方面研究和实践的所有成果及过程就是这个体系的全部。但其实这个界限是模糊的、可变的，因为项目管理学科的许多知识都是通过实证的方法得到的，或者说是从实践中来的，因此随着项目管理实践的发展，会不断有新的知识被补充到这个体系当中来；其次，从图中可以看出，项目管理学科与相关学科存在大量的交叉，所以在研究和实践中是很难确定项目管理知识的边界的；另外，项目管理是一个发展中的学科，人们对项目管理中的理论和实际问题还有许多不同的认识和做法，这就使得项目管理理论体系必然是开放的。

人们可以通过所有有关项目管理的著作、论文、应用报告等文献了解项目管理理论体系的内容和范围。

虽然项目管理理论体系并不十分确定，但它给项目管理专业划定了一个大致的范围，使人们有了沟通的共同基础，也确立了项目管理学科的独立地位。

1.5.2 项目管理知识体系

项目管理知识体系（project management body of knowledge，PMBOK）现在已经成为一个有固定含意的专有名词，它专指由一些项目管理专业组织，例如，美国项目管理学会（PMI）、国际项目管理协会（IPMA）、英国项目管理学会（APM）等所制定的项目管理标准化文件。这些项目管理标准化文件主要规定项目管理的工作内容和工作流程，其实就是项目管理规范。项目管理知识体系反映的正是图1-10中“普遍接受的项目管理知识和惯例”那个层次的内容，它是由一些权威组织把那些在一定程度上已被公认的项目管理知识写成一个统一的文件。它的重要意义在于它确立了项目管理学科和专业的基础，规范、统一了项目管理学科和专业的内容和范围，为项目管理的理论研究和实践活动提供了必要的平台。到目前为止，国际上已有美国、英国、德国、法国、瑞士、澳大利亚等国的十几个版本的项目管理知识体系，我国“中国项目管理研究委员会”于2006年10月推出了修订版《中国项目管理知识体系》（C-PMBOK 2006）。

项目管理知识体系既是项目管理理论研究的基础，又具有很好的实用性，因而兼有理论和实践意义。项目管理知识体系还是项目管理专业组织对项目管理专业人员进行专业认证的依据。

1.5.3 项目管理模型

项目管理模型是某些从事项目管理研究与实践的商业性机构或个人开发的一种能够辅助进行集成项目管理的产品，这些模型绝大部分都是商业性的，如PM Solutions的PM Guide、Key Skill Ltd.的Prince2等。一些项目管理软件，如微软（Microsoft）的Project 2000、Primavera公司的Primavera Project Planner（P3）等也属于一类项目管理模型。项目管理模型的作用是为没有经验的企业或组织提供一种现成的项目管理“应用模板”，它们大都以某种项目管理知识体系为依据，但与项目管理知识体系相比，模型更具有应用性、可操作性。

1.5.4 项目管理技术

项目管理技术是用在项目管理中的那些相对独立、完整的专门技术和方法。项目管理技术通常是为了解决项目管理中的某个具体、局部的问题而建立的，如解决活动逻辑关系和进度计划问题的网络技术(CPM/PERT)、解决项目绩效评价问题的赢值法(earned value)等。

人们在项目管理的实践中,较多的时候是使用项目管理模型,有时就只是使用了一些项目管理技术甚至只是一些项目管理的理念和思想。很明显,应用项目管理知识的多少,是否系统地运用项目管理知识对项目管理实践的效果有直接的影响,当然,在特定的项目上实际能使用多少项目管理知识还取决于项目所在组织的方方面面的条件。

1.6　具有代表性的项目管理知识体系

从上一节的介绍可以知道项目管理知识体系在整个项目管理学科和专业中的重要地位。可以说正是有了项目管理知识体系,项目管理才确立了它的科学地位,项目管理才被更多的人所接受,才有了今天的蓬勃发展。本节选择介绍几种有代表性的项目管理知识体系。

1.6.1　PMI的PMBOK

美国项目管理学会(PMI)成立于1969年。早在1981年,PMI就通过一个研究项目探讨项目管理专业知识体系的内容和结构,其研究成果以特别报告的形式发表在1983年8月的《项目管理期刊》上。1984年,PMI又进行了与此相关的第二个研究项目,发表在1986年8月《项目管理期刊》上的研究报告修订了上一个版本的内容。PMI随后在1987年8月正式发布了《项目管理知识体系》(*The Project Management Body of Knowledge*,PMBOK)的试用版,这是世界上第一个项目管理知识体系。此后,在1996年、2000年、2004年、2008年和2012年,PMI又对项目管理知识体系进行了5次更新,目前使用的最新版本是2012年的第5版。

PMI项目管理知识体系对项目管理学科的最大贡献是它首次提出了项目管理知识体系的概念,首次为项目管理学科建立了理论和实践的标准、规范。PMI项目管理知识体系的发表给项目管理学科带来一次跨越性的发展。

PMI项目管理知识体系使用了"知识领域"(knowledge areas)的概念,将项目管理需要的知识分为10个相对独立的部分,每个部分就是一个知识领域,每个知识领域包含若干过程(processes),这些知识领域以及过程组成整个项目管理知识体系框架的一个方面。另一个方面就是项目管理的管理过程,它包括启动(initiating)、计划(planning)、执行(executing)、控制(controlling)、结束(closing)。整个体系的框架如图1-11所示。

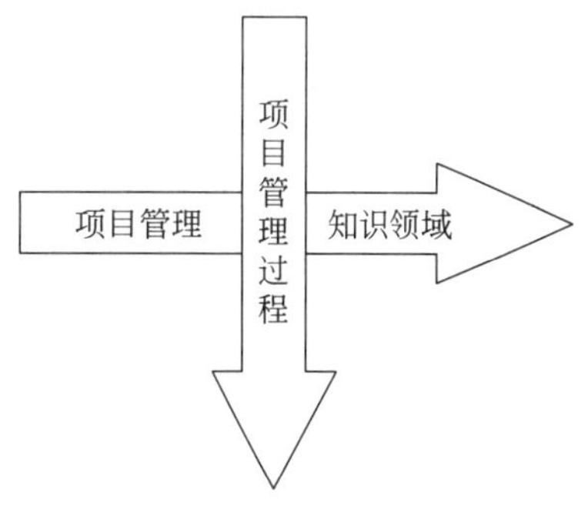

图1-11　PMBOK结构

PMI 项目管理知识体系的 10 个知识领域和其中的过程如图 1-12 和表 1-3 所示。

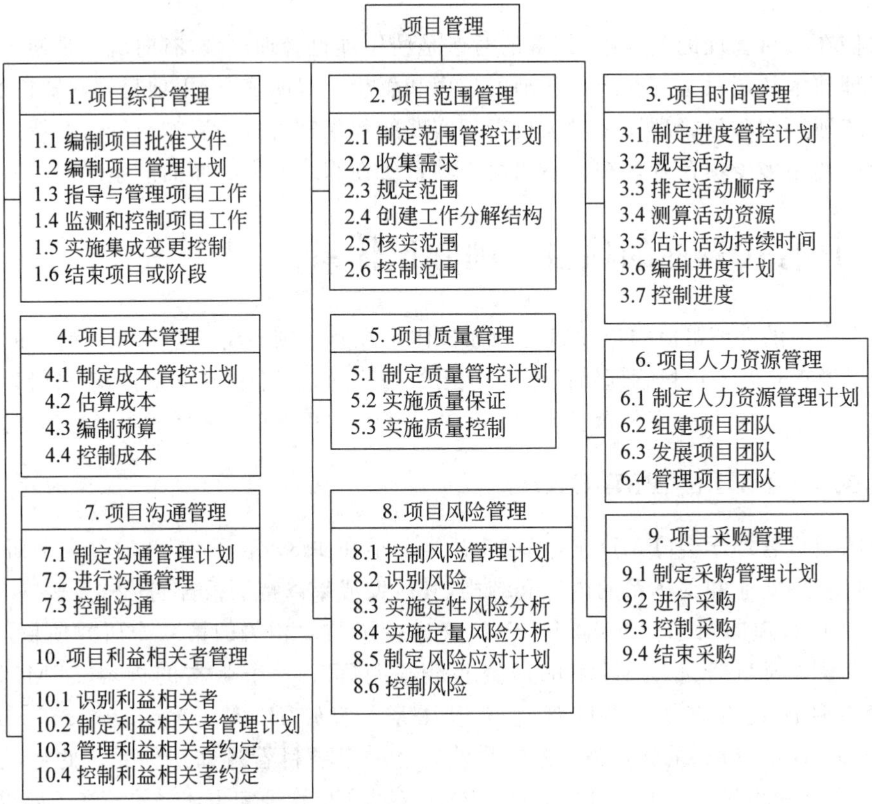

项目管理

1. 项目综合管理
1.1 编制项目批准文件
1.2 编制项目管理计划
1.3 指导与管理项目工作
1.4 监测和控制项目工作
1.5 实施集成变更控制
1.6 结束项目或阶段

2. 项目范围管理
2.1 制定范围管控计划
2.2 收集需求
2.3 规定范围
2.4 创建工作分解结构
2.5 核实范围
2.6 控制范围

3. 项目时间管理
3.1 制定进度管控计划
3.2 规定活动
3.3 排定活动顺序
3.4 测算活动资源
3.5 估计活动持续时间
3.6 编制进度计划
3.7 控制进度

4. 项目成本管理
4.1 制定成本管控计划
4.2 估算成本
4.3 编制预算
4.4 控制成本

5. 项目质量管理
5.1 制定质量管控计划
5.2 实施质量保证
5.3 实施质量控制

6. 项目人力资源管理
6.1 制定人力资源管理计划
6.2 组建项目团队
6.3 发展项目团队
6.4 管理项目团队

7. 项目沟通管理
7.1 制定沟通管理计划
7.2 进行沟通管理
7.3 控制沟通

8. 项目风险管理
8.1 控制风险管理计划
8.2 识别风险
8.3 实施定性风险分析
8.4 实施定量风险分析
8.5 制定风险应对计划
8.6 控制风险

9. 项目采购管理
9.1 制定采购管理计划
9.2 进行采购
9.3 控制采购
9.4 结束采购

10. 项目利益相关者管理
10.1 识别利益相关者
10.2 制定利益相关者管理计划
10.3 管理利益相关者约定
10.4 控制利益相关者约定

图 1-12 PMBOK 的 10 个项目管理知识领域

表 1-3 PMBOK 的 10 个项目管理知识领域和 5 个过程

项目管理过程 / 知识领域	启动过程	计划过程	执行过程	控制过程	结束过程
1. 项目集成管理	1.1 编制项目批准文件	1.2 编制项目管理计划	1.3 指导与管理项目工作	1.4 监测和控制项目工作 1.5 实施集成变更控制	1.6 结束项目或阶段
2. 项目范围管理		2.1 制定范围管控计划 2.2 收集需求 2.3 规定范围 2.4 创建工作分解结构		2.5 核实范围 2.6 控制范围	

续表

项目管理过程 / 知识领域	启动过程	计划过程	执行过程	控制过程	结束过程
3. 项目时间管理		3.1 制定进度管控计划 3.2 规定活动 3.3 排定活动顺序 3.4 测算活动资源 3.5 估计活动持续时间 3.6 编制进度计划		3.7 控制进度	
4. 项目成本管理		4.1 制定成本管控计划 4.2 估算成本 4.3 编制预算		4.4 控制成本	
5. 项目质量管理		5.1 制定质量管控计划	5.2 实施质量保证	5.3 实施质量控制	
6. 项目人力资源管理		6.1 制定人力资源管理计划	6.2 组建项目团队 6.3 发展项目团队 6.4 管理项目团队		
7. 项目沟通管理		7.1 制定沟通管理计划	7.2 进行沟通管理	7.3 控制沟通	
8. 项目风险管理		8.1 制定风险管控计划 8.2 识别风险 8.3 实施定性风险分析 8.4 实施定量风险分析 8.5 制定风险应对计划		8.6 控制风险	
9. 项目采购管理		9.1 制定采购管理计划	9.2 进行采购	9.3 控制采购	9.4 结束采购
10. 项目利益相关者管理	10.1 识别利益相关者	10.2 制定利益相关者管理计划	10.3 管理利益相关者约定	10.4 控制利益相关者约定	

项目管理过程之间的相互关系如图 1-13 所示。

1.6.2　ISO 21500《项目管理指南》

ISO 21500《项目管理指南》(第 1 版,2012 年)提供了项目管理的概念和过程的指导,这对于实施项目具有重要的意义和影响。

该国际标准的目标读者如下:

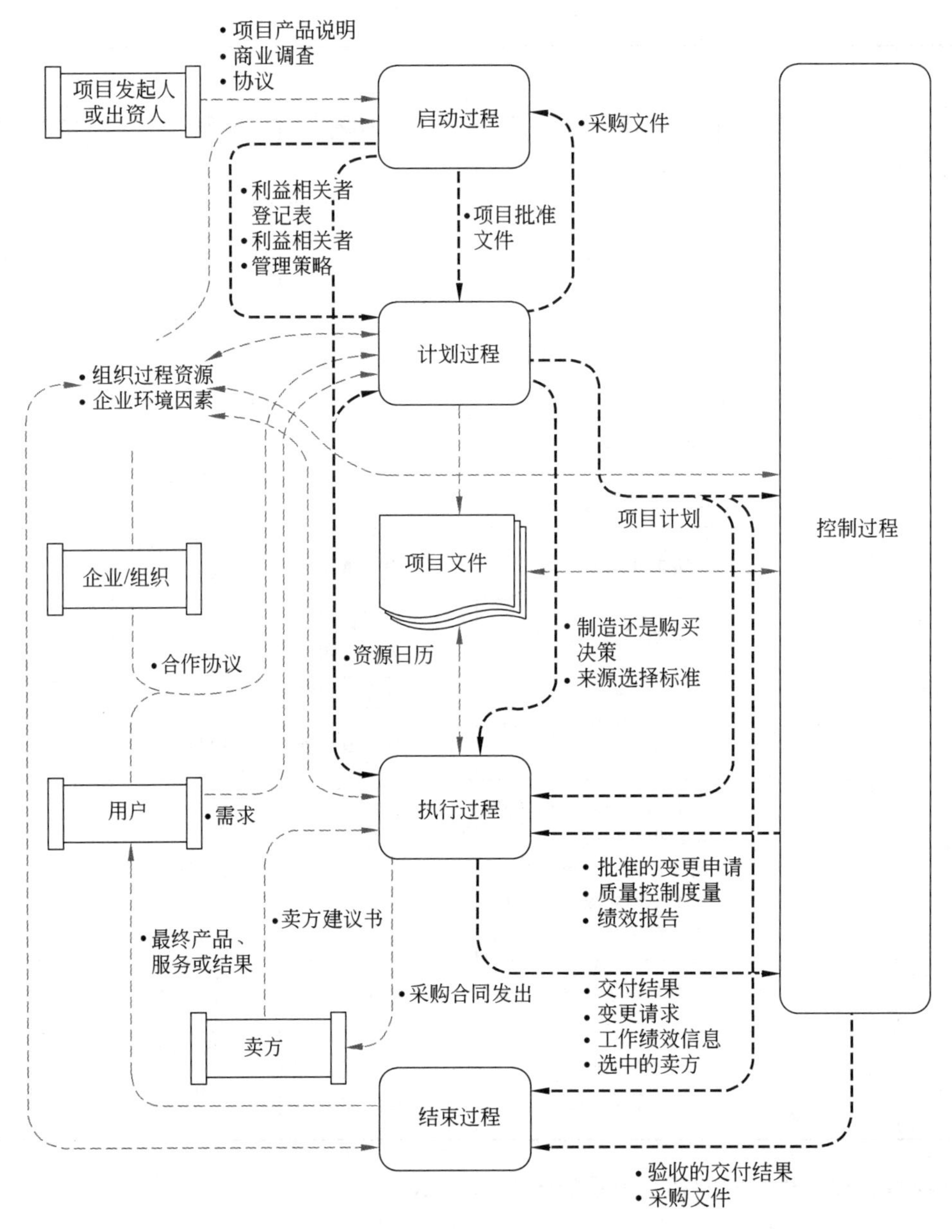

注：图中深色虚线表示项目管理过程之间的关系，浅色虚线表示项目管理以外的因素与项目管理过程之间的关系。

图 1-13　项目管理过程之间的相互关系

高级管理者和项目出资人，使他们更好地理解项目管理的原理和惯例，有助于他们对项目经理、项目管理团队以及项目团队给予适当的支持与指导；

项目经理、项目管理团队以及项目团队成员，使他们有一个共同的基础，在此基础上，他们可以与其他人比较各自遵循的项目标准和惯例；

国家或组织标准的开发者，使他们在开发项目管理标准时，保持与其他人在标准的核心层上一致。

该国标标准内容大纲如下。

前言
引言
1　适用范围
2　术语和定义
2.1　活动
2.2　应用领域
2.3　基准
2.4　变更申请书
2.5　配置管理
2.6　控制
2.7　纠正措施
2.8　关键线路
2.9　延后时间
2.10　提前时间
2.11　预防措施
2.12　项目寿命周期
2.13　风险登记表
2.14　利益相关者
2.15　投标文件
2.16　工作分解结构字典
3　项目管理概念
3.1　概述
3.2　项目
3.3　项目管理
3.4　组织战略与项目
3.5　项目环境
3.6　项目治理
3.7　项目与运行

3.8　利益相关者与项目组织

3.9　项目人员的能力

3.10　项目生命周期

3.11　项目约束条件

3.12　项目管理概念与过程的关系

4　项目管理过程

4.1　项目管理过程应用

4.2　过程组与主题组

4.3　过程

附录A　分布在主题组中的过程

1.6.3　APM 的 BOK

APM 从 20 世纪 80 年代晚期开始开发项目管理知识体系，第一个 BOK 版本于 1992 年发布，最新的版本是 2012 年发布的第 6 版。

这个知识体系是一种实践性的文件，它定义了项目管理学科包括的主要知识范围。APM 与其他组织一起把知识体系当做一种基础将它用于各种专业性的发展项目。这个知识体系反映了实践者和专家认为在项目管理专业人员身上应当具有的知识和能力。

APM 的知识体系不仅反映了那些焦点项目管理主题，例如计划与控制的工具和技术，而且还涉及那些对于项目的有效管理都是基础的更广泛的主题，这些都是管理项目的背景环境，如社会的和生态的环境，以及一些特定领域，如技术、经济、财务、组织、采购和人员，还有一般管理。研究和实践表明，所有这些主题对项目成功执行有显著的影响。

APM 的知识体系只是一个知识的大纲，它没有介绍各部分知识的细节。

图 1-14 显示了 APM 项目管理知识体系的结构和内容。

1.6.4　IPMA 的 ICB

IPMA 的全称是 International Project Management Association（国际项目管理协会），它是一个在瑞士注册的非营利性的国际化的项目管理专业组织。

IPMA 委员会在 1998 年 7 月确定了项目管理专业人员资质认证的全球通用体系的概念，为了配合认证，IPMA 在一些国家的项目管理知识体系和评估标准的基础上，制定了项目管理专业人员通用能力标准（International Competence Baseline，ICB）。与 PMI 的 PMBOK 不同的是，IPMA 的 ICB 既有对项目管理知识体系的规定，又有如何对项目管理专业人员的专业水平进行评价的方法体系。目前的最新版本是 ICB 3.0。在 ICB 3.0 中，专业的项目管理被划分为 46 个能力要素，包括项目管理的技术能力要素，专业的行为能力要素，以及项目、大型项目和项目组合的环境要素。ICB 是个人和评估师进

图 1-14　APM 项目管理知识体系的结构和内容

行 IPMA 认证和评估工作的主要依据。

项目管理被划分为三类共 46 个能力要素。

(1) 技术能力要素：①成功的项目管理；②利益相关者；③项目需求和目标；④风险

与机会；⑤质量；⑥项目组织；⑦团队协作；⑧问题解决；⑨项目结构；⑩范围与可交付物；⑪时间和项目阶段；⑫资源；⑬成本和财务；⑭采购与合同；⑮变更；⑯控制与报告；⑰信息与文档；⑱沟通；⑲启动；⑳收尾。

（2）行为能力要素：①领导；②承诺与动机；③自我控制；④自信；⑤缓和；⑥开放；⑦创造力；⑧结果导向；⑨效率；⑩协商；⑪谈判；⑫冲突与危机；⑬可靠性；⑭价值评估；⑮道德规范。

（3）环境能力要素：①面向项目；②面向大型项目；③面向项目组合；④项目、大型项目、项目组合的实施；⑤长期性组织；⑥运营；⑦系统、产品和技术；⑧人力资源管理；⑨健康、保障、安全与环境；⑩财务；⑪法律。

1.7 小结

本章从项目的定义开始，首先讨论了项目概念。通过对项目定义的讨论，总结了项目的一些本质特征，据此可将项目与其他事物区分开来。进一步介绍了项目的一些特点，包括其目的性、依赖性、独特性和冲突性，以及项目生命周期的概念。这些内容可帮助我们认识和掌握项目这种任务的独特之处。其次定义了项目管理概念。项目管理在本书中被定义为一种管理方法体系，这一观点在其他著作中至今还未提到。还介绍了一些有代表性的项目管理知识体系。

1.8 案例

狂热的失误[①]

1992年，在事业之巅的史玉柱决定建造巨人大厦。当时巨人的资产规模已经超过1亿元、流动资金约数百万元。最初的计划是盖38层，大部分自用，并没有搞房地产的设想。这年下半年，一位领导人来巨人视察，当他被引到巨人大厦工地参观的时候，四周一顾盼，便兴致十分高昂地对史玉柱说，这座楼的位置很好，为什么不盖得更高一点？就是这句话，让史玉柱改变了主意。于是，巨人大厦的设计从38层升到了54层。这时候，又一个消息传来，广州想盖全国最高的楼，定在63层。有人建议史玉柱应该为珠海争光，盖个全国第一高楼，成为珠海市的标志性建筑。后又因种种原因数次改变了想法，一来一去，就定在了70层。这就是最后导致史玉柱身败名裂的巨人大厦的投资决策过程。在整个国家都处在激进洪流的时候，是没有人会察觉出这一连串的偶然和随意中所蕴涵的风

① 资料来源：吴晓波.大败局[M].杭州：浙江人民出版社，2007.

险和不妥，没有人看见，危机的导火线从此时开始已经在嗞嗞冒烟了。

在当时，盖一座38层的大厦，大概需要资金2亿元，工期为2年，这对巨人集团来说，并非不能承受之重，可是，盖70层的大厦，预算就陡增到了12亿元，工期延长到6年。这不但在资金上缺口巨大，而且时间一长，便也充满了各种变数。可是，史玉柱却信心十足。当时巨人的M-6403汉卡在市场上卖得十分火爆，1993年的销量便比上年增长了300%，每年回报有3 000多万元，如果保持这样的势头，盖楼的资金应该不成问题。

史玉柱犯了一个很多青年企业家都容易犯的错误：把预期的利润当成了实际的收益，并以此为基础，来设定自己的规划。

一开始一切都显得是那么的顺风顺水。珠海市为了支持这个为珠海争"全国第一高楼"的标志性建筑，大开绿灯，巨人大厦的每平方米地价从原来的1 600元降到700元，最后再降到350元，几乎成了一个"象征价格"。史玉柱原本打算向银行贷一部分款来启动大厦的动工，可是，他的智囊团却想出了一个当时看来比贷款要好得多的融资办法：卖楼花。

此时的巨人集团在公众眼中无疑正带着迷人的光环，企业又在楼花广告中浓墨重彩：国内最知名的高科技企业，亿元资产和38家全资子公司，计划于1995年上市，1996年目标产值50亿元，成为中国最大的计算机企业，将于1996年交付使用的巨人大厦将成为巨人腾飞的象征。更诱人的是，巨人集团还向公众提供了一份"零风险、高回报"的无风险保证："中国人民保险公司提供本金保险及100%的回报保险，珠海市对外经济律师事务所进行常年法律见证。"

巨人大厦是最早在香港市场上出售楼花的内地楼盘之一。挟着巨人集团的赫赫名声及强有力的推销攻势，巨人大厦的楼花在香港卖得十分火，1平方米居然卖了1万多港元，加上在内地的销售，史玉柱一下子圈进了1.2亿元。

谁也没有想到，就是这座被视为史玉柱和巨人集团成功丰碑的大厦，最终导致了巨人的突然倒下。

1996年9月，耗尽巨人集团精血的巨人大厦完成地下工程，开始浮出地面。也就在这时，巨人集团的财务危机全面爆发了。在当时，很多知情的人已经看到了巨人集团的危机。可是谁也没有想到，危机会爆发得那么突然和猛烈。

从10月开始，位于珠海市香洲工业区第九厂房的巨人集团总部越来越热闹，一些买了巨人大厦楼花的债权人开始依照当初的合同来向巨人集团要房子，可是他们看到的却是一片刚刚露出地表的工程，而且越来越多的迹象表明，巨人集团可能已经失去了继续建设大厦的能力。这一吓人的消息一传十、十传百，像台风一样卷刮到并不太大的珠海市的每一个角落。那些用辛辛苦苦赚来的血汗钱买了大厦楼花、原本梦想着赚上一票的中小债主再也耐不住了，一拨接一拨的人群拥进了巨人集团。

尽管巨人的保健品推广大战宣告失败，可是在市场上并没有完全丧失品牌信誉。而巨人大厦已经完成了地下工程，只需要1 000万元资金就可再启动起来。按当时的房地产建筑进度，5天可以盖起一层，一层一层往上盖，兵临城下的债权人自可安心不少，诸多突发矛盾也可以化解。

史玉柱清醒地知道，缺少的仅仅是1 000万元而已。可是，他就是没有能力筹措到这笔钱。1 000万元对不久前的巨人集团算不了什么，就在半年前史玉柱到山东开会，青岛一地市场1个月交给总部的款项就达到了1 000万元。史玉柱仰天悲鸣："什么叫'一分钱难倒英雄汉'？这就是。巨人集团发展到现在，资产规模滚到5个亿，区区1 000万元的小数目根本不算什么，可眼下这一关就是过不去。"

在财务危机被曝光3个月后，史玉柱终于向媒体提出了一个"巨人重组计划"，内容包括两个部分：一是以8 000万元的价格出让巨人大厦80%的股权；二是合作组建"脑黄金""巨不肥"等产品的营销公司，重新启动市场。可是谈了10多家，终于一无所成。在这一过程中，庞大的"巨人军团"分崩瓦解，而史玉柱也从公众的视野中消失了。

问题：

1. 建造巨人大厦的项目对企业有哪些利弊？
2. 史玉柱和他的企业失败的原因是什么？
3. 建造巨人大厦的项目决策存在什么问题？
4. 巨人大厦项目的实施存在什么问题？

CHAPTER 2 第 2 章 项目组织与项目经理

一个项目确立以后，首先面临的是这样两个问题：第一，从哪里、用什么方式获得项目需要的人员，必须确定项目与公司的关系，即项目的组织结构；第二，必须确定项目内部的组成。本章将从组织的一般概念出发，重点介绍三种主要的项目组织结构形式——职能式、项目式和矩阵式组织结构——以及它们的优缺点。还将讨论选择合适的项目组织形式所要考虑的一些关键因素，然后讨论项目组的组建、关键成员的角色和项目组的沟通计划。最后讨论关于项目经理的一些问题。

2.1 项目组织及其环境

2.1.1 组织及项目组织

组织是管理的一种重要职能，其一般概念是指各生产要素相结合的形式和制度。通常，前者表现为组织结构，后者表现为组织的工作制度。组织结构一般又称为组织形式，反映了各生产要素相结合的结构形式，即管理活动中各种职能的横向分工和层次划分。组织结构运行的规则和各种管理职能分工的规则即是工作规则。

本章重点讨论如何依据项目的要求建立合理的项目组织结构、展开正常的组织活动。由于各生产要素的相互结合是一种不断变化的活动，所以组织也是一个动态的管理过程。它不但涉及管理活动的全过程和所有方面，随着其中各种因素的变化而变化，而且本身也是一个系统的概念。就项目这种一次性任务的组织而言，客观上同样存在着组织设计、组织运行、组织更新和组织终结的生命周期，要在此组织过程中使组织活动有效地进行，就需要建立合理的组织结构。

在建立组织结构时，必须注意以下几个基本原则。第一，组织结构必须反映公司的目标和计划，因为公司的活动是从目标和计划中来的。第二，必须根据工作需要来设计组织结构。无论是组织整体、部门、职位的设计，还是层次的安排和需要人员的条件、数量等，都必须有十分明确的目的，而不能盲目、机械地模仿。第三，必须保证决策指挥的统一。组织结构中要有合理的层次、位置的安排，应用能够担负起责任、并在责任范围内具有权威的人员，使其保持相应的决策权和指挥权。第四，必须创造人尽其才的环境，这与上一原则是对应的。只有统一的指挥，而不能发挥每个人的专长，压抑人员主动性与创造精神，这样的组织是难以实现其目标的。所以，组织结构中要有恰当的分权、恰当的分工。第五，必须有对全过程及全局的有利控制。失控是失败的先兆，保持控制才能实现目标。合理的管理跨度有助于实现有效的控制，这里关键的问题在于信息的沟通。所以组织结构设计还必须考虑各种报告和汇报的方式、方法和制度。

项目的组织形式除了要遵循上述一般组织的设计原则之外，还需要服从一些特殊的组织原则，主要包括两个方面。①项目的性质和规模。项目组织形式是为有效地实现项目的任务而采取的一种组织手段，所以它必须适应项目的性质与规模的要求，手段必须服从目的。②项目在公司中的地位与重要性。公司拥有的资源是有限的，而且一般要同时承担多个项目，这些项目对公司效益的影响不同。有些特别重要的项目，公司需要调用各方面的力量来保证其目标的实现；相反，对于那些相对重要性不大的项目，则可能委托某一部分人或某一部门去自行组织。

一般情况下，在决定项目组织结构这个问题上，项目经理的影响力是有限的。项目组织结构主要是由公司的高层管理者决定的。但项目经理的工作却在较大程度上受到项目组织结构的影响，所以项目经理必须对项目组织结构的工作方式非常了解。经验丰富的项目经理往往能使项目组织按照他所认为的最佳方式运行。由不同项目经理领导的项目，其工作方式也会有较大的不同。

2.1.2 项目组织环境

项目一般是一个比自身大的组织——公司、政府机关、学校、国际组织——的一部分。即使项目本身就是这个组织，该项目仍然受到建立它的组织及其他多个组织的影响。所谓项目组织的结构模式实质上是指在项目上级组织的影响下，项目与上级组织以及项目内部的联系方式。

多数项目的上级组织并不只是为完成项目——一种临时的一次性的目的——而建立，它的主要使命还是为了实现组织的长期目标，因此组织针对这种目标建立起相对稳定的结构，这种结构包括组织部门结构和等级层次结构，

部门结构的划分方法有多种，在这些方法中，按组织的职能划分部门是一种广泛应用的方法。这种方法是按照实现组织目标所需做的各项工作的性质和作用，将一些具体工作归并为一个专门单位，各单位再在横向上建立起联系。其基本结构是一种树形结构，如图 2-1 所示。

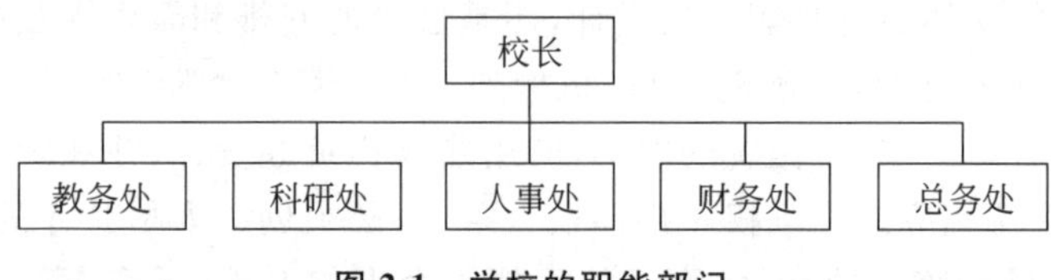

图 2-1 学校的职能部门

这是根据一所大学的任务建立的一种管理组织，组织中的部门就是按管理职能划分的。

利用这种方法划分部门最典型的是在企业组织中的运用。图2-2是一种制造公司的组织图，它也是按职能划分部门的。

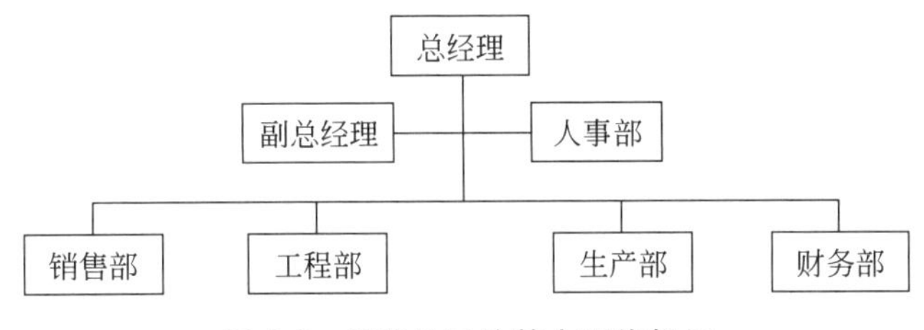

图2-2 制造公司的基本职能部门

划分组织部门的方式不仅有按职能划分这一种方法，还有按人数、按时间、按地区、按产品、按用户、按销售渠道划分等多种方法。管理学家认为，在这些方法中，没有一种方法可以适用于所有的组织和所有的情况，因此组织必须根据实际考虑各种方法的特点来决定如何划分部门。许多专家认为，综合采用各种方法值得提倡。但是，基本上在所有组织中，总会有按职能划分部门的做法。

组织中的层次结构是用来规定组织内纵向部门之间的隶属关系的。一般来说，按组织主要职能划分出的职能部门应在同一层次上，它们之间无上下隶属关系。当组织很小时，整个组织的结构也就是像图2-2所示的那样；但当业务扩大后，当职能部门负责人觉得他们的管理幅度太大时，组织就要建立衍生的职能部门。例如在一个企业很小时，生产科长可能只有几个下属工人；当业务扩大时，购买材料的职能就要分离出来，成立一个新的采购部门，原来管生产的成为制造部门，生产科则可能成为至少管辖采购科和制造科的生产处了。这样，组织中就多了一个层次，处与科之间不是平行的，而是领导与被领导的上下隶属关系。以图2-2所示的组织为例，在组织业务扩大后，原组织就将变为图2-3所示的形式。

以上所介绍的内容是那些有长期目标、任务重复、分工清楚的组织的建立规律，这种组织可称为常规组织。项目正是在这种常规组织之内形成和完成的，因而项目组织与常规的上级组织之间有着极密切的联系。但是，项目是一种有特定目标、特定约束条件的一次性的有限任务，它有与常规组织的常规任务截然不同的特点。这些特点主要有：不可重复性，即用新的生产过程生产新的产品；不可预知性，即各种探索的结果通常事先不知道，可能会意外地发现完全不同的产品；非限定性，即项目组织的部门设置不同于常规组织，由于要求人们承担各种不同的任务，所以部门的结构是松散的。常规组织的特点正好与之相反，即可重复性、可预知性和限定性。

为了保证项目管理成功，应建立一种柔性的、适应任务要求的组织，在这种组织中，人

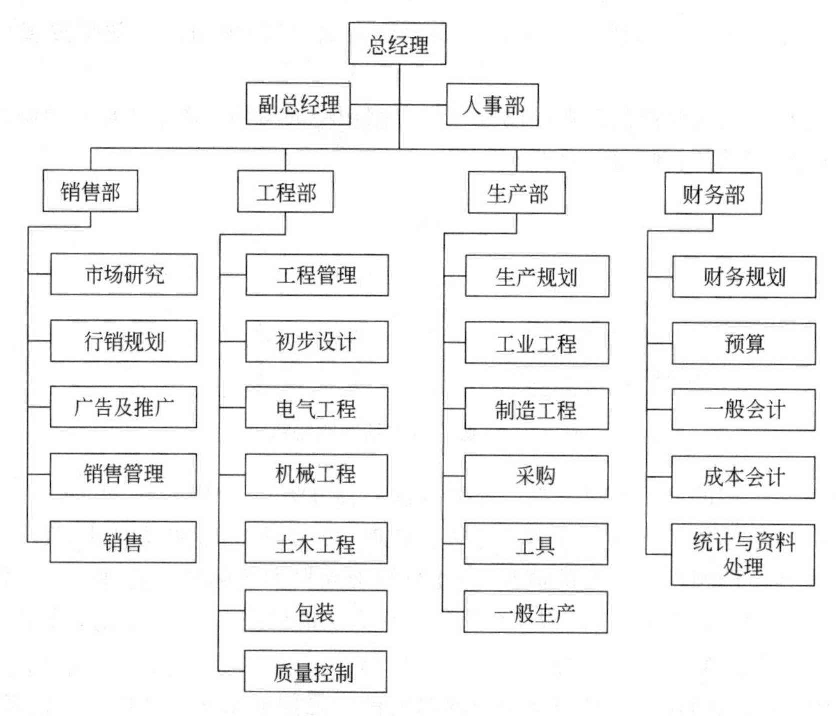

图 2-3　制造公司的职能部门

们将具备多种技能，并能够由一种工作轻而易举地转到另一种工作，而不是仅能扮演单一的角色。项目组织要求人们学会在特定时间内完成特定任务，在由多专业组成的队伍中发挥作用。这里，对人员的评价将主要考虑业绩和应变能力。这种组织不应从那种可重复的、可预知的、受限制的常规组织中抽取出来。但项目组织又是在上级组织内形成，而上级组织通常是一种常规组织，所以项目组织与常规的上级组织既不同又有联系。按照这一思想，在项目管理组织中，形成了几种项目组织的结构模式：职能式组织结构、项目式组织结构、矩阵式组织结构和混合式组织结构。

2.2　职能式组织结构

层次化的职能式组织结构是当今世界上最普遍的组织形式。这是一个金字塔形的结构，高层管理者位于金字塔的顶部，中层和低层管理者则沿着塔顶向下分布。公司的经营活动按照设计、生产、营销和财务等职能划分成部门。图 2-4 是一个制造业公司典型的职能式组织结构图。

一个项目可以作为公司中某个职能部门的一部分，这个部门应该是对项目的实施最有帮助的或是最有可能使项目成功的部门。例如，某公司要开发一个财务会计信息系统，

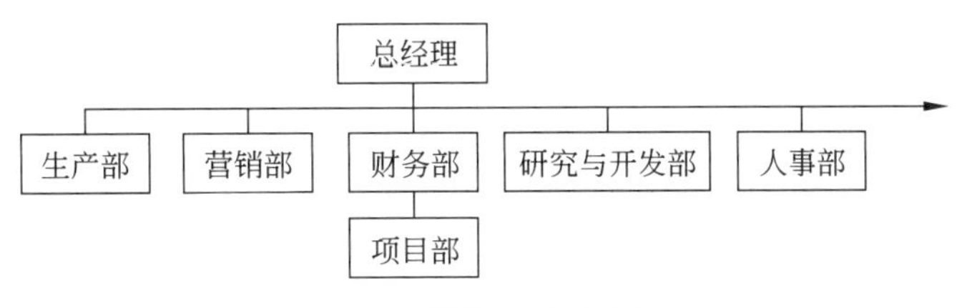

图 2-4 职能式组织结构

这个项目可以被安排在财务部门的下面，直接由财务部门经理负责。

2.2.1 职能式组织结构的优点

将公司的某一职能部门作为项目的行政上级，这种做法有利有弊。有利之处在于以下几方面。

(1) 在人员的使用上具有较大的灵活性。只要选择了一个合适的职能部门作为项目的上级，那么这个部门就能为项目提供它所需要的专业技术人员。这些人员可以被临时地分配给项目，待所要做的工作完成后，又可以回来做他们原来的日常工作。

(2) 技术专家可以同时被不同的项目所使用。职能部门的技术专家一般具有较广的专业基础，可以在不同的项目之间穿梭工作。

(3) 同一部门的专业人员在一起易于交流知识和经验，这可使项目获得部门内所有的知识和技术支持，对创造性地解决项目的技术问题非常有帮助。

(4) 当有人员离开项目组甚至离开公司时，职能部门可作为保持项目技术连续性的基础。同时，将项目作为部门的一部分，还有利于项目在过程、管理和政策等方面保持连续性。

(5) 职能部门可以为本部门的专业人员提供一条正常的晋升途径。成功的项目虽然可以给参加者带来荣誉，但他们在专业上的发展和进步还需要有一个相对固定的职能部门作为基础。

2.2.2 职能式组织结构的缺点

将公司的某个职能部门作为项目的行政上级，其不利之处在于以下几方面。

(1) 职能式组织结构使得客户不是职能部门活动和关心的重点。职能部门有它自己的日常工作，项目及客户的利益往往得不到优先考虑。

(2) 职能部门的工作方式常常是面向本部门的活动的，而一个项目要取得成功，其采取的工作方式必须是面向问题的。

(3) 在这种项目组织结构中，有时会没有一个人承担项目的全部责任。由于责任不明确，往往是项目经理只负责项目的一部分，另外一些人则负责项目的其他部分。不难想象这将导致协调的困难和混乱的局面。

（4）这种混乱局面也会使对客户要求的响应变得迟缓和艰难，因为在项目和客户之间存在着多个管理层次。

（5）项目常常得不到很好的对待。项目中与职能部门利益直接有关的问题可能得到较好的处理，而那些超出其利益范围的问题则很有可能遭到冷落。

（6）分配给项目的人员，其积极性往往不是很高。项目被看做不是他们的主要工作，有些人甚至将项目任务当成额外的负担。

（7）技术复杂的项目通常需要多个职能部门的共同合作，但他们往往更注重本领域，而忽略了整个项目的目标；并且跨部门之间的交流沟通也是比较困难的。

2.3 项目式组织结构

与职能式组织结构截然相反的是项目式组织结构，项目从公司组织中分离出来，作为独立的单元，有其自己的技术人员和管理人员。有些公司对项目的行政管理、财务、人事及监督等方面作了详细的规定，而有些公司则在项目的责任范围内给予项目充分的自主权，还有好多公司采取了介于这两者之间的做法。图 2-5 给出了一个项目式组织结构。

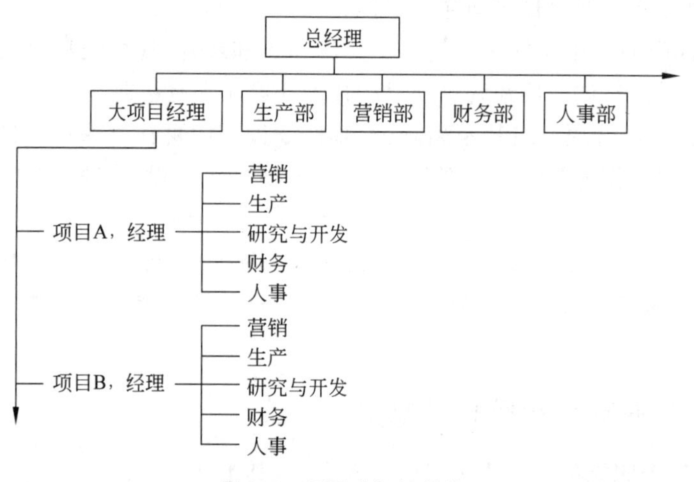

图 2-5 项目式组织结构

2.3.1 项目式组织结构的优点

与职能式组织结构一样，项目式组织结构也有其优缺点。优点有以下几方面。

（1）项目经理对项目全权负责，尽管他必须向公司的高层领导汇报。项目经理可以全身心地投入项目中去，可以像总经理管理公司一样管理整个项目，可以调用整个组织内部和外部的资源。

(2) 项目组的所有成员直接对项目经理负责,项目经理是项目的真正领导人。

(3) 项目从职能部门中分离出来,使得沟通途径变得简捷。项目经理可以避开职能部门直接与公司的高层领导进行沟通,提高了沟通的速度,也避免了沟通中的错误。

(4) 当存在一系列的类似项目时,项目式组织可以保留一部分在某些技术领域具有很好才能的专家作为固定的成员。事实上,这种技能储备不仅有利于项目的成功,而且也能为公司争得荣誉,吸引更多的客户。

(5) 项目式组织结构中,项目的目标是单一的,项目成员能够明确理解并集中精力于这个单一目标,团队精神得以充分发挥。

(6) 权力的集中使决策的速度得以加快,整个项目组织能够对客户的需求和高层管理的意图做出更快的响应。

(7) 命令的协调一致。在项目式组织结构中,每个成员只有一个上司,避免了多重领导、无所适从的局面。

(8) 项目式组织从结构上来说简单灵活、易于操作,在进度、成本和质量等方面的控制也较为灵活。

2.3.2 项目式组织结构的缺点

项目式组织结构虽有较强的优势,但也存在明显的缺点。

(1) 当一个公司有多个项目时,每个项目都有自己一套独立的班子,这会造成人员、设施、技术及设备等的重复配置。例如,在一个项目中本不需要专门设置一个人事负责人,但又必须设置一个,因为项目组的成员都是全职的,不能兼职于几个项目。

(2) 事实上,为了保证在项目需要时能马上得到所需的专业技术人员及设备等,项目经理往往会将这些关键资源储备起来,所以,具有关键技术的人员在项目还没需要他们时就被招来,而且占用的时间比项目需要他们的时间更长,以防万一。

(3) 当项目具有高科技特征时,项目中的人员在某些专业领域具有较深的造诣,但在其他一些与项目无关的领域则可能知之甚少。职能部门虽然可看成各种技能的储备基地,但对不属于本部门的项目成员是不直接开放的。

(4) 项目式组织结构容易造成在公司规章制度执行上的不一致。在相对封闭的项目环境中,行政管理上的偷工减料时有发生,并被辩解成为了应付客户或技术上的紧急情况。“他们对我们的问题不理解”已成为项目成员的一句无视公司领导意见的轻松的借口。

(5) 在项目式组织结构中,项目只承担自己的工作,成员与项目之间及成员相互之间都有着很强的依赖关系,但项目成员与公司的其他部门之间却有着较清楚的界限。这种界限不利于项目与外界的沟通,同时也容易引起一些不良的矛盾和竞争。

（6）对项目成员来说，缺乏一种事业的连续性和保障。项目一旦结束，项目成员就会失去他们的“家”，不知道接下来会发生什么，比如，会不会被暂时解雇，会不会被安排去做低档的工作，会不会被其他项目看中，原来的项目组会不会解散，等等。

2.4 矩阵式组织结构

职能式组织结构和项目式组织结构都有各自的不足，要解决这些问题，就要在职能部门积累专业技术的长期目标和项目的短期目标之间找到适宜的平衡点。矩阵式组织结构正是为了最大限度地发挥项目式和矩阵式组织的优势、尽量避免其弱点而产生的一种组织方式。事实上，职能式组织和项目式组织是两种极端的情况，矩阵式组织是两者的结合，它在职能式组织的垂直层次结构上，叠加了项目式组织的水平结构。

作为职能式组织和项目式组织的结合，矩阵式组织可采取多种形式，这取决于它偏向于哪个极端。先考虑一个强矩阵形式，它类似于项目式组织，但项目并不从公司组织中分离出来作为独立的单元。如图 2-6 所示，项目 1 的经理向大项目经理（program manager）报告，而大项目经理同时管理着其他多个项目。项目 1 中有 3 人来自生产部门，有 $1\frac{1}{2}$ 人来自市场部门，有 1/2 人来自财务部门，有 1/2 人来自人事部门，还有 4 人来自研发部门，可能还有其他的人。这些人来自他们各自所属的部门，根据项目的需要，全职或兼职地为项目工作。要指出的是，在这里，项目经理决定什么时候做什么，而职能部门经理决定将哪些人员派往项目，要用到哪些技术。

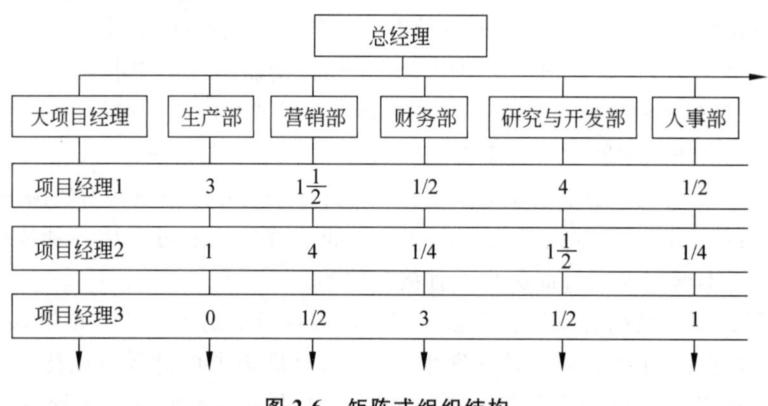

图 2-6 矩阵式组织结构

从图 2-6 可看出，项目 1 的人员主要来自生产和研发部门，猜想该项目可能包括一个新的生产过程的设计和安装。项目 2 可能是一个新产品或一个营销计划的研究问题。项目 3 可能与一个新的电脑化的财务管理系统有关。与此同时，职能部门一直进行着它们各自的日常工作。

一般地，公司组织中没有某个固定的机构来主管项目。如果项目是属于一个大项目的，那么项目经理通常向大项目经理汇报。项目经理很少向职能部门汇报，一般是直接向总经理或某个副总经理汇报。

矩阵式组织的另一极端是与职能式组织类似的弱矩阵形式。项目可能只有一个专职人员，即项目经理。项目不是从职能部门直接调派成员过来，而是让他们在职能部门提供服务。项目所需要的工程、计算机软件、产品测试及其他的服务，都可由相应职能部门提供。例如，一个项目经理想建立一个新的人事档案数据库，需要行政部门属下的系统分析小组做总体设计，那么，设计人事档案数据库就成为系统分析小组的新增工作，项目就成为该小组的服务对象。这项工作的优先级一般由高层领导指定，或由项目经理与分析小组组长协商而定。在有些情况下，系统分析小组做这项工作的费用也要协商决定。

在这两个极端之间，项目和职能部门的职责组合可以有多种形式。一个部门的某个小组如果经常为项目提供服务，一般可被作为一个独立的职能单元，例如：多产品制造企业中的质量保证小组、出版公司中的计算机图形小组等，都可作为一个独立的职能单元，像承包商一样承担项目的工作。这样做，虽然项目经理的控制权被削弱了，但是项目可以随时得到小组的专家级的服务，小组也可以保持它的技术完整性。

矩阵式组织结构发展的推动力主要来自高科技领域的公司，这些公司中的各个项目通常既需要多个部门专家的合作，又希望能够共享这些专家。此外，项目的技术要求也需要有一种新的组织方法能够克服先前的项目管理中的不足。以前，一个企业要进行一个高科技的项目，往往是从研发部门开始，他们将研究出来的方案传递给工程部门；工程部门有时会根据工程要求将整个方案重做一遍，然后再传递给生产部门；生产部门为了保证新产品在现有的设备条件下能生产出来，可能又要做一些修改；所有这些工作都需要大量的时间，而最终的结果可能与最初的要求相距甚远。

为了克服上述项目管理中的弊端，公司中必须有一个机构或组织来负责整个项目的集成，能将研发、工程、生产等过程紧密结合起来，并且与客户保持密切的联系。如果将项目作为某个职能部门的一部分显得太勉强；而将项目作为一个独立的单元又太昂贵，因为项目的资源会重复配置。矩阵式组织正是摆脱这种困境的一条途径，项目经理可以从相应的职能部门临时抽调所需的资源。

2.4.1　矩阵式组织结构的优点

矩阵式组织的优点可以概括为以下几方面。

(1) 项目是工作的重点。有专门的人，即项目经理，负责管理整个项目，负责在规定的时间、经费范围内完成项目的要求。矩阵式组织具有项目式组织的长处。

(2) 因为项目组织是覆盖在职能部门上的，它可以临时从职能部门抽调所需的人才，所以项目可以分享各个部门的技术人才储备。当有多个项目时，这些人才对所有项目都是可用的，从而可以大大减少像项目式组织中出现的人才冗余的现象。

(3) 项目组成员对项目结束后的忧虑减少了：虽然他们与项目具有很强的联系，但他们对职能部门也有一种"家"的亲密感觉。

(4) 矩阵式组织不仅对客户要求的响应与项目式组织同样快捷灵活，而且对公司组织内部的要求也能做出较快的响应。公司内部的项目必须适应公司的要求，否则难以取得成功。

(5) 矩阵式组织的项目中会有来自行政部门的人员，他们会在公司规章制度的执行过程中保持与公司的一致，这至少可以增强公司领导对项目的信任。

(6) 当有多个项目同时进行时，公司可以平衡资源以保证各个项目都能完成其各自的进度、成本及质量要求。公司可以在人员及进度上统筹安排，优化整个系统的效率，而不会以牺牲其他项目的代价去满足个别项目的要求。

(7) 项目式组织和职能式组织是两个极端的情况，而矩阵式组织在这两者之间具有较广的选择范围。职能部门可以为项目提供人员，也可以只为项目提供服务，从而使得项目的组织具有很大的灵活性。所以矩阵式组织可以被许多不同类型的项目所采用。

2.4.2 矩阵式组织结构的缺点

矩阵式组织结构的优点是很突出的，但其缺点也是较明显的。

(1) 在职能式组织中，职能部门是项目的决策者。在项目式组织中，项目经理是项目的权力中心；而在矩阵式组织中，权力是均衡的。由于没有明确的负责者，项目的一些工作就会受到影响。当项目成功时，大家会争抢功劳；而当项目失败时，则又会竞相逃避责任。

(2) 多个项目在进度、成本和质量方面能够取得平衡，这既是矩阵式组织的优点，又是它的缺点。因为这些项目必须被当做一个整体仔细地监控，这可是一项艰难的工作；而且资源在项目之间流动容易引起项目经理之间的争斗，每个项目经理都更关心自己项目的成功，而不是整个公司的目标。

(3) 在按矩阵方式组织的项目中，项目经理主管项目的行政事务，职能部门经理主管项目的技术问题。这种做法说起来简单，但项目经理在执行过程中要将项目和职能部门的责任及权力分清楚，却不是件容易的事。项目经理必须就各种问题，如资源分配、技术支持及进度等，与部门经理进行谈判。项目经理的这种谈判、协调能力对一个项目的成功是非常重要的，如果项目经理在这方面没有很强的能力，那么项目的成功将受到怀疑。

(4) 矩阵式组织违反了命令单一性的原则，项目成员至少有两个上司，即项目经理和部门经理。如果他们的命令有分歧，会令人感到左右为难，无所适从。项目成员需要对这种窘境有清楚的认识，否则会无法适应这种工作环境。

2.5 混合式组织结构

划分部门是将一个大的组织整体分解成小的、更灵活的单元的一种手段,它可使公司这个大组织拥有专业化小组织单元的优势的同时又保持规模上的优势。公司部门的划分,除了通常的按职能划分以外,还可以按产品、地区或地域、生产过程、客户、子公司等划分。实际上,一些大公司往往在不同的层次有不同的组织方式。例如,一个公司的最高层可以按子公司来组织,子公司可以按产品来组织,而产品部门又可以按客户来组织。

在按产品划分部门的公司中,组织一个项目意味着将在公司中建立一个相对自主的、集成化的组织单元,负责某一产品或产品系列的设计、制造、销售和服务等,并将项目组的利益与产品的利润直接挂钩。像计算机软件项目就通常是按产品来组织的。

按照工艺流程或设备类型来组织部门是制造业公司常用的方法。比如一个家具制造公司分成木质家具部门和布艺家具部门,各部门都有自己的专业人员和设备。假设现在要设计两件新款家具,一件是木质的,一件是布艺的,那么这两个项目肯定将分别隶属于木质家具部门和布艺家具部门。

同样,在经营地区很广的公司中,按地区来组织部门相当普遍,这些公司的产品往往具有浓郁的地方色彩,项目也同样具有区域性。在按客户划分部门的公司组织中,当一个项目涉及多个客户,并且客户利益是项目所要考虑的首要问题时,项目应按客户分类来组织。如果公司的销售部门要搞一个产品促销项目,它可能会根据批发商和零售商来组织。

在一个公司中,可同时存在职能式组织的项目和纯项目式组织的项目,如图2-7所示即是一个混合式的组织结构,这种情况其实并不少见。另外,许多公司先将刚启动尚未成熟的小项目放在某个职能部门的下面,当其逐渐成熟并具一定地位以后,再将其作为一个独立的项目,最后也有可能将其发展成一个独立的部门。

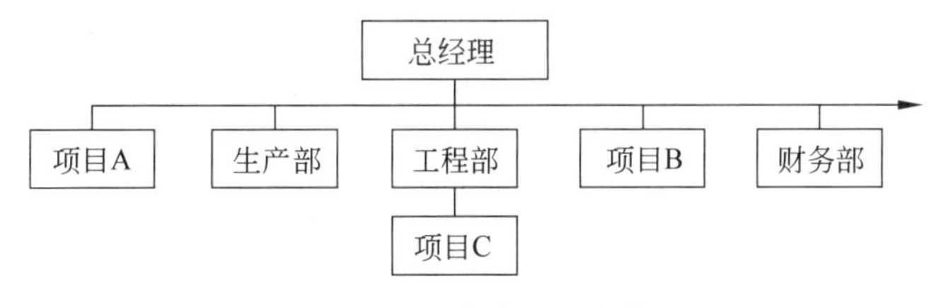

图2-7 混合式组织结构

这种混合式组织结构使公司在建立项目组织时具有较大的灵活性,但也存在一定的风险。同一公司的若干项目采取不同的组织方式,由于利益分配上的不一致,容易产生资源的浪费和各种矛盾。

虽然项目与公司的组织关系可以多种多样,但大多数公司将矩阵式组织作为安置项目的基本方法。以此为基础，有时也可增加纯项目式的、职能式的或混合式的组织方式，只要这些方式对实际情况是有利的。值得注意的是，矩阵式项目的管理难度有时足以抵消其低成本和易获得广泛的技术支持所带来的好处。

2.6 项目组织结构的选择

选择项目的组织结构，即解决项目与公司的关系问题，即使是对一个有经验的专业人士来说，也是一个非常困难的事情，往往要视具体情况而定，而且有时也需依靠一定的经验和直觉。几乎没有可普遍接受的、步骤明确的方法来告诉人们怎样决定需要什么类型的组织结构以及如何建立这种组织结构。我们能做的就是充分考虑项目的具体特性、各种组织方式的特点以及公司的文化氛围等，然后做出我们所认为的最合适的选择。

2.6.1 项目组织结构的变化系列

前面分别介绍了项目的三种主要组织形式，即职能式、矩阵式和项目式。其实这三种组织形式可以表示为一个变化系列，职能式方法在一端，项目式方法在另一端，矩阵式方法处于二者之间。其结构形式的变化范围相当广泛，弱矩阵式组织接近于职能式组织，而强矩阵式组织接近于项目式组织。如图 2-8 所示的变化系列，该图基于工作人员在自己部门的工作时间和在项目的工作时间之比。表 2-1 列出了主要项目组织结构形式的有关特点。

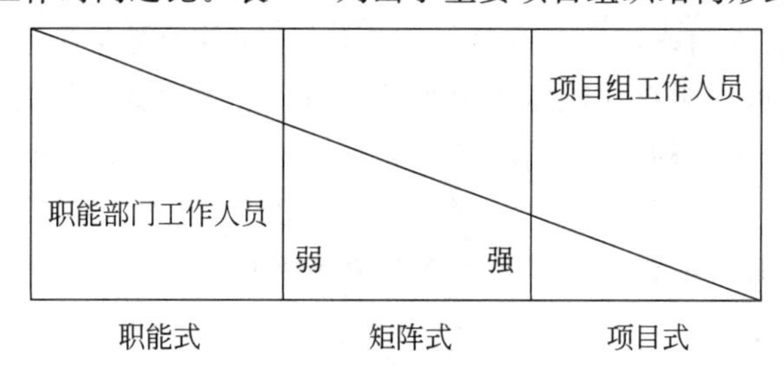

图 2-8 组织结构的变化系列

表 2-1 主要项目组织结构的特点

特点 \ 组织形式	职能式	矩阵式			项目式
		弱矩阵式	平衡矩阵式	强矩阵式	
项目经理的权限	很少或没有	有限	小到中等	中等到大	很高甚至全权
专职工作人员的比率	几乎没有	0～25%	15%～60%	50%～95%	85%～100%
项目经理职责	兼职	兼职	专职	专职	专职
项目经理的常用头衔	项目协调员	项目协调员	项目经理	项目经理	项目经理
项目管理行政人员	兼职	兼职	兼职	专职	专职

从图2-8和表2-1中，可以看出，职能式组织和弱矩阵式组织具有兼职的项目协调员，而平衡矩阵式、强矩阵式和项目式组织具有全职的项目经理。项目协调员和项目经理的不同，表现为综合协调项目与实际做出决策之间的差别。职能式组织中项目几乎没有自己的全职工作人员，而项目式组织中，绝大多数都是全职工作于项目的成员。在矩阵式组织中，“强”和“弱”并不表示好和坏的意思，它们是用来说明矩阵式结构中集成化职能的相对尺度和力量。

2.6.2　决定组织选择的因素

在项目组织结构的选择中，没有能适用于所有情况的万能方法，最好的方法是能够适应于项目运转环境中关键因素的方法。因此，我们需要一张关键因素表(表2-2)，以有助于在特定组织结构和环境条件下的项目选择适宜的组织结构。

表2-2　决定组织选择的关键因素

因　素	职能式	矩阵式	项目式	因　素	职能式	矩阵式	项目式
不确定性	低	高	高	重要性	低	中等	高
所用技术	标准	复杂	新	客户类型	各种各样	中等	单一
复杂程度	低	中等	高	对内部依赖性	弱	中等	强
持续时间	短	中等	长	对外部依赖性	强	中等	弱
规模	小	中等	大	时间限制性	弱	中等	强

一般地，职能式组织适宜于规模较小的、以技术为重点的项目，而不适宜时间限制性强或要求对变化快速响应的项目。另外，如果一个项目需要在某类设备或厂房上进行大量的投资，那么最好采用职能式组织结构。

如果一个公司包括多个相似项目，如多个建筑项目，则应选择项目式组织结构。长期的、大型的、重要的和复杂的项目，更应采用项目式组织结构。

如果一个项目需要利用多个职能部门的资源而且技术相对复杂，但又不需要技术人员全职为项目工作，那么，矩阵式组织结构是最好的选择，特别是当几个项目需要同时共享这些技术人员时。但应注意到矩阵式组织结构的管理是复杂的，对项目经理来说是一种挑战。

在做出项目组织结构的选择之前，必须首先搞清楚项目需要完成哪些任务。为此需要做一个初步的项目计划。第一，确定项目要完成的主要成果；第二，列出与每个成果相关的主要任务；第三，对每项任务，确定负责完成它的相关职能部门，并且考虑如何将这些任务最佳地集成起来；第四，要考虑具体完成某项任务的人员需具备的资格、该项任务所需要的技能以及所涉及的客户等。第五，还要考虑公司的内外部环境因素，如公司的文化、与项目有关的各部门之间的关系等。综合以上各种因素并结合每种组织形式的特点，就能为项目选择一个较为有效的组织结构。

2.6.3 一个项目组织选择的例子

本章的目的是提供一个选择合适的项目组织结构的原则，为此，通过一个例子来说明这一过程。在这个例子中，按下列过程进行。

(1) 定义项目的目标以及主要的成果。

(2) 确定每项目标的关键任务，并确定与完成这些任务相关的组织单元(organization unit)。

(3) 安排各个关键任务执行的先后顺序，并且将它们分解成工作包(work package)。

(4) 确定由哪些项目子系统(project subsystem)来完成这些工作包以及这些项目子系统相互之间的关系。

(5) 列出项目的主要特点或限制，如项目要求的技术水平、项目的规模及大概的持续时间、与项目有关的各部门之间可能产生的问题、公司在项目组织方面的经验以及任何看上去与项目有关的因素。

表 2-3 是一家计算机公司进行项目组织结构选择的过程。项目的目标是设计、生产和销售一种多任务的便携式个人电脑，配置包括：64 位处理器、2GB 以上内存、320GB 以上硬盘、2GHz 以上处理速度、重量不超过 1.5 公斤，LED 显示器、电池正常操作下可用 6 小时以上、零售价不超过 1 万元。表 2-3 是这个项目的关键任务和责任部门。

表 2-3 项目的关键任务和责任部门

项目的关键任务	相关的组织单元
A. 描述产品的需求	市场部、研发部
B. 设计硬件，做初步测试	研发部
C. 筹备硬件生产	生产部
D. 建造生产线	生产部
E. 进行小批量生产，测试质量和可靠性	生产部、质保部
F. 编写(或采用已有的)操作系统	软件开发部
G. 测试操作系统	质保部
H. 编写(或采用已有的)应用软件	软件开发部
I. 测试应用软件	质保部
J. 编写所有文档，包括用户手册	生产部、软件开发部
K. 建立服务体系，包括备件、手册等	市场部
L. 制定营销计划	市场部
M. 准备促销演示	市场部

这些任务可以分成 4 类：

- 设计、生产、测试硬件；
- 设计、编制、测试软件；
- 建立生产和服务/维修体系；
- 营销策划，包括演示、宣传等。

根据以上分析，项目需要下面一些子系统：

- 设计软件的小组和设计硬件的小组；
- 测试软件的小组和测试硬件的小组；
- 组织硬件生产的小组；
- 营销策划小组；
- 文档编写小组；
- 管理以上各小组的行政小组。

这些子系统涉及公司的5个部门，其中软件设计小组和硬件设计小组的工作关系非常密切，而测试小组的工作则相对独立，但测试的结果对软件和硬件设计的改善很有帮助。

该计算机公司在人力上完全有能力完成这个项目，在硬件和操作系统的设计上也能达到当前的先进水平，但要将零售价控制在1万元以下，需要有更先进的技术。这个项目预计持续18～24个月，是到目前为止该公司投资最大的项目。

根据以上的信息概要，可以清楚看出，职能式项目组织是不适合该项目的，因为项目涉及多个部门，很难将它划归为某一个部门。项目式组织结构或矩阵式组织结构都是可行的，如果要做选择的话，只要人员成本增加不是太大，项目式组织更好，因为项目式组织的管理更简单。但是，如果项目不需要资深研究人员的全职参与，那么选择矩阵式组织结构可能更好。

2.7　项目组的组建

在确定了项目的组织结构以后，就要确定项目内部的成员组成，这是本节将要讨论的主要问题。这里请注意，不同的项目其成员的组成会有很大的差别。

在具体讨论如何组建项目组之前，先来看一个似乎是不重要的但却起着很大作用的事情，即设立一间项目办公室（project office），无论项目是大是小。项目办公室可以作为项目的一个控制中心、接待领导或客户的会议室、技术讨论中心以及休息室等。项目办公室不一定豪华，但却能使人在客观上感觉到项目的存在，也有助于培养成员的团队精神，有助于各种信息的沟通。有可能的话，项目办公室应该与项目成员的办公室相邻。

2.7.1 项目组的组成

现在讨论项目组的组建，为了具体一些，以一个工程项目为例。假设这个项目是一个规模中等的项目。项目组中，除了项目经理和一定数量的科学家、工程师、技术人员和职员以外，还需要有下列一些关键成员。

- 项目工程师(project engineer)。项目工程师主管产品的设计开发，负责产品的功能分析、规格说明、图纸、成本估算、质量及技术文档等。
- 制造工程师(manufacturing engineer)。制造工程师的任务是为项目工程师的设计成果组织有效的生产过程，包括设计和安装相应的生产设备、安排生产进度以及其他的生产活动等。
- 现场经理(field manager)。现场经理负责在产品交付用户使用时的现场支持，包括安装、调试等。
- 合同经理(contract administrator)。合同经理负责项目的文字工作、法律事务等，处理客户的问题，管理合同等重要文件，等等。
- 项目控制师(project controller)。项目控制师负责记录项目的日常收支情况，包括成本变化、劳务成本、日常用品及设备状况等，还要定期地做一些报表，并与项目经理和公司领导保持密切的联系。
- 支持服务经理(support services manager)。支持服务经理负责产品的服务支持、与分包商的联系、信息处理等。

在这些项目的上层人员中，最重要的是项目工程师和项目控制师，他们直接向项目经理报告(图 2-9)，这样做使项目经理能直接掌握项目的两个重要方面，即技术和财务。在规模较大的项目中，其他的关键人员也可直接向项目经理报告。

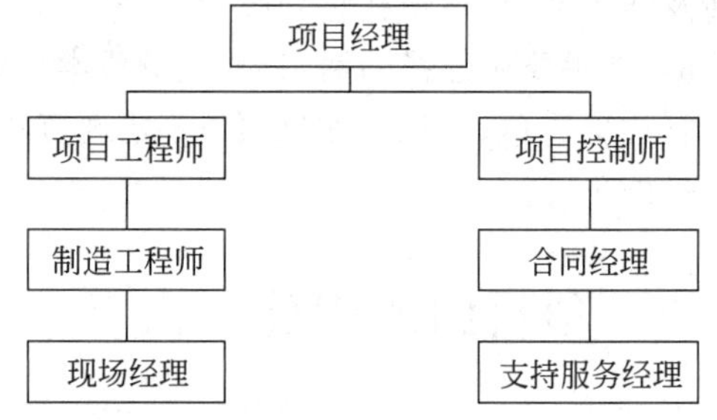

图 2-9 工程项目的典型组织结构

至于项目的其他成员，项目经理先要对整个项目生命周期的人员需求作一个预测，这可以借助一些特殊的方法，如利用工作分解结构(WBS)图确定完成项目的各项具体任务。以此为基础，项目经理可以与相应的职能部门经理协商确定所需的人员。

有时，一些任务可以分包出去，这主要是因为公司内部找不到合适的人员或合适的人员另有任务，也有时是因为公司内部不具备项目所需要的特殊设备。相反，如果公司内部具有合适的人员和设备，项目经理一般都会想尽办法去争取。很多公司都尽可能地使用内部资源，以使资源的质量和使用得到更好的控制。

一般地，项目经理除了和部门经理商谈外，还要和被选人员本人谈，尽力展现项目的挑战性和重要性，说服他们加入到项目中来；并努力使部门经理们理解将这些人员"借给"项目的意义以及对部门的有益之处。而部门经理们会认为项目的成功虽然可以带来荣誉，但这种荣誉职能部门难以分享，所以他们往往缺乏合作的积极性，这时，项目经理的说服协调能力就显得非常关键。

以上这些讨论都是假设这个工程项目的例子是采用强矩阵式组织结构的，但是，近年来弱矩阵式组织结构被越来越多地使用。在许多公司中，弱矩阵式项目组织结构的普遍做法是：项目只有一位项目经理和一至两位全职的关键成员，其他各种支持和服务都由公司的其他部门提供。这种结构在计算机软件开发项目中常常可以见到。一个软件项目可以只包括项目经理和少数集成测试人员，其中的大量的编程工作可由开发部门去完成，而不是直接将编程人员调派给项目。开发部门根据要求将编制好的程序提交给项目。

在弱矩阵式组织结构的项目中，虽然项目经理可以少要些人，但他的谈判能力非常重要，因为弱矩阵式项目的成功更依赖于属于项目的少数几个技术专家，项目经理需要有很强的谈判能力去争取经验丰富的技术专家，并设法使职能部门保证按时完成任务。

2.7.2　建立项目组沟通计划

一个项目中，有些成员可能需要比其他人更经常地了解项目的情况，有些成员可能因其职务而需要定期向他们提供有关信息，还有些人因其所承担的任务而需要各种各样的信息。所以，项目经理需要在组建项目组的时候就定出组内交流的目标，并且决定与组内每个成员进行交流时所用的形式：会议（小组或个别的）、电话、书面情况报告、电子邮件或几种方法的结合使用。

如果使用书面形式交流，那就要规定内容、详略程度以及报告形式。如果要让每个成员都知道的话，书面交流是最有效的。为确保达到此目的，项目经理得事先就做好准备。

如果使用会议的形式，那就要制定一个方针以决定谁参加、会议每隔多久举行一次、在哪儿举行、何时排定会议时间、谁负责安排议程、谁做记录、谁负责会议后勤等。项目组的会议计划应是项目计划的组成部分，每个有关的成员都应知道何时开会以及会议怎么个开法。

在制定项目组的正式或非正式的交流计划时，项目经理还要考虑与成员接触的频度，有些成员会比其他成员需要更多的沟通。除了定期的、排定了的交流，项目经理还可以计划好项目的关键里程碑前后的或其他检查时间的会议或报告。

2.7.3　项目启动会议

项目启动会议（kick-off meeting）是项目成立以后的第一次全体会议，它有以下目的。

- 项目组的初步交流。会议可以为项目成员之间的相互了解和熟悉提供一个机会，为以后的合作打下基础。

- 加深对项目目标的理解。这是会议的主要目的，项目组各成员对项目目标、意义的全面深入理解，对项目的成功是非常关键的。
- 统一思想认识。在项目的组织结构、工作方式、管理方式及一些方针政策等方面取得一致的认识，以确保项目顺利实施。
- 明确岗位职责。明确项目经理的权利职责范围，明确项目中各个岗位的角色、主要任务、要求等，帮助项目成员更好地理解他们的工作任务。

项目启动会议由项目经理负责筹备和主持，出席会议的人员应包括项目的发起人、客户代表、公司主管领导、有关职能部门经理和全体项目组成员。围绕会议的目的，会议的议题可以有项目的基本情况（如目标、意义、规模、完成时间等）、项目的主要成果、项目所需资源的要求（如成员的技术要求、设备要求等）、项目的管理制度、项目的主要任务及进度安排、项目可能会遇到的困难及变化等。

2.8 项目经理

项目经理是项目小组的灵魂，是决定项目成功与否的关键人物。项目经理的管理素质、组织能力、知识结构、经验水平、领导艺术等都对项目管理的成败有决定性的影响。本章将就项目经理的责任和权力、项目经理所应具备的素质能力、项目经理的挑选与培养等问题进行讨论。

2.8.1 项目经理的责任和权力

这一节主要回答这样的问题，即项目经理在项目中充当什么样的角色，他在项目管理中的地位和作用如何，他拥有什么样的责任和权力。

1. 项目经理的地位

简单地说，项目经理亦即项目负责人，负责项目的组织、计划及实施过程，以保证项目目标的成功实现。项目经理在项目管理中起着关键的作用，是项目小组的灵魂。曾经有人给项目经理下了一个特别的定义，认为项目经理像医生一样，必须是一个诊断专家，他必须确保他的项目免受疾病的“传染”，而针对项目已经染上的疾病，他必须对症状进行检查，诊断病因，并开出治疗处方。

项目经理是项目管理的核心，而其在企业中的地位则取决于企业采用的组织结构形式、项目的重要性。

为了进一步理解项目经理的特点，需要考察一下项目经理与企业部门经理及企业总经理之间的区别及联系。

1）项目经理与部门经理

项目经理与部门经理在企业中所担任的角色、各自所应承担的责任、权利与义务各不相同，下面对二者加以分析比较。

（1）部门经理

部门经理应具有如下特征。

- 部门经理应该是某一领域的专家，对该部门的业务非常精通，能够对下属的专业工作进行指导。
- 在承担责任方面，部门经理是直接的技术监督者，通常决定某件任务如何去做、由谁去做、完成该任务需要什么资源。
- 在解决问题方面，部门经理习惯于运用“分析”的方法，即善于把一个系统按其组成部分进行分解甚至分解为更小的组成部分，从部分的角度去看问题。由于部门经理是该领域的专家，因此对某一特别的技术问题知道如何去分析并解决，他主要负责本部门的管理工作。

（2）项目经理

项目经理应具有如下特征。

- 项目经理应该是一个通才，并不一定是某一领域的专家，但他必须具备丰富的经验与广阔的知识背景。
- 在承担的责任方面，项目经理是一个协调者，他决定需要做什么、什么时候必须完成以及如何获得项目所需的资源，而具体如何去做则由有关的技术专家决定。
- 在解决问题方面，项目经理应该运用系统的方法，即首先对系统的整体加以认识，在此基础上再对系统的组成部分加以理解，从整体的角度去看问题。因此，项目经理应具备系统、综合的能力，懂得把被分解的问题综合起来。

项目经理与部门经理由于其职责范围不同，因此在权力上存在一定程度上的冲突。项目经理具体负责项目的组织、人员的组成、项目预算以及项目实施的指导、计划和控制，而部门经理则可能对项目技术的选择、完成某项工作的人员安排方面施加影响。

系统方法对项目经理来说非常重要，要管理一个项目，首先应从企业的角度对项目加以认识与理解，了解项目所在的企业，并了解企业所处的环境。这样才能对项目的重要性、对资源的需求及资源的可获得性有一个充分的认识，从而管理好项目。

2）项目经理与公司总经理

项目经理与公司总经理之间显著的区别在于各自的权力范围不同。项目经理的权力局限于项目内部，而公司总经理则对整个公司行使权力。二者之间的联系体现在以下几个方面。

- 项目经理管理项目首先要取得高层领导特别是公司总经理的支持。高层领导的支持程度体现了项目的重要程度，也决定了获得资源的难易程度。

- 项目经理一般由公司高层领导任命，项目经理的管理绩效由高层领导来评价，项目经理需要由高层经理进行选拔与培养，因此，从某种程度上看，项目经理的职业发展道路由高层领导决定。
- 由于项目经理的权力大小与公司的组织结构形式有关，因此项目经理的权力范围由公司的总经理决定。

要了解项目经理在企业中的具体地位，需要弄清楚一个问题，即项目经理向谁汇报工作。项目经理的报告关系主要取决于该企业所采取的是项目型组织结构还是非项目型组织结构及项目经理是否为企业的损益承担一定的责任。项目经理直接向高层汇报有如下好处。

- 项目经理担当着与职能部门协调的责任，有可能与职能部门处于同一级别上，因此，项目经理直接向掌管所有职能部门的高层汇报在情理之中。
- 直接向高层汇报充分说明了项目经理在组织中的地位，有利于其有效地开展工作。
- 为了能够有效、及时地解决问题，项目经理需要能够直接接触高层领导。
- 项目经理能够向高层直接汇报，容易争取顾客。

当然，项目经理的汇报关系在项目处在不同生命周期的阶段会有所不同。当项目处于计划阶段时，项目经理适于向高层汇报；而处于实施阶段时，项目经理适于向处于低层的直接上级汇报。值得注意的是，即使项目经理的报告关系处于低层，在项目的计划阶段，项目经理也应该有权力直接向高层汇报，因为，报告层次过多会导致项目等待时间过长。然而，直接向高层汇报也有一定的缺点，如果高层领导直接关注太多的项目，特别是小项目，容易造成低效，并导致低一级的领导（项目的直接上级）对项目疏远。同时，项目经理的地位有可能依赖于项目的风险、项目的规模等。

2. 项目经理的责任

项目经理的任务就是要对项目实行全面的管理，具体体现在，对项目目标要有一个全局的观点；制定计划；报告项目进展并控制反馈；组建团队；在不确定环境下对不确定性问题进行决策，在必要的时候进行谈判及解决冲突。

考虑到项目经理在企业中、在项目中的地位及作用，项目经理的责任主要体现在三个层次上，即项目经理对企业所应承担的责任、对项目所应承担的责任，以及对项目小组成员所应承担的责任。下面分别讨论。

1）项目经理对企业所应承担的责任

项目经理对企业所应承担的责任主要表现在以下几个方面。

(1) 保证项目的目标与企业的经营目标相一致，使项目的成功实施以实现企业的战略目标为前提。

(2) 对企业分配给项目的资源进行适当的管理,保证在资源约束条件下所得资源能够被充分有效地利用。一个企业通常拥有不止一个项目,其重要性及优先程度各不相同,同时,企业所拥有的资源常常是十分有限的,因此项目经理有责任保证其负责的项目所得资源被充分地利用。

(3) 与企业高层领导进行及时有效的沟通,及时汇报项目的进展状况,汇报成本、时间等资源的花费,汇报项目实施可能的结果以及对将来可能发生的问题的预测。项目不是孤立存在的,项目经理要想获得高层领导的支持,首先要使企业高层领导对项目的进展情况及已经或今后可能出现的问题及时了解。

2) 项目经理对项目所应承担的责任

项目经理对项目所应承担的责任具体表现在以下两个方面。

(1) 对项目的成功负有主要责任,对项目实施计划、监督与控制,保证项目按时、在预算内达到预期结果。

(2) 保证项目的整体性,保证项目在实施过程中自始至终以实现项目目标为最终目的。由于项目在实施过程中存在各种各样的冲突,项目经理在解决项目的冲突过程中要起重要作用,做到化解矛盾,平衡利害。

3) 项目经理对项目小组成员所应承担的责任

项目经理对项目小组成员所应承担的责任表现在以下几个方面。

(1) 项目经理有责任为项目组成员提供良好的工作环境与氛围。项目经理作为项目的负责人及协调人,首先应该保证:项目组成员形成一个好的工作团队,成员之间密切配合、相互合作,拥有良好的团队精神及好的工作氛围与环境。特别地,对项目小组中的关键成员及高级研究人员要进行特别的照顾,这是激励项目成员的重要手段。

(2) 项目经理有责任对项目小组成员进行绩效考评。项目经理要建立一定的考评制度,对项目组成员的绩效进行监督与考评。公正的考评制度也是激励员工的一种手段。

(3) 由于项目小组是一个临时的集体,项目经理在激励项目成员的同时还应为项目小组成员的将来考虑,使他们在项目完成之后,有一个好的归属,这样可以使他们无后顾之忧,保证他们安心为项目工作。

3. 项目经理的职责

项目经理的职责就是管理项目,具体来说包括以下几方面。

(1) 启动:通过得到对一个新的开始项目或一个已进行项目的一个新阶段的批准规定这个项目或阶段。

(2) 计划:建立项目范围、深化项目目标、规定项目要实现的目标的行动过程。

(3) 执行:完成计划所规定的工作,从而满足项目的技术要求。

(4) 监测和控制:跟踪、审查、调整项目进程和绩效;找出计划中需要改变的地方,并进行相应的改变。

（5）结束：终结所有管理工作，从而正式结束项目或阶段。

4. 项目经理的权力

既然项目经理担负着保证项目成功的重大责任，那就必须赋予他一定的权力，使他在一定范围内行使这权力，保证项目得以顺利实施。

项目经理权力的大小取决于项目在组织中的地位以及项目的组织结构形式。项目经理的权力大小是相对于职能部门经理而言的，例如，如果项目是职能化结构，项目经理的权力可能在职能部门经理之下；如果项目是纯项目化结构，而且不存在职能部门，这时项目经理的权力可能仅次于公司高层管理人员。另外，由于项目的重要性不同，在非常重要的项目中，项目经理所拥有的权力相对来说大一些；项目经理所拥有的权力大小与项目本身的规模也有关，在大规模的项目中，项目经理的权力相应地也会大些。一般来说，项目经理权力表现在以下几方面。

（1）对项目进行组织，挑选项目组成员的权力。项目经理对项目组成员的挑选与任务分配有最大的决策权。这里值得注意的是，一般情况下，项目经理对项目组成员的职业升迁并没有决策权，他只能施加一定的影响。

（2）制定项目有关决策的权力。项目在实施过程中必然会面临各种决策，而制定决策是项目经理所拥有的权力。

（3）对项目所获得的资源进行分配的权力。一旦资源分配给项目，其具体使用与分配的权力完全在项目经理手中。

2.8.2 项目经理的素质特征

这一节主要回答这样的问题，即一个成功的项目经理应该具备什么样的能力，具备什么样的素质。

1. 项目经理所应具备的能力

由于项目具有唯一性、复杂性，项目在实施过程中始终面临各种各样的冲突，面临各种各样的问题，这就给项目经理带来了巨大的挑战。一个称职的项目经理应该具备多方面的能力，包括领导能力、技术能力、组建团队的能力、解决冲突的能力、创业能力、获得及分配资源的能力。

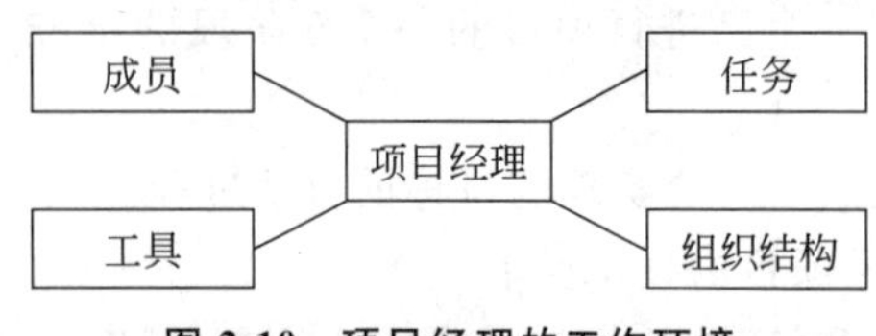

图 2-10 项目经理的工作环境

项目经理在管理项目的过程中必须与多个要素发生关系，包括与项目组成员、与项目的任务本身、与实施项目所采用的工具、与组织结构以及组织的环境、与顾客的关系，如图 2-10

所示。

所有这些要素之间又相互作用。项目经理要协调彼此之间的关系，特别是组织要素与项目要素之间的关系；明确组织目标和项目目标之间的关系。总之，把所有要素组织起来，形成协同关系。这就要求项目经理具备多方面的能力。具体表现在以下几个方面。

1）获得充分资源的能力

项目经理在项目开始之初，首先要确定项目所需的资源。由于企业的资源是有限的，项目经理要获得充分的资源首先要有合适的预算。通常情况下，由于项目实施过程中的不确定性以及项目提议人的过分乐观，项目初始的预算经常是不足的。如果项目的支出超出项目本身的预算，项目经理就需要借助关系、依靠其谈判技巧去向上级部门积极争取完成项目所需资源。因此，制定适当的预算，并在需要的时候及时获得所需资源，是项目经理所必须具备的能力。

2）组织及组建团队的能力

一个项目经理必须了解组织是如何运作的以及应该如何与上级组织打交道。组织能力在项目的形成及起始阶段非常重要，因为在这一阶段，项目经理需要从组织内部的各职能部门集合人才组成一个有效的团队，这不是简单地画一个项目组织图的问题，而是需要定义项目组织内部的报告关系，需要定义各个成员所需要承担的责任、拥有的权力关系以及信息需求及信息流动关系。组织能力需要与计划、沟通、解决冲突的能力相支持，此外还需要清楚定义的项目目标、开放的沟通渠道以及高层管理人员的支持。

组建团队是项目经理的首要责任，一个项目要取得好的绩效，一个关键的要素就是项目经理应该具备把各方人才聚集在一起、组建一个有效的团队的能力。团队建设包括确定项目所需人才、从有关职能部门获得人才、向项目成员分配相关任务和把成员按任务组织起来形成一个有效的项目小组。具体地，分为以下几步。

（1）确定项目所需人才。人力资源作为一种特殊的资源，项目经理在项目开始之初就要对项目本身的要求，如技术要求、所需要的工具以及项目的组织形式有一个充分的理解，进行必要的工作任务分解及初步计划，在此基础上，具体确定完成项目需要什么类型的员工、需要多少以及在什么时候需要。

（2）获得人才。由于项目小组是一个临时的组织，项目小组成员基本上都是向有关职能部门“借”来的，因此，项目经理要获得称职的员工，并不是轻而易举的事，需要克服一定的困难。项目经理与职能部门经理在员工的获得方面存在着冲突。通常情况下，项目经理想得到的人往往是部门经理最想留下来的，另外，如果部门经理感觉到项目经理对自己的职位造成威胁，将不会派得力的人员到项目小组中去工作。可见，项目经理要想获得人员不但需要劝说员工本人，还需与部门经理谈判。

（3）向项目组成员分配相关任务。根据工作任务分解，确定项目组织中的岗位，然后把具体任务落实到人。

(4) 把人员组织起来，形成一个有效的项目小组。形成项目小组关键是要为项目及成员提供一个"良好"的环境，这个环境应该具备下述特征。

- 项目小组应该具有好的团队精神，小组成员之间具有良好的个人关系。
- 团队中有必要的专家及其他资源。
- 有定义清楚的目标。
- 有高层领导的支持。
- 个人之间存在较少的冲突。

要建立这样一个有效的团队，项目经理需要起关键的作用。首先，要在项目小组内部建立一个有效的沟通机制；其次，不但自己要以最大的热情投身于项目，也要激发项目组其他成员投身于项目的热情；最后，项目经理要关心项目成员的成长，对项目组成员进行激励。

项目经理与职能部门经理激励员工的方式往往不同，项目经理没有权力对员工许诺加薪或提升，唯有给员工以接受挑战的机会。因为项目具有唯一性，因而也具有挑战性，能够参加这种具有挑战性的项目本身就是对那些勇于接受挑战的人的一种激励。在一个临时的、高风险的、重要的项目中，项目经理所能提供的最强的激励便是这种接受挑战的机会，以使项目组成员在一个充满支持的气氛中工作，使项目组成员有一种自己是重要的认同感。另外，对不同的员工，激励的方式也应有所不同，如为了保证研究与开发(R&D)人员的创造性，需要给专家以最少的控制、最大程度的自由。

3) 权衡项目目标的能力

项目目标具有多重性，如项目具有时间目标、成本目标及技术性能目标，这三者之间往往存在着权衡关系，而且在项目生命周期的不同阶段，项目目标的相对重要性也不同。如在项目的初期，技术性能目标最重要，每个项目组成员都应该明确本项目最终要达到的技术目标；而到项目中期，成本目标往往被优先考虑，此时项目经理的一项重要任务就是要控制成本；到了项目后期，时间目标则最为重要，此时项目经理所关注的是，在预算范围内，在实现技术目标的前提下，如何保证项目按期完成。另外，项目目标、企业目标及个人目标之间也存在着权衡关系。如果项目经理同时负责几个项目，则项目经理就需要在不同项目之间进行权衡。总之，在项目实施过程中，处处存在这种权衡关系，项目经理应该具备这种权衡的能力。

4) 应对危机及解决冲突的能力

项目的唯一性意味着项目常常会面临各种风险和不确定因素，会遇到各种各样的危机，如资源的危机、人员的危机等。项目经理应该具有对风险和不确定因素进行评价的能力，同时应通过经验的积累及学习过程提高果断应对危机的能力。另外，项目经理还应通过与项目成员之间的密切沟通及早发现问题，预防危机的出现。

项目的特征之一就是冲突性。在项目管理过程中存在着项目组成员之间、项目组与

公司之间、项目组与职能部门之间、项目与顾客之间的各种各样的冲突。冲突的产生会造成混乱，如果能有效地解决或解决问题的时间延长，就会影响团队成员的凝聚力，最终会影响到项目实施的结果。然而，冲突又是不可避免的，唯一可行的就是如何去解决它。冲突在得到有效解决的同时还可以体现出它有益的一面，它可以增强项目组成员的参与性，促进信息的交流，提高人们的竞争意识。了解这些冲突发生的关键并有效地解决它是项目经理所应具备的一项重要能力。

具体地，项目经理要有效地解决冲突就应该做到以下几点。

(1) 充分了解组织及行为要素之间的相互作用关系，努力创造对成员有激励作用的环境，促进员工的参与性，减少冲突。

(2) 采取多种沟通手段，在组织的各个层次上就项目的目标和有关决策进行有效的沟通。

(3) 充分认识产生冲突的决定因素以及冲突在项目生命周期中产生的时间，制定有效的计划和必要的应急计划，必要的时候寻求高层管理人员的帮助。

项目经理应该具有"第六感觉"，能够意识到什么时候冲突是必然的、哪类冲突是有益的，他对冲突的解决负有唯一的责任。

5) 谈判及广泛沟通的能力

由于项目在整个生命周期中存在各种各样的冲突，项目经理的谈判能力就成为顺利解决冲突的关键。上述几方面的能力都需要项目经理具备谈判的技巧，只有这样，才能获得充分的资源，解决项目实施中存在的问题，最终保证项目的成功。

项目经理是项目的协调者，其大部分精力都应花在沟通管理上，这包括与企业高层管理人员的沟通、与外部顾客的沟通、与职能部门经理的沟通以及与项目组成员的沟通。面对如此复杂的沟通问题，项目经理应注意把握以下几个方面。

(1) 项目经理必须充分理解项目的目标，对项目的成功与失败有一个清楚的定义，在必要的时候做必要的权衡。衡量项目是否成功的一个重要方面就是顾客是否接受项目结果，项目经理要明确这一点，就必须保持与顾客的持续不断的沟通，时刻了解顾客的需求及其变化。

(2) 高层管理人员的支持是项目成功的关键，项目经理应保证与之及时、准确的沟通。项目与母公司之间的联系决定了项目经理是被高层管理人员支持或控制，因此项目经理有必要与高层领导建立良好的关系。项目组织本身是一个权力分享的系统，每个人来自不同的部门，有着不同的个人目的以及处世方式，这种权力系统处于一种不平衡的状态，只有在项目经理强有力的领导下以及背靠高层领导的强有力的支持，项目才有可能成功。影响项目经理与高层建立良好关系的因素有：

- 项目本身的能见度；
- 项目经理本人长期以来的忠诚可靠度；

- 该项目相对企业内其他项目的优先程度；
- 项目经理本人的易接近程度。

(3) 应该建立和保证一个固定的信息网，随时掌握项目内部及外部的信息。

(4) 尽可能灵活地对待有关人和事。

(5) 对于高失败率的项目要慎重对待，不要轻易承诺。

6）领导才能及管理技能

由于项目经理权力有限，却又不得不面对复杂的组织环境，肩负保证项目成功的责任，因此，项目经理需要具有很强的领导才能，包括他要有快速决策的能力，即能够在动态的环境中收集并处理相关信息，制定有效的决策。

由于项目有其一定的生命周期，通常只持续一段时间，因此有关决策的制定必须快速而有效，这就要求项目经理应该能够及时发现对项目结果产生影响的问题，并快速决策加以解决。

项目经理的领导才能取决于个人的经验及其在组织内部所获得的信任度。作为项目经理，其有效的领导风格应该具备如下特征：

- 有清楚的领导意识和清楚的行动方向；
- 能辅助项目成员解决问题；
- 能使新成员尽快地融入团队中来；
- 具有强的沟通能力；
- 能够权衡方案的技术性、经济性及其与人力因素之间的关系。

项目经理在具备领导才能的基础上，还应掌握一定的管理技能，如计划、人力资源管理、预算、进度安排及其他控制技术。其中，计划能力是对项目经理的一项最基本的管理技能要求，特别是当项目经理在管理一个大型的、复杂的项目时。项目计划提供了指导项目如何开始、如何走到终点的行路图。在项目开始之前，项目经理有必要制定一个项目的总体计划，这个计划应该作为一个蓝本，是项目整个生命周期中的指导性文件。项目经理也应该意识到，在项目的实施过程中，变化是不可避免的，应该允许在计划的基础上做必要的改变；此外，太过具体的计划有可能抑制创造力，因此项目经理在计划方面应具有一定的灵活性。制定有效的项目计划还需要特别的技术，同时需要项目经理具备如下能力：信息处理能力、沟通能力、渐进计划能力、确定里程碑事件的能力和争取高层领导的参与与支持的能力。

对于一个非常大的项目，项目经理不可能掌握所有的管理技术，但项目经理应该了解公司的运作程序及有关的管理工具，在必要的时候，项目经理应该懂得授权，从管理的细节中摆脱出来。项目的行政管理工具有会议、报告、总结、预算和进度安排、控制。项目经理应该对这些管理工具十分熟悉，以便知道如何有效地运用它们。

7）技术能力

对项目经理的另外的最基本的要求就是：他应该懂技术，具有较强的技术背景；而且要了解市场，对项目及企业所处的环境有充分的理解。这样有助于有效地寻找项目的技术解决方案并进行技术创新。项目经理不必是该领域的技术带头人，但要求他对有关技术比较精通，这样有助于项目经理对项目的技术问题有一个全面的了解，并及时做出有关的技术决策。

项目经理只有具备一定的技术专业能力，才能对有关的技术概念和技术解决方案进行评价，并能用技术术语与项目组成员进行有效的沟通，能够评价项目的技术风险，有效地权衡成本—时间—技术性能之间的关系。因此，在许多项目特别是工程项目中，其项目经理都应该有工程背景。综合看来，项目经理的技术能力应该包括：

- 技术的参与能力；
- 能够运用有关的技术工具；
- 能够理解顾客对项目的技术要求；
- 了解产品（项目）的技术应用价值；
- 了解技术的演变趋势；
- 懂得各项支持技术之间的关系；

8）创业能力

项目经理需要有总经理的眼光，也就是说，他需要有全局的观点、远大的志向及创业精神。例如，项目经理不但要考虑到项目的经济目标，同时还应看到项目的其他目标，如顾客满意、将来的增长对相关市场的开拓、对其他目标的影响等。总之，项目经理应该把项目当做一项事业来做。

创业精神需要实际经验，同时也可以通过相关知识及技能的培训或在实际的项目管理工作中培养。

2. 项目经理所应具备的素质

从上面有关项目经理的责任分析中可以看出，项目经理在项目范围内扮演着类似总经理的角色，因此项目经理应该是总经理式的人才。

项目经理所应具备的素质特征如下。

- 有管理经验，是一个精明而讲究实际的管理者。
- 拥有成熟的个性，具有个性魅力，能够使项目小组成员快乐而有生气。
- 与高层领导有良好的关系。
- 有较强的技术背景。
- 有丰富的工作经验，曾经在不同岗位、不同部门工作过，与各部门之间的人际关系较熟，这样有助于他展开工作。

- 具有创造性思维。
- 具有灵活性，同时又具有组织性和纪律性。

项目经理所应具备的性格特征如下。

- 诚实、正直、热情。
- 遇事沉着、冷静、果断。
- 善于沟通。
- 敏感、反应敏捷。
- 多面手。
- 精力充沛、坚忍不拔。
- 自信、具有进取心。
- 善解人意。

2.8.3 项目经理的挑选与培养

本节所要回答的问题就是如何挑选项目经理，如何才能避免选择一个不合适的项目经理，如何对项目经理进行培养。

1. 项目经理的挑选

项目经理是决定项目能否成功实施的关键，因此如何选择出合适的项目经理非常重要。项目经理的挑选主要考虑两方面的问题：一是挑选什么样的人担任项目经理；二是通过什么样的方式与程序选出项目经理。

1）挑选项目经理的原则

选择什么样的人担任项目经理，除了考虑候选人本身的素质特征外，还取决于两个方面：一是项目的特点、性质、技术复杂程度等；二是项目在该企业计划中所占的地位。

挑选项目经理所应遵循的原则如下。

(1) 考虑候选人的能力。关于项目经理所应具备的能力，上文已经进行了充分的阐述，候选人的能力，最基本的主要有两方面，即技术能力和管理能力。对项目经理来说，对其技术能力的要求视项目类型不同而不同，对于一般项目来说，并不要求项目经理是技术专家或比项目其他成员懂得多，但他应具有有关技术的沟通能力，能向高层管理人员解释项目中的技术，能向项目小组成员解释顾客的技术要求。然而，无论何种类型的项目，对项目经理的管理能力要求都很高，项目经理应该有能力保证项目按时、在预算内完成，保证准时、及时的汇报，保证资源能够及时获得，保证项目小组的凝聚力，并能在项目管理过程中充分运用谈判及沟通能力。

(2) 考虑候选人的敏感性。敏感性具体指三方面，即对企业内部权力的敏感性、对项目小组成员及成员与外界之间冲突的敏感性及对危险的敏感性。对权力的敏感性，使得项目经理能够充分理解项目与企业之间的关系，保证其获得高层领导必要的支持。对冲突的敏感性能够使项目经理及时发现问题并解决问题。而对危险的敏感性，使得项目经理能够避免不必要的风险，及时规避风险。

(3) 考虑候选人的领导才能。项目经理应具备领导才能，能知人善任，吸引他人投身于项目，保证项目组成员积极努力地投入项目工作。

(4) 考虑候选人的解决压力的能力。压力产生的原因有很多，如管理人员缺乏有效的管理方式与技巧，其所在的企业面临变革或经历连续的挫折而迫切希望成功。由于在项目实施过程中必然面临各种压力，项目经理应能妥善处理压力，争取在压力中获得成功。

2) 如何避免选择不合适的项目经理

即使在高层管理人员充分了解项目经理所应具备的个人特征及素质要求的基础上，甚至项目经理的职位也已经详细描述了，但高层管理人员仍然有可能不可避免地选择错误的候选人。以下是造成错误选择的一些因素。

(1) 成熟。成熟的项目管理者意味着他能够成熟地待人接物。高层管理者有可能被候选人外表的成熟所迷惑。成熟的项目经理应该是参与几个不同类型的项目，而且在项目组织内担任过不同的职位。可能一个项目经理在同一类型的项目中有过 10 年的项目经理经历，但这并不表明他能够很好地管理其他类型的项目，因为对新的类型的项目，他有可能固守老项目的管理经验，反而不利于新的类型的项目的管理。

(2) 强硬的管理作风。对下属强硬并不是一个好的项目管理风格，项目经理应该给下属充分自由的空间，创造良好的工作气氛，而不应该是没完没了的监督与指导。项目经理应该让雇员清楚在一定的阶段他们会面临压力，而不是时刻不停的监督与施加压力。如果项目经理态度太过强硬，那么在接手下个项目时他就很难再找到合适的人选。由于职能部门经理掌管着下属员工的薪水，他可以采取强硬的方式来控制下属；而项目经理对下属的工资待遇没有决策权，因此应该采取相对宽松的管理方式，用另外的方式来激励下属。

(3) 技术专家。高层管理人员总愿意提拔技术部门的经理或技术专家来负责项目。一般来说，技术专家难以从项目的技术方面分身而成为一个好的项目经理。如果项目是 R&D 项目，技术本身关系着项目的成败，那么技术专家充当项目经理可能是较为合适的。但让高级技术专家充当项目经理有一定的危险性，因为，技术专家的技术越高，越易沉湎于技术细节，而忽略了管理问题。项目经理必须了解如何有效地发挥项目成员的作用、如何很好地与人相处，而这些往往是技术人员的薄弱之处。

(4) 顾客导向。高层管理人员可能会应顾客的要求而任命一个项目经理，但是能够与顾客沟通并不表明他一定能够保证项目成功。如果屈服于顾客的要求，那么同时就要建立一个强有力的支持团队。

(5) 培养人才的误导。高层管理人员可能从岗位轮换的角度考虑让一个人担任项目经理，这样做的目的仅仅是为了让他对项目管理有所体验。如让职能部门经理担任18个月的项目经理，然后再调回，这样会给项目或企业本身带来风险。18个月的项目经理体验不但可能造成他技术上的荒疏，也有可能令他对项目管理不会完全投入。

高层管理人员在选择项目经理的过程中，应该尽量避免这些误导因素。

3) 项目经理的挑选方式与程序

一般企业选任项目经理的方式有以下几种。

(1) 由企业高层领导委派。这种方式的一般程序是：由企业高层领导提出人选或由企业职能部门推荐人选；再经企业人事部门听取各方面的意见，进行资质考察；如果合格则经由总经理委派。这种方式要求公司总经理本身必须是负责任的主体，并且能知人善任。这种方式的优点是能坚持一定的客观标准和组织程序，听取各方面的评价，有利于选出合格的人选。企业内部项目一般采取这种方式。

(2) 由企业和客户协商选择。这种方式的一般程序是，分别由企业内部及客户提出项目经理的人选，然后双方在协商的基础上加以确定。这种方式的优点是能集中各方面的意见，形成一定的约束机制。由于客户参与协商，一般对项目经理人选的资质要求较高。企业外部项目，如为客户安装调试设备、为客户提供咨询等，一般采取这种方式。

对于企业外部项目，还存在一种特别的形式，即企业方有一个项目小组，而顾客方同时也有一个项目小组，每个项目小组各有项目经理负责。这种形式要求：两方的项目经理充分沟通，保证项目要求与项目最终完成的一致性。

(3) 竞争上岗。竞争上岗主要局限于企业内部项目，具体方式不拘一格。其主要程序是由上级部门(有可能是一个项目管理委员会)提出项目的要求，广泛征集项目经理人选。候选人需提交项目的有关目标文件，由项目管理委员会进行考核与选拔。这种方式的优点是可以充分挖掘各方面的潜力，有利于人才的选拔，有利于发现人才，同时有利于促进项目经理的责任心和进取心。竞争上岗需要一定的程序和客观的考核标准。

2. 项目经理的培养

项目经理的培养主要靠工作实践，这是由项目经理的成长规律决定的。成熟的项目经理都是在项目管理的实际工作中选拔、培养进而成长起来的。

1) 项目经理的选拔

首先应从参加过项目的工程师中选拔项目经理人才，注意发现那些不但对专业技术熟悉，而且具有较强组织能力、社会活动能力和兴趣比较广泛的人。这些人经过基本素质考察，可作为项目经理苗子来有目的地培养。在他们取得一定的现场工作经验和综合管理部门的锻炼之后调动其工作，在他们肩上压一定的担子，在实践中进一步锻炼其独立工作的能力。

一般来说，作为项目经理人选，其基层实际工作的阅历不应少于5年，以打下坚实的实际经验基础。没有足够深度和广度的项目管理实际阅历，项目经理就会先天不足。

对项目经理的选拔应在获得充分信息的基础上，这些信息包括个人简历、学术成就、成绩评估、心理测试以及员工的职业发展计划。

2）项目经理的锻炼

取得了实际经验和基本训练之后，对比较理想和有培养前途的对象，应令其在经验丰富的项目经理的带领下以助理的身份协助项目经理工作；或者令其独立担任单项专业项目或小项目的项目管理，并给予适时的指导和考察。这是锻炼项目经理才干的重要阶段。对在小项目经理或助理岗位上表现出较强组织管理能力者，可让其挑起大型项目经理的重担，并创造条件让其多参加一些项目管理研讨班和有关学术活动，使其在理论和管理技术上进一步开阔眼界，通过这种方式使其逐渐成长为经验丰富的项目经理。

3）项目经理的培训

除了实际工作锻炼之外，对有培养前途的项目经理人选还应针对性地进行项目管理基本理论和方法的培训。项目经理作为一种通才，应具有既宽又深的知识面，除了其已具备的工程专业知识以外，还应得到业务知识和管理知识的系统培训。培训内容涉及管理科学、行为科学、系统工程、价值工程、计算机及项目管理信息系统等，具体内容应包括以下两方面。

（1）项目管理基本知识。主要包括项目及项目管理的特点、规律，管理思想、管理程序、管理体制及组织机构，项目沟通及谈判等。

（2）项目管理技术。主要包括网络计划技术、项目预算、质量检验、成本控制、项目合同管理、项目协调技术等。

具体培训方法应有以下两种。

（1）在职培训：使选拔出的有前途的项目经理人选与有经验的项目经理一起工作，并分配给他们多种项目管理任务，进行岗位轮换。这是一种正规的在职培训。与此同时，还应使候选人参与多个职能部门的工作，并与顾客建立联系。

（2）概念培训/学校培训：使项目经理参加课程、研讨班以及讲座。具体上课采取讲授、交流及案例分析相结合的方式。对于项目管理基础知识和管理技术，应采用系统的理论讲授的方式。对于项目管理技术的应用，一般采取经验交流或学术会议的方式，通过研究讨论、成果发布、试点经验推广、重点项目参观等方式，把项目经理们组织起来，有针对性地进行专题交流。项目案例分析是培训的最好形式之一，因为项目的实施具有复杂性、随机性、多变性和灵活性，这些不是靠讲授系统的方法所能深刻揭示的，而对一个好的案例的深刻剖析，可以使学员从不同角度得到综合训练。在案例教学的同时还可以进行一些模拟训练，采取模拟项目实际情况的方式，让与会者分别充当或扮演不同角色，使所有人都如身临其境，这样可以培养学员的综合判断能力和灵活应变能力。

此外，项目经理还可通过阅读商贸杂志及专业书籍增加理论知识。

有统计表明，项目经理可以通过如表 2-4 所示的几种方式的组合进行培训。

表 2-4 项目经理培训方式

培训方式	所占比重/%	培训方式	所占比重/%
经验学习、在职培训	60	专业会议、研讨会	10
正规教育、开辟特别的课程	20	阅读	10

资料来源：Harold Kerzner，Hans J Thamhain. Project Management，Sixth Edition：81.

2.9 小结

本章首先介绍了组织的基本概念和组织设计的基本原则；然后着重介绍了项目的各种组织结构形式以及每种组织结构形式的优缺点，描述了选择合适的项目组织结构的过程，并给出了一个具体的例子；最后讨论了项目组的组建。本章的重点包括以下几方面。

(1) 如果一个项目要采取职能式组织结构，则应考虑将其安置在与项目最有切身关系或对项目最有帮助的职能部门之下。这种方式有其优点，但缺点也是较严重的。

(2) 项目式组织结构也有其优点和缺点，虽然缺点没有职能式组织那么严重，但也是较明显的。

(3) 矩阵式组织结构是职能式和项目式两种组织方式的结合，试图获得两者的优点。矩阵式组织结构虽然取得了一定的成功，但也在管理方面带来了困难。

(4) 上面三种组织形式也可以有很多变化，一些特殊的项目也可以采用一些特殊的组织方式。最合适的形式应能够兼顾项目的特点和组织形式的优缺点，扬长避短。

选择项目组织形式的过程包括：

① 确定项目要获得的主要成果；

② 确定完成这些成果的关键任务，以及公司中与这些任务有关的组织单元；

③ 将关键任务进行排序，并将它们分解成合理的工作步骤；

④ 确定完成这些工作步骤的项目子系统，及各子系统之间的合作关系；

⑤ 确定对项目组织形式会产生影响的因素，如项目特点、限制条件等。

(5) 无论大小，每个项目都应设置一间项目办公室。

(6) 较大的项目，除了项目经理以外，还应该包括项目工程师、制造工程师、现场经理、行政管理员、项目管理会计及支持服务经理。

(7) 项目经理需要在组建项目组的时候制定出组内交流的目标，并且决定与组内每个成员进行交流的形式和频度。

本章还主要围绕项目经理在项目中及企业中的地位和作用，讨论了项目经理的责任

与权力、项目经理的素质特征以及项目经理的挑选和培养。

项目经理是项目的灵魂，对项目成功承担着重要的责任。项目经理与职能部门经理、企业总经理在企业中所担任的角色、各自所应承担的责任、权利与义务各不相同。部门经理是某一领域的专家，是直接的技术监督者，习惯分析的解决问题方式。项目经理通常是通才，是项目的协调者，应该运用系统的解决问题方式。项目经理所应承担的责任体现在三个层次上，即对企业所应承担的责任、对项目所应承担的责任以及对项目小组成员所应承担的责任。项目经理的具体职责通过计划、组织、指导、控制等几个方面进行具体描述。项目经理具有挑选项目组成员的权力、制定项目有关决策的权力以及对项目所获得的资源进行分配的权力。

项目经理应该具备多方面的能力，包括获得充分资源的能力、组织及组建团队的能力、权衡项目目标的能力、应付危机及解决冲突的能力、谈判及广泛沟通的能力、领导才能及管理能力、技术能力以及创业能力。项目经理所应具备的性格特征应该是诚实、正直、热情、善于沟通、敏感、快速、进取心、精力充沛、坚忍不拔而又善解人意。

项目经理的挑选应遵循如下原则：考虑候选人的能力、敏感性、领导才能及解决压力的能力。要避免选择不合适的项目经理，就要注意避免片面考虑成熟、强硬的管理作风、技术专家、顾客导向等因素。

项目经理的挑选方式有以下几种：由高层领导委派、由企业和客户协商选择及竞争上岗。项目经理人才应从参加过项目的工程师中选拔，项目经理人选应具有足够深度和广度的项目管理实际阅历。项目经理的培训方式主要有在职培训、概念培训等。

2.10　案例

AT&T公司的项目管理重组[①]

1988年，为适应电话行业的调整，AT&T公司（美国电话电报公司）宣布其将分解成19个独立的战略业务单元（strategic business units）。商用通信系统（BCS）就是其中的一个单元，它的重点是客户程控交换机市场。与母公司分离之后，BCS的经营者们意识到，老的经营方式在新的开放式市场中不再具有竞争力，他们必须面对和决定整个经营过程的重组。他们决定按项目式管理方式进行重组，这将使他们更好地控制经营情况，并给BCS带来竞争优势。所以他们设定的目标是成为行业中项目管理的领先者。

在这之前，AT&T已经在许多活动中使用过项目式管理方法，但是以截然不同的方

① Ono D. Implementing Project Management in AT&T's Business Communications System[J]. PM Network, October 1990.

式实现的，这种方式更像是项目协调的作用，通过完成一系列任务中的各个活动来达到其目的。这种项目协调的地位是较低的，且被看做一项临时性的活动，为一些人获得更好的职位创造机会；所以对表现良好的项目参与者的奖励就是提升其在职能部门的职位，然后脱离项目管理。

BCS认识到：要使它的战略获得成功，必须改变项目管理的现状和现行的组织结构，需要培养专业的项目经理，并建立项目管理专业化的支持体系。那种令项目经理做两三年项目然后又调回职能部门的管理思想必须转变。项目经理对项目管理树立起职业荣誉感，以项目管理为职业。同样重要的是，必须改变以前视拯救困难项目为英雄行为的观点，鼓励员工承担富有挑战性的项目负责工作，并善始善终。BCS面临的挑战是如何安全度过向专业的项目管理组织转变的这几年。

项目管理重组本身就是一个大的项目，包括候选者选择、教育和培训，职业开发以及组织重构等。从组织结构出发，总公司成立了一个全国项目管理组织（NPM），由主管服务运营的副总裁负责。NPM主席下面有分布全国的三位项目主任和一个系统支持机构。大项目经理及项目经理直接向项目主任报告。这种结构形成了一个完整的、独立的项目管理小组。

项目管理的职业道路如下。

（1）接受培训：接受6个月的项目管理培训。

（2）成本分析员或工程师：做6～18个月的项目小组成员，向项目经理报告。

（3）基层经理：担任6～12个月的基层经理，向大项目经理报告。

（4）小项目经理：独立负责100万～300万美元的项目。

（5）项目经理：负责300万～2 500万美元的项目。

（6）大项目经理：负责2 500万美元以上的跨年度的大型项目。

为挑选项目经理的候选人，BCS专门制定了一个人才持续性计划，该计划在组织内外部挑选有潜力发展为承担中高层管理责任的人选。挑选的标准包括人际领导能力、口头及书面沟通能力、全局观念、政治敏感性、乐观敢做的精神、不断进取的精神、统筹规划的思想、责任心及可靠性等。

现在，BCS的项目管理机构包括在丹佛的职员以及遍及各地的项目经理群组，如洛杉矶、旧金山、亚特兰大、芝加哥、华盛顿特区及纽约。这些项目经理们现在管理着总数超过5亿美元的项目，这些项目的规模从100万～9 200万美元。BCS的项目管理方式被认为是最适合该领域的工作方式，BCS也为AT&T的竞争对手树立了榜样。

问题：

谈谈BCS实施项目管理重组的成功之处。

一家会计事务所的项目经理

CPAone是美国六大会计事务所之一，它的审计部主要负责产生符合美国公认会计准则(GAAP)的财务报表。大的审计项目，由于任务多，问题涉及面广，常常需要几个人同时参与。例如，在对一家全国性的大公司进行审计时，需要有各种专业的审计员参加来调查公司在不同区域的运作的全部情况。由于有拥有各种技能、专长以及各不相同个性的人员参加，这个项目就需要有一个项目经理对整个过程进行监督以保证审计工作有效地进行。这样，针对每项审计业务，以合伙人作为项目经理，要求该项目经理对客户的经营业务要相当熟悉。项目经理负责写项目建议书、任命审计人员、分配任务、制定计划以及预算。

项目经理首先要研究客户的损益表、资产负债表及其他财务报表。如果客户的财务声誉很差，项目经理有权建议公司做出决策拒绝这项审计业务。如果客户的这项审计业务被接受，项目经理就要准备一份项目建议书，说明这项审计业务需要采用的方法、完成日期以及成本估计。

在确定审计所采用的一般方法时，项目经理需要考虑公司的规模以及公司内部的职能部门的数量，然后，审计人员便以部门为单位被派往各个不同的职能部门。审计小组是一个纯项目小组，针对每项审计业务的不同重新组织，力争选出最合适的审计人员来从事每项审计业务。一般情况下，每个审计小组有三名到四名会计师及项目经理。在项目建议书被接受之前，项目经理就已经对每个项目小组成员指派了任务并明确了完成任务的期限。项目的成本估计以任务所需的工时数为基础。

在审计过程中，项目经理必须保证所有的工作都严格遵守审计准则手册，并保证按期完成。每周，客户和项目经理都要碰面回顾项目进展情况。如果问题不能够立刻解决，项目经理可以召集事务所的税务或咨询部的人员。如果审计小组在解释财务报表时遇到困难，项目经理有可能请求客户公司内部的人员参与。审计工作完成以后还要提供必要的后继服务。如果IRS(internal revenue service)提出检查的要求，项目经理要保证客户通过检查。

问题：

1. 在CPAone事务所审计业务中，项目经理的管理职责是什么？

2. 审计项目的生命周期是怎样的？在审计项目的各个不同阶段中，项目经理的主要任务是什么？

3. 项目经理在项目进行的整个过程中如何与客户进行沟通？

CHAPTER 3 第3章 项目启动

项目启动是指在开始一个新项目或在已进行项目的一个新阶段时，界定这个项目或阶段。在启动过程中，要规定初步的范围并初步落实财务资源，要确定项目目标，要认定对项目全部成果起作用和有影响的内外利益相关者。如果之前没有确定项目经理，那此时要选定。这些内容都要记录在项目批准文件和利益相关者登记表中。当项目批准文件得到批准时，项目也就被正式批准了。尽管项目管理团队可以帮助编写项目批准文件，但批准项目和给项目出资是在项目以外进行的。

在启动项目时，许多大型复杂项目可以被分为若干阶段。这种项目在以后的每阶段开始之前，可以再次进行启动，这样做的目的是验证第一次启动所作的决策。在每个阶段开始时都进行启动有助于使项目关注进行这个项目致力的经营需要、核实成功标准、核查项目利益相关者的影响和目标，这样就可以对项目下一步是应该继续、延迟还是停止作出决策。

在项目启动时吸收客户和其他利益相关者参加，通常能增强他们的主人翁意识，使他们更能接受交付成果，更能对项目满意。

启动过程可以按照项目范围以外的上级组织、项目群或项目组合的管理程序进行。例如，在开始一个项目之前，可以把满足高级别需求作为一部分写入上级组织的提案，可以利用一套方案评价方法进行新项目的可行性研究，编制对项目目标的明确说明（包括说明为什么用一个特定项目去满足某些需求是最佳选择）。决策文件还可以包含初步的范围说明、交付成果、项目工期，以及项目所在单位进行投资分析需要的资源预测。作为启动的一项任务，要给项目经理授权，即有权在随后的项目活动中使用组织的资源。

当用户为了生产某种产品或服务需要设计并制造或建造一台设备或一项设施的时候，一个项目就开始了。客户的一个运营部门、公司的规划部门、高级经理、董事会或外部咨询公司都可能会提出对一项设备或设施的需要。一般为了研究继续进行项目的价值，要在客户组织中安排一个或几个人进行需要评估。

客户的第一项需要是制定目标。这很重要，因为它给确定范围准备了一个焦点，它引导设计过程并影响对项目团队的激励。制定目标的过程包括质量、成本和进度计划的优化。客户的目标必须完全得到所有各方的沟通和理解，并作为整个项目期间所做的大量决策的基准。

客户的研究内容量的很大不同，取决于项目的复杂程度和项目对于客户的重要性。因为逐步提出的目的、目标、概念、设想、预算和进度计划将极大地影响设计和实施阶段。

客户的研究必须包括以下内容：明确规定的项目目标和需要、质量和性能的最低要求、批准的最高预算和要求的项目完成日期。不准备好上述各项中的任何一项就是沿着错误的方向开始一个项目并可能导致将来出问题。有时客户把部分研究发包给一个外部咨询公司，利用外部公司时，为了确信他的需要得到了体现，客户也必须参与研究。

客户的研究是否完全彻底对项目总成本有重大的影响。一个规定不当的项目范围会导致在设计或实施期间出现变更。一个不完全的范围导致许多高代价的变更，还导致索赔和争议，从而引起严重的成本超支、工期延误以及其他各种问题。有经验的经理都认同实现节约和减少变更的时机是在项目的早期，而不是在实施开始的时候。这个思想如图 3-1 所示。

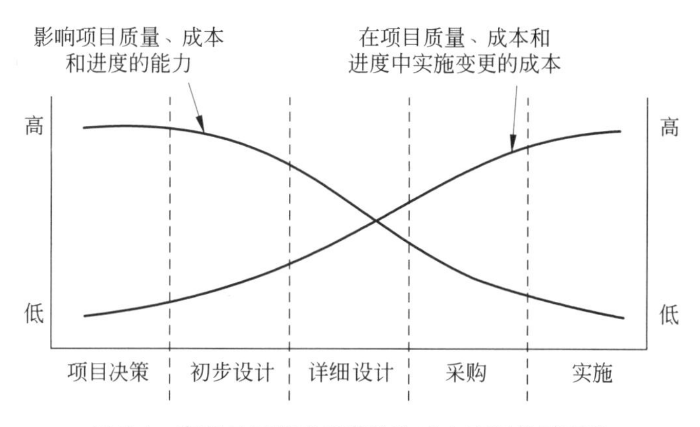

图 3-1 在项目早期实现节约和减少变更的重要性

3.1 编制项目批准文件

编制项目批准文件是指编制正式批准一个项目或一个阶段的文件，这项工作同时把满足利益相关者的需要和期望的项目最初需求编制成文件。它在执行组织与提出要求的组织（对于外部项目就是客户）之间建立起合作关系。得到批准的项目批准文件就可正式启动项目，应尽可能早地选定项目经理，最好是在编制项目批准文件的同时选定，而且一定要在开始制定计划之前选定。由于项目批准文件赋予项目经理将资源用于项目活动的权力，因而建议项目经理参与项目批准文件的编制。

项目是由项目以外的人，如出资人、项目管理办公室（PMO）或投资审批委员会审批的。项目发起人或出资人应当处于能够给项目出资的地位。他们要么亲自编制项目批准文件，要么授权项目经理去做。一旦发起人在项目批准文件上签了字，就算批准了项目。

项目得到批准是由于内部的经营需要或外部的影响，这些需要和影响往往引发需求分析、商业论证或选址说明。编制一个项目的批准文件将这个项目与组织的战略和运行联系了起来。

编制项目批准文件的依据、方法和成果如图 3-2 所示。

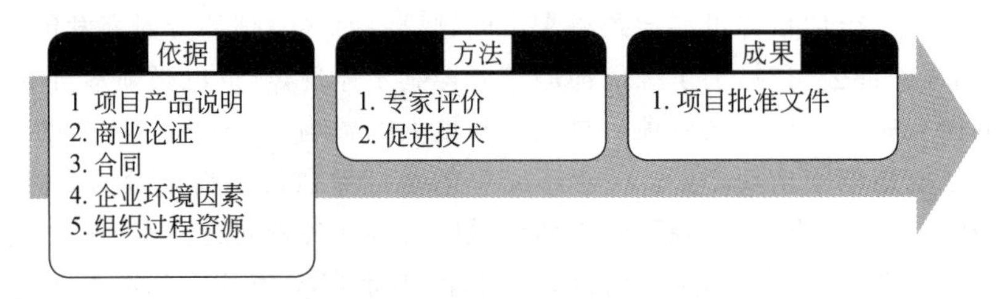

图 3-2 编制项目批准文件的依据、方法和成果

3.1.1 编制项目批准文件的依据

1. 项目产品说明

产品说明（statement of work，SOW）是对项目将要交付的产品或服务的描述性说明。对于内部项目，项目发起者或出资人根据商业需要、产品或服务需求，规定产品说明；对于外部项目，产品说明可以作为招标文件的组成部分（如方案邀请、征求信息、招标邀请）或合同的组成部分从客户那里得到。产品说明是以下事项的参考资料。

（1）商业需要：一个组织的商业需要可能是以市场需要、技术进步、法律要求或政府规章为基础的。

（2）产品范围说明：这个文件记载着承担项目要创造的产品的特征，它还应当记载要创造的产品或服务与项目致力于实现的商业需要之间的关系。

（3）战略计划：所有项目都应当支持组织的战略目标。执行组织的战略计划应当在做出项目决策和确定优先顺序时被当做一个影响因素。

2. 商业论证

商业论证或类似的文件从商业的立场提供必要的信息，从而决定项目是否值得投资。商业需要和成本-效益分析一般包含在商业论证中，以证明项目的必要性。对于外部项目，提出要求的组织或客户可以编写商业论证。商业论证是下面一种或多种需要的结果：

- 市场需要，例如作为对燃油短缺的反应，一家汽车公司批准生产节能汽车的项目；
- 组织方面的需要，例如一家培训公司为了增加收入批准开设新课程的项目；
- 客户要求，例如一家电力公司批准为新的工业园服务的新建变电站项目；

- 技术进步，例如一家电子公司在计算机存储技术和电子技术有了进步之后，批准开发一种更快、更便宜、更小的笔记本电脑的新项目；
- 法律要求，例如一家油漆制造厂批准建立处理有毒物质准则的项目；
- 环境影响，例如一家公司为了降低它的环境影响而进行的项目；
- 社会需要，例如一个发展中国家的非政府组织批准的一个项目，目的是向遭受高霍乱发病率的公众提供饮水系统、公共厕所以及环境卫生教育。

对于多阶段的项目，为了保证项目如期提供商业利益，商业论证可能要定期审查。在项目生命期的早期阶段，出资单位对商业论证的定期审查还有助于确认项目仍然是必要的。

3. 合同

如果项目是为一个外部客户做的，那么合同是一种依据。

4. 企业环境因素

企业环境因素是指项目团队不能控制的条件，它们影响、制约或指导项目。企业环境因素是大多数计划过程的依据，可能促进或制约项目管理者的选择，可能对结果产生积极或消极的影响。

企业环境因素的类型和性质差别很大，它包括但不只是：

- 组织文化、结构和治理；
- 设施和资源的地理分布；
- 政府或行业标准（如监管机构的法规、行为准则、产品标准、质量标准和工艺标准）；
- 基础设施（如现有的设施和固定资产）；
- 现有人力资源（如在设计、开发、法律、发包和采购等方面的技能、专业训练和知识）；
- 人事管理（如人员使用和留用指南、员工绩效评价与培训记录、奖励与加班政策，以及考勤）；
- 公司的工作批准系统；
- 市场条件；
- 利益相关者的风险容忍度；
- 政治氛围；
- 已建立的沟通渠道；
- 商业数据库（如标准化的成本估算数据、行业风险研究资料和风险数据库）；
- 项目管理信息系统（如自动化工具，包括进度计划软件、配置管理系统、信息收集与发布系统或进入其他在线自动系统的网络界面）。

影响编制项目批准文件的企业环境因素包括政府或行业的标准、组织结构和市场条件。

5. 组织过程资源

组织过程资源是执行组织特有和所用的计划、流程、政策、程序和知识库，包括来自所有参与项目的组织的用于完成或治理项目的任何产物、惯例或知识。这些过程资源包括执行组织特有和所用的正式和非正式的计划、流程、政策、程序和知识库。过程资源还包括如经验教训和历史信息等组织的知识库。组织过程资源可能包括已完成项目的进度计划、风险数据和赢值数据。组织过程资产是大部分计划过程的依据。在项目全过程中，项目团队成员可以对组织过程资源进行必要的更新和增补。组织过程资源可分成以下两大类：①流程与程序②共享知识库。

（1）流程与程序

组织用于实施项目工作的流程与程序，包括但不只是：

1）启动和计划

- 为了满足项目的特定需要裁剪组织成套标准流程和程序的指南和标准；
- 特定的组织标准，例如政策（如人力资源政策、健康与安全政策、职业道德政策、项目管理政策）、产品和项目生命周期、质量政策与程序（如过程审核、改进目标、检查清单、内部使用的标准化的过程定义）；

模板（如风险名单、工作分解结构、项目进度计划网络图及合同模板）。

2）执行、监测和控制

- 变更控制程序，包括修改组织的标准、政策、计划和程序或任何项目文件的步骤，以及如何批准和确认变更；
- 财务控制程序（如定期报告、要求的支出与支付审查、会计编码及标准合同条款）；
- 规定问题与缺陷控制、识别与解决，以及对行动进行跟踪的问题与缺陷管理程序；
- 沟通需要（如可用的沟通技术、批准的沟通媒介、记录保存政策及安全要求）；
- 确定工作优先顺序、批准工作与签发工作授权的程序；
- 风险控制程序，包括风险分类、风险说明模板、概率和影响定义，以及概率和影响矩阵；
- 标准化的指南、工作指令、建议书评价标准和绩效测量标准。

3）结束

- 项目结束指南或要求（如经验教训、项目最终审计、项目评价、产品确认和验收标准）。

(2) 共享知识库

组织用于存取信息的知识库，包括但不只是：

- 配置管理知识库，执行组织的所有标准、政策、程序和任何项目文件的各种版本与基准；
- 财务数据库，包括人工时、发生成本、预算和成本超支等方面的信息；
- 历史信息与经验教训知识库（如项目记录和文件，所有的项目竣工信息和文件，有关以前项目选择决策结果的信息、以前项目的绩效信息和来自风险管理活动的信息）；
- 问题与缺陷管理数据库，包括问题与缺陷的状态、控制信息、解决方案以及采用措施的结果；
- 用于收集和生成过程和产品测量数据的过程测量数据库；
- 来自以前项目的项目档案（如范围、成本、进度与绩效测量基准，项目日历，项目进度计划网络图，风险名单，制定的应对措施和定义的风险影响）。

影响编制项目批准文件的组织过程资源包括：在组织中使用的组织的标准过程、政策、标准化的过程定义；模板（如项目批准文件模板）；历史资料和经验教训知识库。

3.1.2 编制项目批准文件的方法

编制项目批准文件可以采用专家评价法和促进技术。

1. 专家评价

这个方法常用于评价编制项目批准文件所使用的依据。这种方法和知识在编制项目批准文件时可以用在技术和方方面面的管理。这种方法可以由任何具有专门知识或经过训练的小组或个人提供，它可以从许多地方得到，包括：组织内的其他部门；咨询专家；利益相关者，包括客户或出资人；专业和技术学会；行业团体；专题事务专家；项目管理办公室。

2. 促进技术

促进技术在项目管理中有着广泛的应用，且有助于项目批准文件的编制。促进者使用诸如头脑风暴、冲突解决、问题解决和会议管理等重点方法帮助团队和个人完成项目活动。

3.1.3 编制项目批准文件的成果

编制项目批准文件的成果就是项目批准文件。

项目批准文件记载商业需要，目前对客户需要的理解，新的产品、服务或想要得到的结果。例如：

- 项目目的或理由；
- 可测量的项目目标和相应的成功标准；
- 高级别需求；
- 假设和约束条件；
- 高级别项目说明和边界；
- 高级别风险；
- 摘要里程碑进度计划；
- 摘要预算；
- 利益相关者登记表；
- 项目批准要求(怎样算项目成功？谁判定项目成功？谁签署项目?)；
- 任命项目经理,分配责任、权力；
- 批准项目批准文件的出资人或其他人的姓名和权力。

3.2 确定项目目标

用户必须在任何一项生产性的项目工作可以开始之前知道他的需要和目标。如果用户不知道这个项目要求什么,那么就没有人知道要做什么。在产生范围定义的许多项目前期活动中,确定用户的需要是第一步。没有一个明确的范围定义,项目经理就无法组建执行这个项目的项目团队。

识别用户需要和目标的过程要求用户组织内部较大范围的人员参与进来,包括高级经理、投资者和财务人员,特别是那些在项目建成后使用或经营这个项目的人。识别用户的需求和目标的过程通常包括大量的活动和讨论。把"需要什么"和"想要什么"区分开很重要,没有成本和进度的限制,焦点容易从需要什么转为想要什么,这会造成项目不能负担和不可行。因为永远有成本和进度的约束,所以用户必须根据需要制定项目定义,这个过程包含数量、质量、成本和进度的优化。

用户组织的成员必须认识到,在将项目指派给项目经理之前,解决一切与项目需要和目标有关的问题是他们的责任,规定用户的需要不是项目经理或项目团队的责任。含糊的用户需要会导致项目变更、范围增大、成本超支、返工和队员之间的误解。确定需要和与需要有关的信息的最好方法是与项目建成后使用该设施的人去交谈。

下面是一个假设的确定用户需求的例子。某个用户为了提高生产效率确定了一个实行生产集中化的公司目标,为实现这个目标,公司管理层又制定了一个把分散在 5 个生产区域中的服务设施合并到一处地点的目标,因而需要设计并建造一项为 5 个生产区域服务的服务设施。来自每个区域的关键人员必须开会并就满足每个生产区域未来使用的设施需要什么达成一致意见。人们磋商的焦点应该是为了实现提高生产效率的公司目标，最全面的考虑是什么。通常为了分清“想要什么”和“需要什么”有必要做出让步。最终结果应该是满足所有 5 个区域的需要，而且比 5 个分开的设施运行得更有效的一套设施。例如，可以达成如下的一致意见。用户需要一套由三个建筑物组成的设施：雇员的办公楼、仓库和维修车间。此外，可能还需要室外的重型设备和大宗材料的存放场。有了这些对设施的最低需求，就可以开始项目定义和范围确定的过程。

因为上级只有在知道了项目可能的总成本之后才会批准开始项目设计，所以用户的需要和目标研究中有一项内容是估计项目总预算。在这一发展阶段的项目预算是一些基于参数的成本，例如每平方米建筑物的成本或每亩场地开发的成本。如果预期的项目成本超过上级可以批准的数额，就有必要减小工作的范围。例如，雇员的办公楼和维修车间可能被保留在项目中，而仓库则被排除。如果仓库在这三个建筑物中优先权最低，就会做出这样的决定。可以提议在场地工程、雇员办公楼和维修车间完成之后，在将来有资金的时候再建仓库。

3.2.1 项目目标的含义

1. 项目目标的概念

项目目标，简单地说就是实施项目所要达到的期望结果。

项目与常规活动的主要区别在于，项目通常是具有一定期望结果的一次性活动，任何项目都要解决一定的问题，达到合理的目标。项目的实施实际上就是一种追求目标的过程。因此，项目目标应该是清楚定义的、可以最终实现的。

2. 项目目标的特点

项目的目标具有如下特点。

(1) 多目标性。一个项目，其目标往往不是单一的，而是一个多目标的系统，并且不同目标之间彼此相互冲突。要确定项目目标，就需要对项目的多个目标进行权衡。实施项目的过程就是多个目标协调的过程。这种协调包括项目在同一层次的多个目标之间的协调、项目总体目标与其子项目目标之间的协调、项目本身与组织总体目标的协调。

项目无论大小，无论何种类型，其基本目标可以表现为三个方面：时间、成本和技术性能(technical performance)，如图 3-3 所示。所以，实施项目的目的就是要充分利用可获得的资源，使项目在一定的时间内，在一定的预算下，获得所期望的技术成果。然而，这三个基本目标之间往往存在着一定的冲突。通常时间的缩短，要以成本的提高为代价，而时间及成本投入的不足又会影响技术性能的实现，因此，三者之间需要权衡(trade-off)。

(2) 优先性。由于项目是一个多目标的系统，因此，不同层次的目标，其重要性必不

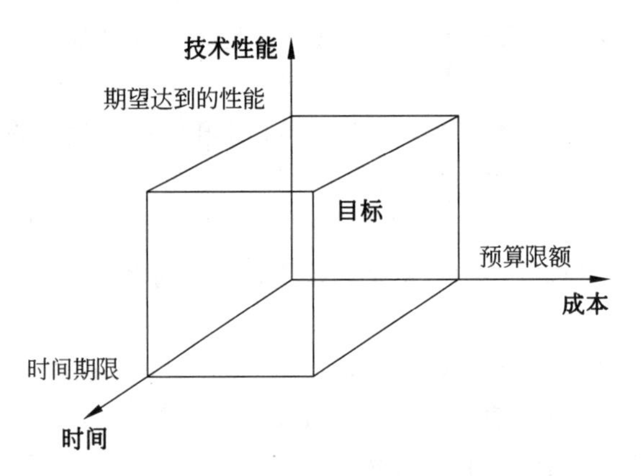

图 3-3 项目的三个基本目标

相同，因而往往被赋予不同的权重。这种优先权重对项目经理的管理工作有一定的指导作用。此外，不同的目标在项目生命周期的不同阶段，其权重也往往不同。例如，技术性能、成本、时间是项目在其生命周期过程中始终追求的目标，但其权重在项目生命周期的不同阶段却不相同，技术性能是项目初始阶段主要考虑的目标，成本是项目实施阶段主要考虑的目标，而时间往往在项目终止阶段显示出迫切性。另外，不同类型的项目，对这三个基本目标努力追求的程度也有所不同，例如，对于R&D项目，可能会更加注重项目技术性能的实现，而且有时为了追求技术性能的实现，宁愿以时间或成本为代价。

（3）层次性。目标的描述需要由抽象到具体，要有一定的层次性。通常把一组意义明确的目标按其意义和内容表示为一个递阶层次结构，因此，目标是一个有层次的体系。它的最高层是总体目标，指明要解决的问题的总的依据和原动力，最下层目标是具体目标，指出解决问题的具体方针。上层目标是下层目标的目的，下层目标是上层目标的手段。上层目标一般表现为模糊的、不可控的，而下层目标则表现为具体的、明确的、可测的。层次越低，目标越具体且可控。这里需要注意的是，各个层次的目标需要具有一致性，不能自相矛盾。

项目目标通常有三个层次，即战略性目标、策略性目标和项目实施的具体计划。项目的战略性目标也就是项目总体目标，也叫作项目的使命（mission），通常用来说明为什么实施该项目，实施该项目的意义如何；项目的策略性目标也就是项目的具体目标（goal），用以说明该项目具体应该做什么，应该具体达到什么样的结果；而项目实施的具体计划则说明如何实现项目目标。这三个层次应紧密联系，层层落实。

下面列举两个私人项目说明项目目标的这种层次性。

例 3-1 一个管理学硕士学位进修项目。

总体目标：自我实现，即将来获得更高的社会地位，取得更高收入。

具体目标：

(1) 在交纳一定学费的基础上，争取两年后取得学位；

(2) 掌握管理学方面的新知识与理念；

(3) 结交新朋友。

具体计划：两年内课程的具体设置及时间安排。

从这个例子中可以看出，总体目标说明了为什么要"学位进修"，是一种长期的自我实现的愿望；具体目标中表明了项目的具体期望结果，而且说明了时间（两年后）及成本（学费）的限制条件；具体目标实际上是实施项目的计划依据。

例 3-2　一个家庭住房装修项目。

总体目标：在经济条件许可的情况下为家庭生活创造一个舒适的环境。

具体目标：根据房屋装修标准，在预算之内，两个月内完成房屋（卫生间、厨房、卧室、客厅）的装修。

具体计划：两个月的具体日程安排及成本支出计划。

该例子中，总体目标说明了房屋装修的原因；具体目标则说明了在时间、预算的约束下具体装修什么以及装修要达到的结果；具体计划则是房屋装修的实施依据。

从上述例子中可以看出，项目目标的定义应该是明确的、前后一致的，总体目标、具体目标、具体计划应该是一个层层深入、层层具体的过程。目标不能含糊其辞、泛泛而谈，表达方式应该明确而又简洁。具体目标中往往包含了时间、成本、技术性能三个方面。

3.2.2　确定项目目标的意义

确定了项目目标，实际上就是明确了项目及项目组成员共同努力的方向。项目目标的确定实际上可以作为一种沟通的方式，这种沟通体现在项目组成员之间，大家为了一个共同目标走进一个项目组，明确了项目目标，也就明确了自己该做什么；这种沟通还体现在项目组与母公司之间，由于项目目标与公司目标之间有着内在的联系，因此项目组成员一开始就清楚项目是为实现组织的什么目标服务的；另外，沟通还体现在项目与顾客之间，项目的目标实质上就是满足顾客的要求，通过目标的确定，项目与顾客之间达成了统一。

目标的确定还可以产生一定的激励作用。这种激励具体表现为对项目组成员的激励。每个项目组成员都有一定的个人目标，然而无论是在自觉的或不自觉的还是在明确的或含蓄的状态下，项目组成员总是根据项目目标来调整自己的努力程度。因此，项目目标的确定，可以促使项目组成员调整个人目标，使个人目标与项目目标达成一致，这在一定程度上可以激励项目组成员为实现项目目标而努力。

确定项目目标也为制定项目计划打下了基础，并为项目计划指导了方向，实际上，项目计划就是为实现项目目标而服务的。项目计划又是项目组成员的行动指南。

总之，确定项目目标对项目成功非常重要，因为评价一个项目是否成功，往往以项目的目标是否实现为基准。如果没有明确的项目目标，项目的有关利益人员将不清楚项目是否处在通向成功的道路上；如果没有明确的项目目标，将很难评估项目的结果是否与期望相符；如果没有明确的项目目标，个人目标的确定将难以与项目整体目标相联系。

3.2.3 项目目标与企业战略目标

不同的人有不同的目标，组织就是指一个由带有一定目的的许多人，为协同活动而建立起来的系统。企业是组织的一种，企业本身也有其战略目标。

假设项目是企业内部的项目，而且企业内部的项目不止一个，项目目标与企业战略目标有着十分密切的联系，项目目标的实现是为实现企业战略目标而服务的。项目目标与企业战略目标的层次不同，一个好的项目，应该明确其本身的目标是什么，由企业的哪些部门参与，是为了实现企业的什么战略目标。它们之间的关系可以用一个金字塔结构来说明，如图 3-4 所示。

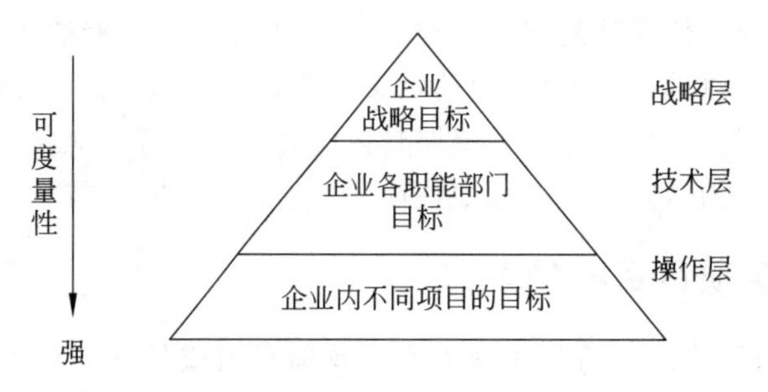

图 3-4 企业战略目标与项目目标的关系

图 3-4 所示的金字塔式的层次结构表明，任何一个组织无论大小都有一个总体的目标——战略目标。如一个经营性企业，其战略目标可能在于利润的增长；一个公用事业机构，其目标可能在于为顾客提供快速而有效的服务。企业各职能部门的目标主要是支持企业的战略目标，为企业战略目标服务。如果一个企业的战略目标是维持其生存，那么其下属每个职能部门的目标都将围绕这个目标：销售部门的目标在于销售足够多的产品，生产部门的目标在于生产足够多的产品，人事部门的目标则在于招聘足够多的员工以保证企业的正常运作。而企业所有项目的目标也将基于这个目标，如销售项目的目标要以销售部门的目标为基础，培训项目的目标要与人事部门的目标相匹配。这种层次结构分析是基于这样的假定，即项目的组织结构形式是职能式的，如果项目采取纯项目式的结构，项目目标则直接与企业战略目标相联系。

上述不同层次的目标需要通过企业的政策、运作程序和具体计划联系起来。企业政策是企业制定决策的依据；运作程序则为企业运作提供一套详细的指导；计划则是实现企业目标方式的具体描述，同时又对实现项目目标具有指导作用。

3.2.4　确定项目目标的要求

项目的目标应该为所有项目组成员及组织中各个层次的经理人员所了解。项目目标的确定需要一个过程，在项目的初始阶段，项目目标往往难以非常清晰、具体地描述，要清楚地界定项目目标，首先要明确由谁来确定项目目标，因为不同的人思考的角度不同。其次，还需要回答下述问题：如何才能知道项目已经完成？项目的最终结果怎样？

项目目标一般由项目的发起人或项目的提议人来确定，在项目建议书中，项目目标的描述应是一项非常重要的内容。在理想情况下，项目建议书的起草人也即项目经理，因此，项目经理是确定项目目标的重要主体。项目经理能否对项目目标正确理解和正确定义决定了项目的成败。

为了明确定义项目如何才算完成，怎样才算成功，项目的最终结果怎样，需要对项目目标加以具体描述。

描述项目目标时，常常会存在这样的问题，即目标的描述没有反映项目真正的目标。例如，对于一个医疗部门来讲，其目标的描述可能是："治愈所有的疾病"，或"治愈所有的病人"，这两种描述表面来看似乎相同，实质相差却很远。如果是以治愈所有疾病为目的，那么即使是非常少见的疾病也要争取治愈，而不管成本花费多大，但在资源有限的情况下，很多一般的病人反而难以得到很好的救治。医学专家们往往对发现一种新的疾病的兴趣程度要大于治愈一种平常的疾病。因此，对项目目标的描述应该力求反映项目的本质目标，应该清楚、明确。

描述项目目标的准则如表 3-1 所示。

表 3-1　描述项目目标的准则

应　　该	不　应　该
定量的、可度量的	定性的、不可度量的
使每个项目成员都能清楚认识	与项目成员无关
现实的	理想化的
简单的	复杂的
结果导向的	成本导向的
能够起激励作用	无激励作用

由此可见，项目目标必须明确、具体，尽量用定量化的语言进行描述，保证项目目标容易被沟通和理解，使每个项目组成员确信项目目标是能够达到的，并能使每个项目组成员结合项目目标确定个人的具体目标，把责任落实到人，只有这样才能起到很好的激励作用。

在确定项目目标时值得注意的问题是，人们往往倾向于关注成本或以成本的减少为目的，而忽略项目实施的最终结果。一个以利润为目标的企业应该认识到，利润表现为收益与成本的差，增加利润可以通过保持收益不变而减少支出来实现，但成本的减少往往有限，收益与成本同时增加同样可以保证利润增加，因此，不应该单以成本的减少为最终目的。

项目目标的确定有一个由一般到具体的过程，特别是对于R&D项目。由于R&D项目具有很强的不确定性，甚至在项目进展过程中也有可能出现意想不到的结果，因此，开始时项目的目标可能比较一般化，随着时间的推移而逐渐明确，甚至可能重新确定。例如，Y公司准备开发一个高能量的火箭助推剂，其项目建议书已递交给政府的有关部门，通过可行性分析并签署了相应合同。然而，随着项目的开始实施，公司意识到项目的初始目标难以在一定的时间、成本及资源约束条件下实现，初始目标的实现要以高成本为代价，在这种情况下，项目的最初目标需要重新确定，以便与公司所能获得的资源相匹配。

3.2.5 确定项目目标的方法

可以通过编制项目目标文件（project objectives document，POD）来确定项目目标。项目目标文件是一种详细描述项目目标、项目范围及其实施计划的文件，有些项目管理教科书中把它称做项目建议书。项目目标文件通过对项目目标的详细描述，预先设定了项目成功的标准，并明确项目组织结构及项目组成员在项目中的角色和责任，初步确定项目的预算、实施计划和进度安排，为项目建议书的批准与否提供必要的基本信息。

1. 项目目标文件的功能

项目目标文件主要作为上报项目审批的基本文件，同时作为项目被批准以后启动项目的依据，也是将来项目完成以后评价项目结果的标准。因此，项目目标文件的读者主要是项目利益相关人员，包括项目上级审批部门、顾客、项目合作部门、项目组成员。项目目标文件的具体功能如下。

（1）确定项目目标。项目目标文件的首要任务就是明确项目目标，使得该文件的参阅者能清楚了解项目的重要性、项目应达到的结果。

（2）确定与项目有关的关键假设。确定项目的基本背景，完成项目的基本假设。

（3）确定项目范围。包括：①确定项目完成准则，即如何定义项目完成；②确定项目中间产品及其完成准则，即产品的特点、功能及完成该产品的基本要求；③确定实施项目所需的主要活动；④确定活动之间的相互依赖关系

（4）确定完成项目所需资源。资源既包括一般的资源，如物料、设备、有关设施，也包括特殊的资源，如人力、时间等。具体如下：①项目小组的组成结构及人员责任分配；②完成项目所需技能；③所需时间的估计；④所需资源的估计；⑤项目成本的估计。

（5）初步确定项目进度计划

2. 项目目标文件的形式和内容

项目目标文件应该是正规的书面文件形式。视项目的规模大小、复杂程度不同,其目标文件的长短也有所不同。项目目标文件应包括如下内容:

项目背景介绍;

项目目标;

项目有关假设;

项目组结构、项目组成员的角色和责任分配;

主要产品,包括项目最终产品及项目在各具体实施阶段中的主要产品;

项目完成准则、项目成功的标准;

预计的项目进度计划;

预计的成本。

3. 项目目标文件的编制

项目目标文件的编制步骤是:

(1) 定义产品;

(2) 确定技术活动;

(3) 确定各项活动之间的相互依赖关系;

(4) 确定项目小组成员;

(5) 确定项目所需其他资源;

(6) 估计各项活动所需时间;

(7) 编制初步的进度计划。

3.3 识别利益相关者

识别利益相关者识别所有可能影响或受项目决策、活动或结果影响的人、群体或组织,分析并记录有关他们利益、参与程度、依赖性、影响和对项目成功的影响方面的相关信息。项目利益相关者是像客户、出资人、执行组织和公众那样的人和组织,他们主动参与项目,或者他们的利益可能因项目的执行或完成而受到积极或消极的影响,他们也对项目及其交付结果施加影响。利益相关者在组织中可能处于不同的层次,并拥有不同的权力等级,他们也可能在项目执行组织以外。

要想项目成功,需在项目中尽早识别利益相关者,并分析他们的兴趣、期望、重要性和影响。然后可以制定一个策略,用来接触每个利益相关者,并确定利益相关者参与的程度和具体时间,目的是使积极的影响最大化,并减低潜在的消极影响。这种评估和相应的策略在项目执行期间应当定期审查以对可能的变化做出调整。

大多数项目会有大量的利益相关者。由于项目经理的时间有限，并且必须尽可能有效地利用利益相关者，所以对利益相关者应根据他们的兴趣、影响和参与项目的程度进行分类管理。这使项目经理能把焦点放在保证项目成功所必要的那些关系上。图 3-5 所示为如何识别利益相关者。图 3-6 所示为识别利益相关者的数据流图。

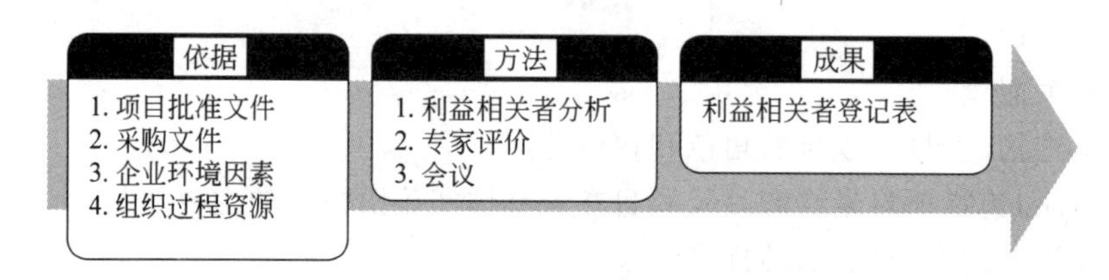

图 3-5 识别利益相关者的依据、方法和成果

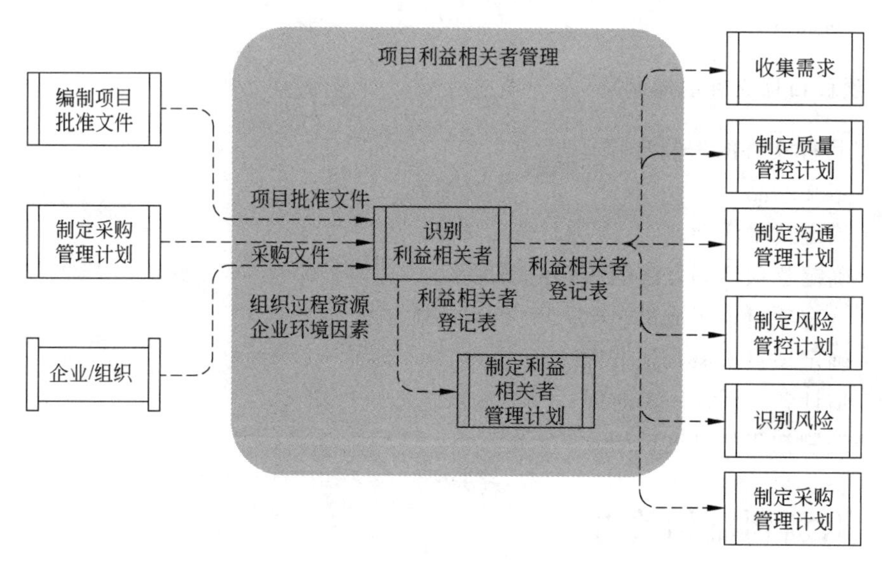

图 3-6 识别利益相关者的数据流图

3.3.1 识别利益相关者的依据

1. 项目批准文件

项目批准文件可以提供有关参与项目或受项目影响的内外单位的信息，这些有关方面可以是项目出资人、客户、团队成员、参与项目的群体和部门以及其他受项目影响的人或组织。

2. 采购文件

如果项目是一次采购活动的结果或是基于一个签订的合同，那么合同方就是关键的利益相关者。其他相关方，如供应商，也应当列入项目利益相关者登记表。

3. 企业环境因素

可能影响识别利益相关者的企业环境因素包括组织或公司的文化和结构，以及政府或行业标准（例如法规、产品标准）。

4. 组织过程资源

可能影响识别利益相关者的组织过程资源包括利益相关者登记表模板、来自以前项目的经验教训、来自以前项目的利益相关者登记表。

3.3.2 识别利益相关者的方法

1. 利益相关者分析

利益相关者分析是一种过程方法，它系统地收集和分析定量和定性信息，以确定在整个项目中谁的利益应当得到重视。这个方法识别利益相关者的利益、期望和影响并把这些与项目的目的联系起来。它还确定利益相关者之间的相互关系，可以利用它建立联盟和潜在的伙伴关系以增大项目成功的机会。

利益相关者分析一般按下列步骤进行。

(1) 识别所有可能的项目利益相关者和相关信息，如他们的任务、部门、利益、知识水平、期望和影响程度。关键的利益相关者往往容易识别，他们是那些受到项目结果影响，承担决策和高层管理的人，如出资人、项目经理以及主要客户。

识别其他利益相关者一般是访问已识别的利益相关者，然后扩大名单直至包括了所有可能的利益相关者。

(2) 识别每个利益相关者可能产生的影响和支持，并把他们分类以便确定接近策略。在大的利益相关者社会中，为了保证进行沟通和管理他们，确定关键利益相关者的优先次序是很重要的。分类的方法很多，如：

- 权力/利益坐标，根据利益相关者的权力大小和对项目结果的关注度（利益）对他们分组。
- 权力/势力坐标，根据利益相关者的权力大小和主动介入项目的程度（势力）对他们分组。
- 势力/影响坐标，根据利益相关者主动介入项目的程度（势力）和他们对项目计划或执行实施改变的能力（影响）对他们分组。

- 突出模式，根据利益相关者的权力（强加他们意志的能力）、紧急性（需要立刻注意）、正当性（他们的介入是恰当的）对他们分组。

图 3-7 是一个权力/利益坐标的例子，其中 A～H 表示各类利益相关者的位置。

（3）估计关键利益相关者在各种情况下会怎样反应或响应，以便就如何影响他们、扩大他们的支持和减轻可能的负面影响做出计划。

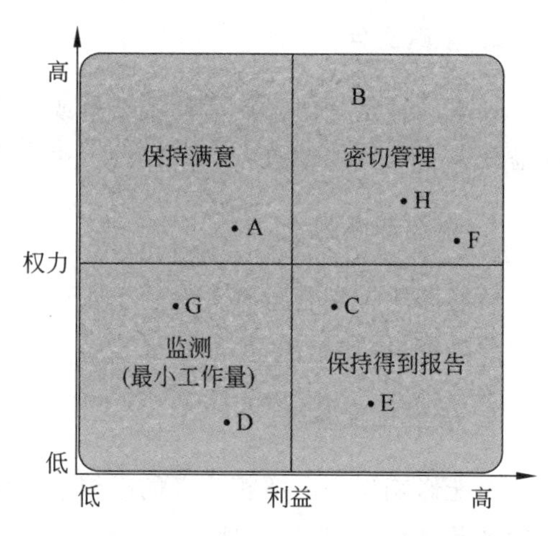

图 3-7 利益相关者权力/利益坐标

2. 专家评价

为了保证广泛地识别并列出利益相关者，应当在拥有专业训练和知识的团体或个人中寻求评价和获取专业知识。如：

高层管理者；

组织内的其他部门；

识别出的关键利益相关者；

在相同领域的项目上工作过的项目经理（直接经验或通过经验教训档案）；

专题事务专家；

行业团体或顾问；

专业或技术学会。

专家评价可以通过个人咨询（一对一的会见、访问等）或专题小组形式进行（集中小组、调查等）。

3. 会议

基本情况分析会是为了增进对项目主要利益相关者的了解而设计和召开的项目会议。这种会也可以交换和分析每个利益相关者在面对项目时的任务、利益、知识和总体地位等方面的信息。

3.3.3 识别利益相关者的成果

识别利益相关者的成果是利益相关者登记表。

利益相关者登记表包括关于所识别出的利益相关者的所有详细情况。

- 身份信息：姓名、职位、地址、在项目中的任务、联系方式。
- 评估信息：主要需求、主要期望、在项目中可能的影响、有最大利益的项目阶段。
- 分类：内部或外部、支持者或中立或阻止者。

3.4 小结

本章主要讨论了项目启动及项目目标的有关问题。

项目目标即实施项目所要达到的期望结果。项目目标具有多目标性、优先性和层次性等特点。项目目标的确定实际上就是明确了项目及项目组成员共同努力的方向。总之，确定项目目标对项目成功非常重要。

项目目标的确定可以作为一种沟通方式，目标的确定还可以对项目组成员产生激励作用，确定项目目标也为制定项目计划打下了基础。

项目目标与企业的战略目标层次不同，它们之间的关系可以用一个金字塔结构表示。

对项目目标的描述应该力求反映项目的本质目标，目标的描述应该清晰、具体、明确，应该是现实的、可以度量的。项目具体目标中往往包含时间、成本、技术性能三个方面。

目标的制定方式可以作为执行和指导一个组织实现目标的管理手段。因此，目标管理可以作为一种有效的项目管理工具。

项目目标文件是一种详细描述项目目标、项目范围及其实施计划的文件。项目目标文件的功能为：确定项目目标、确定项目的关键假设、确定项目的范围、确定完成项目所需资源以及初步确定项目进度计划。项目目标文件应该是正规的书面文件形式，其内容包括项目背景介绍、项目目标、项目有关假设、项目组结构及项目组成员的角色和责任分配、项目主要产品、项目完成准则、预计的项目进度计划、预计的成本。

项目目标文件的确定要通过项目目标文件的具体规划。项目目标文件的规划步骤如下：定义产品、确定技术活动、确定各项活动之间的相互依赖关系、确定项目小组成员、确定项目所需其他资源、估计各项活动所需时间、做出初步的进度计划。项目目标文件的规划步骤对项目目标文件的内容会产生影响。

项目目标文件规划的最终结果是产生项目目标文件。

编制项目批准文件和识别利益相关者是项目启动时需要完成的两项项目管理工作。编制项目批准文件同时把满足利益相关者的需要和期望的项目最初需求编制成文件。识别利益相关者是指识别所有受项目影响的人和组织，记录有关他们利益、参与程度和对项目成功的影响方面的相关信息。要想项目成功，关键是在项目中尽早识别利益相关者，并分析他们的兴趣、期望、重要性和影响。然后可以制定策略，用来接触每个利益相关者，并确定利益相关者参与的程度和具体时间，目的是使积极的影响最大化，并减低潜在的消极影响。大多数项目会有大量的利益相关者。由于项目经理的时间有限，并且必须尽可能有效地利用,对利益相关者应根据其兴趣、影响和参与项目的程度进行分类管理。

3.5 案例

项目目标文件的规划

项目目标文件的规划就是指如何来确定项目目标文件,它主要包含如下步骤:定义产品、确定技术活动、估计各项活动所需时间、估计有关管理及支持活动(level-of-effort, LOE)的时间、确定项目小组成员及项目所需其他资源等。

下面通过一个软件系统设计项目来具体说明这些步骤。

(1) 定义产品。项目产品也就是在项目进行过程中给顾客的交付物,它可以是一个实物,也可能是一些文件。这里的产品是一个广义的概念,不仅指项目的最终产品,还包括项目的中间产品。实际上,项目在实施过程中的不同阶段都应有确定的产品,而不同类型的项目,其产品类型也各不相同。

对于软件系统设计项目来说,其标准的产品有系统需求文件、系统设计文件、项目实施阶段计划。对于软件系统实施项目,其标准的产品有详细的程序说明书、程序及程序文件、程序安装计划。

(2) 确定技术活动。确定技术活动,即确定项目实施过程中的所有有关的技术开发活动,一般按项目实施阶段来分析罗列。

对于软件系统设计项目,其有关的技术活动如下。

- 项目定位(orientation):确定项目的基本方针。
- 制定面谈标准:进行系统设计,一个重要的步骤就是了解顾客的需求,因此需要与顾客面谈,面谈之前需要确定面谈的要求以及面谈的标准。
- 面谈工作的全面准备。
- 制定系统需求文件的标准(standards for requirements report, SRR)。
- 面谈,包括个人准备、面谈、面谈记录、面谈结果确认。
- 数据汇总。
- 编写系统需求文件。
- 编写外部设计(external design)阶段计划。
- 制定外部设计标准。
- 外部设计阶段。
- 内部设计(internal design)阶段。

(3) 确定各项活动之间的相互依赖关系。所谓相互依赖关系是指各项活动的逻辑顺序，紧前、紧后关系。在确定相互依赖关系的这个过程中，可以发现在前面过程中有可能遗漏的活动。上述系统设计项目活动的列举基本上是按照活动的先后顺序排列，但不排除有并行的活动。

（4）确定项目团队成员。确定项目所需的内部人员（项目组成员）和外部人员（如用户），确定项目所需的技能。该系统设计项目所需技能主要为系统设计，其项目小组成员为技术人员（6人）、项目经理（1人）、系统设计师（1人）、用户（1人）。

（5）确定项目所需其他资源。项目所需的其他资源具体指完成项目所需的设备、材料等。上述系统设计项目所需其他资源可能包括计算机硬件设备，如打印机、文字处理软件等。

（6）估计各项活动所需时间。要估计各项活动所需时间，需要经过以下步骤，最终要得到每项活动所持续的实际时间长短。

① 直接估计各项活动所需人工数量。根据经验，或运用有关的估计方法估计项目有关技术活动所需全部时间，人数折算在内。

对于上述系统设计项目，其技术活动所需工时估计如表3-2所示。

表3-2　项目技术活动工时估计

活　　动	所需工时数/工时
• 项目定位（设需6人，每人30小时）	180
• 制定面谈标准	160
• 面谈工作的全面准备	80
• 制定系统需求文件的标准（SRR）	60
• 面谈：（20个面谈对象）	640
■ 个人准备（4小时）	
■ 面谈（4小时）	
■ 面谈纪要（4小时）	
■ 面谈结果确认（4小时）	
每个面谈对象需两人参加面谈（16小时×2人×20个＝640小时）	
• 数据汇总	600
• 编写系统需求文件	140
• 制定外部设计阶段计划	80
• 制定外部设计标准	60
上述需求阶段总计：	2 000
• 外部设计阶段	2 000
• 内部设计阶段	2 000
项目所需时间总计：	6 000

② 补充估计项目有关的管理及支持活动时间（LOE）。LOE活动往往贯穿项目的始终，具体指项目管理、项目会议等有关的管理支持活动，因此，LOE所占用的时间往往是

连续时间，从项目开始直到项目结束，它主要影响项目进度和成本估计。

③ 确定时间利用率。由于企业里的员工拥有必要的休假以及接受进一步的教育培训等福利，因此，一年 365 天不可能天天工作，即使是在正常的可支配时间之内（除去周末，每天工作 8 小时，每周工作 5 天），也会需要有一定的时间处理其他杂事，因此有必要确定花在项目上的有效时间。

时间利用率(utilization rate)是指有效时间与正常的可支配时间的比值。有效时间是指具体花在项目中的确切时间，是正常可支配时间中扣除假期、教育培训等时间后剩余的花在项目上的时间。

例如，一个员工一年中正常可支配时间＝2 080 小时(52 周×5 天×8 小时)

其中，教育培训　80 小时
休假　160 小时
行政管理　80 小时
个人私事　80 小时
其他(如病假)　80 小时
非有效时间总和　480 小时
有效时间总和　1 600 小时

$$\text{时间利用率}=\frac{1\,600}{2\,080}=77\%$$

每月平均有效时间为：4.33 周/月×5 天×8 小时×77％＝133 小时/月

时间利用率与项目期限的关系参见表 3-3。

表 3-3　时间利用率与项目期限的关系

项目期限	小时/月	时间利用率/％	项目期限	小时/月	时间利用率/％
	173	100	6～12 个月	130	75
小于 6 个月	140	81	大于 12 个月	120	69

可见，项目期限越长，项目的时间利用率越低，在做项目时间进度安排时，要充分考虑到这一点。

④ 根据时间利用率确定项目各项活动实际所需时间长短。这里所谓“各项活动实际所需时间”是指每项活动所花的实际周时数，需要根据时间利用率对每项活动的工时数进行调整。例如，活动 A 所需工时数为 180 工时，若时间利用率为 75％，则花在活动 A 上的实际时间长度为 180÷75％＝240 工时，按每周 40 小时计算，则活动 A 所需的实际人工数为 6 人·周。

上述例子的数据调整(按时间利用率 75％)如表 3-4 所示。

表 3-4 考虑时间利用率的项目技术活动工时估计

活 动	所需工时数/工时	人工量/(人·周)
• 项目定位(设需 6 人,每人 30 小时)	180	6.0
• 制定面谈标准	160	5.3
• 面谈工作的全面准备	80	2.7
• 制定系统需求文件的标准	60	2.0
• 面谈:(20 个面谈对象)	640	21.3
■ 个人准备(4 小时)		
■ 面谈(4 小时)		
■ 面谈纪要(4 小时)		
■ 面谈结果确认(4 小时)		
每个面谈对象需两人参加面谈(16 小时×2 人×20 个=640 小时)		
• 数据汇总	600	20.0
• 编写系统需求文件	140	4.7
• 制定外部设计阶段计划	80	2.7
• 制定外部设计标准	60	2.0
上述需求阶段总计:	2 000	66.7
• 外部设计阶段	2 000	66.7
• 内部设计阶段	2 000	66.7
项目所需时间总计:	6 000	200.0

⑤ 根据项目参加人数,确定各项活动实际所持续的时间。按参加项目各项活动的人数计算各项活动将持续的时间,例如周数。

上述例子按项目的技术人员为 6 人计算有关数据如表 3-5 所示。

表 3-5 项目技术活动的持续时间

活 动	所需工时数/工时	人工量/(人·周)	持续时间/(周)
• 项目定位(设需 6 人)	180	6.0	1.0
• 制定面谈标准(4 人)	160	5.3	1.3
• 面谈工作的全面准备(2 人)	80	2.7	1.3
• 制定系统需求文件的标准(1 人)	60	2.0	1.0
• 面谈:(4~6 人)	640	21.3	3.8
■ 个人准备(4 小时)			
■ 面谈(4 小时)			
■ 面谈纪要(4 小时)			
■ 确认(4 小时)			

续表

活　　动	所需工时数/工时	人工量/(人·周)	持续时间/(周)
每个面谈对象需两人参加面谈(16 小时×2 人×20 个＝640 小时)			
• 数据汇总	600	20.0	4.1
• 编写系统需求文件	140	4.7	1.2
• 制定外部设计阶段计划	80	2.7	2.0
• 制定外部设计标准	60	2.0	1.0
上述需求阶段总计：	2 000	66.7	11.2
• 外部设计阶段	2 000	66.7	11.2
• 内部设计阶段	2 000	66.7	11.2
项目所需时间总计：	6 000	200.0	33.6

（7）编制初步的进度计划。根据上述过程中所确定的各项活动实际所持续的时间以及各项活动的先后次序编制项目的初步进度计划。

以上述系统设计项目中的需求阶段为例，编制初步的进度计划(表 3-6)。

表 3-6　初步的进度计划

活　　动	日　历　周											
	1	2	3	4	5	6	7	8	9	10	11	12
项目定位	6											
制定面谈标准		4										
面谈工作的全面准备		2										
制定需求文件的标准						2						
面谈			6	6	6	4						
数据汇总							6	6	5	2		
编写系统需求文件											4	
编写外部设计阶段计划									1	2		
制定外部设计标准										2		
技术人员总数	6	6	6	6	6	6	6	6	6	6	4	4
经理	1	1	1	1	1	1	1	1	1	1	1	1
系统设计师	1	1	1	1	1	1	1	1	1	1	1	1
用户	1	1	1	1	1	1	1	1	1	1	1	1
项目成员总数	9	9	9	9	9	9	9	9	9	9	7	7

CHAPTER 4
第4章 项目计划

成功的项目管理者必须做好项目实施之前的准备和计划工作。许多项目之所以超期或超出预算成本，或达不到客户的要求，都直接与实施项目之前的计划有关。因此，在实施项目之前，花一定的时间编制一套考虑周全的计划是十分重要的。一些重大项目，其准备和酝酿时间，甚至远远超过其实际的实施时间。

制定项目计划是项目管理的关键过程，任何项目管理都是从制定项目计划开始的。项目计划是决定项目实施成败的关键。

4.1 项目计划概述

4.1.1 项目计划的概念

计划是为完成一个目标而进行的系统的任务安排。项目计划确定项目目标，并为完成目标、对项目实施工作所需进行的各项活动做出周密安排。项目计划围绕着项目目标，系统地确定项目的工作任务、安排项目进度、编制资源预算等，从而保证项目能够在合理的工期内，用尽可能少的成本和尽可能高的质量完成。

项目计划要回答以下几个基本问题。

(1) 做什么(What)：指为了得到项目的结果应当完成哪些工作。解决这一问题可利用工作分解结构(work breakdown structure，WBS)，WBS是项目必须完成的各项工作的清单。

(2) 谁去做(Who)：确定承担工作分解结构中各项工作的具体人员。

(3) 何时做(When)：确定各项工作需要多长时间，以及具体于何时开始，确定每项工作需要哪些资源等。

(4) 花费多少(How much)：确定WBS中每项工作需要多少经费及项目总花费。

4.1.2 项目计划的作用

项目计划是良好项目管理的核心，因为它提供协调各方工作的核心信息。为了跟踪要求的工作数量、成本和时间安排以成功完成项目，计划还为项目控制系统建立基准。

项目计划是一种协调工作、交流思想和分析变化影响的工具。它是为方便项目的协商、交流及控制而设计的。它将便于高层管理部门与项目经理、职能经理、项目组成员及项目委托人、承包商之间的交流沟通。项目计划用于：

(1) 指导项目实施；

(2) 把项目计划编制所采用的假设和前提编写成书面文件；

(3) 将有关已选定方案的项目计划编制决策编写成书面文件；

(4) 促进项目有关各方之间的沟通；

(5) 对项目内容、范围和时间安排等关键性问题进行审查；

(6) 为进度测量和项目控制提供基准计划。

尽管计划最普遍的期望效果是按时完成项目，但好的项目计划还有其他的作用：

(1) 按时完成项目；

(2) 工作连续(不间断)进行(无延误)；

(3) 减少返工次数(变更次数最少)；

(4) 使混乱和误解最少；

(5) 每个人都增加了对项目情况的了解；

(6) 向上级提出有意义和及时的报告；

(7) 你操纵项目而不是项目操纵你；

(8) 知道项目主要部分的计划时间；

(9) 知道项目成本的分布；

(10) 说明人员的责任，规定责任、权力；

(11) 明确了解谁要做什么、什么时候做和要花费多少；

(12) 综合所有的工作从而向业主保证一个优质的项目。

计划是一个过程而不是一个孤立的活动。当变更发生时，需要补充计划从而把变更加入到进度计划之中。可能发生许多影响项目进度的情况或事件，如人员的变化、审批的问题、大型设备的改变、设计问题，好的计划能够发现这些情况并以最有效的方式调整进度计划。

许多技术人员有一种普遍的抱怨，那就是由于中断和延误使他们不能有效地进行工作。这个问题的原因通常是缺乏计划，有些情况下甚至完全没有计划。计划应当明确规定每个人需要做的工作和个人之间工作的界面，还应当把项目参与方之间交流信息的一些合理时间，包括审批延误的时间都包含进来。

许多技术人员的另一种抱怨是项目中的变更使他们必须返工，这个问题也带来混乱和误解，进一步妨碍工作的有效进行。计划应该能够在开始工作之前对要求的工作进行清楚的描述。但是，必须承认变更是项目工作中一种必然的组成部分，特别是在早期发展阶段。如果工作中的变更是可预测的或是可能的，那么项目计划就应当包括为预期的变更所准备的一个合理的宽限。人们往往知道变更会发生，但却没有把它们加到项目计划之中。

项目计划和进度计划能起到防止问题发生的作用。它能够防止工作的延迟，工作拖延是项目完成日期延迟和成本超支的主要原因，并经常导致法律争执；它还能防止由于缺乏指导所造成的士气低落和生产能力下降。

4.1.3　项目计划的原则

必须有一个指导整个项目的明确的操作性计划，这个计划必须包括项目的三个要素：范围、预算和进度，并把它们联系起来。但是计划往往只把焦点放在进度上而没有考虑范围和预算这两个重要的要素。

为了制定一个综合的项目总计划，项目必须被分解成能测量和管理的工作单位。这一过程开始于工作分解结构（WBS）。一旦这一步完成了，就可以挑选有能力完成专业工作的团队成员。团队成员能够明确地确定要做的具体工作的工作量，他们还能够确定完成工作需要的时间和成本。有了这些信息就可以制定一个完整的项目计划。

项目计划和进度计划必须明确地规定个人的责任、进度安排、预算以及预料到的问题。每当项目有变更时，项目经理就应当和有关方签订正式的协议。应当对进度和预算加以同等的关心，并且这二者必须联系起来。项目计划、进度计划和控制开始于项目的开始，并持续贯穿项目的全过程直至项目完成。以下是项目计划和进度计划的主要原则：

(1) 在开始工作之前，而不要在开始工作之后开始计划；

(2) 使实际做工作的人员参加到计划和进度计划的过程之中；

(3) 包括项目的所有方面，如范围、预算、进度和质量；

(4) 在计划中加入一定的弹性，包括变更的宽限和审批的时间；

(5) 记住进度计划是做工作的计划，它永远不会精确无误；

(6) 保持计划简化，清除那些使计划不易阅读的无关细节；

(7) 与各方沟通计划，只有做到已知计划才有价值。

4.1.4　项目计划的内容和编制过程

在项目管理中，计划编制是最复杂的阶段，但却最不受重视。许多人之所以对计划编制抱有消极态度，是因为编制出来的计划常常没有用于促进实际行动。为了编制一个具有现实性和实用性的项目计划，需要在项目计划编制过程中投入大量的人力。由于项目的技术人员了解整个项目的总体框架和具体细节，了解完成项目需要做哪些详细的活动和每项活动需要花费的时间，因此项目经理要充分发挥技术人员在计划编制中的作用。参与制定项目计划往往可调动项目成员的积极性，所以应尽可能让所有成员都参加。对大项目来说，至少让主要人员参加。项目经理在计划编制过程中则主要起总体协调作用：与业主及其他项目干系人进行深入的交流和沟通。

由于项目是创造性的过程，项目早期的不确定性很大，所以项目计划不可能一次全部完成，而必须逐步展开和不断修正。如，最初的计划草稿可能包含一般的资源和未标日期的活动排序，后来细化的计划将包括具体的资源和明确的日期。可以说，项目计划编制是一项贯穿整个项目周期的持续的工作。

计划编制包括的过程相对较多，这并不意味着项目管理就是编制计划——计划工作的多少应当与项目的规模和计划所提供资料的用途大小相适宜。另外，计划编制不是精确科学，两个不同的项目队伍对同一项目可能做出截然不同的计划。

项目计划编制的过程及各个过程之间的关系如图 4-1 所示。

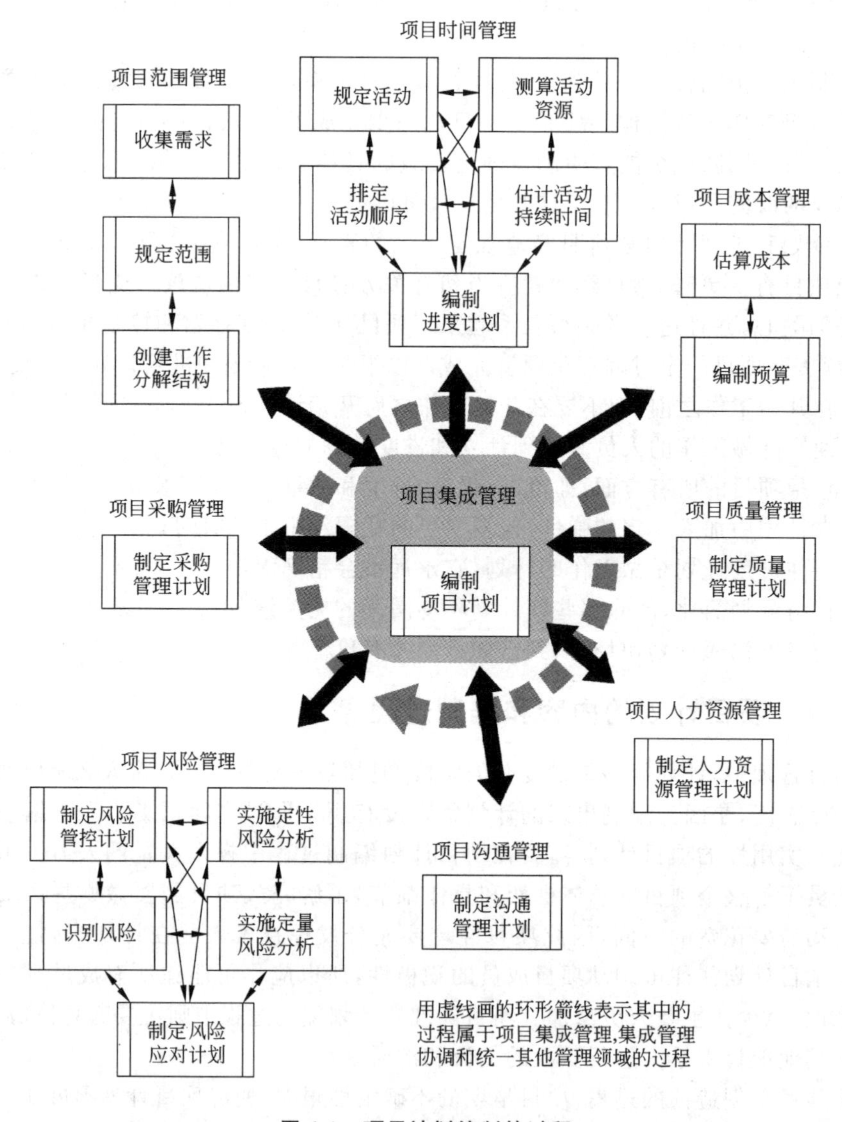

图 4-1　项目计划编制的过程

4.1.5 项目计划的编制依据

1. 项目批准文件

有了项目批准文件,才能进行下面的工作。

2. 其他计划的结果

项目管理中的各种专项计划要综合到一起以建立协调、统一、完整的项目计划。所有其他计划得到的结果,包括各种控制基准和次级计划都是项目计划的依据。另外这些计划的更新可能会引起项目计划的更新。图 4-2 所示为编制项目计划的数据流。

3. 企业环境因素

影响项目计划编制的企业环境因素有:

(1) 政府或行业的标准;

(2) 项目管理信息系统(例如一种自动化工具,如进度计划软件、配置管理系统、信息采集和发布系统,或是进入其他在线自动化系统的网络界面);

(3) 组织的结构和文化;

(4) 基础设施(例如现有的设施和资本设备);

(5) 人员管理(例如雇用和解雇原则、雇员业绩考核以及培训经历)。

4. 组织过程资源

影响项目计划编制的组织过程资源有如下几项。

(1) 标准化的指导原则、工作指南、建议书评价标准以及绩效测量标准。

(2) 项目计划模板,包括:为满足项目特定需要调整组织成套标准过程的原则和准则;类似于产品确认和验收标准的项目完工原则或要求。

(3) 包括所有步骤的变更控制程序,根据它修改正式的公司标准、政策、计划、程序或项目文件,以及批准和确认变更。

(4) 来自过去项目的项目档案(例如范围、成本、进度和绩效测量基准、项目日历、项目进度计划网络图、风险名单、计划的应对行动以及确定的风险后果)。

(5) 历史信息与经验教训知识库。

(6) 配置管理知识库,包括公司所有正式标准、方针、程序和项目文件的各种版本与基准。

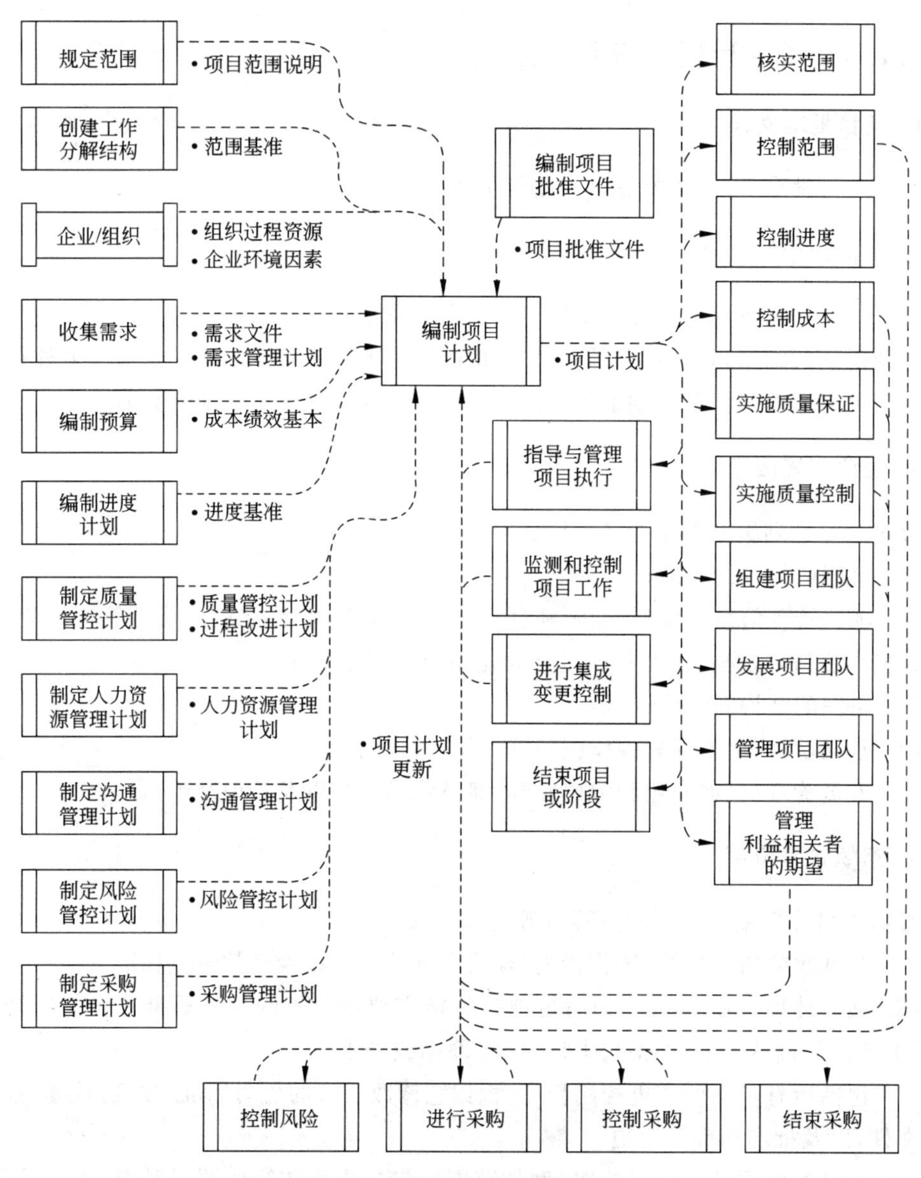

图 4-2 编制项目计划的数据流

4.1.6 项目计划的编制方法

1. 专家评价

项目计划一般采用专家评价方法，包括：

(1) 调整过程以满足项目的需要;

(2) 开发技术和管理的细节,把它们编入项目计划;

(3) 确定完成项目工作所需要的资源(人员)和他们的技术等级;

(4) 规定用在项目上的配置管理水平;

(5) 确定受正式变更控制过程约束的项目文件。

2. 促进技术

促进技术在项目管理的各项任务中广泛应用,一般用于指导项目计划的编制。促进人使用头脑风暴、冲突解决、问题解决和会议管理等主要技术帮助团队和个人就完成项目活动达成一致。

项目计划使用一些工具,包括工作分解结构(WBS)、网络图、横道图、S 曲线等。

4.1.7 项目计划编制的成果

项目计划编制的成果是项目计划文件和支持文件。

1. 项目计划文件

项目计划是一份指导项目执行和控制的文件。不同规模、不同类型的项目其计划详略程度不同。一个需要几个月就可完成的小项目可能会有几页纸的项目计划,而一个需要成千上万人花费几年时间才可完成的大项目则可能有相当复杂而详细的项目计划。项目计划要以特定项目需要为主,组织和表示项目计划的方法可能不同,项目计划通常包括以下内容。

(1) 项目批准文件。项目批准文件是一个重要的文档,正式承认项目的存在并对项目提供一个概览。

(2) 项目管理方法和策略。包括管理目标、项目控制措施等内容。

(3) 范围说明。包括项目可交付成果和项目目标。

(4) 执行控制层面上的工作分解结构。作为一个基准范围文件。

(5) 在执行控制层面上的工作分解结构中,每个可交付成果的成本估算、所列计划的开始和结束时间及职责分配。

(6) 技术范围、精度和成本的绩效测量基准计划,即进度基准计划(项目进度计划)、成本基准计划(随时间的项目预算)。

(7) 主要的里程碑和每个主要里程碑的实现日期。

(8) 关键的或所需的人员及其预期的成本和工作量。

(9) 风险管理计划。包括:主要风险(包括约束条件和假定),以及针对各个主要风险所计划的应对措施和应急费用(在适当的情况下)。

(10) 辅助管理计划，有范围管理计划、进度管理计划、成本管理计划、质量管理计划、人员管理计划、沟通管理计划、风险应对计划，采购管理计划。这些计划的详细程度根据每个具体项目的要求而定。

(11) 未解决事宜和未定的决策。

(12) 基于各个项目的具体要求，在实际的项目计划中还包括其他项目计划编制的输出。例如，一个大型项目计划中，通常包括项目的组织机构图。

2. 项目计划的支持文件

编制计划的支持文件应当被组织起来，以便在项目执行期间使用。用于项目计划的支持文件包括：

(1) 不包括在项目计划中来自其他计划编制过程的输出；

(2) 在项目计划编制过程产生的辅助信息和文档(如先前不了解的约束条件和假定)；

(3) 技术文档，如所有需求、规范和概念设计等历史记录；

(4) 有关的标准；

(5) 早期的项目开发计划编制中的规范。

4.2 项目范围计划

项目范围计划是针对项目产品范围和工作范围制定的。

4.2.1 项目范围的概念

在项目中，有两个与范围有关的概念，即产品范围和项目范围。

产品范围是产品、服务或结果带有的特征和功能，产品、服务或结果是项目的目的或成果。一个产品、一次服务、一个结果可能由多个组成部分构成，带有多个特征、多种功能，产品范围可以把这些变量的数量和边界确定下来。

在一个项目中，产品范围是项目技术人员和管理人员完成整个项目和项目管理的目标、方向，它决定项目和项目管理的所有其他工作。产品范围要通过技术人员和管理人员多次努力，利用多种文件做出规定，并且要在项目完成期间保持控制。

确定和管理产品范围不只是项目管理工作，还需要通过设计等技术工作共同完成，其中属于项目管理工作的，主要有编制项目批准文件和规定范围两项工作。

项目范围是为了交付具有特定特征和功能的产品、服务或结果需要完成的所有工作。项目范围确定项目的工作内容、组成、规模、边界，是整个项目管理的对象和基础。项目范围管理是项目管理的一个最基本的方面，它包括对项目工作范围的计划和控制，是其他各个专项项目管理工作和项目集成管理的基础和先决条件，它同时也是项目管理的重点之一。

4.2.2 收集需求

收集需求是为了实现项目目标而确定利益相关者的需要并编制相应文件的过程。是否重视捕捉到和管理好项目和产品需求直接影响着项目成功。需求是指量化和记载下来的出资人、用户,以及其他利益相关者的需要和期望。为了在项目开始执行后进行测量,这些需求要被足够仔细地查明、分析和记录。收集需求是规定和管理用户的期望。编制用户需求始于分析项目批准文件和利益相关者登记表。

许多组织把需求分为项目需求和产品需求。项目需求可以包括商业需求、项目管理需求、交付需求等,产品需求可以包括技术需求、安全需求、性能需求等方面的信息。

1. 收集需求的依据

收集需求过程的依据是项目批准文件和利益相关者登记表。

2. 收集需求的方法

收集需求的方法包括访谈、中心小组、促进研讨会、群体创造力技术、群体决策技术、问卷调查、观察和原型法等。

3. 收集需求的结果

收集需求的结果是需求文件、需求管理计划和需求跟踪矩阵。

需求文件说明了所有个别需求怎样满足项目的商业需求。需求可能始于较高层次并随着已知的信息增多而逐步详细。在成为基准之前,需求对于主要利益相关者而言必须是明确(可测量且可检测)、可追踪、完整、一致和可接受的。需求文件的形式很灵活,可以简单用文件按利益相关者和优先权分别列出所有需求,也可以采用包含执行要点、详细说明和附件的更为复杂的形式。

需求文件可以包括:

(1) 要掌握的商业需要或机会,说明目前形势的不足以及为什么进行这个项目

(2) 用于跟踪的企业和项目目标

(3) 功能需求,恰当地说明关于产品的业务流程、信息和相互作用,要能以需求列表、模型的形式书面记载这些内容

(4) 非功能需求,诸如服务、性能、安全、安防、符合规定、支持能力、保留/清除等的等级

(5) 质量需求

(6) 验收标准

(7) 反映组织指导原则的企业规定

(8) 对组织其他部门，如呼叫中心、销售队伍、工艺小组的影响

(9) 对项目执行组织内外其他方面的影响

(10) 支持和培训需求

(11) 需求假设和约束条件

需求管理计划规定怎样在整个项目中分析、记录和管理需求。它可以包括：

(1) 怎样计划、跟踪和报告与需求有关的活动

(2) 配置管理活动，例如怎样提出产品、服务或结果的变更，怎样分析影响，怎样追踪、跟踪和报告变更，以及批准这些变更需要的权力等级

(3) 需求优先权确定方法

(4) 准备使用的产品度量系统和使用的理由

(5) 跟踪结构，即根据需求跟踪矩阵跟踪哪些需求属性，以及跟踪需求之后把它们记入哪些其他项目文件

需求跟踪矩阵是一张表，它把需求与其来源联系到一起，并在项目期间跟踪它们。实施需求矩阵，能够把每个需求与企业和项目目标联系起来，增加它的商业价值。它提供了一种在整个项目期间跟踪需求的一种手段，也有助于在项目结束时交付当初项目需求文件中批准的需求。最后，它提供一种管理产品范围变更的架构。

需求跟踪矩阵一般要跟踪：

(1) 有关商业需求、机遇、目标和目的的需求

(2) 有关项目目标的需求

(3) 有关项目范围/WBS交付成果的需求

(4) 有关产品设计的需求

(5) 有关产品开发的需求

(6) 有关测试策略和方案的需求

(7) 高层次需求到详细需求

每个需求的属性可以记录在需求跟踪矩阵中，这些属性有助于确定需求的主要信息。需求跟踪矩阵中使用的典型属性包括：唯一的标识符、需求的文字说明、所含内容的根据、所有者、来源、优先权。版本、当前状态(如活动的、取消的、推迟的、增加的、批准的)以及完成日期。为保证需求能使利益相关者满意，还可以包括稳定性、复杂性和验收标准等更多属性。

4.2.3 规定范围

规定范围是编制一份详细的项目和产品说明文件的过程。编制详细的项目产品范围说明文件对于项目成功很关键，它要依据项目启动时确定的主要交付成果、假设和约束条

件编制。在计划期间，由于有了更多的关于项目的信息，应更有针对性地规定和说明项目的产品范围。要全面地分析现有的风险、假设和约束条件，必要时还要补充分析更多的风险、假设和约束条件。

规定范围的依据、方法和成果如图 4-3 所示，规定范围的数据流如图 4-4 所示。

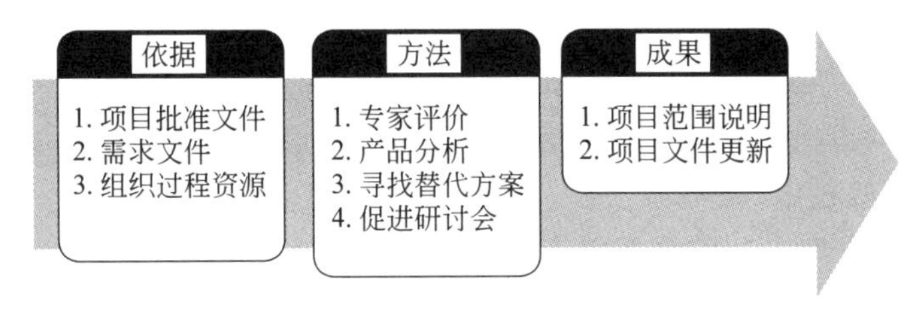

图 4-3　规定范围的依据、方法和成果

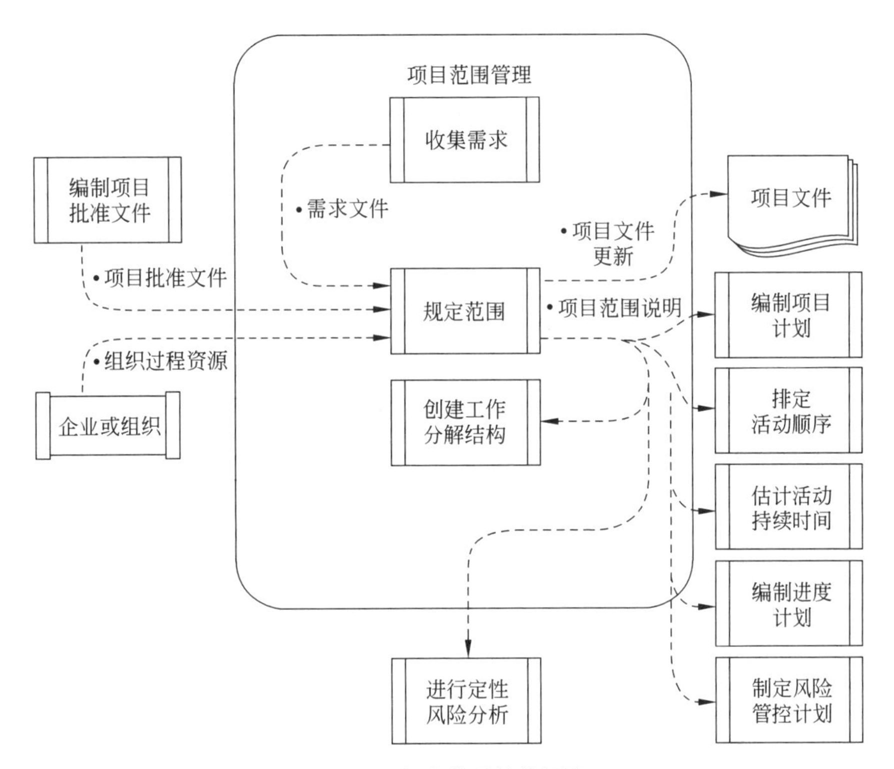

图 4-4　规定范围的数据流

规定范围的依据是项目批准文件、需求文件和组织过程资源。其中可以用于规定范围的组织过程资源，有用于编写项目范围说明的政策、程序和模板，以往项目的项目档案和来自以往项目的经验教训。

规定范围的方法有如下几种。

(1) 专家评价法。经常用专家评价法分析编制项目范围说明所需要的信息。专家可能来自：组织内的其他部门；咨询顾问；利益相关者，包括用户或出资人；专业和技术学会；行业团体；专题事务专家。

(2) 产品分析。对于那些以产品，而不是以服务或结果为交付成果的项目，产品分析是一种有效的工具。每个专业领域都有一种或多种普遍接受的将概略的产品要求转化为明确的交付成果的方法。产品分析包括诸如产品分解、系统分析、需求分析、系统工程、价值工程、价值分析等技术。

(3) 寻找替代方案。这种方案用来找到完成项目工作的不同方法，一般管理技术中的头脑风暴、横向思维、成对比较等都可以采用。

(4) 促进研讨会。

规定范围的成果是项目范围说明和项目文件更新。

1) 项目范围说明

项目范围说明详细地描述项目的交付成果和创造这些成果所需要的工作，它还确立项目利益相关者对项目范围的统一理解，它能够确切地表明哪些内容不包括在项目范围之内，这有助于管理利益相关者的期望。项目范围说明使项目团队能够进行更详细的计划，在实施阶段指导项目团队的工作，为评估变更申请或额外工作是否超出项目边界建立基准。

项目范围说明把将要完成的工作和不应包括的工作规定到怎样的详细程度决定着项目团队能把整个项目范围控制得怎样。详细的项目范围说明可以直接包括以下内容。

(1) 产品范围说明：进一步详细地说明项目批准文件和需求文件中描述的产品、服务或结果的特征。

(2) 产品验收标准：为验收已完成的产品、服务或结果规定流程和标准。

(3) 项目交付成果：交付成果既包括项目产品或范围之类的产出，也包括附属结果，如项目管理报告或文件。交付成果可以粗略或很详细地描述。

(4) 项目除外事项：一般确定排除在项目之外的事项，明确地表明什么是在项目范围之外有助于管理利益相关者的期望。

(5) 项目约束条件：列出并说明限制项目团队进行选择的与项目范围有关的特定约束条件，例如，用户或上级发布的预先规定的预算、强加的日期、进度里程碑。如果项目按照合同进行，合同条款一般都是约束条件。约束条件的信息可以列入项目范围说明，或列入独立的日志。

(6) 项目假设：列出并说明与项目范围有关的特定假设，以及如果这些假设错误可能产生的影响。项目团队在计划过程中经常识别、记载和核实项目假设。项目假设的信息可以列入项目范围说明，或列入独立的日志。

2）项目文件更新

要更新的文件可能是利益相关者登记表、需求文件和需求跟踪矩阵。

4.2.4 创建工作分解结构

创建工作分解结构（WBS）是一个将项目交付成果和项目工作分解为更小、更易于管理的组成部分的过程。工作分解结构是一种面向交付成果对工作进行的逐级分解，其中的工作是项目团队为实现项目目标和创造需要的交付成果所要完成的那些工作，WBS每降低一级就代表着项目工作定义更详细了一步。WBS组织和规定着项目的整个范围，同时代表着当前批准的项目范围说明中确定下来的工作。

计划要做的工作是WBS最底层的组成部分，称为工作包，工作包可以安排进度、估计成本、被监测控制。在工作分解结构语境下，工作其实指的是工作成果或交付成果，它是劳动（努力）的结果而不是劳动（努力）本身。创建工作分解结构的数据流图如图4-5所示。

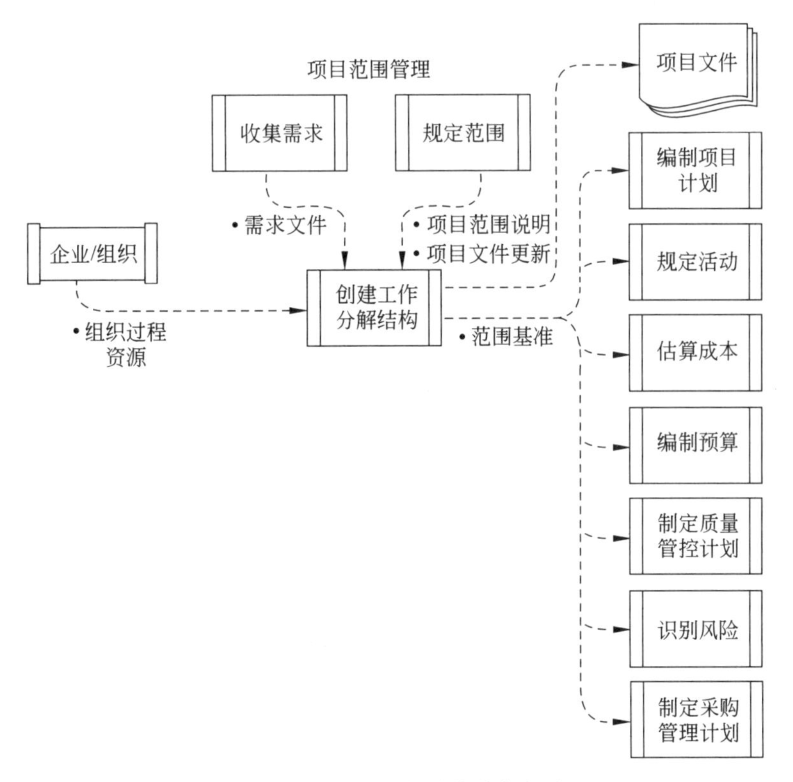

图4-5　创建工作分解结构的数据流图

1. 创建工作分解结构的依据

创建工作分解结构的依据是项目范围说明、需求文件和组织过程资源。

2. 创建工作分解结构的方法

创建工作分解结构的方法是分解。

分解是把项目交付成果划分成更小、更易于管理的组成部分，直到把工作和交付成果划分到工作包级别。工作包是 WBS 最底层的内容，它是一个点，能够在这个级别上使工作的成本和持续时间得到可靠的估计和管理。工作包的详细程度随着项目的规模和复杂程度有所不同。

把整个项目分解为工作包一般按下列步骤进行：

(1) 识别并分析交付成果和与之相关的工作；

(2) 确定 WBS 的结构与组织；

(3) 把 WBS 上一级的内容分解为更详细的下一级组成部分；

(4) 给 WBS 的组成项制定和分配标识码；

(5) 核实工作分解的程度是否充分必要。

图 4-6 是一个局部的 WBS，其中的一些分支向下分解到了工作包级别。

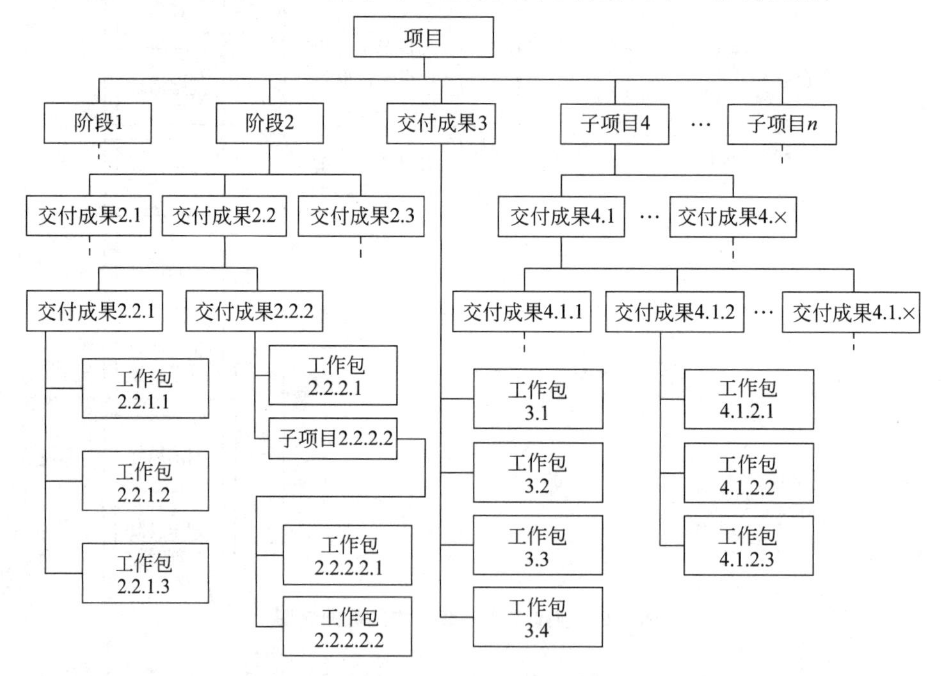

图 4-6 一个局部的 WBS

可以采用以下几种方法建立WBS结构。

(1) 把项目的阶段作为分解的第一级,把产品和项目交付成果放入第二级,如图4-7所示(此WBS只起演示作用。它不是任何特定项目的完整范围,也不是组织这类项目WBS的唯一方式)。

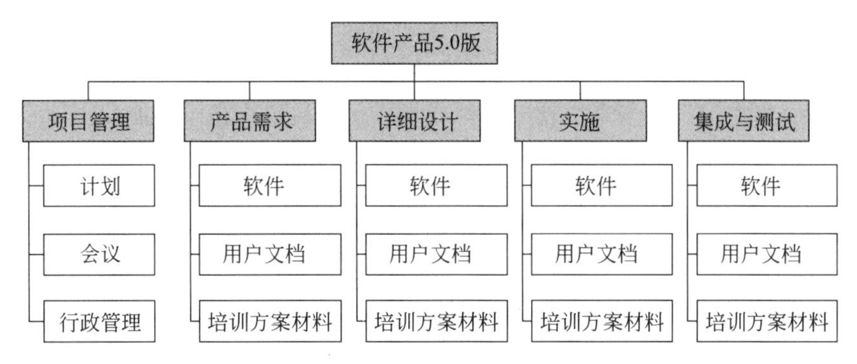

图4-7 按阶段组织WBS的例子

(2) 将主要交付成果作为分解的第一级,如图4-8所示(此WBS只起演示作用。它不是任何特定项目的完整范围,也不是组织这类项目WBS的唯一方式)。

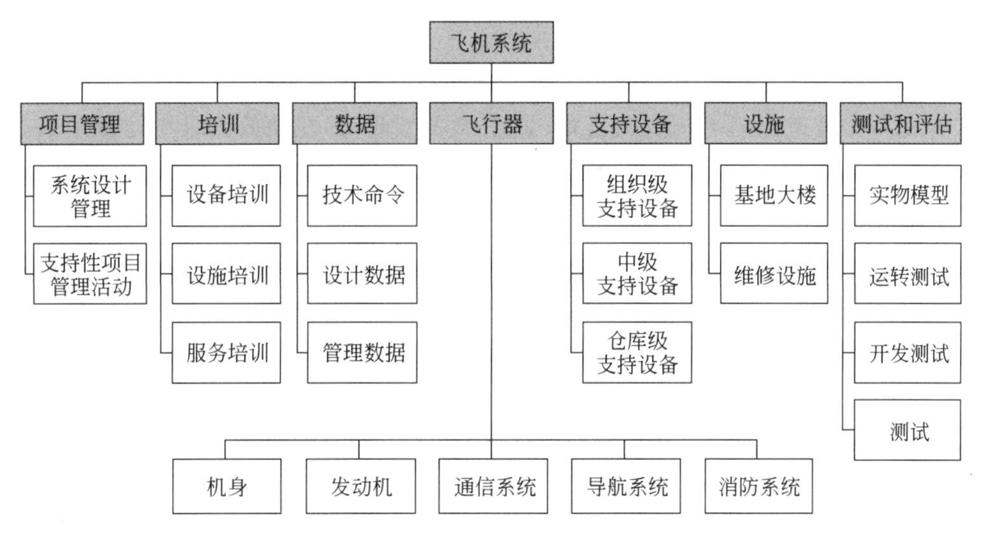

图4-8 按主要交付成果分解的例子

(3) 将可能由项目团队以外的单位完成的子项目,如外包工作做工作分解结构的某一项,则作为一项工作内容,卖方要编制所承担任务的工作分解结构。

分解较高级别的WBS组成项要将每个交付成果或子项目的工作再分成基本的组成

项，这些基本组成项代表可检验的产品、服务或结果。可以采用大纲、组织结构图、鱼刺图或其他方法建立WBS结构。核实分解的正确性要确保WBS的所有下级组成项对于完成上一级交付成果是充分必要的。不同的交付成果可能有不同的分解层次，要到达工作包，有些交付成果只需要分解到下一级，而另一些却需要更多层次的分解。随着工作被分解得更详细，计划、管理和控制工作的能力得到加强。但是，过度分解可能导致管理无功而返、资源使用无效、降低工作效率。

分解一个将在很远的未来实现的交付成果或子项目也许是不可能的。项目管理团队经常等到交付成果或子项目很明确时再分解，这时可以确定WBS的细节，这种方法称为滚动计划。

WBS代表所有产品和项目工作，包括项目管理工作。最底层的全部工作必须逐级汇总到上级，从而没有遗漏和多余工作，这叫做百分百法则。

3. 创建工作分解结构的成果

1）工作分解结构

工作分解结构（WBS）是一种面向交付成果对工作进行的逐级分解，其中的工作是项目团队为实现项目目标和创造需要的交付成果所要完成的那些工作，WBS每降低一级代表着项目工作定义更详细了一步。WBS结束于为工作包建立控制账户和每个工作包唯一的账户代码。这些代码为逐级汇总成本、进度和资源信息提供了一种框架。一个控制账户就是一个管理控制点，范围、成本、进度集成于此，并在绩效测量中与赢值（earned value）比较。控制账户设置在WBS中挑选出的管理点。每个控制账户可以包括一个或多个工作包，但每个工作包只能属于一个控制账户。

2）工作分解结构字典

工作分解结构字典是一份由创建工作分解结构过程产生，用于支持WBS的文件，它提供对WBS的组成项，包括工作包和控制账户更详细的说明。包括账户代码、工作的描述、责任单位、进度里程碑清单、连带的进度计划活动、需要的资源、成本估算、质量要求、验收标准、技术文献、合同信息。

3）范围基准

范围基准是项目计划的组成内容，它的内容是项目范围说明、WBS、WBS字典。

4）项目文件更新

需要更新的项目文件是需求文件。如果在创建工作分解结构过程中批准了某些变更申请，则要把批准的变更反映在需求文件中。

4.3 项目进度计划

4.3.1 项目进度计划的概念

项目进度计划是对实现项目结果所要完成的工作(组成项目的活动)做出时间安排,或者说对到一定时间应完成的工作量做出规定。

1. 项目进度管理的对象与范围

由于项目的进度是项目中的工作任务与任务完成时间之间的关系,所以项目进度管理的对象既是任务,也是时间。因为有时进度也用到一定时间完成的实物成果、成本等表示,所以这些参数也可能是进度管理的对象。

由于项目范围是由项目所包含的工作范围所决定的,因而总的来说,进度管理的范围是项目的工作范围。

完成一个项目,需要进行两种工作,一种是对项目要得到的产品进行的设计和制造工作。这是一个技术过程,因为这个过程需要完成的工作是产品的制造或服务的提供,所以这类工作是由各种专业人员运用专业技术完成的,不同的工作需要不同的专业知识和人员。这个过程包括项目可行性研究、项目评估和决策、设计、实施准备、采购、实施、测试、验收等工作。这些工作还有一个特征,它们都是完成项目必须做的工作,项目的交付成果主要取决于这些工作的完成。另一种工作是对项目的管理工作,它是针对上述技术工作的,但并不是那些工作。项目管理工作构成建设项目的管理过程,它通常包括启动、计划、审批、执行、控制、结束。项目管理工作不是完成项目必须做的工作,它的目的和成果也不是工程项目的交付成果。项目管理的目的是将工程项目完成得更好,从而达到或超出预期的要求,它的成果是项目的完成效果和所有的管理文件。

完成项目需要的时间主要由项目技术工作的时间决定。项目管理工作中的执行、控制工作因为与工程项目的技术工作同时进行,所以不需要额外的时间,而项目管理的其他工作,包括启动、计划、审批、结束等,由于它们与项目的技术工作可能不同时进行,因而可能需要额外的时间。因此,项目需要的总时间是由全部技术工作的时间和一部分管理工作的时间共同决定的。

所以确切地说,项目进度管理的对象范围是所有的技术工作,加上单独占用项目时间并影响项目工期的那部分管理工作。

2. 项目进度计划系统

1）进度计划的形成

项目的进度计划是由不同层次的、多个相互关联的进度计划组成的，是在项目进展过程中，根据需要和可能逐步形成的。因此，项目的进度计划系统是逐步形成的。

2）进度计划系统

根据项目进度控制的不同需要和不同用途，项目用户对同一个项目可以构建多个不同的进度计划系统，通常由多个相互关联的不同计划深度、不同计划功能、不同项目参与方、不同计划周期的进度计划组成项目进度计划系统。

由不同深度的进度计划构成的进度计划系统，包括项目总进度计划、项目子系统进度计划、项目子系统中的单项任务进度计划。

由不同功能的计划构成的进度计划系统，包括指导性进度计划、控制性进度计划、实施性（操作性）进度计划等。

3. 项目进度计划的特点

项目进度计划具有以下特点。

（1）进度计划管理具有动态性。项目的建设环境、条件和资源投入等都是动态变化的，因此，项目的进度计划系统的编制和实施控制是一个动态的过程，要随着环境和条件的变化进行相应的调整。

（2）进度计划带有创造性。由于项目的管理过程具有一次性的特点，为适应这个特点，进度计划系统的编制、管理和控制，既要沿用通用的管理原理，又要借鉴同类项目的进度计划管理和控制经验与技术成果，结合本项目实际创造性地进行管理。

（3）进度计划的阶段性。在项目周期内的各阶段（也是组成项目的各个子项目，如设计阶段、招标投标阶段、实施准备阶段、实施阶段、测试阶段、验收阶段等）要进行有效的阶段性控制，要有明确的计划进度表，确定开始和完成的时间和需要完成的内容。在每个阶段的实施过程中或完成后，都要对其进度进行评价，以便确定或调整下一阶段的进度安排。

（4）进度计划的不均衡性。由于项目容易受到外部条件和项目环境变化的干扰，使工作难度、工作强度和工作内容受到影响，因此，进度管理和控制的力度往往出现不均衡现象。

（5）进度计划的复杂性。项目的进度计划是一个复杂的系统工程，在这个大系统内，各个子项目间、各个不同功能进度计划间、各个不同深度的进度计划间，都要十分注意其相互的内在联系和协调。

4.3.2 项目进度计划的任务

项目进度计划包括规定活动、排定活动顺序、测算活动资源、估计活动持续时间和编制进度计划等任务。

1. 规定活动

规定活动要确定得到项目交付成果需要采取的具体行动。规定活动的依据是范围基准、企业环境因素和组织过程资源,结果是活动清单、活动属性和里程碑清单。

2. 排定活动顺序

排定活动顺序是指确定和记录项目活动之间的逻辑关系。排定活动顺序的依据是活动清单、活动属性、里程碑清单、项目范围说明和组织过程资源,结果是项目网络图。

3. 测算活动资源

测算活动资源是指测算完成各项活动需要的材料、人员、设备和用品的品种和数量。测算活动资源的依据是活动清单、活动属性、资源日历、企业环境因素和组织过程资源,结果是活动资源需要、资源分解结构。

4. 估算活动持续时间

估算活动持续时间是指估算用测算的资源完成各项活动需要的工作时间单位的个数。

5. 编制进度计划

编制进度计划要分析活动顺序、持续时间、资源需要和约束条件,然后编制项目进度计划。

4.3.3 项目进度计划的横道图编制方法

1. 横道图进度计划的编制

横道图,又称条线图或甘特图,是一种传统的进度计划方法。横道图是一个二维的平面图,横向表示进度并与时间相对应,纵向表示工作内容,如图 4-9 所示。

在图中每一水平横道线显示每项工作的开始和结束时间,每一横道线的长度表示该项工作的持续时间。在表示时间的横向维上,根据项目计划的需要,度量项目进度的时间单位可以用日、周、月或季表示。

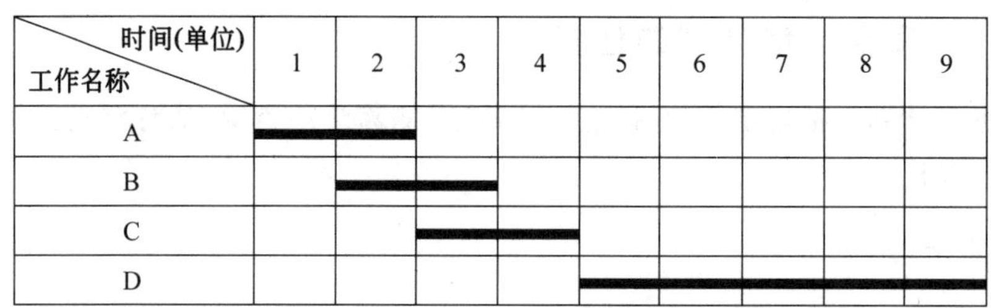

注：时间(单位)可以是日、周、月或季。

图 4-9　横道图

2. 横道图的适用范围

横道图计划直观、简单、容易操作、便于理解。其适用范围为：

(1) 在大型项目中，可广泛用于项目高层管理人员了解项目的各有关部位的进展情况，便于研究和决策；

(2) 在项目前期的工作报告中，用横道图可向项目的决策者提供以相对独立的工作环节为分块的进度计划，对于项目的决策有一定参考作用；

(3) 在项目实施过程中，横道图计划可以用于 WBS 的任何层次的进度控制，即将实际进度以同样的条形在同一个横道图的工作内容的横道上表示出来，可以十分直观地对比实际进度与计划进度间的偏离；

(4) 可用于资源的优化和编制资源及成本计划。

3. 横道图进度计划存在的问题

横道图进度计划存在以下问题。

(1) 建设项目所包含的工作之间的逻辑关系不易表达清楚。

(2) 横道图通常由手工编制，用于简单项目有其优点，但在大型项目中，由于工作任务很多，就显得有所不足。然而，计算机管理系统消除了这些问题，它可以做到只需人工输入数据，就能不断地、定期地进行修改。

(3) 难以进行严谨的进度计划时间参数计算，不能确定计划的关键工作、关键线路与时差。

(4) 横道图难以明确表达项目进度与资源、成本之间的内在联系和相互作用，因而就不能对进度计划进行优化和控制。

(5) 难以适应大的进度计划系统。

网络图就是在横道图的基础上发展起来的，应用网络计划技术，可以根据网络图画出横道图，但不能依据横道图画出网络图。

4.3.4 建设项目网络计划的行业标准

1. 网络计划模型

网络计划模型是一种直观而简明的、有逻辑和数学根据的计划模型。在网络计划中,用箭头和圆圈来表示一项工作之间关系的网络图,即为网络计划图。它能直观地反映工作项目之间的相互关系,使一项计划构成一个系统的整体,从而实现计划的定量分析。

2. 网络计划行业标准的应用

工程网络计划的行业标准为《工程网络计划技术规程》(JGJ/T 121—99)。

(1)《工程网络计划技术规程》适用于工程建设的规划、设计、施工以及相关工作的计划中,计划子项目(工作)、工作之间的逻辑关系以及一个工作持续时间都有肯定的进度计划的编制与控制。

(2)《工程网络计划技术规程》对 4 种网络计划图的计算、绘图规则和关键工作及关键线路的确定都有明确规定,对网络计划的优化和网络计划的控制也有相应的规定。

(3) 国家有关建设工程管理规范中规定,编制施工进度计划采用工程网络计划技术,编制工程网络计划应符合国家现行标准《网络计划技术》(GB/T 13400.1～3-92)及行业标准《工程网络计划技术规程》(JGJ/T 121-99)的规定。

4.3.5 建设工程网络计划的类型

我国《工程网络计划技术规程》(JGJ/T 121—99)推荐的常用工程网络计划类型包括双代号网络计划、单代号网络计划、双代号时标网络计划、单代号搭接网络计划。

1. 双代号网络计划

1) 双代号网络计划图

双代号网络计划图是由节点表示事项,箭线表示工作的网络图。在图中每一条箭线表示一项工作。箭线的箭尾节点表示该工作的开始,箭线的箭头节点表示该工作的结束。节点应用圆圈表示,并在圆圈内编号。一项工作应只有唯一的一条箭线和相应的一对节点编号。这种箭线式网络就是双代号网络,因为其每一个工作都由一对数字(开始/结束)来定义。图 4-10 所示即为双代号网络计划图。

图 4-10 中所示的③---➤④箭线,是虚线,表示一项虚工作。虚工作的定义为:在双代号网络计划中,只表示前后相邻工作之间的逻辑关系,既不占用时间,也不消耗资源的虚拟工作。在双代号网络图中,一端带箭头的虚线就表示一项虚拟的工作,以使逻辑关系得到正确表达,由于虚拟的工作不需要时间,所以虚工作的持续时间为零。

图 4-11 指出双代号网络计划图工作的表示方法。

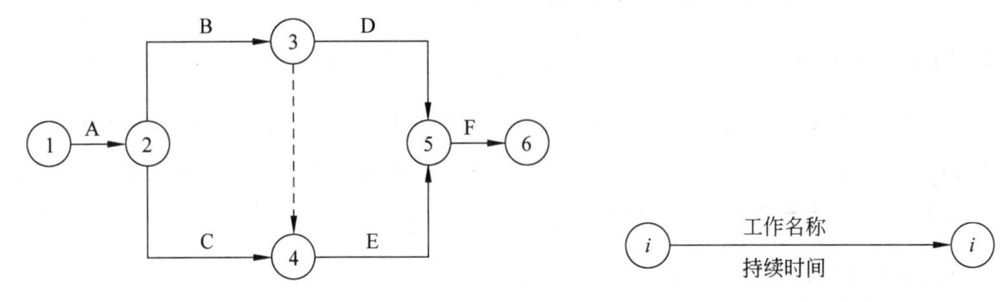

图 4-10　双代号网络计划图　　**图 4-11　双代号网络计划图工作的表示方法**

图 4-11 所示是工作的表示法，规程规定，网络图中工作的定义为：计划任务按粗细程度划分而成的、消耗时间或同时也消耗资源的一个子项目或子任务。

2）双代号网络计划图的绘制步骤

用网络计划方法编制进度计划的第一步是绘制网络图。通常是先画一个初步网络图，在此基础上进行优化和调整，最终得到正式的网络计划图。绘制初步网络图一般按以下步骤进行。

(1) 项目分解。任何项目都是由许多具体工作和活动组成的，所以要绘制网络图，首先要根据需要将一个项目分解为一定数量的独立工作和活动，其粗细程度可以根据网络计划的作用加以确定。项目分解的结果是要明确工作的名称、工作的范围和内容。

(2) 工作关系的分析。工作关系分析的主要目的是确定工作之间的逻辑关系，其结果是明确工作的紧前和紧后的关系，形成项目工作列表。

(3) 估计工作的基本参数。网络计划的基本工作参数包括工作持续时间和资源需要量。工作持续时间是指在一定的资源、效率和条件下，直接完成该工作所需时间与必要的停歇时间之和。

2. 单代号网络计划

单代号网络计划图是以节点表示工作，而箭线及其上面的时距符号表示相邻工作间的逻辑关系，如图 4-12 所示。

(1) 单代号网络计划图中每个节点表示一项工作，用圆圈或矩形表示。节点所表示的工作名称、持续时间和工作代号等应标注在节点内。如图 4-13 所示，一项工作必须有唯一的一个节点及相应的一个编号工作。由于工作代号只有一个，所以称为“单代号”。

(2) 单代号网络图中的箭线表示相邻工作之间的逻辑关系。箭线可以是直线、折线，箭线的水平投影方向应自左向右，表示工作的进展方向。单代号网络图中不设虚箭线。

(3) 单代号网络计划技术无须用到虚活动，所以相对比较易画易读，便于检查修改

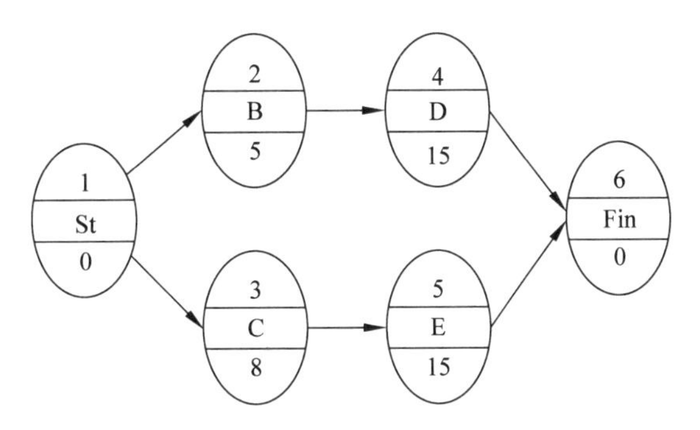

图 4-12　单代号网络计划图

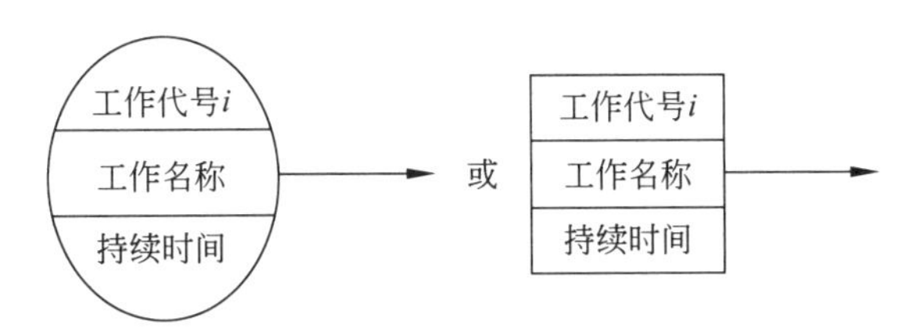

图 4-13　单代号网络计划图工作的表示方法

等，所以在有些项目管理中也有采用。

3. 双代号时标网络计划

1）双代号时标网络计划的概念

双代号时标网络计划的全称为双代号时间坐标网络计划，是以时间坐标为尺度编制的网络计划。这种网络计划图可简称为时标图，如图 4-14 所示。

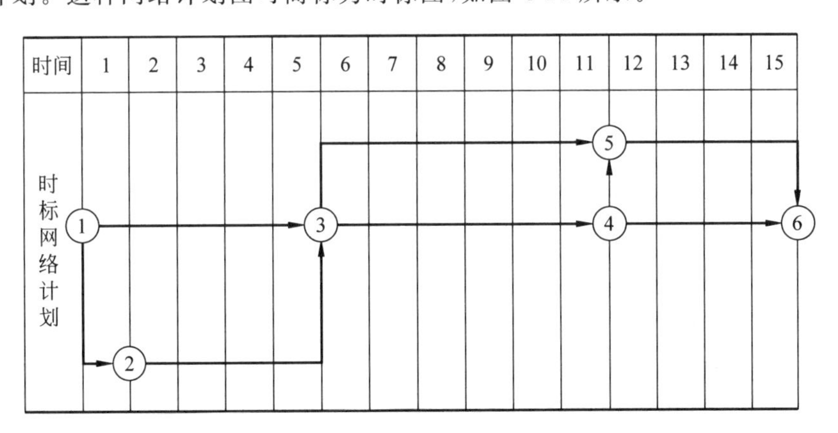

图 4-14　双代号时标网络计划图

(1) 时标图兼有横道图的直观性和网络图的逻辑性，在工程实践中应用比较普遍，在实施网络计划时，其应用面甚至大于无时标网络计划。

(2) 时标图中的工作以实箭线表示，节点中心必须对准相应的时标位置。虚工作必须以垂直方向的虚箭线表示，有自由时差时加波形线表示。

2) 双代号时标网络计划的编制

编制双代号时标网络计划应注意以下几点。

(1) 在编制时标图之前，应先按已确定的时间单位绘制时标计划表。表 4-1 所示为标准格式的时标表。

表 4-1　时标网络计划表

日　　历								
（时间单位）	1	2	3	4	5	6	7	8
网络计划								
（时间单位）	1	2	3	4	5	6	7	8

(2) 时标图宜按最早时间编制。

(3) 无论采用何种方法编制时标图，均应首先绘制无时标网络计划草图。

(4) 编制时标图的方法有两种：一种是在无时标网络计划草图的基础上，计算工作时间参数后，再按草图在时标计划表上绘制。这种方法的优点是，可以与草图的计算结果进行对比校核。另一种方法是，在无时标网络计划草图的基础上，不计算工作时间参数，直接按草图在时标计划表上绘制。这种方法的优点是节省计算时间。

4. 单代号搭接网络计划

上述三种网络计划，其工作之间的逻辑关系都是一种衔接关系，即紧前工作完成之后紧后工作就可以开始，紧前工作的完成为紧后工作的开始创造条件。但实际上，可能会出现另外一种情况，即紧后工作的开始并不以紧前工作的完成为前提，只要紧前工作开始一段时间以后，紧前工作虽然尚未完成但已经提供了紧后工作开始工作的条件，紧后工作就可以在这种条件下与紧前工作平行进行。这种关系就称为搭接关系。

(1) 在搭接网络计划中，工作间的逻辑关系是由相邻两工作之间的不同时距决定的。时距就是相邻工作的时间差距。图 4-15 所示为单代号搭接网络计划图。

(2) 在单代号搭接网络计划中，箭线上面的符号仅表示相关工作之间的时距。其中起点节点 St 和终点 Fin 为虚拟节点。节点的标注应与单代号网络图相同。

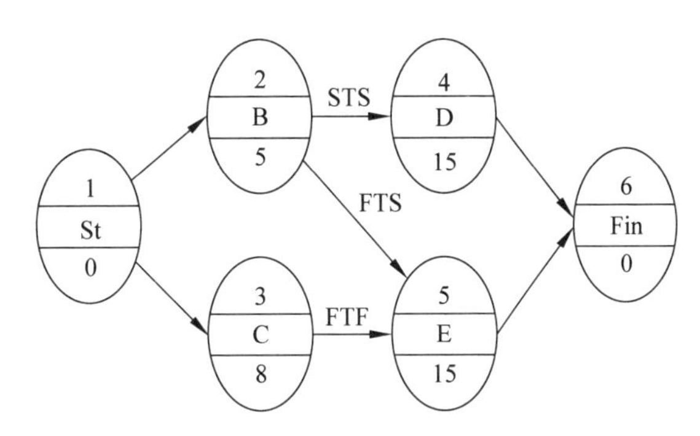

图 4-15 单代号搭接网络计划图

5. 各类不同性质的网络计划

1）按性质分类

（1）肯定型网络计划，是工作、工作之间的逻辑关系以及工作持续时间。《工程网络计划技术规程》（JGJ/T 121—99）只适用于这类肯定型网络计划。

（2）非肯定型网络计划，是工作、工作之间的逻辑关系和持续时间这三者间的任何一项或多项不肯定的网络计划。

表 4-2 所示为各种网络计划方法的比较。

表 4-2 各类网络计划方法的比较

网络计划方法	类型	工作的流向	工作的持续时间	逻辑关系
一般单代号，双代号网络计划和搭接网络计划	肯定型	所有工作均由始点流向终点，不允许有环路	工作时间 t 为确定	所有节点及活动都必须实现
计划评审法	概率型	所有工作均由始点流向终点，不允许有环路	工作时间 t 为概率型，计算时用其期望值	所有节点及活动都必须实现，但条件改变时，可预测实现概率
图示评审法	随机型	工作流向不受限制，允许有环路存在	工作时间 t 为概率型，按随机变量分析	节点与活动有不同的逻辑关系不一定都实现

2）按层次分类

（1）分级网络计划，指根据不同管理层次的需要而编制的、范围大小和详细程度不同的网络计划。

（2）局部网络计划，指以计划任务的某一部分为对象的网络计划。

（3）总网络计划，指以整个计划任务为对象的网络计划。

4.3.6 网络计划有关时间参数的计算

根据工程项目列表，按绘图规则绘制能正确表达工作的逻辑关系的网络图仅完成了网络计划编制的第一步，更重要的任务是网络计划时间参数的计算，这是网络计划实施、优化、调整的基础。

1. 有关时间参数

双代号网络计划主要包括如下时间参数。

(1) D_{i-j}——工作 $i-j$ 的持续时间。

(2) ES_{i-j}——工作 $i-j$ 的最早开始时间。

(3) EF_{i-j}——工作 $i-j$ 的最早完成时间。

(4) LF_{i-j}——工作 $i-j$ 的最迟完成时间。

(5) LS_{i-j}——工作 $i-j$ 的最迟开始时间。

(6) TF_{i-j}——工作 $i-j$ 的总时差。

(7) FF_{i-j}——工作 $i-j$ 的自由时差。

单代号网络计划和单代号搭接网络计划主要包括如下时间参数。

(1) D_i——工作 i 的持续时间。

(2) ES_i——工作 i 的最早开始时间。

(3) EF_i——工作 i 的最早完成时间。

(4) LF_i—— 工作 i 的最迟完成时间。

(5) LS_i——工作 i 的最迟开始时间。

(6) TF_i——工作 i 的总时差。

(7) FF_i——工作 i 的自由时差。

2. 时间参数的计算及计算示例

以上网络计划有关时间参数的计算和计算公式可见《工程网络计划技术规程》(JGT/T 121—99)。关于双代号网络计划、双代号时标网络计划、单代号网络计划计算示例及单代号搭接计划计算示例见《工程网络计划技术规程》(JGT/T 121—99)。

对图 4-16 所示的双代号网络图，图 4-17 和表 4-3 分别采用图上计算法和表上计算法计算了网络中各个工作的设计参数，并找出了关键工作和关键线路，计算出了总工期。

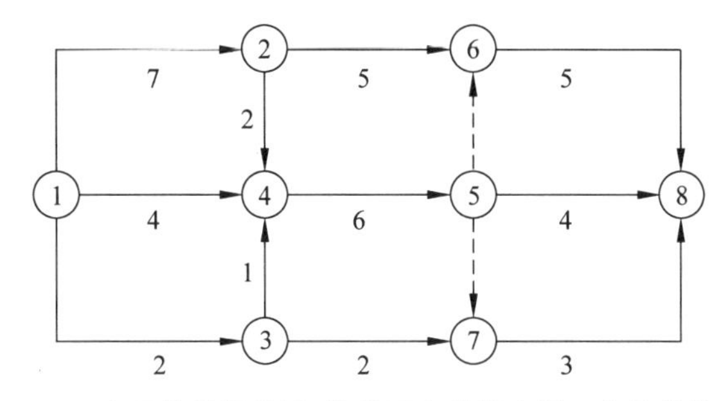

图 4-16　一个双代号网络图(箭线下方的数字是工作的持续时间)

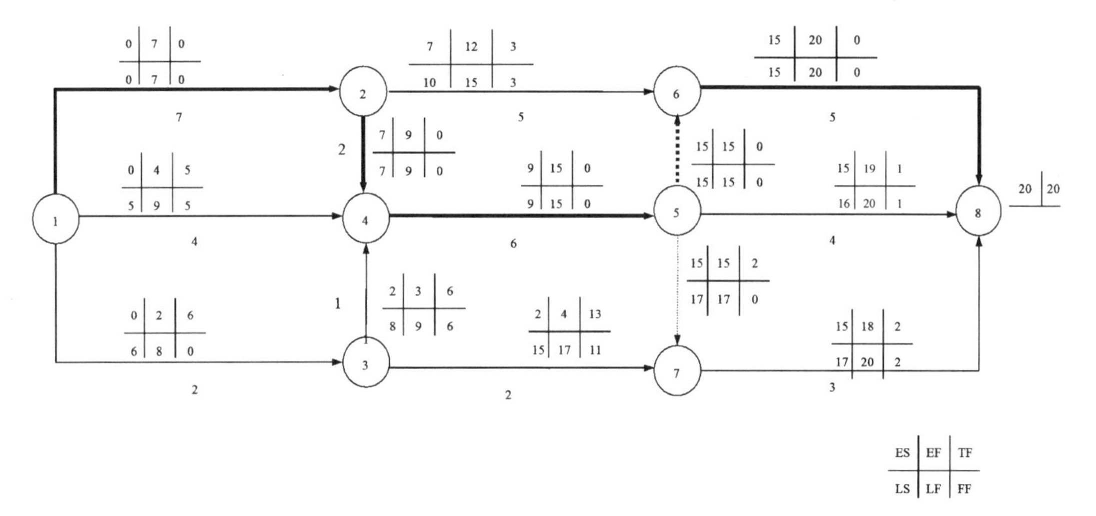

图 4-17　采用图上计算法计算网络设计参数(粗线表示的是关键工作和关键线路)

表 4-3　采用表上计算法计算网络设计参数

紧前工作数/紧后工作数	i-j	D_{ij}	ES_{ij}	EF_{ij}	LS_{ij}	LF_{ij}	TF_{ij}	FF_{ij}	关键工作
①	②	③	④	⑤	⑥	⑦	⑧	⑨	⑩
0/2	1-2	7	0	7	0	7	0	0	√
0/2	1-3	2	0	2	6	8	6	0	
0/1	1-4	4	0	4	5	9	5	5	
1/1	2-4	2	7	9	7	9	0	0	√
1/1	2-6	5	7	12	10	15	3	3	
1/1	3-4	1	2	3	8	9	6	6	
1/1	3-7	2	2	4	15	17	13	11	
3/3	4-5	6	9	15	9	15	0	0	√

续表

紧前工作数/紧后工作数	i-j	D_{ij}	ES_{ij}	EF_{ij}	LS_{ij}	LF_{ij}	TF_{ij}	FF_{ij}	关键工作
1/1	5-6	0	15	15	15	15	0	0	√
1/1	5-7	0	15	15	17	17	2	0	
1/0	5-8	4	15	19	16	20	1	1	
2/0	6-8	5	15	20	15	20	0	0	√
2/0	7-8	3	15	18	17	20	2	2	

3. 工作持续时间的估算

在网络计划图中，工作是指一项需要消耗一定资源（人力、物力、财力）、经过一定时间才能完成的具体工作。因此每个计划任务的子项目或子任务的网络计划都必须计算作业时间，它是完成一项工作所需的时间，也就是工作的持续时间，即 D_i 或 D_{i-j}。工作持续时间的计算是计算其他网络参数和正确决定项目工期的基础。

1）工作持续时间估计的依据

估计工作持续时间主要依据如下内容。

（1）详细的项目工作列表。

（2）项目的约束和限制条件。项目的工作持续时间受到该工作能有效使用资源情况的制约。

（3）历史信息，指有助于对项目工作时间进行估计的类似项目的工作资料。

2）估计工作持续时间的方法

可以采取以下方法估计工作持续时间。

（1）定量计算法。当工作的工程量、工作条件、可能的工作效率等都能比较准确地确定，就可以采用定量计算的方法。其估算公式为

$$D(D_{i-j})=\frac{Q}{R\cdot S}$$

式中：$D_i(D_{i-j})$为工作持续时间，用月、旬、周、日、时等表示；Q 为工程量；R 为人数；S 为工效定额。

（2）经验估算法。在上述条件不具备时，可以根据类似项目的工作历史资料和有经验的专家分析估算工作持续时间，这种分析和判断的结果具有一定的不确定性和风险。

（3）单一时间估计法。当缺少项目的工作详细信息时，可以采用单一时间估计法。这种方法是估计各项工作的持续时间，仅估计一个最有可能的工作持续时间，对应于关键路线法（CPM）估计时，应以完成该工作可能性最大的作业时间为准。

（4）三时估算法。对于非肯定型的网络计划，对应于计划评审技术（PERT），当含有

高度的不确定性工作项目时，可采用三时估算法估算各项工作的持续时间。其理论依据是将时间 T 视为一个连续性的随机变量。所谓三时估算法就是对于高度不确定性、较大的工作项目，可以预先估计三个时间值，然后应用概率原理和方法计算，确定工作的持续时间。这三种时间是：以 a 表示工作的最乐观（最短）持续时间估计值；以 b 表示工作的最悲观（最长）持续时间估计值；以 c 表示工作的最可能持续时间估计值，即在一般正常情况下的最大可能完成时间。

工作时间的平均值计算如下：

$$平均时间\ m = \frac{a + 4c + b}{6}$$

此时平均时间 m 值是一个考虑了工作持续时间不确定因素的随机变量，可用方差表示工作时间概率分布的离差程度。

其方差的计算公式为

$$\sigma^2 = \left(\frac{b - a}{6}\right)^2$$

其均方差的计算公式为

$$\sigma = \frac{b - a}{6}$$

式中：σ 的数值越大，表明工作时间概率分布的离散程度就越大，期望值 m 的可靠性就越小；反之，若 σ 值越小，则 m 的可靠性就越大。

《工程网络计划技术规程》(JGJ/T 121—99)规定，虽然工作的持续时间不确定，当用三时估算法估算出其平均值即期望值 m，并把它当做该工作确定了的持续时间时，在编制网络计划时仍可参照该规程执行。

4.3.7 网络计划的时差概念

如果最迟开始时间和最早开始时间不同，说明该活动的开始时间可以推迟，这可以推迟的时间就称为时差。如果完成工作所需的持续时间是不变的，那么最早和最迟开始时间的差值与最早和最迟结束时间的差值是一样的。时差是在一定的前提下工作可以机动的时间，根据前提条件不同，时差可以分为总时差和自由时差两种。

1. 工作总时差

工作总时差(TF_{i-j})是指在不影响总工期的前提下，本工作可以利用的机动时间。用 TF_{i-j} 表示工作 $i-j$ 的总时差，如图 4-18 所示。

在总工期已经确定的情况下，图 4-18 中 ES_{i-j} 表示工作 $i-j$ 的最早开始时间；LS_{i-j} 表示工作 $i-j$ 的最迟开始时间；EF_{i-j} 表示最早完成时间；LF_{i-j} 表示最迟完成时间。

由图可见，总时差 $TF_{i-j} = LS_{i-j} - ES_{i-j}$；显然，$TF_{i-j} = LF_{i-j} - EF_{i-j}$。

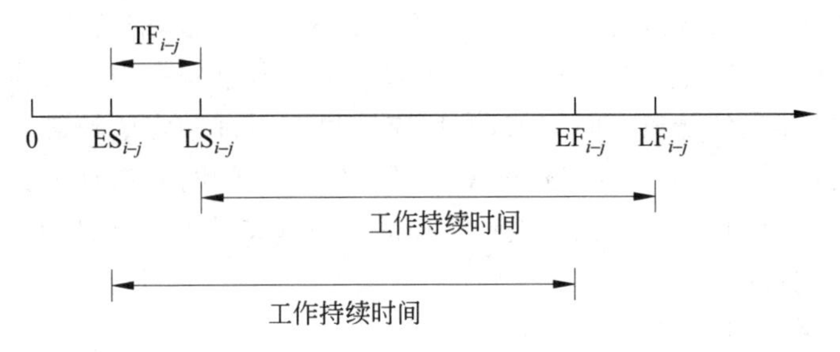

图 4-18　总时差计算示意图

总时差在网络计划中是个非常重要的时间参数，在网络计划的资源优化、网络计划的调整等方面都要使用总时差。

2. 工作自由时差

工作自由时差(FF_{i-j})是指在不影响其紧后工作最早开始的前提下，本工作可以利用的机动时间。如果本工作的最早时间为 ES_{i-j}，其紧后工作的最早时间是 ES_{i-k}，在数轴上的表示如图 4-19 所示。

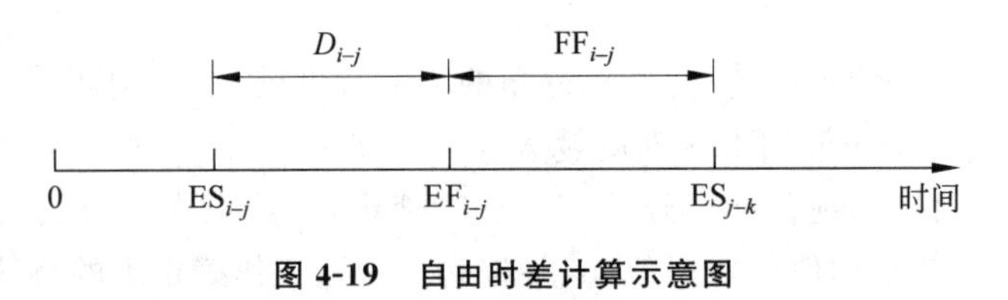

图 4-19　自由时差计算示意图

由图可见，$FF_{i-j} = ES_{j-k} - D_{i-j} - ES_{i-j} = ES_{j-k} - EF_{i-j}$。图中的 D_{i-j} 为工作的持续时间，EF_{i-j} 为工作的最早完成时间。

在调整工作时间安排的时候，自由时差首先应该被利用，同时自由时差在标画时间坐标网络时非常有用。

4.3.8　关键工作和关键线路的确定

1. 各种工期的概念

下面介绍各种工期的概念。

(1) 计算工期(T_c)：是根据时间参数计算所得到的工期，也等于最长线的长度。其计算公式为

$$T_c = ET_n = LT_n$$

式中：ET_n 为终止节点($j=n$)的最早时间，即节点所有最早时间的最大值；LT_n 为终止节

点($j=n$)的最迟时间,即在不影响工期的前提下,该节点发生的时间。

(2) 要求工期(T_r):任务要求的指令性工期。

(3) 计划工期(T_p):是根据要求工期 T_r 和计算工期 T_c 所确定的作为实施目标的工期。

当规定了要求工期时:$T_p \leqslant T_r$

当未规定要求工期时:$T_p = T_c$

2. 关键工作的确定

关键工作是指在网络计划中总时差最小的工作。

若按计算工期计算网络参数,则关键工作的总时差为零。

若按计划工期计算网络参数,则:

$T_p = T_c$ 时,关键工作的总时差为0;

$T_p > T_c$ 时,关键工作的总时差最小,但大于0;

$T_p < T_c$ 时,关键工作的总时差最小,但小于0。

3. 关键线路的确定

确定关键线路时应考虑以下因素。

(1) 确定关键工作后,一个从始点到终点,全部由关键工作所组成的线路就是关键线路。

(2) 在线路上总的工作持续时间最长的线路应为关键线路。

(3) 时差为零或为最小值的工作串联起来,也即为关键线路。

4.3.9 用成本表示的进度计划

要成功地管理一个项目,与时间有关的成本分布必须是已知的。如果计划的最早和最迟开始时间以及完成时间已经根据活动的持续时间和排序计算出来,就可以通过确定完成每项活动的预计成本进行成本分析。一项活动的成本可以分布在这项活动的整个持续期间内,但是这项活动可能是在一段时间内进行,在最早开始到最迟开始之间的某个时间开始,在最早完成到最迟完成之间的某个时间完成。

因为活动可能在一段时间范围内进行,所以成本分析必须按照活动在最早开始时间开始、在最迟开始时间开始以及在目标进度计划开始时间开始进行,目标进度计划介于最早和最迟开始的中点。

图4-20是一个上下水管道施工项目的CPM网络图,图上标出了所有活动的部分时间参数,表4-4是更完整的时间参数。表4-5和图4-21则是其中下水管道施工部分的进度计划。

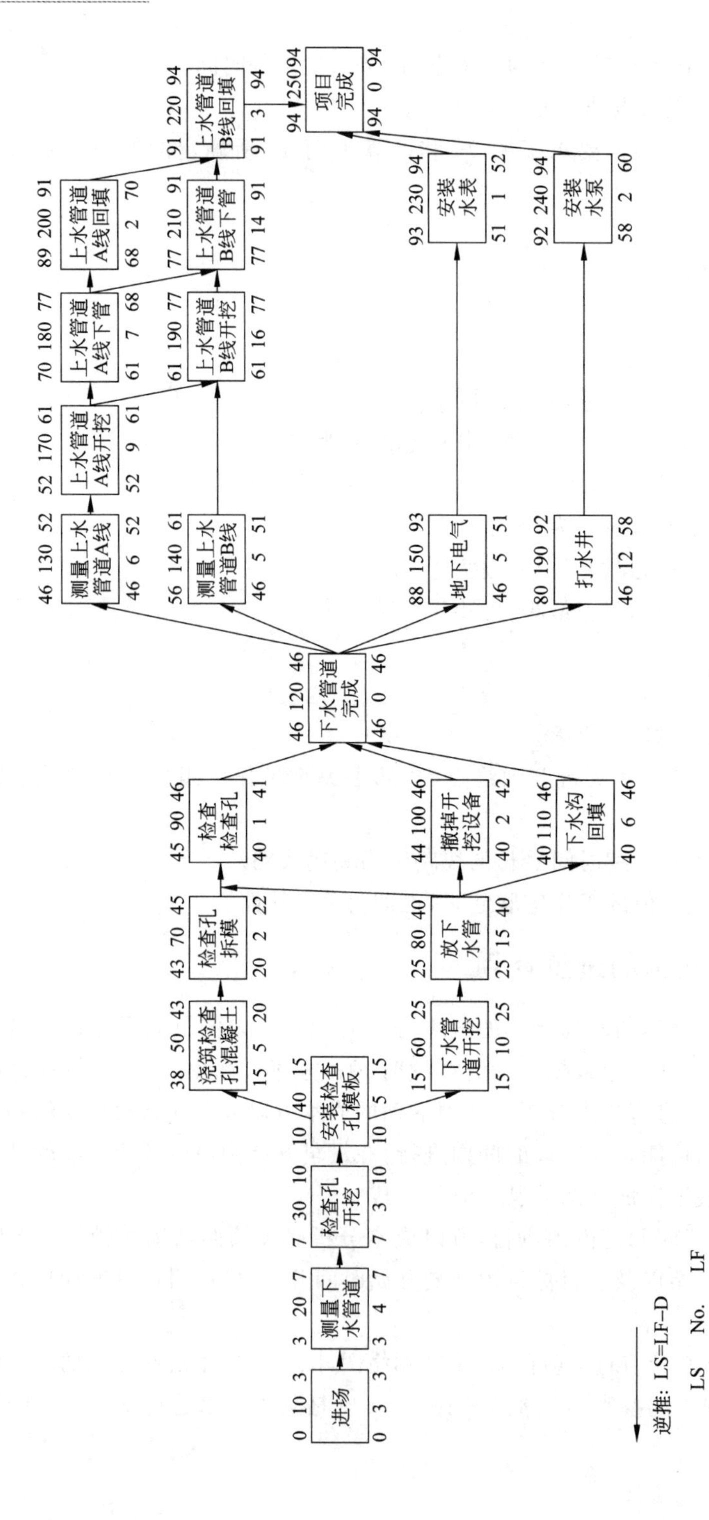

图 4-20 上下水管道施工项目 CPM 网络图

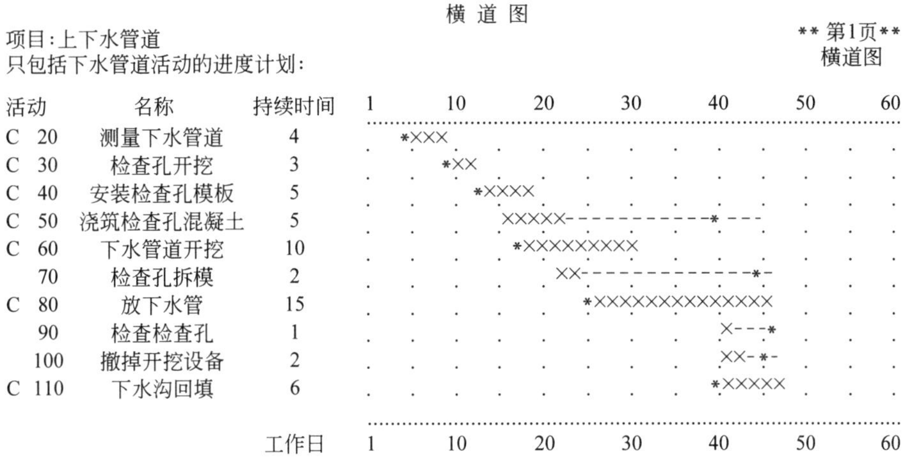

```
                                        横 道 图
项目:上下水管道                                                        ** 第1页**
只包括下水管道活动的进度计划:                                              横道图

活动      名称           持续时间   1        10        20        30        40        50        60
                                ...............................................................
C  20   测量下水管道        4      .   *XXX  .    .    .    .    .    .    .    .    .    .    .
C  30   检查孔开挖          3      .    .   *XX   .    .    .    .    .    .    .    .    .    .
C  40   安装检查孔模板      5      .    .    .  *XXXX  .    .    .    .    .    .    .    .    .
C  50   浇筑检查孔混凝土    5      .    .    .    XXXXX-------------*---  .    .    .    .    .
C  60   下水管道开挖        10     .    .    .    .*XXXXXXXXXX  .    .    .    .    .    .    .
   70   检查孔拆模          2      .    .    .    .    XX--------------*-  .    .    .    .
C  80   放下水管            15     .    .    .    .    .  *XXXXXXXXXXXXXXX  .    .    .    .
   90   检查检查孔          1      .    .    .    .    .    .    .    .  X---*  .    .    .
  100   撤掉开挖设备        2      .    .    .    .    .    .    .    .  XX-*-  .    .    .
C 110   下水沟回填          6      .    .    .    .    .    .    .    . *XXXXX  .    .    .
                                ...............................................................
                     工作日     1        10        20        30        40        50        60
```

图 4-21 下水管道活动计算机生成的横道图

表 4-4 上下水管道施工项目所有活动的进度计划

		编号	活动内容	持续时间/天	最早开始时间	最早完成时间	最迟开始时间	最迟完成时间	总时差	自由时差
C		10	进场	3	0	3	0	3	0	0
C		20	测量下水管道	4	3	7	3	7	0	0
C		30	检查孔开挖	3	7	10	7	10	0	0
C		40	安装检查孔模板	5	10	15	10	15	0	0
		50	浇筑检查孔混凝土	5	15	20	38	43	23	0
C		60	下水管道开挖	10	15	25	15	25	0	0
		70	检查孔拆模	2	20	22	43	45	23	18
C		80	放下水管	15	25	40	25	40	0	0
		90	检查检查孔	1	40	41	45	46	5	5
		100	撤掉开挖设备	2	40	42	44	46	4	4
C		110	下水沟回填	6	40	46	40	46	0	0
C	事件	120	下水管道完成	0	46	47	46	47	0	0
C		130	测量上水管道 A 线	6	46	52	46	52	0	0
		140	测量上水管道 B 线	5	46	51	56	61	10	10
		150	地下电气	5	46	51	88	93	42	0
		160	打水井	12	46	58	80	92	34	0
		230	上水管道 A 线开挖	1	51	52	93	94	42	42
C		170	上水管道 A 线下管	9	52	61	52	61	0	0
		240	上水管道 B 线开挖	2	58	60	92	94	34	34
		180	上水管道 A 线回填	7	61	68	70	77	9	9

续表

		编号	活动内容	持续时间/天	最早开始时间	最早完成时间	最迟开始时间	最迟完成时间	总时差	自由时差
C		190	上水管道B线下管	16	61	77	61	77	0	0
		200	上水管道B线回填	2	68	70	89	91	21	21
C		210	安装水表	14	77	91	77	91	0	0
C		220	安装水泵	3	91	94	91	94	0	0
C	事件	250	项目完成	0	94	94	94	94	0	0

表 4-5　下水管道施工进度计划

活动编号	活动内容	持续时间/天	最早开始时间	最早完成时间	最迟开始时间	最迟完成时间	总时差	自由时差
C 20	测量下水管道	4	3	7	3	7	0	0
C 30	检查孔开挖	3	7	10	7	10	0	0
C 40	安装检查孔模板	5	10	15	10	15	0	0
50	浇筑检查孔混凝土	5	15	20	38	43	23	0
C 60	下水管道开挖	10	15	25	15	25	0	0
70	检查孔拆模	2	20	22	43	45	23	18
C 80	放下水管	15	25	40	25	40	0	0
90	检查检查孔	1	40	41	45	46	5	5
100	撤掉开挖设备	2	40	42	44	46	4	4
C 110	下水沟回填	6	40	46	40	46	0	0

表 4-6 是上下水管道项目的最早开始成本分析计算结果。对于项目中的每一天，将进行中的每项活动、每天的成本相加就得到当天的项目总成本。累计的项目成本除以项目总成本 147 500 就得到每天的百分比成本。每天的百分比工期是用工作天数除以整个项目工期 94 天计算得到的。也可以对按最迟开始进度计划和目标进度计划时间开始的活动进行类似的计算。

虽然成本分析计算简单，但正如上述只有 25 项活动和 94 天工期的小型上下水管道项目所反映的那样，成本分析有很多要求。

图 4-22 是表 4-6 所计算的每日成本分布。对像劳动力和设备之类的其他资源也可以进行类似的分析。例如，类似于图 4-22 的每日工时分布图可以用于发现劳动力需要高或低的时间段，项目经理和团队可以及早发现这个问题，并适当地调整项目计划或在必要和可行的情况下增加人员。

表 4-7 是分别按最早开始、最迟开始和目标进度计划做出的表格形式的成本进度计划。目标进度计划的成本是最早和最迟开始进度计划的平均值。表 4-7 的右方两栏给出目标进度计划的百分比成本值和百分比工期值，一个项目的工期与成本是非线性关系。

表 4-6 按最早开始时间计算的每日项目成本

项目总工期＝94 工作日　　　　项目总成本＝147 500.00 元

天	工期/%	进行中的活动	项目成本/天	累计项目成本	成本分布/%
1	1.06	活动 10　1 400/3＝466.67/天	466.67	466.67	0.32
2	2.12	″	″	933.33	0.63
3	3.19	″	″	1 400.00	0.95
4	4.25	活动 20　2 700/4＝675.00/天	675.00	2 075.00	1.41
5	5.32	″	″	2 750.00	1.86
6	6.38	″	″	3 425.00	2.32
7	7.45	″	″	4 100.00	2.78
8	8.51	活动 30　3 500/3＝1 167.67/天	1 167.67	5 267.67	3.57
9	9.57	″	″	6 433.33	4.36
10	10.63	″	″	7 600.00	5.15
11	11.70	活动 40　6 000/5＝1 200.00/天	1 200.00	8 800.00	5.97
12	12.77	″	″	10 000.00	6.78
13	13.83	″	″	11 200.00	7.59
14	14.89	″	″	12 400.00	8.41
15	15.96	″	″	13 600.00	9.22
16	17.02	活动 50　4 700/5＝940.00/天 活动 60　12 600/10＝1 260.00/天	2 200.00	15 800.00	10.71
17	18.09	″	″	18 000.00	12.20
18	21.70	″	″	20 200.00	13.69
19	20.21	″	″	22 400.00	15.19
20	21.28	″	″	24 600.00	16.68
21	22.34	活动 60　12 600/10＝1 260.00/天 活动 70　2 100/2＝1 050.00/天	2 310.00	25 910.00	18.24
⋮	⋮			⋮	⋮
94	100			147 500.00	100.0

注：″表示同上一行的内容。

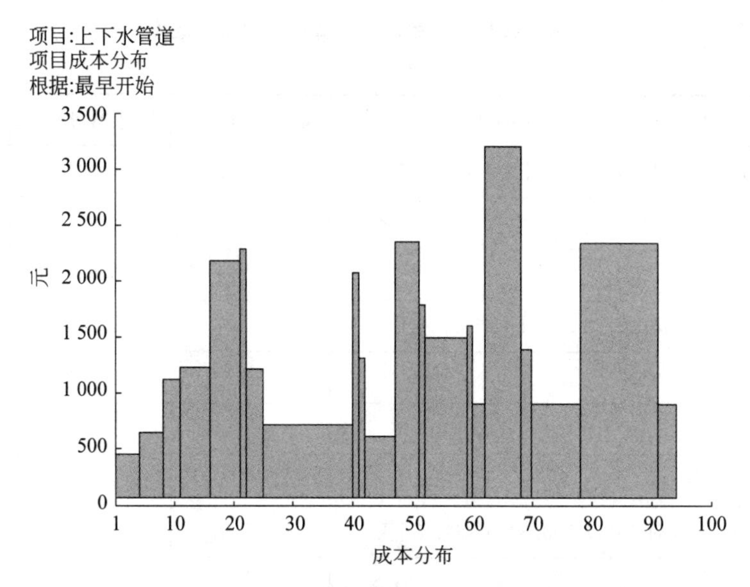

图 4-22 上下水管道项目每日成本分布

表 4-7 项目每日成本进度计划

工作日期	日历日期	最早开始		最迟开始		目标进度			
		成本/元	累计成本/元	成本/元	累计成本/元	成本/元	累计成本/元	工期/%	成本分布/%
1	2015.4.1	467	467	467	467	467	467	1.1	0.3
2	2015.4.2	467	933	467	933	467	933	2.1	0.6
3	2015.4.3	467	1 400	467	1 400	467	1 400	3.2	0.9
4	2015.4.4	675	2 075	675	2 075	675	2 075	4.3	1.4
5	2015.4.5	675	2 750	675	2 750	675	2 750	5.3	1.9
6	2015.4.8	675	3 425	675	3 425	675	3 425	6.4	2.3
7	2015.4.9	675	4 100	675	4 100	675	4 100	7.4	2.8
8	2015.4.10	1 167	5 267	1 167	5 267	1 167	5 267	8.5	3.6
9	2015.4.11	1 167	6 433	1 167	6 433	1 167	6 433	9.6	4.4
10	2015.4.12	1 167	7 600	1 167	7 600	1 167	7 600	10.6	5.2
11	2015.4.15	1 200	8 800	1 200	8 800	1 200	8 800	11.7	6.0
12	2015.4.16	1 200	10 000	1 200	10 000	1 200	10 000	12.8	6.8
13	2015.4.17	1 200	11 200	1 200	11 200	1 200	11 200	13.8	7.6
14	2015.4.18	1 200	12 400	1 200	12 400	1 200	12400	14.9	8.4
15	2015.4.19	1 200	13 600	1 200	13 600	1 730	13 600	16.0	9.2
16	2015.4.22	2 200	15 800	1 260	14 860	1 730	15 330	17.0	10.4
17	2015.4.23	2 200	18 000	1 260	16 120	1 730	17 060	18.1	11.6
18	2015.4.24	2 200	20 200	1 260	17 380	1 730	18 790	19.1	12.7

续表

工作日期	日历日期	最早开始		最迟开始		目标进度			
		成本/元	累计成本/元	成本/元	累计成本/元	成本/元	累计成本/元	工期/%	成本分布/%
19	2015.4.25	2 200	22 400	1 260	18 640	1 730	20 520	20.2	13.9
20	2015.4.26	2 200	24 600	1 260	19 900	1 730	22 250	21.3	15.1
21	2015.4.27	2 310	26 910	1 260	21 160	1 785	24 035	22.3	16.3
⋮	⋮	⋮	⋮	⋮	⋮	⋮	⋮	⋮	⋮
85	2015.7.26	2 400	130 250	2 983	120 767	2 692	125 508	90.4	85.1
86	2015.7.29	2 400	132 650	2 983	123 750	2 692	128 200	91.5	86.9
87	2015.7.30	2 400	135 050	2 983	126 733	2 692	130 892	92.6	88.7
88	2015.7.31	2 400	137 450	2 983	129 717	2 692	133 583	93.6	90.6
89	2015.8.1	2 400	139 850	3 483	133 200	2 942	136 525	94.7	92.6
90	2015.8.2	2 400	142 250	3 933	137 133	3 167	139 692	95.7	94.7
91	2015.8.5	2 400	144 650	3 933	141 067	3 167	142 858	96.8	96.9
92	2015.8.6	950	145 600	2 033	143 100	1 492	144 350	97.9	97.9
93	2015.8.7	950	146 550	2 150	145 250	1 550	145 900	98.9	98.9
94	2015.8.8	950	147 500	2 250	147 500	1 600	147 500	100.0	100.0
日成本进度计划结束									

一个项目的累计成本图形通常被称为S曲线，因为它像字母S的形状。最早、最迟和目标累计成本分布可以同时画在一张图上，形成成本分布所在时间的项目包络线（图4-23）。这张图把项目的两个基本要素即工期和成本联系了起来。

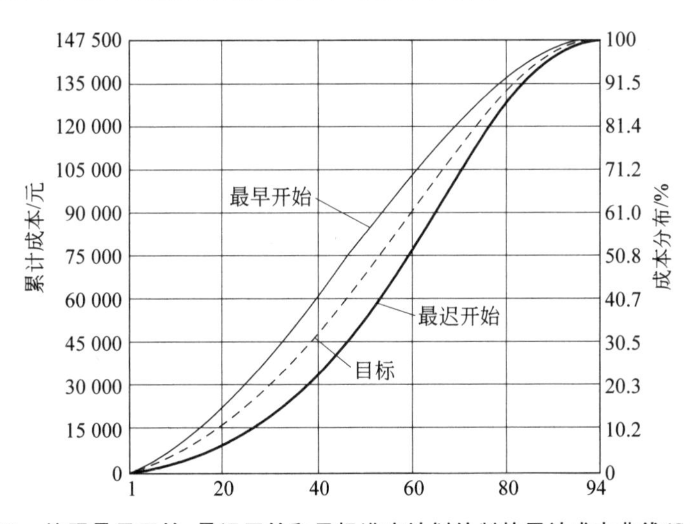

图4-23　按照最早开始、最迟开始和目标进度计划绘制的累计成本曲线（S曲线）

4.4 资源计划

资源计划是一个项目经理决定要获得哪些资源、从哪里获得、何时得到它们及如何使用它们的过程。因此，项目资源计划主要是关于权衡的分析，这些权衡是在两个方面进行的：一是在为了适应资源短缺所设计的各个进度计划方案的成本之间权衡；二是在使用各种资源方案的成本之间权衡。例如，加班以实现进度计划或分包以适应进度计划变更。这种分析会受到资源可得性、预算分配和任务截止期限等约束条件的限制。

项目经理的一个重要职能是在项目实施期间监督和控制资源的使用和效果。如果技术人员供不应求，或材料和设备短缺，则重新编制进度计划就是头等管理工作。短缺和不确定会给最好的计划带来严重的损坏。资源的有效利用对在项目生命周期的各个阶段降低项目成本和加快项目进度都有很大的意义。

4.4.1 资源的分类

在项目管理中，对所使用的资源进行分类的方法很多，常见的有以下几种。

(1) 根据会计学原理对项目所需要的资源进行分类。例如，将项目实施所需要的资源分为劳动力成本（人力资源）、材料成本及诸如分包、借款等其他“生产成本”。这是一种最常见的划分项目资源的方法。其优点是通用性强，操作简便，易于为人们所接受。缺点主要有以下两方面：没有明确地说明诸如信息之类无形资源的成本；没有体现项目资源管理的主要方面，例如，资源的可得性。

这种划分资源的方法，对于企业的项目预算和会计工作是非常适用的。

(2) 根据项目所需要的资源的可得性进行分类。主要可以分为以下三类资源。

① 可以持续使用的资源。例如，固定的劳动力。这类资源可以用于相同范围的项目的各个时间阶段。

② 消耗性的资源。这类资源在项目的开始阶段，往往是以总数形式出现的，并且将随着时间的推移而被消耗掉。例如，各种材料或计算机的机时。

③ 双重限制资源。所谓双重限制是指这类资源在项目的各个阶段的使用数量是有限制的，并且在整个项目的进行过程中，此类资源总体的使用量也是有限制的。在项目实施过程中，使用的资金就是一个典型的双重限制资源。

(3) 根据项目进行中所需要的资源的特点进行分类。主要可以分为以下两类。

① 没有限制的资源。这类资源在项目的实施过程中，对成本来说没有数量的限制。例如，没有经过培训的劳动力或者通用设备。

② 价格非常昂贵或者在整个项目的工期内，不可能完全得到的资源。例如，项目实施过程中，使用的特殊试验设备，每天只能进行 4 个小时的工作；某些技术专家同时负责

很多个项目的技术工作。这些都是此类资源的典型代表。除此之外，在整个项目进行的过程中，使用数量有明确要求的资源也属于这一类别。例如，某类稀缺材料，由于交货期比较长，在项目开始实施之前，此类材料的预定数量要能够满足项目整个工期的要求，因为这类材料的供应是有限制的。这样就可以避免因材料供应不足，而影响项目的正常进行。

实际上，可以将这种分类方法，看做一个ABC分类管理系统的特例。在这个管理系统中，第一类资源(C类)在使用时，没有来自数量方面的限制，所以，不需要对这类资源实施连续的跟踪。但是，这类资源的价格有可能是很贵的，因此，有效地在项目的实施过程中使用这类资源，对于项目的成本效果是非常有利的。第二类资源(A类)在项目中具有很高的优先权，所以应该对其进行全面的跟踪控制。因为这一类资源的短缺，对整个项目工期的影响是很大的。

一般情况下，在制定计划的过程中，对于那些消耗性的资源和有限制的、需要定期使用的资源，应该给予单独考虑。也就是说，在制定项目计划时，既要保证对没有约束资源的有效使用，又要强调对有约束资源的使用进行严格的控制。

在制定项目计划时，除了要考虑资源的使用性质以外，还要考虑使用资源的成本。当人们以各不相同的形式来实施项目的活动时，这一点是非常重要的，各个活动的资源组合形式影响着项目成本和进度，人们常常将资源的组合形式称为"模式"。

在项目的开始阶段，把项目所需要的各种资源，准确地分配到各个活动中去，常常是不可能做到的事情。这是因为在最初的阶段，潜在的不确定性掩盖了项目的各个活动对资源的需求。从这个意义上来说，资源计划的制定应该是一个连续不断的过程，它贯穿于项目的整个生命周期。

在一个综合性的项目中，所选定的特定的资源方案，也会影响其他正在进行的项目。最普遍的做法是，在开始制定计划时，先假设将以最低成本的资源方案来完成每一个活动。在确定资源方案时，常常要考虑以下几点。

(1) 在选择资源时，要尽可能使其具有最大的适应性。这样，一旦某种资源不能适应某个项目的需要，还可以及时地将其用于其他的项目。可以通过购买通用设备和广泛地培训雇员来达到这种适应性。

(2) 如果某类特殊资源的使用数量达到一个确定的值以后，那么，对这类特殊资源的使用越多，单位时间区段的成本反而会逐渐减小。这主要是因为规模经济的特点，节省了大量的前期工作成本和学习成本。

(3) 某种资源的边际贡献，会随着对它的使用而逐渐减小。如果不断增加分配给某个活动的某类资源的数量，那么，当该资源的数量达到某一数值时，再增加该类资源，常常不会使该项活动的工期缩短。也就是说，超过这一数值时，再增加资源对于该项活动来说不仅是无效的，而且会逐渐减少收益。

(4) 某些资源是分散的。一旦遇到这种情况时，一般要从总量上逐渐减少它们的数量，这常常会导致生产效率的急剧下降。

(5) 资源是组织的财富。制定资源计划，不仅要考虑使其最利于某个单项工程，而且要考虑使资源的使用对组织整体有利。

(6) 组织善于对其拥有的资源实施控制。如果出现对某种资源的需求或转包的选择，应该综合考虑资源的使用性质和控制程度以及成本。

各种资源的生产能力，可以通过它的生产效能来衡量，一般情况下，用下列两种方法来确定。

(1) 额定能力(nominal capacity)，是指在理想的条件下，所获得的资源的最大产出量。设备的额定功率通常在有关的技术说明书中注明；劳动力的额定功率一般由工业工程师采用标准工作测量技术来估计。

(2) 有效能力(effective capacity)，是指在综合考虑活动分配计划编制和进度安排的约束、维修状况、工作环境以及使用的其他资源的条件下，获得的资源的最大产出量。

如果某个单项工程需要单一的某种资源，那么，这个项目的资源计划的制定工作相对来说是比较容易的；如果某个项目同时需要使用多种资源，那么编制计划和安排进度的工作就变得比较复杂；当几个项目之间存在相关性时，这项工作就更为复杂。有些情况下，可以通过使用大量的廉价资源，来最大限度地达到使用贵重资源或限制供应的资源的效果。

在实际工作中，项目的生命周期也影响着项目对资源的需求。在项目的初始阶段，工作重点是工程设计，这项工作需要受过高等培训的人员，如系统分析师、财务计划员和设计工程师来承担。在接下来的阶段中，实施工作逐渐成为工作重点，而且对各种设备和材料的需求也在不断增加。资源需求与项目生命周期的各个阶段的关系可以用图形清楚地表示出来。图4-24表示在某项目生命周期的各个阶段，对劳动力和材料这两种资源的需求状况。

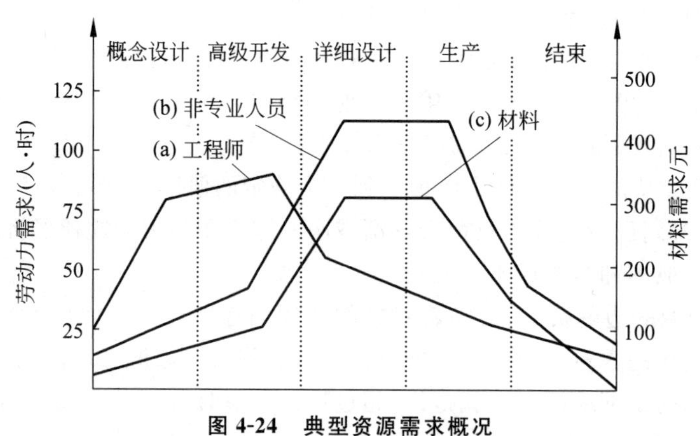

图 4-24　典型资源需求概况

在图 4-24 中，曲线(a)表示随着时间的变化，该项目对工程师的需求变化情况。从该条曲线的变化趋势可以看出，项目对工程师的需求在项目的高级开发阶段达到最高点。曲线(b)表示对非专业人员的需求随着项目的进展的变化情况，其中在项目的详细设计和生产两个阶段对非专业人员的需求达到了最高点。曲线(c)表示该项目在各个阶段对各种材料的需求变化情况。项目对材料需求的最高点，同曲线(b)的情形类似，也发生在详细设计和生产两个阶段。

可以通过认真仔细地制定计划和控制工作，来改变图 4-22 中各条曲线的形状。时差管理是一种改变项目对资源的需求状况的有效方法。由于项目的某项活动总是可以在早开始或晚开始计划确定的范围内开始，所以，通过尝试采用不同的分配方式，就可以达到较高资源利用率和较低的成本支出。在一些项目中，对资源使用的限制可能会使项目中的某些活动超过它们的晚开始时间而导致延期。一旦发生这种情况，除非管理人员立即采取补救措施，否则，整个工程项目的延期是不可避免的。

4.4.2 资源对制定项目计划的影响

在编制项目活动的工序时，通常假设，各个活动之间的优先关系和项目的预算是项目唯一的约束因素。以这一约束为基础，当某个活动的全部紧前活动已经完成时，如果该项目的活动之间的优先关系是结束到开始并且有充分的预算，那么，该项活动就可以开始实施了。当项目出现资金周转方面的约束时，管理人员可以利用非关键活动的时差，制定一个可行的方案。以上的分析是以下列假设为基础的，即有足够的资源可以同时分配给大量的活动使用。正如在实际生活中见到的那样，这种情况是很少见的。

项目资源计划的制定是一个过程，在这个过程中，项目经理需确定项目需要哪些资源、从哪里得到这些资源、什么时候需要资源以及如何使用资源等方面的问题。所以，项目资源计划的制定主要与以下两个方面的内容有关。

(1) 为适应资源的短缺而设计的变更方案的成本。

(2) 使用变更资源的成本。例如，为了适应某个方案的变更，利用加班制定新的计划或者实行分包。

在上面的分析中，通常会出现资源的使用、预算的分配以及某项任务的完工期等方面的约束。

在项目的实施过程中，项目经理的一项重要职责就是对资源的使用进行监督和控制。一旦出现专业人员不足或者某类材料和设备供应短缺等情况，项目经理优先考虑的管理问题就是重新安排进度计划。在项目的整个过程中，资源的短缺和不确定性，常常会严重损坏一个优秀的计划。但是，对资源的有效利用，可以减少项目生命周期中各个阶段的成本和工期。

项目的资源是由预算和从头至尾消耗的时间积累起来的。其中项目的预算和进度之间的关系是十分重要的。人们可以用资金购买项目所需要的各种资源。但是，在某些金融机构中，如银行、保险公司等机构，资金本身就是一种被用于流通的资源，在这种情况下，管理人员要制定详细的资源使用计划，并追踪其使用状况。

4.4.3 资源均衡和资源分配

1. 工期约束下的资源均衡问题

为了便于研究项目的资源需求和活动的进度安排之间的关系，假定在下面讨论的项目中只使用一种资源(专业人员)。表 4-8 中列出了这个项目的 7 个活动对资源的需求；图 4-25 是这个项目的单代号网络计划图，粗线标出的是关键线路。

表 4-8 项目中的资源需求

活动	持续时间/周	总时差	自由时差	每周需要的劳动日	需要的总劳动日
①	5	0	0	8	40
②	3	2	2	4	12
③	8	0	0	3	24
④	7	1	1	2	14
⑤	7	6	6	5	35
⑥	4	0	0	9	36
⑦	5	0	0	7	35

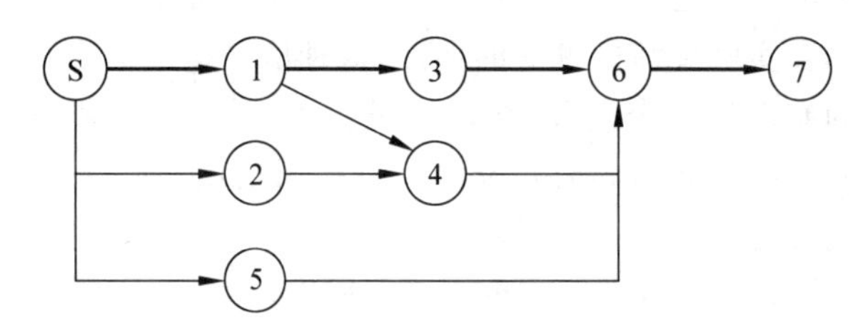

图 4-25 项目的单代号网络计划图

在表 4-8 中，假定该项目的资源使用率保持不变，那么，总劳动日＝每周需要的劳动日×活动持续时间(即每个活动在其持续时间内，单位时间需要的劳动日不变)。如果资源的使用率发生变化，就应该分别确定每一时间区段的资源需要状况。

图 4-26 为该项目最早开始进度计划的甘特图，图 4-27 为与之相应的资源需求图。

从图 4-26 和图 4-27 中可以看出，在项目的早期阶段，最早开始计划对资源的需求量最大。在该项目中，最早的 3 个星期，每周共需要 17 个工日。如果每周工作 5 天，那么该项目在最初的 3 个星期中，每天需要 17/5＝3.4 个专业人员。项目经理可以通过安排加班、两班轮换或者使用临时工等方法，保证满足每天对专业人员的需求。在该项目中，对

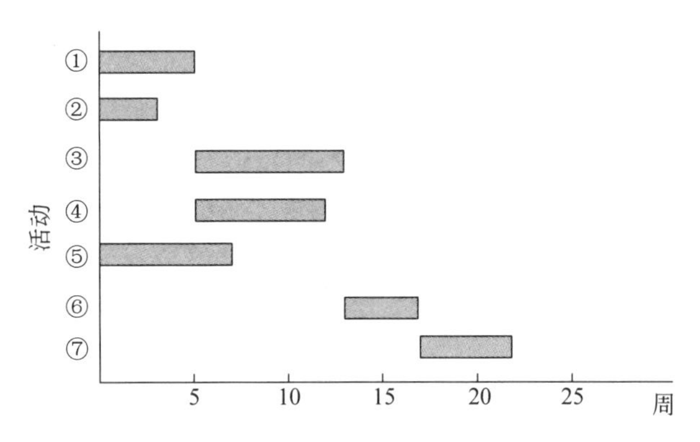

图 4-26 最早开始进度计划的甘特图

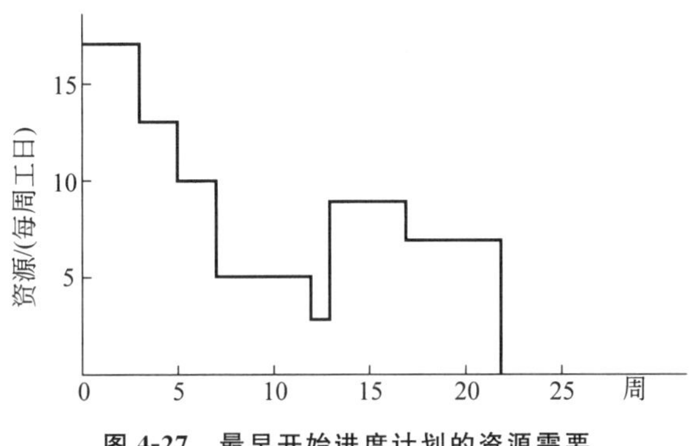

图 4-27 最早开始进度计划的资源需要

资源的最低需求出现在第 13 周,每周只需 3 个工日。因此,本项目的最早开始计划使项目对资源需求的变化范围大,最高为每周需 17 个工日,最低为每周 3 个工日,变化范围为 17－3＝14 个工日。

图 4-28 所示为最迟开始进度计划的甘特图,图 4-29 为与之相应的资源需求图。由于进度计划的确定影响着项目对资源的需求,所以,在该项目中,最早开始计划图与最迟开始计划图之间存在着一定的差别。从图 4-28 和图 4-29 中可以看出,在最迟开始计划中,对资源需求的最高点从最早开始进度计划的第 1 周至第 3 周,转移到了第 2 周至第 5 周,并且资源使用的最大值也从每周 17 个工日减少到每周 12 个工日,最小值没有改变,仍为每周 3 个工日。这样,在最晚开始计划中,该项目的资源需求的变动范围减少到 12－3＝9 个工日。

资源均衡就是在项目的资源需求图中,为了使各活动资源需求的波动最小,对总时差或自由时差进行的再次分配。资源均衡是以比较稳定的资源使用率能够导致比较低的资源成本这一假设为前提的。对于劳动力来说,资源的成本将随着雇用人数和培训人员的

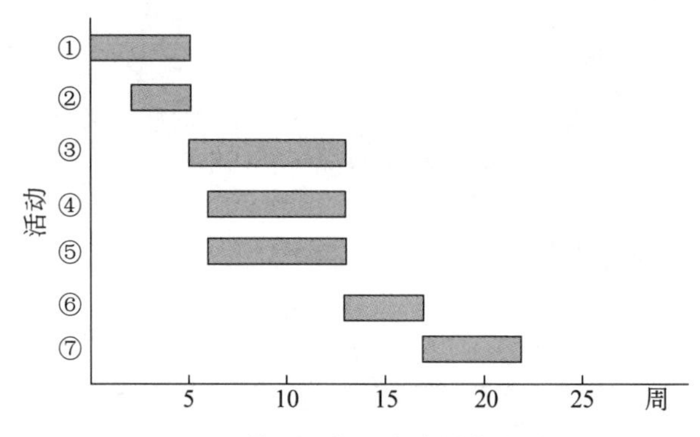

图 4-28　最迟开始进度计划的甘特图

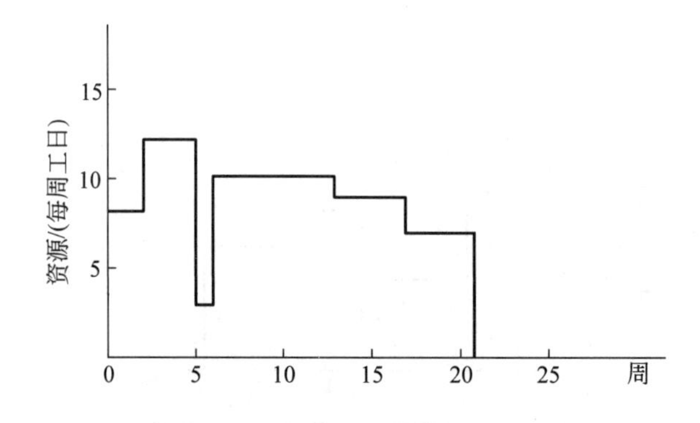

图 4-29　最迟开始进度计划的资源需求

需要而增加;对于材料来说,使用量的波动意味着短缺需求的增加,并且要更加重视材料计划的制定与控制工作。

下面结合前面提到的案例,说明资源均衡的一般操作步骤。

(1) 计算各阶段的平均工日数。在前面的项目中,整个项目总共需要 196 个工日。由于该项目的工期是 22 周,所以,每周需要 196/22＝8.9 个工日,为方便起见,以每周需 9 个工日计。

(2) 以最早开始进度计划和非关键活动为依据,从那些具有最大自由时差的活动开始,逐渐推迟某个活动的开始时间。在每一次变更以后,检查重新形成的资源需求图,使变更后的资源需求逐步接近计算的平均值。挑选资源变动最小的计划作为资源均衡的结果。

在该项目中,通过有关图形,可以看出活动⑤有 6 周的自由时差,是所有活动中最大的自由时差。因此,首先从活动⑤开始,把它的最早开始时间向后推迟 3 周,使其在活动②结束之后,再开始。这样第 1 周至第 3 周的资源需求减少了 5 个单位。各活动在不同的时间阶段对资源的需求量见表4-9。

表4-9 资源需求量

周	1	2	3	4	5	6	7	8	9	10	11
需求量/工日	12	12	12	13	13	10	10	10	10	10	5
周	12	13	14	15	16	17	18	19	20	21	22
需求量/工日	5	3	9	9	9	9	7	7	7	7	7

从表4-9中可以看出,资源需求的最大值是每周13个工日,最小值为每周3个工日。由于需求的最大值出现在该项目的第4周和第5周,并且活动⑤具有更进一步向后推迟的潜力,所以,可以考虑将活动⑤安排在活动①完成之后再开始,以减少资源需求的波动范围,节约资源。这时,资源需求量表变为如表4-10所示。

表4-10 资源需求量

周	1	2	3	4	5	6	7	8	9	10	11
资源/工日	12	12	12	8	8	10	10	10	10	10	10
周	12	13	14	15	16	17	18	19	20	21	22
资源/工日	10	3	9	9	9	9	7	7	7	7	7

从表4-10中可以得出,资源的最大需求量是12个工日(每周)发生在第1周至第3周,最小的资源需求量仍然是每周3个工日。该项目中,资源需求的变化范围减少至12－3＝9个工日。

活动②有2周的自由时差,如果将活动②作为第二个调整对象,把它向后推迟1周或者2周,其结果只能使第4周和第5周的资源需求量从每周8个工日,增加到每周12个工日,并没有使该项目的资源需求的波动范围减小。所以,不能将活动②作为第二个调整对象。

现在,把注意力转向最后一个具有积极意义的自由时差的活动④,按计划活动④将在第5周开始,如果将活动④的开始时间向后推迟1周,那么,可以得到新的资源需求量(表4-11)。

表4-11 资源需求量

周	1	2	3	4	5	6	7	8	9	10	11
资源/工日	12	12	12	8	8	8	10	10	10	10	10
周	12	13	14	15	16	17	18	19	20	21	22
资源/工日	10	5	9	9	9	9	7	7	7	7	7

图 4-30 和图 4-31 为与表 4-11 相对应的项目的甘特图和资源需求量。

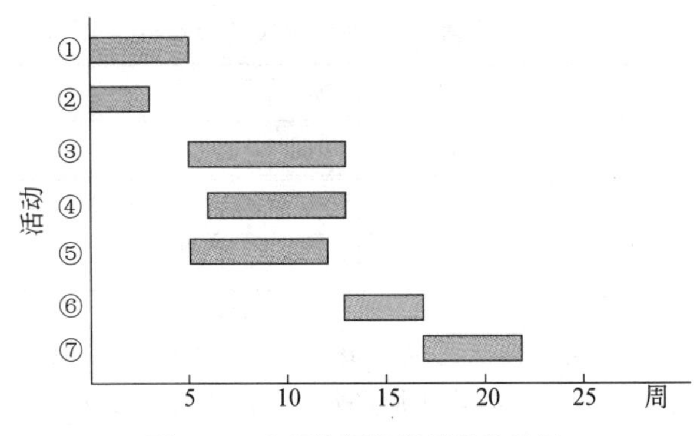

图 4-30　实行资源均衡后的甘特图

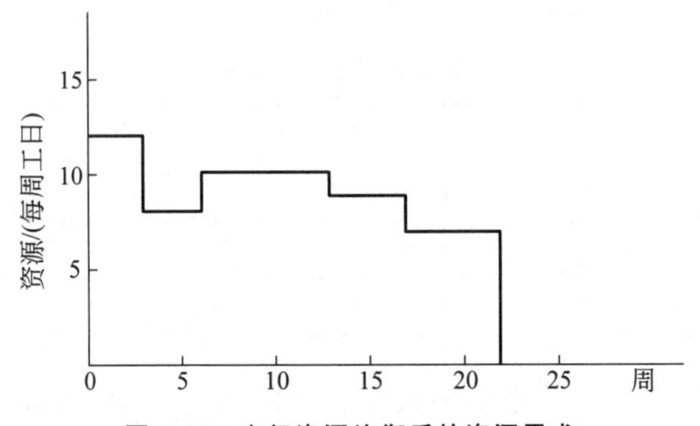

图 4-31　实行资源均衡后的资源需求

从表 4-11 中可以看出，资源需求的最大值仍是每周 12 个工日，但是，最小的资源需求量变为每周 5 个工日，所以，该项目资源需求的变动范围减少至 12－5＝7 个工日。这个变化范围，同其他的调整方案相比，包括最早开始和最迟开始方案，是比较小的。从这个角度来说，在该项目中，在不延长整个项目工期的情况下，做到了使资源需求的变化最小化，最大限度地达到了资源的均衡使用。

对于规模较小的项目来讲，上述的操作步骤是非常实用和有效的，但是，对于寻找最优方案来说，并不是十分可靠的方法。为了改善这种状况，可以采用一个类似的办法，从最迟开始进度计划着手，检查有时差的活动对项目开始移动的影响。在某些项目中，管理人员的任务也许是在一定的范围内，保持资源的最大使用，而不仅仅是保持资源均衡。如果通过重新调整项目中的关键活动，不能满足要求，那么，可以通过适当延长一个或几个活动的工期，来减少每日的资源需求。

如果几个项目共同使用多种不同类型的资源，并且活动的数目很大时，资源的均衡问题就会更加复杂。针对这种情况，人们已经开发出多种成熟的应用软件，以解决项目管理中的资源均衡问题。

2. 在资源约束条件下的资源分配

很多的项目都受到来自资源的约束条件的制约，特别是当某类资源有限，而又没有找到好的替代品时，这种现象更为普遍。其直接结果是可能导致活动的延期完成或者中断，从而使项目原有的计划无法按期实现。如果出现资金周转方面的困难，那么，对各种资源的使用，包括可以继续使用的资源、可消耗的资源以及无约束的资源都会受到限制。也许某些资源的使用，没有数量方面的限制，但是，资金周转问题，将迫使这些资源在某个特定项目中的使用量被减少或者超过特定的时间。

在资源使用的约束条件下，通常运用关键线路法（CPM）不能求得项目的完成日期。因为在项目的进行中，经常出现这样的情况：在项目的一个或者多个阶段上，发生资源的需求超过了可以实际利用的资源现象，同时，该项目的非关键活动的时差又不足以解决上述问题。

资源使用的约束并不总是制约着计划。用前面列举的案例可以说明这一点。在该项目中，如果每周可以使用 17 个或者更多的工日，那么，无论该项目采用最早开始计划还是最晚开始计划，都会在 22 周内完成。从前面对该项目进行资源均衡后的图中，可以看出最大的资源需求量是每周 12 个工日，因此，一旦可以利用的资源达到这一数值，根本不会产生工期拖延。如果在几个星期中，可供使用的资源很少，那么，项目的完成日期将被拖延，从而超过最早完成日期。在前面的案例中，如果活动①和活动②平行实施的话，它们每周总共需要 12 个工日。为避免产生延期，项目经理可能会忽视较低的资源使用状况，而设法采取以下几种技术。

（1）用较低的资源使用量完成活动。这种技术只对那些工期可以延长、用较少的资源就能完成的活动有效。现在来研究一下前面案例中的活动②，假定对于活动①和活动②来讲，每周仅有 11 个工日可供利用。活动①是关键活动，按计划它要占用 8 个工日（每周），那么，活动②每周只有 3 个工日可供利用。由于活动②总共需要 3 周× 4 工日/周＝12 个工日，所以，可以安排活动②每周 3 个工日，用 4 周的时间完成。如果这个方案不能满足要求，那么，可以采取将活动②的工期延长为 5 周、每周 3 个工日的方案。

需要注意的是，这种技术对在活动实施的过程中的每个阶段，都要有一个资源的最小量的情况是不适用的。这种要求也可能是出于技术上的或者安全方面的考虑。

（2）分解活动。对于项目中，活动原有的逻辑关系影响不太大的情况，可以把某些活动分解成一些子活动。例如，在上面列举的案例中，将活动①分解成两个子活动 a1 和 b1，其中子活动 a1 在第 1 周和第 2 周实施；子活动 b1 被安排在中断 4 周之后再开始实施。这样该项目就能够在 22 周内完成，而每周仅需要 11 个工日。这项技术对于那些可以进行活动分解，并且分解后的各子活动之间的时间间隔相对较短的项目来说，是非常富有吸引力的。运用这项技术，可以保证某个活动，在它的第一个子活动顺利完成之后，仍按原有的计划来进行。也就是说，第二个子活动不对原有的逻辑关系产生影响。

（3）调整网络。当网络只是以结束到开始的逻辑关系为基础时，引入其他类型的逻辑关系，将有助于对有约束的资源进行管理。例如，如果用开始到开始的逻辑关系代替结束到开始的逻辑关系，就有可能消除由于资源的缺乏而造成的延误。项目管理人员通过认真分析活动之间的真正的逻辑约束并且运用各种类型的逻辑关系来模拟这些约束，就可以解决项目中存在的一些矛盾。

（4）使用可以更换的资源。这个方案适用于某些资源，例如，分包商和劳动力机构都是额外的劳动力来源。当然，这样做的成本可能相应高一些，所以，最合适的方法就是把成本超支与进度拖延相比较，加以协调考虑。

如果上面介绍的这些技术或方法还是不能解决问题的话，只能延长项目中的一个或几个活动的总时差，这将最终导致整个项目的延期完成。为了能确切地说明这一点，仍然以前面的案例为例。假设该项目的资源约束为每周 11 个工日，因为活动①占用了 11 个工日中的 8 个，所以，活动②只能在活动①完成之后再开始。活动②的紧后活动是活动④，这种逻辑关系导致了活动④、活动⑥以及活动⑦的延期完成，如图 4-32 和图 4-33 所示。

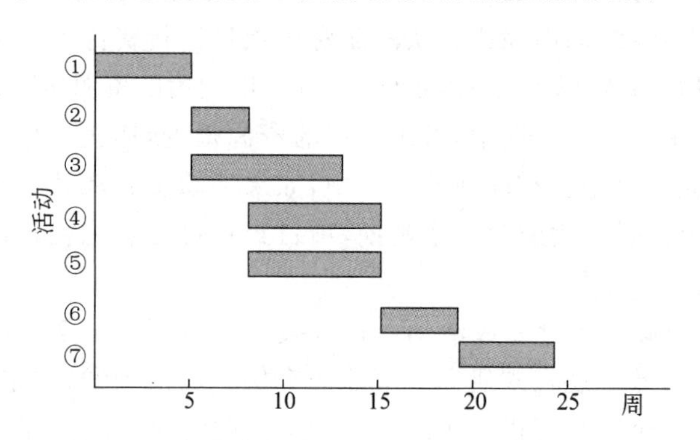

图 4-32　每周资源最多为 11 个工日时的甘特图

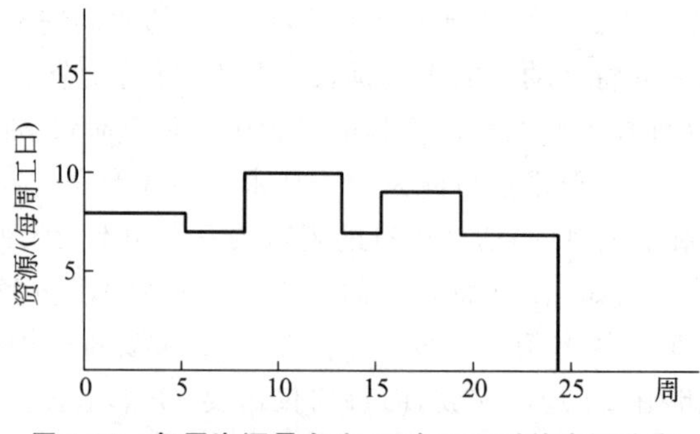

图 4-33　每周资源最多为 11 个工日时的资源分布

有意思的是，在图 4-32 中最高的资源需求量是每周 10 个工日，因此，在该项目中，使用的资源从每周 11 个工日减少为每周 10 个工日，而资源使用量的减少，并没有改变资源约束为每周 11 个工日的计划。如果进一步将该项目的资源约束减少为每周 9 个工日，那么将导致项目完工日期再次向后拖延，因为根据安排，活动③、④和⑤是同时进行的，它们总共需要 10 个工日(每周)。这种情况下的甘特图和资源分布图分别如图 4-34 和图 4-35 所示。

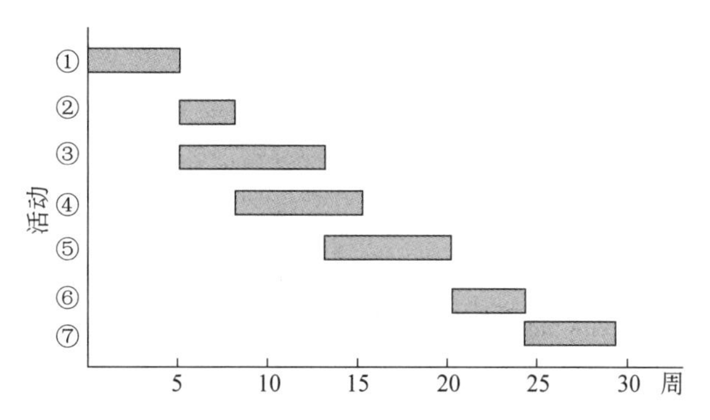

图 4-34 每周资源最多为 9 个工日时的甘特图

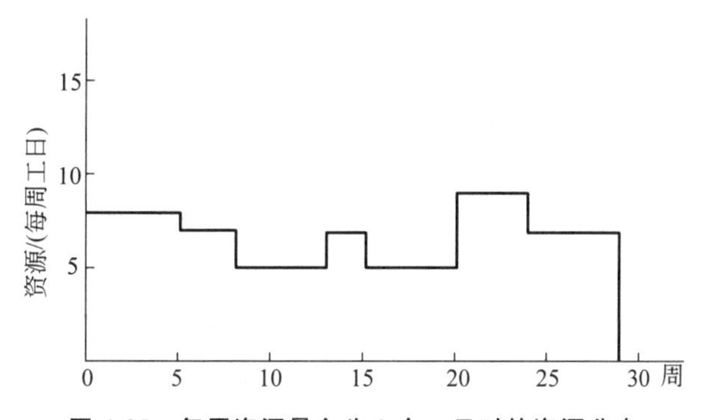

图 4-35 每周资源最多为 9 个工日时的资源分布

由于活动⑥对资源的需求量是每周 9 个工日，所以，在该项目中，不可能将所使用的资源量再减少到每周 9 个工日以下。表 4-12 说明了项目的资源使用量与项目工期的关系。

表 4-12 资源与工期的关系

资源使用量/(工日/周)	项目工期/周	资源使用率	资源使用量/(工日/周)	项目工期/周	资源使用率
12	22	0.74	10	24	0.82
11	24	0.74	9	29	0.75

其中，资源使用率是指资源的使用时间的比率。例如，某项目的工期为22周，每周可以使用12个工日，则总共有12工日/周×22周＝264个工日。由于在22周的时间内，用于完成该项目所有活动的时间只有196天，因此，这种资源的使用率为196/264＝0.74。资源使用率是一个重要的测量指标，特别是在综合性项目中。对于所有的项目和资源来说，运用资源均衡和资源分配技术，可以获得较高的资源使用率。

多项目的分析是一个比较繁杂的进度计划问题，因为在多项目中，每个子项目都使用多种类型的资源。在实际应用中，大多数的人们通过不断探索，采用优先原则来分配各项活动所需的资源，从而使问题得以解决。

3. 利用约束条件进行项目管理

在工作检查和流程检查进度计划时使用的“瓶颈”概念可以沿用在项目的资源管理中。瓶颈资源由于在使用上受到诸多限制，因此常常导致项目活动的延期完成。如果一个项目需要多种资源，那么，“瓶颈”资源可能会减少那些昂贵资源或稀缺资源的使用，而增加这些“瓶颈”资源，相对来说是比较便宜的。例如，在工程建设项目中，施工单位通常要租借多台起重机，相比较而言，它们应该称做贵重资源。如果给每台起重机只配备一个操作工，可能会导致起重机被闲置。这是因为在施工时，某个活动可能需要同时使用这两种资源。从经济学的角度来说，在廉价资源不能充分使用的风险下，保证最大限度地使用贵重资源，是合理的选择。所以，如果租借来的每台起重机每天需要工作14个小时，而每个操作工每天只能工作8～10个小时的话，那么，合理的做法是雇用两个操作工，共同使用一台起重机，实行两班轮换制。这样两人每天至少可以工作16个小时，允许每个操作工每天有两个小时的空闲时间。因为同租借的起重机相比较，操作工的价格是比较便宜的。

资源的闲置预示着效率低下，这应该引起项目管理人员的重视，并检查一下是否能将闲置的资源变为他用。资源使用率与成本和准时完成项目同样是项目评估期间的关键因素。在制定计划和检查的过程中，应该突出这些因素。

4.5 成本计划

成本计划包括估算成本和编制预算两项工作。

4.5.1 估算成本

1. 估算成本的定义

估算成本是指测算完成项目活动所需要的货币资源，见图4-36和图4-37。

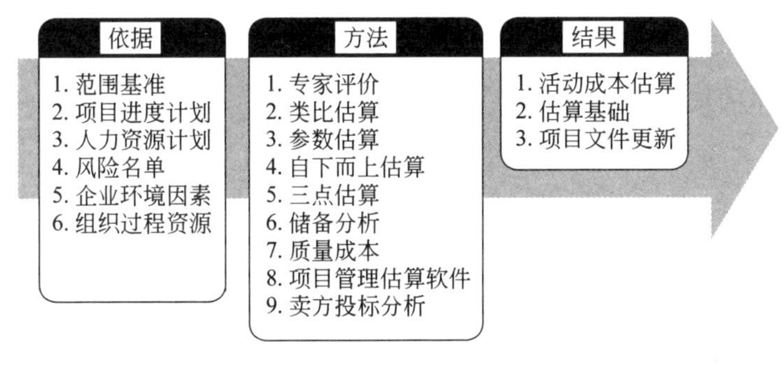

图 4-36　估算成本

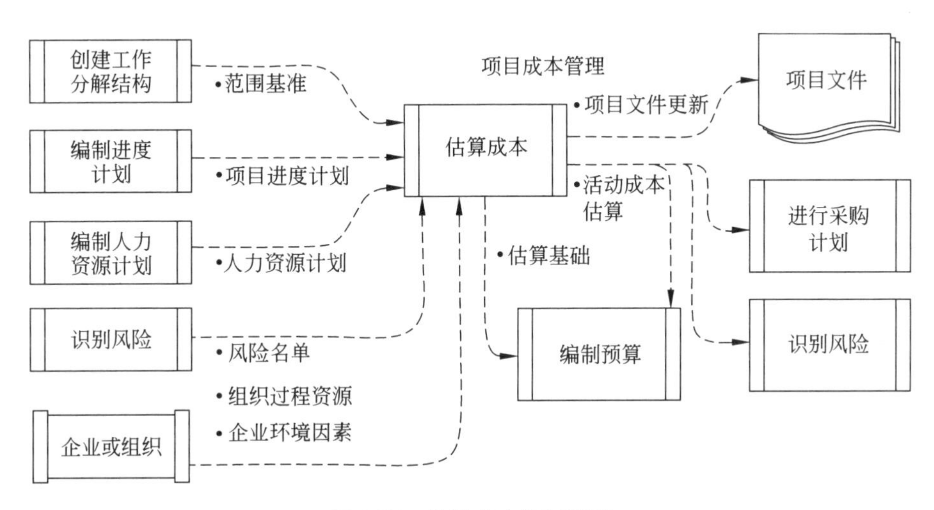

图 4-37　估算成本数据流图

成本估算是一种基于给定时点已知信息的预测。它包含对开始和完成项目的成本方案的认定和选择。为了实现项目的理想成本，必须考虑成本方案的取舍和方案的风险，如自制、购买还是租赁，以及资源共享。

成本估算一般以货币为单位，有时为了消除通货膨胀的影响，也采用工时、工日这类的单位。

在项目进程中，为了反映逐渐获得的更多信息，应当逐步深化成本估算。项目成本估算的精确性会随着项目向前发展而提高，因而成本估算是一个从阶段到阶段的重复过程。例如，一个项目在启动阶段可能只有精度为±50%的粗数量级估算（rough order of magnitude，ROM），到项目晚些时候，随着更多的信息变得已知，估算精度可以达到±10%。有些组织制定了指导原则，规定做出这种估算深化的时间和期望的精度。

成本估算估算的是项目使用的所有资源的支出，包括人工、材料、设备、服务、设施，也包括像通货膨胀准备金或不可预见费等特殊种类的成本。成本估算是对完成项目活动需要的资源可能的成本做出的数量评估。

2. 估算成本的依据

估算成本的依据如下。

1）范围基准

（1）范围说明

范围说明规定项目的产品描述、验收标准、主要交付成果、项目边界、假设和约束条件。估算项目成本时需要做出的一个基本假设是，估算是只限于项目直接成本，还是也包括间接成本。许多项目最普遍的约束条件是有限的项目预算，其他约束条件可能是要求的交付日期、可用技术人员以及组织的政策。

（2）工作分解结构

工作分解结构（WBS）规定所有项目组成部分和项目交付成果之间的关系。

（3）工作分解结构字典

工作分解结构字典和相关的产品详细说明规定交付成果的标识和对产生每个交付成果需要的每个工作分解结构项中的工作的描述。

范围基准还包含合同和法律方面的需要，包括健康、安全、安防、性能、环境、保险、知识产权、许可证和执照。

2）项目进度计划

资源的种类和数量以及使用这些资源完成项目工作的时间是决定项目成本的主要因素，活动需要的资源和它们使用的时间是估算成本的主要依据。之前的测算活动资源确定了完成计划活动需要的人工和材料的数量，现在要与估算成本协调好。之前的估计活动持续时间也在一些项目上影响成本估算，这些项目包括项目预算中有融资成本（包括利息）的项目和在活动期间每单位时间使用一定量资源的项目。估计活动持续时间还可能在那些带有时间敏感性的成本项上影响成本估算。

3）人力资源计划

项目员工的品质、人员级别和奖励都是估算成本的必要依据。

4）风险名单

为了考虑降低风险的成本，需要审查风险名单。风险可能是危害也可能是机遇，它既影响活动也影响整个项目的成本。一般规律是，如果项目遇到一个负面风险事件，则项目近期成本通常会增加，并且项目进度有时也会延误。

5）企业环境因素

影响估算成本的企业环境因素有如下两个。

（1）市场条件

市场条件表明在市场上可以得到什么产品、服务和结果，从谁那里，按什么条款和条件得到。区域和全球供需条件极大地影响资源成本。

(2) 出版的商业信息

资源价格信息通常可以从商业性的数据库中得到,这些数据库跟踪技术和人力资源成本,并提供材料和设备的标准成本。出版的厂商价格清单是另一种信息来源。

6) 组织的过程资源

影响估算成本的组织过程资源有成本估算政策、成本估算模板、历史信息、经验教训。

3. 估算成本的方法

估算成本可以采取以下几种方法。

1) 专家评价

成本估算受大量变量的影响,如劳动力价格、材料成本、通货膨胀、风险因素以及其他变量。专家评价可以根据历史信息得出对估算有价值的意见。专家评价还可以用来决定是否将多种估算方法组合,以及怎样调和方法之间的差异。

2) 类比估算

类比估算用已完成类似项目的一些实际参数值,如范围、成本、预算、工期,或像尺寸、重量、复杂性等反映规模的指标来估算当前项目的参数或测度。这是一种估算总成本的方法,有时要根据已知的项目复杂性差别对估算结果做出调整。

类比估算经常用来在只有少量详细项目信息的条件下估计一个参数,例如在项目的前期。类比估算也要使用历史信息和专家评价。

类比估算一般比其他方法花费的成本和时间要少,但也不够精确,它可以和其他方法共同使用,来估算项目全部或部分成本。如果估算依据的已完成项目与要估算的项目确实类似,而不只是表面类似,并且估算团队拥有需要的专门知识,类比估算还是相当可靠的。

3) 参数估算

参数估算是用一个历史数据与其他变量(如建筑中的面积)的统计相关系数计算活动参数的估计值,如成本、预算、持续时间。由于这种方法依据复杂的基础数据建立模型,它可以达到较高的估算精度。参数估算可以和其他方法共同使用,来估算项目全部或部分成本。

4) 自下而上估算

自下而上估算是一种估算产品组成部分成本的方法。它首先在WBS最低的层次上估计各个工作包或活动的成本,然后为了以后报告跟踪成本汇总或“滚动”到上一层。自下而上估算的花费和准确性受各个活动或工作包的规模和复杂程度的影响。

5) 三点估算

三点估算通过考虑估算的不确定性和风险可以提高估算的精确性,这一概念来源于计划评审技术(PERT)。PERT 使用三个估计值确定活动成本的近似值域。三个估计值分别如下。

(1) 最可能值(c_M)：基于对工作和预期支出的劳动量估计得到的活动成本。

(2) 乐观值(c_O)：基于最好的活动局势分析得到的活动成本。

(3) 悲观值(c_P)：基于最差的活动局势分析得到的活动成本。

PERT 用三个值的加权平均计算期望活动成本：

$$c_E = \frac{c_O + 4c_M + c_P}{6}$$

根据这个公式(或哪怕只是三个值的简单平均)得出的成本估算可以更精确，并且三个值说明了成本估算不确定性的范围。

6) 储备分析

为了反映成本的不确定性，成本估算可能包含不可预见费储备(有时称为不可预见费宽限)。不可预见费储备可以是已估算成本的一个百分比、一个固定额，或用定量分析方法得到的。

随着关于项目更精确的信息逐渐已知，可以使用、减少或取消不可预见费储备，应该在进度计划文件中明确规定不可预见费。不可预见费是筹集资金量的组成部分。

7) 质量成本

有关质量成本(cost of quality，COQ)的假设可以用于编制活动成本估算。

8) 项目管理估算软件

项目管理成本估算软件、计算机化电子表格、模拟和统计工具正在更广泛地用于辅助成本估算，这些工具可以简化一些成本估算方法的使用，因此有助于更快形成多种成本估算方案。

9) 卖方投标分析

根据有资格的卖方发出的响应性投标，可以进行项目应该值多少钱的分析。如果项目采用竞争性招标方式发包给一个卖方，为了检验每个交付成果的价格并由此得到构成最终项目总成本的各部分成本，项目团队可能需要做更多的成本估算工作。

4. 估算成本的成果

1) 活动成本估算

活动成本估算是对完成项目活动需要的可能成本的数量估计，成本估算结果可以汇总列出，也可以详细列出。要估计用在活动成本估算中所有资源的成本，包括直接人工、材料、设备、服务、设施、信息技术，以及像通货膨胀准备费和不可预见费储备这种特殊种类的成本。如果项目估算包含间接成本，则可以在 WBS 的活动或活动以上层次包含这种成本。

2）估算基础

成本估算条件的数量和种类因专业领域不同差别很大，无论在什么详细程度上，支持文件都应当对怎样得出估算结果给出明确完整的说明。支持细节包括：

（1）记载估算基础的文件（如怎样编制估算）；

（2）记载所做出的所有假设的文件；

（3）记载已知约束条件的文件；

（4）为了指出某成本项的值处于某个数值范围而指明可能的估算范围[例如10 000（±10%）元]；

（5）指出最终估算的置信度。

3）项目文件更新

风险名单可能需要更新。

4.5.2 编制预算

编制预算过程将估算得到的各个活动或工作包的成本累计起来，建立一个批准的成本基准，这个基准包括所有批准的预算，但不包括管理储备。编制预算的内容如图4-38和图4-39所示。项目预算就是执行项目得到批准的资金，项目成本绩效将对照批准的预算进行测量。

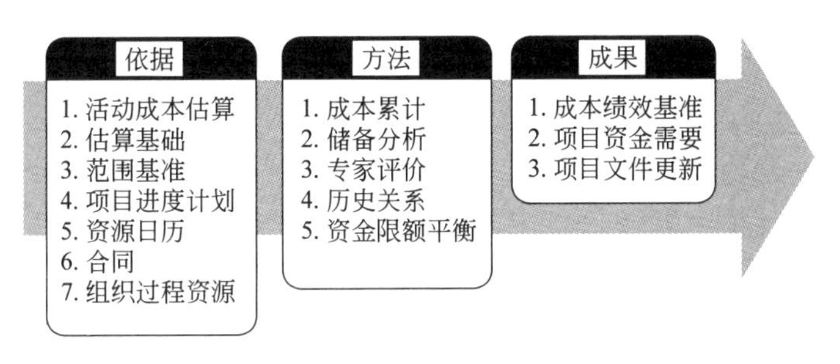

图4-38 编制预算

1. 编制预算的依据

制预算的依据如下。

1）活动成本估算

为了得到每个工作包的成本估算，要把工作包内每个活动的成本估算汇总到一起。

2）估算基础

在估算基础中要规定项目预算中是否含有间接成本这样的基本假设。

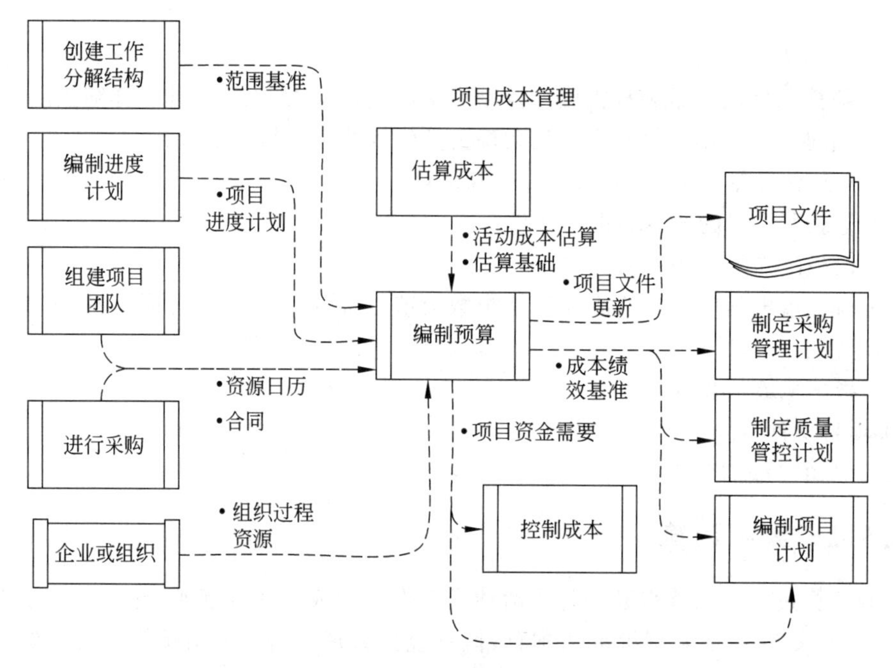

图 4-39 编制预算的数据流图

3）范围基准

（1）范围说明。组织、合同或像政府机构那样的机构可能限定一定期间项目资金支出的限额，这些资金约束条件反映在项目范围说明中。

（2）工作分解结构。

（3）工作分解结构字典。

4）项目进度计划

作为项目计划组成部分的项目进度计划包含项目活动、里程碑、工作包、计划包和控制账户的计划开始和结束日期，用这种信息将成本归集到预计发生成本的日历期间，并进一步做出成本绩效基准（S 曲线）。

5）资源日历

资源日历给出把什么资源分配到项目上和把资源分配到什么时间的信息，这种信息可以指明在项目全过程中各个时期的资源成本。

6）合同

在编制预算时，要依据适用的合同信息和有关采购的产品、服务或结果的成本。

7）组织过程资源

影响编制预算的组织过程资源有：现行正式和非正式的成本预算编制政策、程序和原则；成本预算工具；报告方法。

2. 编制预算的方法

1）成本累计

根据WBS按工作包累计汇总成本估算。为了得到WBS上一级各项并最终得到整个项目的成本，要对工作包成本估算进行累计汇总。

2）储备分析

预算储备分析可以同时建立项目的不可预见费储备和管理储备。不可预见费储备是为风险名单中识别出来的现实风险导致的虽未计划但可能需要的变更做出的预留；管理储备是用于未计划的项目范围和成本变更的储备预算。项目经理在预留和动用管理储备之前可能需要得到批准。储备不是项目成本基准的内容，但它是项目总预算的内容。在进行完成工作量（赢值）测定计算时不包括储备。

3）专家评价

根据某个专业领域、知识领域、专业训练、行业的专业知识提供的评价，如果适于项目活动，就应该在编制预算中使用它。这种专业知识可能由任何拥有专门教育、知识、技术、经验或训练的集体或个人提供。专家评价可能来自：执行组织以内的其他部门；咨询顾问；利益相关者，包括用户；专业技术学会；行业团体。

4）历史关系

参数估算或类比估算中用到的历史关系都是为了预测项目总成本而利用项目特征（参数）建立数学模型，此类模型可以简单（如住宅建设中按每单位面积的成本估算），也可以复杂（如一个软件开发项目成本估算模型就使用多个独立的调整系数，每个系数都含有大量的特征）。

参数估算和类比估算模型的花费和准确性都有很大的差别，只有在以下条件下，这两种方法才有可能可靠：

（1）建立模型使用的历史信息是准确的；

（2）用在模型中的参数是容易量化的；

（3）模型灵活，可以用于大、小项目，以及项目的阶段。

5）资金限额平衡

应该按照承诺的项目资金限额去平衡资金的支出。资金限额和计划支出之间出现偏差有时会迫使管理者为了稳定支出速度而重新制定进度计划，这可以通过在项目进度计划中给工作设置强制日期约束来实现。

3. 编制预算的成果

1）成本绩效基准

成本绩效基准是一个批准了的按时间分阶段的完成预算（budget at completion，BAC），用它可以测定、监测和控制项目总体成本绩效。成本绩效基准就是按时间周期计算的累计批准预算值，在平面坐标系上以S曲线表现，如图4-40所示。在完成工作量（赢值）技术中，成本绩效基准就是绩效测量基准（performance measurement baseline，PMB）。

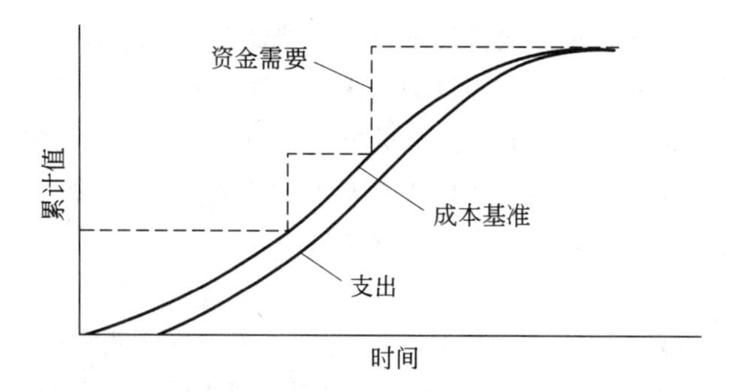

图 4-40　成本基准、支出和资金需求

S曲线的绘制步骤如下。

（1）确定项目进度计划，绘制进度计划的横道图。

（2）根据每单位时间内完成的工作，计算单位时间的成本，按时间编制成本支出计划，如图4-41所示。

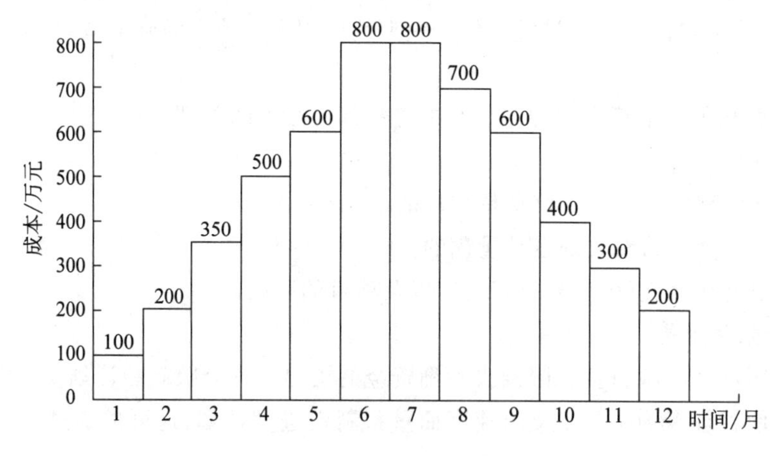

图 4-41　按月编制的成本计划

（3）计算规定时间 t 计划累计完成的成本。其计算方法为

$$Q_t = \sum_{n=1}^{t} q_n$$

式中：Q_t 为某时间 t 计划累计支出；q_n 为单位时间 n 的计划支出；t 为某规定计划时刻。

（4）按各规定时间的 Q_t 值，绘制 S 曲线，如图 4-42 所示。

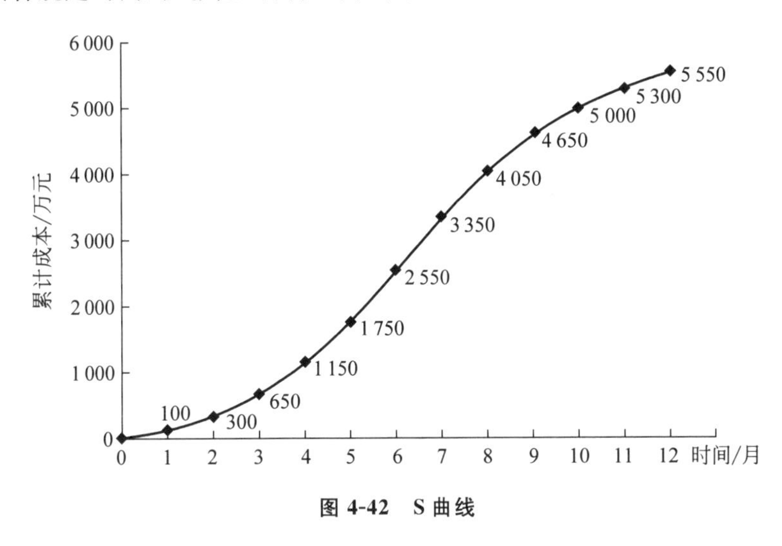

图 4-42 S 曲线

2）项目资金需要

从成本基准可以得出总资金需要和周期资金需要（如每季度、每年）。成本基准包括预计支出加上预期负债。资金需要往往以不连续的方式逐渐增加，就像图 4-40 中那样呈阶梯状。总资金需要量就是成本基准的数量，如果有管理储备，还要加上。

3）项目文件更新

需要更新风险名单、成本估算和项目进度计划等项目文件。

4.6 小结

本章首先介绍了项目计划的基本概念、作用、原则、内容，计划的编制过程、依据、方法和成果。然后分别详细地介绍了项目范围计划、进度计划、资源计划和成本计划的编制依据、方法和结果。

项目计划围绕着项目目标，系统地确定项目的工作任务、安排项目进度、编制资源预算等，从而保证项目能够在合理的工期内，用尽可能少的成本和尽可能高的质量完成。项目计划是良好项目管理的核心，因为它提供协调所有各方工作的核心信息。为了跟踪要求的工作数量、成本和时间安排以成功完成项目，计划还为项目控制系统建立基准。

编制进度计划的步骤是：

(1) 编制确定工作项的工作分解结构；

(2) 绘制网络图，在图上按照完成项目必须执行的顺序表示出各项活动；

(3) 确定完成每项活动所需要的时间、成本和资源；

(4) 计算进度从而确定开始、结束时间和时差；

(5) 分析项目的成本和资源；

(6) 沟通计划和进度计划的成果。

4.7 案例①

明星医院产品有限公司

明星医院产品有限公司已经在研究和开发的级别上作了充分的新产品开发，对必会带来商业成功的产品——一种长效杀菌剂技术成功的可能性做出了较高的估计。公司已经指示其杀菌剂部尽快将产品投放市场，并要求编制完整的计划。生产开始之后的营销和其他计划将在此计划完成之后另外进行。

项目责任分配给了部门的研究与开发组，开发这一产品的专家马力被安排负责项目管理。项目同时需要公司其他部门，包括包装组、研究与开发组、公司工程设计、公司采购、医院产品制造组、包装产品制造组的协助。

马力关心项目的范围。以他个人的经验，他知道产品的最终配方还未完成，尽管完成它只不过是例行公事。剩下要做的是有关颜色、香味和浓度的添加物，而不是与性能有关的调整。所幸的是主要的管理问题已经进行了研究，并且他相信，管理文件会在提交后很快得到批准。

但是还有包装问题需要研究决定。包装的设计开发是他关心的主要问题之一。另外还有资本设备的选择、采购、安装和动用。

马力更加关心清楚地定义项目。为此，他会见了研究与开发组的副组长门德。

当马力问门德他的责任应当何时结束时，门德反问他这个问题。马力说当生产转到制造时，他在项目中的任务就完成了。他们依照公司的惯例达成一致：责任到制造过程达到95%产出率（成品），并达到每年全部生产目标1 000万升的80%为止。

门德说："但我想让你记住，你必须遵守所有现行的药品监管法规，而且你必须遵守公司的内部规范——9月份制定的RD 78—965。你应该知道现在的制造要严格按照书面制定的全部制造程序进行。"

① 资料来源：Jack R Meredith, Samuel J Mantel Jr. Project Management—A Managerial Approach. Fourth Edition[M]. John Wiley & Sons, Inc., 2000.

此次讨论之后，马力感到对最初阻止他实现这些结果的局面有了足够的了解。工作的第一步是会见研究部主任杜森。

杜森说："如果你认为可以只从完成配方下手，你就太天真了。第一步要研究产品的原理(a)，这是根据公司政策正式规定的程序。销售部门希望在此阶段介入，制造部门希望他们的声音被听到，而你要在公司内各个有关部门那里得到批准。所有这些都要经董事会审查。只要你做了这些前期作业应该就没有什么问题了，只是做完这些可能要花8周的时间。"

马力："事情大概有个眉目了，我准备花12周开发配方(b)。只有配方完成，我才能制定产品技术要求(c)，这又需要3周。"

"是的，但在你制定产品技术要求的同时，你可以制定管理文件(d)。完整的内部技术要求不需要管理文件，但配方没完成前不能开始制定管理文件。"

"是的，但我觉得在3周内既要准备文件又要得到各种批准，实在强人所难。"

"哦，只要准备工作充分，在这3周内是可以完成的。如果你完成了技术要求并得到批准，就可以马上开始设计生产加工系统(g)。"

"是的，我多么希望能在这方面得到一点指导，但是设计师说不确定性太多，只有在技术要求和管理文件都得到批准后他们才开始工作。他们行动得很快，设计生产加工系统从开始到完成需6周。"

"他们是一个好班子，马力。你当然知道你不必推迟项目的包装部分，你可以在产品原理研究一结束就开始建立包装概念(e)。以我的经验，这要花8周，你要使过程不停地进行下去。"

"这项一结束，就可以设计包装和用料(f)，这大约要花6周。然后可以开始包装系统(h)，这应该不超过8周。"马力总结着。此时他想到虽然杜森有较丰富的经验，他还需要直接与制造部门的负责人谈谈。

"生产加工与包装系统完成后的第一步，是对设备需求(i)进行彻底的研究。"制造部负责人说，"这至少需要4周，而且要在准备主要设备清单(j)之前进行，准备清单大约要花3/4周。当然，只要生产加工与包装系统一完成，就可以准备书面制造程序(q)。"

"确实可以在安装设备(p)之前结束书面程序吗?"马力问。

"问得好，不可以。你要做的是把第一步做了，10周中的后3周等待设备安装的进行。"

"那么这意味着我需要分两阶段做，一段在安装设备(q)前完成，另一段要等设备安装之后做(q′)。"

"确实如此。现在你明白了你要做的最后一件事就是进行设备试运转(r)，这将表明你已经取得了满意的结果。"

"是的，因为这一工作包括寻找并排除故障，我估计要6周。"制造部经理表示同意。

马力继续说："我还不敢肯定的是所有的安装任务可不可以同时进行。"

"主要设备清单一完成，你就可以发出订单，采购生产加工设备(k)、包装设备(l)和其他设施(m)。只要货物一到，各个设备、设施的安装就可以开始(n、o、p)。"

"你估计做这些工作需要多少时间?"马力问。制造部经理估计按上述顺序购买各部分系统设备的时间分别为18周、8周、4周，每项的安装时间都是4周。马力又说："那么当我交出程序并表明我达到了95%的产出率时，我就可以认为我的任务完成了。"制造部经理同意马力的说法，但他提醒马力在预计需要3周的主要设备清单准备和批准(j)之前，不能开始任何采购活动。

明星医院产品公司董事会将12月10日定为项目开始日期，并要求马力在提交计划时给出一个完成日期。董事会的要求表明无论马力提出什么日期都是可以接受的，但马力知道他应该尽量缩短完成时间。不管怎样，他必须制定出明确的进度计划，他必须建立资源需求，并尽可能处理好日历时间的约束。

最后，马力必须做出一个资源估计，他决定通过编制活动清单和向每个参与部门询问其人员输入水平做出这个估计。调查结果如表4-13所示。

表4-13　劳动力需求　　人·周

活　动	包装分队	研究与开发组	设计	医院产品制造	包装产品制造	维修	采购	材料和其他直接费
a：产品原理	1	12	1	1	2	0	0	0
b：开发配方	0	16	4	2	0	0	0	500
c：产品技术要求	1	6	3	1	1	0	1	0
d：管理文件	0	12	4	2	0	0	0	0
e：建立包装概念	12	8	4	2	8	0	2	4 000
f：设计包装	12	2	3	0	3	0	3	2 000
g：开发加工系统	0	18	12	12	0	0	0	0
h：开发包装系统	24	8	8	0	8	0	2	0
i：研究设备需求	0	4	16	2	2	0	0	0
j：主要设备清单	0	1	3	0	0	0	1	0
k：采购加工设备	0	1	1	1	0	0	7	40 000
l：采购包装设备	1	0	1	0	1	0	9	160 000
m：采购设施	0	0	1	1	1	1	6	30 000
n：安装加工设备	0	2	4	8	0	4	1	4 000
o：安装包装设备	2	0	4	0	8	4	1	8 000
p：安装设施	0	0	5	5	5	10	1	6 000
q、q′：书面程序	5	5	5	10	15	10	0	5 000
r：运行测试	3	6	6	6	6	6	0	0

出于整体计划的考虑，会计部告诉马力他可以按600元/(人·周)的标准估算成本。这样他能够与计划一起提供一个现金流量预测。总会计师说这是本来就要求提供的，而马力并不知道。

马力知道按公司的惯例，提交给董事会的计划应包括以下内容：

(1) 目标说明；

(2) 工作分解结构(WBS)；

(3) 网络计划图，可以是CPM，也可以是PERT；

(4) 关键线路与其总时间；

(5) 最早开始进度计划，不考虑资源限制，每个活动按最早开始时间开始；

(6) 分期劳动力需要图：① 每个部门的，②整个项目的；

(7) 累计劳动力需要图：①每个部门的，②整个项目的；

(8) 项目总进度延迟不超过15%的可实现的、已进行劳动力最佳均衡配置的进度计划。

(9) 假设材料和其他直接费用预算在活动开始时做出，而购买的货物到达时间在活动的前2/3时间内平均分布，经过平衡的项目现金流量需求图。

问题：

(1) 设计上面提出的计划的9个要素。

(2) 分析该项计划的潜在问题。

(3) 分析该项计划的机会。

(4) 董事会是否应通过该项计划？为什么？

(5) 董事会有什么建议或替代方案？

CHAPTER 5 第5章 项目控制

5.1 控制的原理

控制是管理学中的一个概念，管理学中有关控制的理论也是项目控制的理论依据。只有按照这些理论进行项目控制，项目控制才是科学的。

5.1.1 控制的概念

控制(control)可以定义为，为了保证各项活动按计划进行而监测它们并纠正各种重要偏差的过程。一个有效的控制系统可以保证完成各项行动的方向是朝向组织目标的。控制系统越完善，管理者实现组织目标就越容易。

尽管可以制定出周密的计划、把组织结构调整得非常有效，员工的积极性也可以调动起来，但这仍然不能保证都按计划执行所有的行动，不能保证管理者追求的目标一定能达到。因此，控制是重要的，它是管理职能中最后的一个环节。

5.1.2 控制的过程

控制过程(control process)分为三个步骤：①衡量实际绩效；②将实际绩效与标准进行比较；③采取管理措施来纠正偏差或修订不适当的标准。控制过程假定行动的标准总是存在的，这些标准实际上是一系列目标，可以用来对实际行动进行度量，是通过计划产生的。如果管理者采用目标管理(MBO)方法，所确定的目标是比较和衡量工作过程的标准；如果不采用MBO方法，则标准是管理者使用的具体的衡量指标。标准必须从计划中产生，计划必须先于控制。

1. 衡量

为了确定实际工作的绩效究竟如何，管理者首先需要收集必要的信息，然后衡量。在进行衡量之前，要考虑如何衡量和衡量什么。

(1) 如何衡量。有4种信息常常被管理者用来衡量实际工作绩效，它们分别是个人的观察、统计报告、口头汇报和书面报告。这些信息各有其优点和缺点，但是将它们结合起来，可以大大增加信息的来源并提高信息的可信程度。

(2) 衡量什么。衡量什么是比如何衡量更关键的一个问题。如果错误地选择了标准，将会导致严重的不良后果。衡量什么在很大程度上决定组织中的员工追求什么。有一些控制标准在任何管理环境中都可运用，但由于管理者之间的多样性，有一些控制标准可能只在特定环境中使用。

2. 比较

通过比较可以确定实际工作绩效与标准之间的偏差。在某些活动中，偏差是在所难免的，因此，确定可以接受的偏差范围是非常重要的。如果偏差显著地超出这个范围，就应该引起管理者的注意。在比较阶段，管理者应该特别注意偏差的大小和方向。

3. 采取管理措施

控制的第三个或最后一个步骤就是采取管理措施，管理者应该在下列三种措施中进行选择：什么也不做、改进实际绩效、修订标准。显然什么都不做很容易理解，所以着重讨论后两种措施。

(1) 改进实际绩效。如果偏差是由于绩效的不足所产生的，管理者就应该采取纠正措施。这种纠正措施的具体方式可以是管理策略、组织结构、补救措施或培训计划上的调整，也可以是重新分配员工的工作，或做出人事上的调整。

管理者在采取纠正措施之前，首先要决定是采取紧急纠正措施(immediate corrective action)，还是采取根本纠正措施(basic corrective action)。所谓紧急纠正措施是指立即将出现问题的工作矫正到正确的轨道上；而根本纠正则首先要弄清工作中的偏差是如何产生的，为什么会产生，然后再从产生偏差的地方开始进行纠正。许多管理者常常以没有时间为借口而不采取根本纠正措施，并因此而满足于不断的救火式的紧急纠正行动。然而事实证明，作为一个有效的管理者，对偏差进行认真的分析，并花一些时间永久性地纠正实际工作绩效与标准之间的偏差是非常有益的。

(2) 修订标准。工作中的偏差也有可能来自不现实的标准，也就是说指标订得太高或太低。在这种情况下，值得注意的是标准，而不是工作绩效。

5.2 项目控制过程

项目监控与控制过程包括跟踪、审查和调整项目进展与绩效，找出需要对计划做出变更的地方以及启动相应的变更等管理工作。项目监控与控制的主要作用是定期、连续地观察和测量项目绩效，从而确定项目实际绩效与计划之间的偏差。

监控与控制过程还包括：

(1) 控制变更，并对预计可能出现的问题推荐预防措施；

(2) 对照项目计划和项目绩效基准，监测正在进行中的项目活动；

(3) 干预那些逃避集成变更控制的因素，使得只有经过批准的变更才能实施。

这种持续的监测使项目团队能够掌握项目的健康状况，并发现那些需要格外注意的方面。监测与控制过程不是只监控一个方面的工作，而是监控整个项目各个方面的工作。在多阶段项目中，监控过程要对各项目阶段进行协调，以便采取预防或纠正措施，使项目实施符合项目计划。监控过程的结果可能是提出对项目计划的更新并获得批准。例如，未按期完成某项活动，就可能需要调整现行的人员配备计划、安排加班，或重新权衡预算和进度目标。

监测与控制过程(图 5-1)包括以下项目管理过程(图 5-2～图 5-10)。

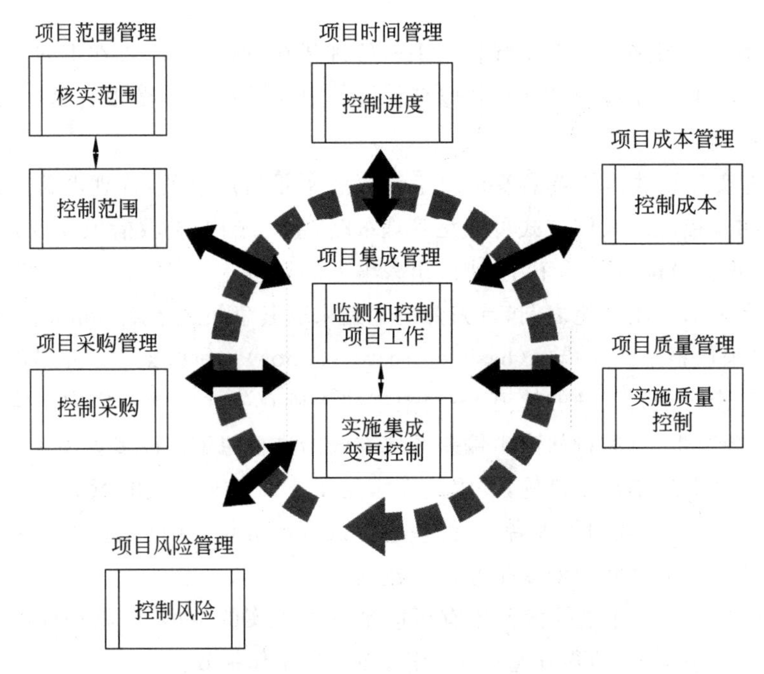

图 5-1 监测与控制过程

5.2.1 监测和控制项目工作

监测和控制项目工作这个管理过程跟踪、审查并调整项目进展，以满足项目计划规定的绩效目标。监测包括报告情况、进展衡量和预测。绩效报告提供有关范围、进度、成本、资源、质量和风险的项目绩效信息，这些都可以用做其他管理工作的依据。

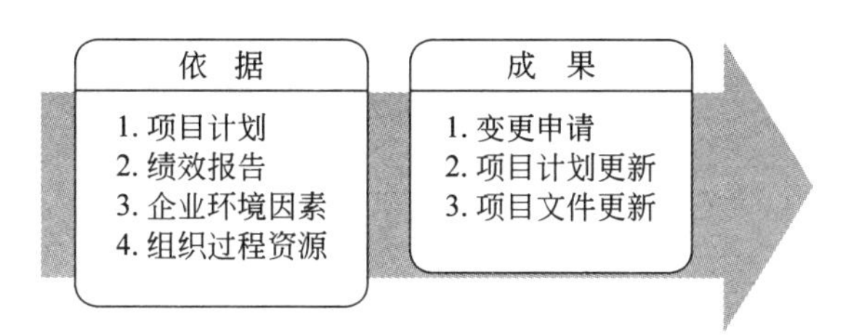

图 5-2　监测与控制工作的依据和成果

5.2.2　进行集成变更控制

进行集成变更控制要审查所有的变更申请、批准变更，并处理关于交付成果、组织过程资源、项目文件、项目计划的变更。

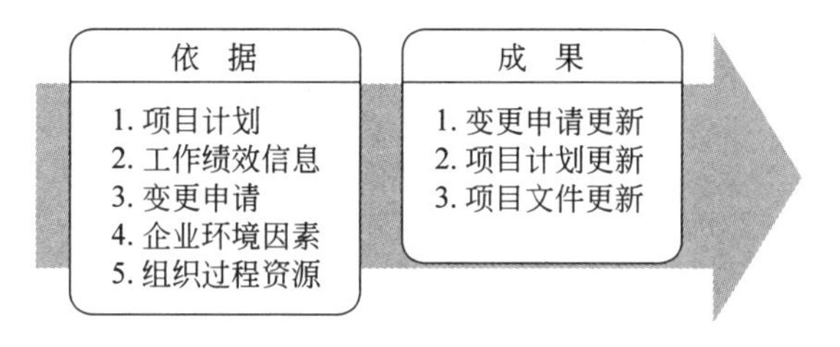

图 5-3　进行集成变更控制的依据和成果

5.2.3　核实范围

核实范围是正式验收已完成的项目交付成果的管理过程。

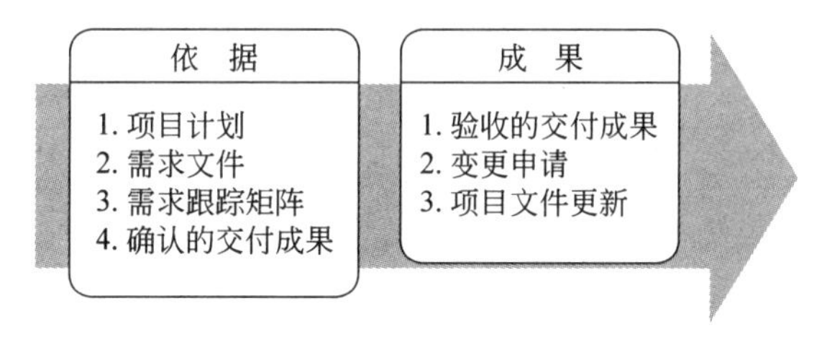

图 5-4　核实范围的依据和成果

5.2.4　控制范围

控制范围是监测项目和产品范围情况，并对照范围基准管理变更的管理过程。

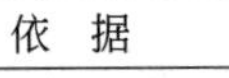

图 5-5　控制范围的依据和成果

5.2.5　控制进度

控制进度是监测项目情况以更新项目进展，并对照进度基准管理变更的管理过程。

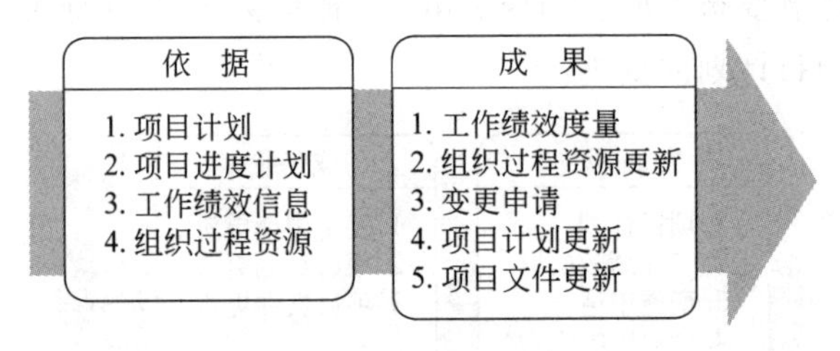

图 5-6　控制进度的依据和成果

5.2.6　控制成本

控制成本是监测项目情况以更新项目预算，并对照成本基准管理变更的管理过程。

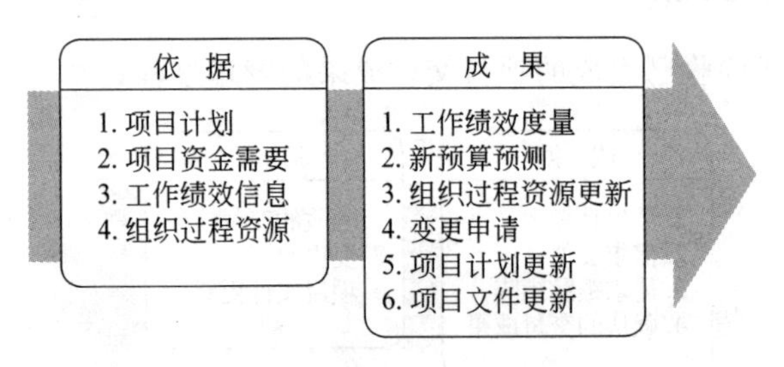

图 5-7　控制成本的依据和成果

5.2.7　实施质量控制

实施质量控制监测和记录实施质量管理活动的结果，实施质量管理活动是为了评估绩效并建议必要的变更。

依据	成果
1. 项目计划	1. 质量控制度量
2. 质量计量标准	2. 核实的变更
3. 质量审核表	3. 验收的交付成果
4. 工作绩效度量	4. 组织过程资源更新
5. 批准的变更申请	5. 变更申请
6. 交付成果	6. 项目计划更新
7. 组织过程资源	7. 项目文件更新

图 5-8　实施质量控制的依据和成果

5.2.8　控制风险

控制风险是在整个项目上实施风险应对计划、跟踪已识别的风险、监测残留风险以及评价风险管理工作的有效性。

依据	成果
1. 风险名单	1. 风险名单更新
2. 项目计划	2. 组织过程资源更新
3. 工作绩效信息	3. 变更申请
4. 绩效报告	4. 项目计划更新
	5. 项目文件更新

图 5-9　控制风险的依据和成果

5.2.9　控制采购

控制采购要管理采购关系、监督合同履行,并根据需要做出变更和纠正。

依据	成果
1. 采购文件	1. 采购文件
2. 项目计划	2. 组织过程资源更新
3. 合同	3. 变更申请
4. 绩效报告	4. 项目计划更新
5. 批准的变更申请	
6. 工作绩效信息	

图 5-10　控制采购的依据和成果

5.3 项目控制方法

5.3.1 控制系统

有效的项目管理要求对项目的所有方面：质量和工作数量、成本和进度进行计划、测量、评价、预测和控制。在开始一个项目之前，必须编制一个全面的项目计划，否则就没有控制的依据。如果没有明确的工作计划、预算和进度计划，项目跟踪就不可能实现。

项目计划必须将执行工作的人提供的信息逐步编制出来，并与所有参与者交流。根据项目计划的任务、成本和进度计划建立起针对计划的成果比较实际成果所必需的基准点和检查点，这样才可以测量、评价和控制项目的进程。

在任何的报告期（N）末，一个项目被期望已按预期的成本（C）在一定的质量水平（Q）下完成了一定量（X）的工作。项目控制的目的是测量这些变量的实际值并确定此项目是否符合工作计划的目标，并为符合项目目标做出必要的调整。项目控制是困难的，因为它包含了对一个处于连续变化状态中的项目进行定量和定性的评价。

项目控制系统必须易于管理并易为项目的所有参加者理解才能有效。控制系统往往分为两类：一类系统太复杂致使无人能解释它得出的结果；另一类又因只用于成本或进度而不是把成本、进度和所完成的工作综合起来而太局限。一个控制系统必须被发展，从而定期地采集、核实、评价并与项目中的所有参加者沟通信息，这样它才会起到项目改进工具的作用，而不是报告那些引起人们烦恼的缺陷。

20 世纪 80 年代以来，一种集成项目控制系统概念的自动化就被广泛地讨论。发表了许多介绍集成项目控制系统的不同的但又相似的方法的论文，方法的共同点是编制一个明确的工作分解结构（WBS）作为系统的起点。WBS 中的最小单位是一个工作包，它充分详细地定义了工作使其能够被测量、制定预算、安排进度和控制。

关键线路法（CPM）被用来通过按照工作包对工作集成和排序从 WBS 发展到全面项目进度计划。它设计了一个识别 WBS 的每个组成成分的编码系统，由此，WBS 的信息能与项目控制系统联系起来。为了控制成本，WBS 通过一种账户编码与成本分解结构（CBS）联系起来，同样，为了协调人员以保持项目按进度计划进行，WBS 还可以与组织分解结构（OBS）联系起来。编码系统允许信息的分类整理，从而产生整个项目的各种局部报告。

项目控制的一般概念是由美国能源部为联邦政府和能源项目提出的。从那以后，开始简化从 WBS 向 CPM 传递信息、将 WBS 和 OBS 与编码系统联系起来的过程以及对已完工作的测量。

5.3.2 连接 WBS 与 CPM

WBS 的工作包提供编制 CPM 逻辑网络图所需要的信息。在一个明确详细的 WBS 中，一个独立的工作包通常成为网络图上的一项活动，但有时需要把几个工作包组合为一个独立的活动或将一个独立的工作包发展成几项活动。编制 CPM 网络图的过程需要项目主要参与者的广泛参与和充分发表意见。虽然详细程度应当保持在最低限度，但所有可能影响项目完成日期的活动都必须包括在图中。

用于项目进度计划和控制的 CPM 网络图可以分为以下三类：设计、施工（制造）和设计/采购/施工（制造）（EPC），对每一种 CPM，WBS 都规定了对工作进行计划、编制进度计划和控制的项目框架。CPM 网络图的详细程度取决于 WBS 的完整性。

设计的产品是成品图纸和技术说明。横道图通常被用于对个人设计活动制定进度计划。但是，为了对整个项目进行有效的进度控制，单个横道图的组合必须综合到显示相关工作的相互关系和顺序的 CPM 网络图中。因此，用于设计的 CPM 网络图通常是一种摘要级别的进度计划。

CPM 逻辑图已经在施工进度计划和控制中成功地使用多年。一份详细的 WBS 可以作为估算、项目控制和现场操作管理人员的合作成果被制定出来。必须制定估算从而可以将成本、持续时间和资源分配到 WBS 的工作包上，这些工作包随后成为 CPM 网络图中的各项活动。交货时间长的材料的采购和交货也必须包括在图中。此外，由分包商在现场完成的工作必须和其他工作综合在一起以形成一个完整的综合 CPM 网络图。对于那些大型项目，可以先对项目的每个独立部分编制单独的 CPM 网络图，再编制一个将各独立部分的 CPM 图连接起来的总 CPM 网络图。

一个 EPC 项目的 CPM 图必须将设计工作包与采购和施工活动联系起来。通常最好首先编制设计、采购和施工各自的工作进度计划，然后将各个进度计划连接到综合了整个系统的汇总 EPC 进度计划中。对所有可能影响项目完成日期的有关活动进行排序是十分必要的。

为了说明 WBS 与 CPM 的联系，图 5-11 所示的 WBS 用于编制图 5-12 中的 CPM 图。这个 EPC 项目包括设计、采购和施工活动。它是一个用于维护运行的服务设施，由场地工程、场地公用设施、一座雇员办公楼和一座维修楼组成。为进行这个项目，设计任务的发包策略是对用公司内部人员设计场地公用设施、场地工程、维修楼和雇员办公楼的设计任务实行发包。在 WBS 和 CPM 中，维修楼表示为建筑物 A，办公楼表示为建筑物 B。

施工任务的发包策略是与一个大型施工承包商签订一个合同，完成所有的场地公用设施和场地工程，还将雇用两个建筑承包商，一个建造办公楼，另一个建造维修楼。施工活动在 EPC 进度计划中是有限的，但作为合同对它们要求的一部分，每个施工承包商将对它们负责的施工活动编制更详细的进度计划。

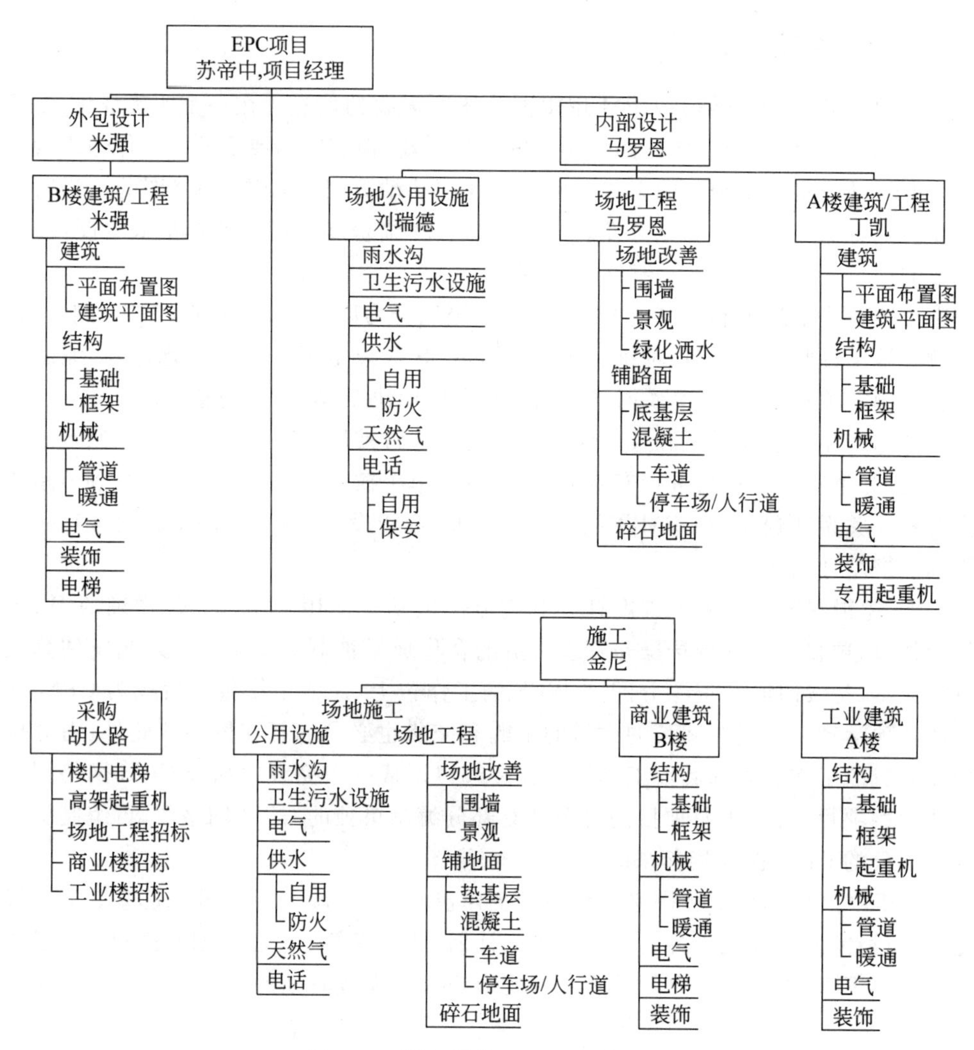

图 5-11 服务设施 EPC 项目的 WBS

如图 5-12 所示，相应的设计活动直接与材料和设备的采购活动联系到一起。例如，A 楼的高空起重机的设计活动之后是采购活动而后是施工活动；同样，B 楼电梯的设计随后也是相应的采购和施工活动。

5.3.3 项目报告的代码系统

可以制定一套识别项目每个组成部分的代码系统，它可以对产生的各种项目监测与控制报告进行信息分类整理。可以给每个活动分配一个代码，用它表示诸如项目的阶段、

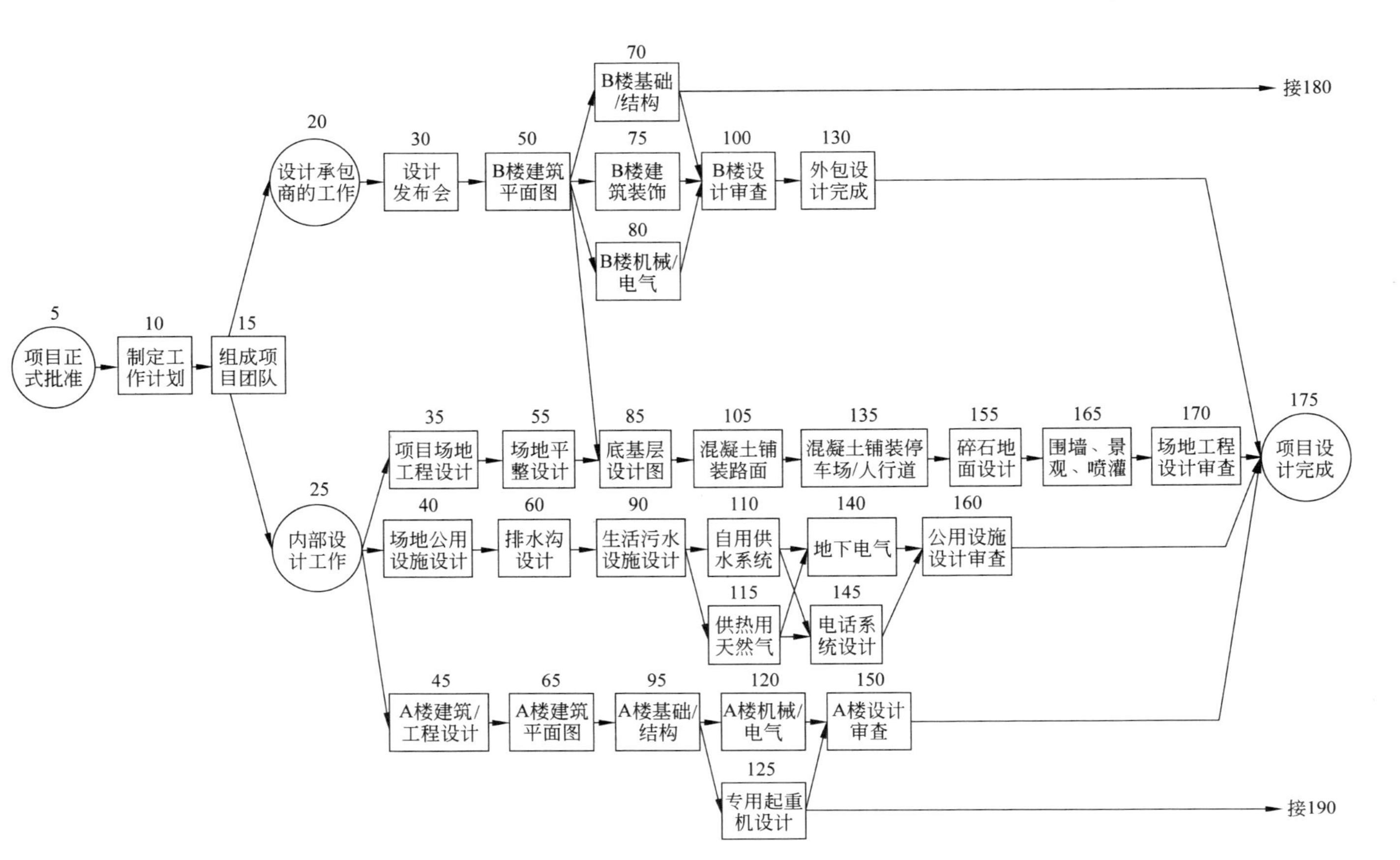

图 5-12 EPC 项目的 CPM 网络图

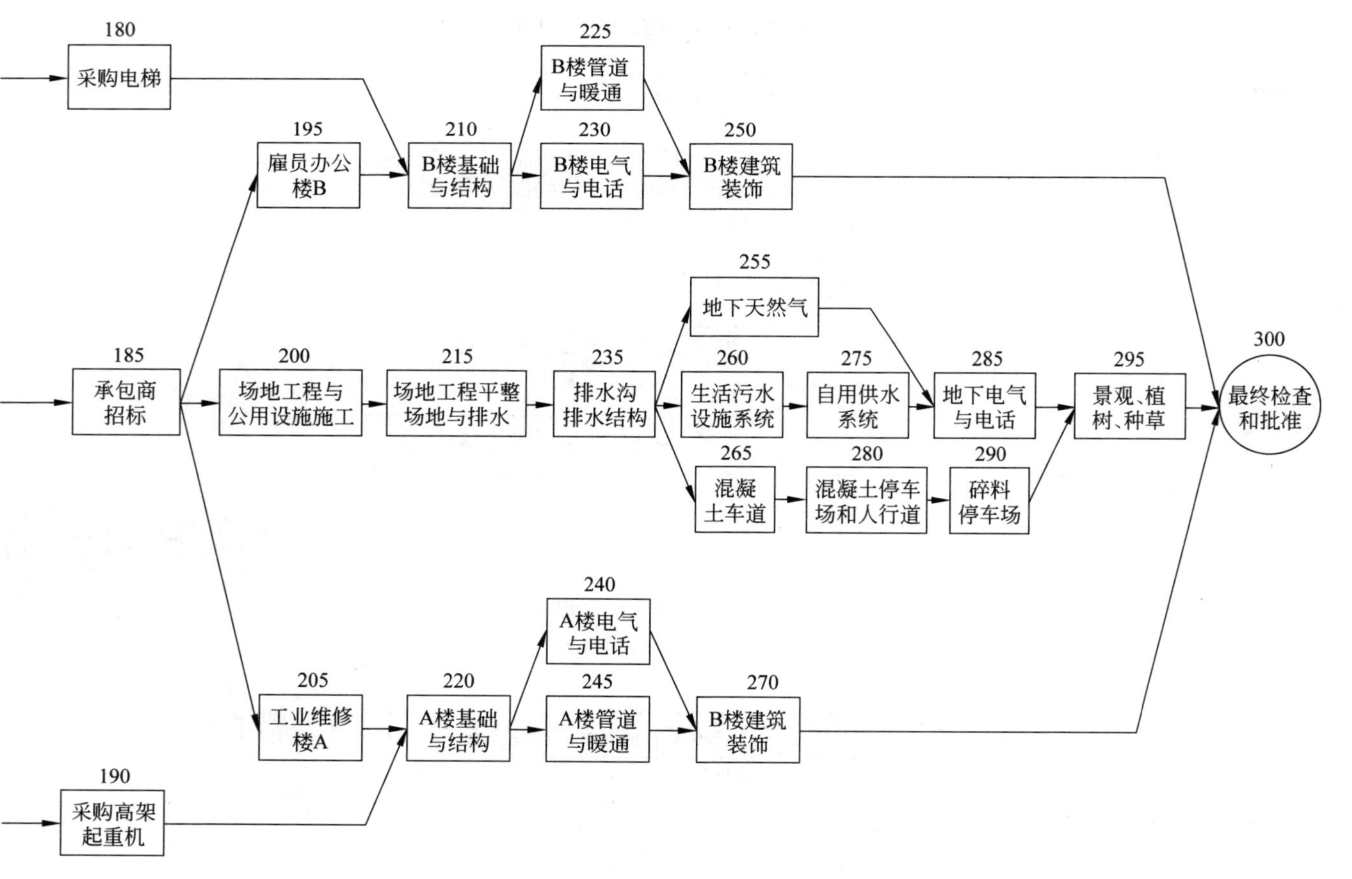

图 5-12 EPC 项目的 CPM 网络图（续）

工作的类型、负责人或工作所属的设施等多种信息。图 5-13 是一个图 5-12 所示项目的简单的 4 位数代码系统。

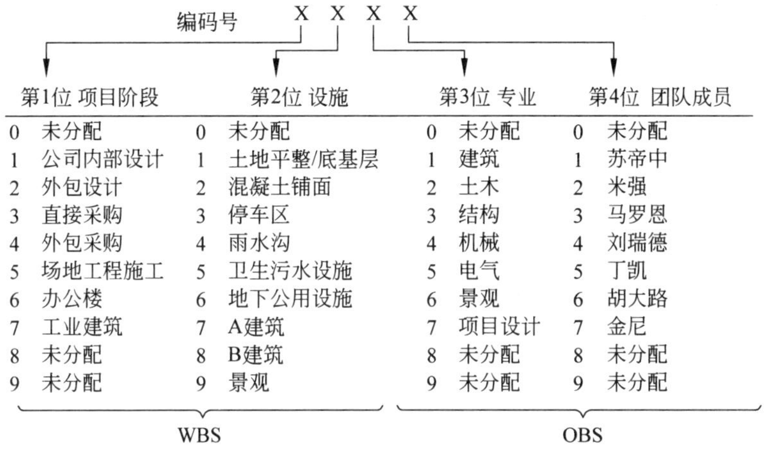

编码号 X X X X

第1位 项目阶段	第2位 设施	第3位 专业	第4位 团队成员
0 未分配	0 未分配	0 未分配	0 未分配
1 公司内部设计	1 土地平整/底基层	1 建筑	1 苏帝中
2 外包设计	2 混凝土铺面	2 土木	2 米强
3 直接采购	3 停车区	3 结构	3 马罗恩
4 外包采购	4 雨水沟	4 机械	4 刘瑞德
5 场地工程施工	5 卫生污水设施	5 电气	5 丁凯
6 办公楼	6 地下公用设施	6 景观	6 胡大路
7 工业建筑	7 A建筑	7 项目设计	7 金尼
8 未分配	8 B建筑	8 未分配	8 未分配
9 未分配	9 景观	9 未分配	9 未分配

WBS（第1、2位） OBS（第3、4位）

图 5-13 图 5-12 所示项目的编码系统

图 5-13 可以用于向图 5-12 中的每个活动分配一个唯一的代码数，通过该代码，可以把 WBS 与 OBS 联系起来。例如，活动 95（A 楼的基础和结构设计）分配到的代码是 1735。这个代码把活动规定为由团队成员丁凯负责的包括结构设计的在公司内部完成的 A 楼结构设计。表 5-1 是分配给项目中每个活动的代码清单。

表 5-1 EPC 项目活动清单

EPC 维修设施项目

编号	代码	活 动 名 称	持续时间	成 本	团队成员
5	0071	项目正式批准	3	500	苏帝中
10	0071	制定工作计划	7	12 000	苏帝中
15	0071	组成项目团队	5	850	苏帝中
20	2872	设计承包商的工作	2	3 000	米强
25	1073	内部设计工作	3	1 500	马罗恩
30	2872	设计发布会	1	1 200	米强
35	1073	项目场地工程设计	1	1 400	马罗恩
40	1624	场地公用设施设计	1	1 200	刘瑞德
45	1715	A 楼 建筑/工程设计	1	1 500	丁凯
50	2812	B 楼 建筑平面图	10	9 900	米强
55	1123	场地平整设计	12	14 000	马罗恩
60	1424	排水沟设计	10	2 000	刘瑞德

续表

编号	代码	活 动 名 称	持续时间	成 本	团队成员
65	1715	A楼 建筑平面图	15	26 000	丁凯
70	2832	B楼 基础/结构	45	31 200	米强
75	2712	B楼 建筑装饰	30	49 500	米强
80	2842	B楼 机械/电气	45	37 300	米强
85	1123	底基层设计图	5	4 000	马罗恩
90	1524	生活污水设施设计	10	12 000	刘瑞德
95	1735	A楼 基础/结构	30	92 700	丁凯
100	2871	B楼 设计审查	10	8 000	苏帝中
105	1223	混凝土铺装路面	20	12 000	马罗恩
110	1624	自用供水系统	7	9 000	刘瑞德
115	1624	天然气系统	8	6 000	刘瑞德
120	1745	A楼 机械/电气	30	22 200	丁凯
125	1735	专用高架起重机	11	10 800	丁凯
130	2872	外包设计完成	1	1 000	米强
135	1223	混凝土铺装停车场/人行道	10	7 000	马罗恩
140	1654	地下电气	14	12 000	刘瑞德
145	1654	地下电话系统	4	3 000	刘瑞德
150	1771	A楼 设计审查	3	5 000	苏帝中
155	1323	碎石地面设计	8	6 000	马罗恩
160	1677	公用设施设计审查	1	1 100	苏帝中
165	1963	围墙/景观/喷灌	14	28 000	马罗恩
170	1071	场地工程设计审查	5	7 000	苏帝中
175	0071	项目设计完成	1	1 000	苏帝中
180	3876	采购电梯	25	95 000	胡大路
185	4076	承包商招标	40	7 000	胡大路
190	3776	采购高架起重机	40	55 000	胡大路
195	6887	雇员办公楼 B	3	1 000	金尼
200	5087	场地工程与公用设施施工	4	1 500	金尼
205	7787	工业维修楼 A	2	1 400	金尼
210	6882	B楼 基础与结构	45	195 000	米强
215	5083	场地工程/平整场地与排水	18	85 000	马罗恩
220	7785	A楼 基础与结构	110	390 000	丁凯
225	6882	B楼 管道、暖通	75	285 000	米强
230	6882	B楼 电气与电话	60	215 000	米强
235	5484	排水沟/排水结构	15	22 000	刘瑞德
240	7785	A楼 电气与电话	65	167 000	丁凯

续表

编号	代码	活 动 名 称	持续时间	成 本	团队成员
245	7785	A楼 管道、暖通	85	192 000	丁凯
250	6882	B楼建筑装饰	50	260 000	米强
255	5684	地下天然气	5	10 500	刘瑞德
260	5584	生活污水设施系统	21	33 200	刘瑞德
265	5283	混凝土车道	60	185 000	马罗恩
270	7785	A楼建筑装饰	30	175 000	丁凯
275	5684	自用供水系统	7	13 200	刘瑞德
280	5283	混凝土停车场和人行道	15	35 000	马罗恩
285	5684	地下电气和电话	14	47 000	刘瑞德
290	5383	碎料停车场	40	76 000	马罗恩
295	5983	景观、植树、种草	20	62 000	马罗恩
300	9977	最终检查和批准	3	3 500	苏帝中

利用图5-13所示的编码系统，通过挑出代码第3位数字为3的活动就可以得到所有结构工程的进度报告。同样，通过挑出代码第2位数字为8的活动就可以得到所有关于B楼的活动。

对代码的多种分类使项目经理可以获得各种级别的项目控制报告，只要利用刚介绍的简单的4位编码系统就能实现这一目的。例如，通过分出第3位数字为3和第2位数字大于6小于9的活动代码就可以得到所有A建筑和B建筑的结构工作报告。因此，可以通过挑选代码大于、等于或小于某个数字的组合得到许多种分类。

编码系统也可以使用字母而不使用数字，使用字母可以有26个字符(字母表中每个字母是一个字符)，被指定到代码的每个位置，而不像自然数那样只有10个数字可用。但是，对于应用计算机而言，按照大于、等于和小于的要求对字母分类要比用数字代码分类困难。因此，可以设计一种字母加数字的组合编码系统，在需要进行多种分类的代码数位使用数字，在不要求分类的位置使用字母。

5.3.4　工期和成本的控制性进度计划

CPM网络图反映了WBS中工作包的各项活动的顺序。完成每个活动需要的期望时间和成本可以从WBS的工作包得到，以便建立控制成本和工期的参数。对于图5-13所示的EPC项目的每个活动，表5-1提供了成本和持续时间以及负责该项活动的团队成员。要测定项目的进展情况，实际的成本和持续时间要与这些控制性成本和持续时间进行比较。

项目的总成本包括直接成本(按前面的数据)加上间接成本、不可预见费储备和利润，项目的成本分解结构(CBS)包括所有这些成本。但是,只有与WBS密切相关的直接成本才能用于项目控制的目的。间接成本包括那些不直接发生在项目中的支持人员、设备和供应的成本。保险、保证金、一般管理费等成本都不在监测成本和管理工作的项目控制系统之内,因为这些成本在项目开始时就固定了,而且它们与完成的工作无关。这些成本的管理一般是会计部门的职能,因为项目经理和他的团队通常不控制这些成本。这些成本一般被分配到一定的时间段内并随着进度而增加或减少。

美国建筑业学会(CII)的出版物6-1"设计的项目控制"对设计成本分解结构(CBS)和工作分解结构(WBS)之间的关系做了很好的介绍。表5-2是其中的一个全部设计预算矩阵的例子,CBS包括预算矩阵中所有已知金额的组成部分,所有组成部分的总金额就是总设计预算。项目的WBS包括产生交付物:设计计算书、图纸和技术说明的任务的CBS中的成本科目。

表5-2 设计成本分解结构与工作分解结构

职能 \ 活动或成本要素		设计和图纸	技术说明	采购支持	现场支持	监督和控制	差旅	供应和服务
管理						工时和金额		
采购				工时和金额	工时和金额		金额	金额
专业性	土木	工时和金额	工时和金额	工时和金额	工时和金额	工时和金额		
	电气	工时和金额	工时和金额	工时和金额	工时和金额	工时和金额		
	其他	工时和金额	工时和金额	工时和金额	工时和金额	工时和金额		

资料来源:Construction Industry Institute, Publication No. 6-1.

对于表5-2所示的例子,矩阵中被定为工作控制的职能的部分加了阴影,它们是设计和图纸、技术说明、采购支持和现场支持。可以从这些预算科目把WBS详细地扩大到定义整个项目的区域、系统和子系统。例如,通过电气设计产生的交付物可能是包括所有电气工程图纸的一份图纸清单,每份图纸的工时(WH)数和生产图纸需要的计算书的工时(WH)数就代表预算。

工作的进度计划是包括计算书和设计草图的重叠时间在内的生产最终图纸的总时间。大多数工程师都更喜欢用横道图对个人设计任务制定进度计划,但是,对于项目控制来说,单个横道图必须发展成为整个项目进度计划CPM网络图上的活动。CPM工程设计进度计划中的每个活动的开始和完成时间都是一种工作包全部任务的组合。下面说明了为确定CPM网络图上一个活动的持续时间而对工作包中的重叠任务进行计算的做法。

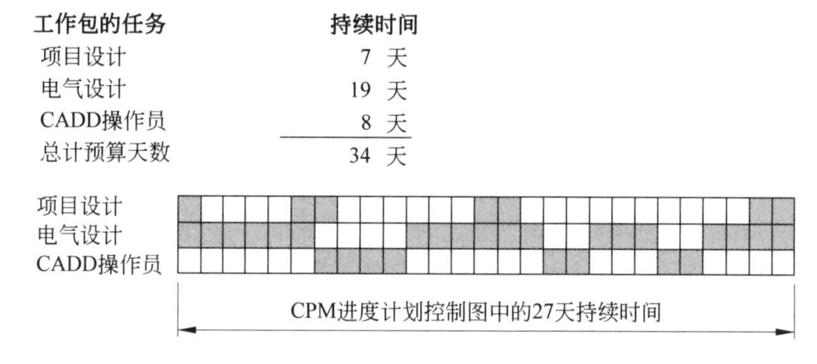

CII 出版物 6-4"固定价格施工的承包商计划"对施工 CBS 和 WBS 的关系做了很好的说明，图 5-14 是选自该出版物的一个例子，它显示 WBS 是 CBS 的直接成本部分。WBS 包括那些被预算、制定计划和控制的工作。估算应当按与 WBS 相同的组织方式编制。来自图纸和技术说明的数量估计被用做直接劳动力、材料和设备成本的计算依据，成本估算还应当为制定项目进度计划考虑施工方法和工作顺序。

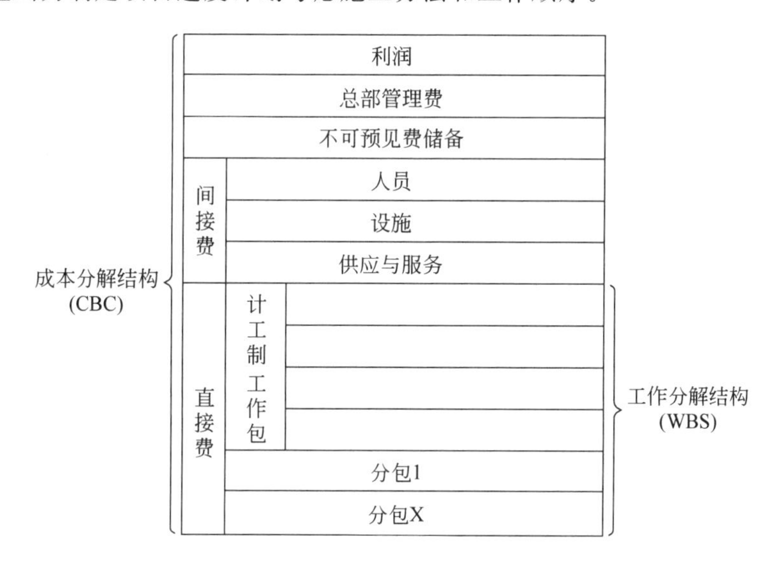

图 5-14 WBS 与 CBS 对照

资料来源：Construction Industry Institute, Publication No. 6-4.

将要在施工现场负责项目的总指挥必须参与制定详细施工进度计划。但是，在项目发展的早期阶段，通常有必要在施工承包商确定之前编制施工进度计划。在这种情况下，初始施工 CPM 网络图可能在活动顺序没有过多限制的条件下编制。CPM 进度计划应当反映项目主要区域的施工顺序并确定总的工作流程，然后在施工之前，将要实际完成工作的施工人员可以编制详细的 CPM 网络图。

施工承包商通常使用直接雇用(计工制)人员完成工作并把部分工作发包给一个或多个分包商。因为许多分包商没有一个完善的项目控制系统,所以分配给分包商的工作应当是明确的工作包,它带有规定得充分详细的工作范围、预算和进度计划,从而使分包商的责任和义务能够得到准确的理解。分包工作包必须与 WBS 一致,否则就没有任何控制的依据。

每个分包商工作的开始和完成所需要的里程碑日期,连同为了安排其他分包商的进度可能需要的任何工作停顿都应当准确地规定下来。每个分包商都是一个独立的公司而不是总承包商的一个雇员,但是因为任何一个承包商的工作通常都会影响现场其他承包商的工作从而影响项目的完成日期,所以每个分包商的工作都必须包括在总的项目进度计划之内。

不成功的材料采购通常是施工期间工期延误的一个普遍原因。为了指导承包商供料的采购活动,必须把采购计划加在项目进度计划中。虽然承包商通常把其当做施工合同的一部分得到了大部分材料,但许多项目还需要针对项目的特殊材料和设备的采购。此外,业主也可以采购由施工承包商安装的设备或大宗材料。项目进度计划必须确定所有可能影响特殊设备和材料交付的活动并排定活动的顺序。

前面几小节介绍了图 5-12 所示的 EPC 项目的活动、成本、持续时间和编码系统的清单,这些资料准备为项目监测和控制系统提供了基础。例如,为了评价项目的工程设计阶段,可以作一条 S 曲线,见图 5-15,用它表现所有设计工作的成本分布。这条曲线是使用

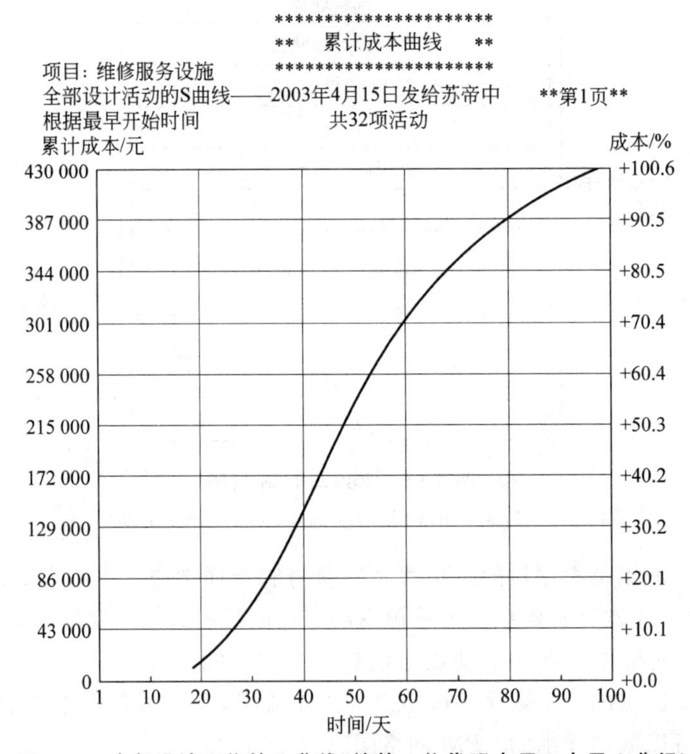

图 5-15 全部设计工作的 S 曲线(按第 1 位代码大于 0 小于 3 分组)

图 5-13 所示的编码系统,选择编码第 1 位数大于 0 小于 3 的所有活动得到的。

其他的报告可以由计算机生成。例如,图 5-16 表示了所有设计工作的每日成本图,它可以通过选择代码的第 1 位数大于 0 小于 3 的所有活动获得;也可以对工时这个代表完成工作所需要的人员的变量作出类似的曲线。

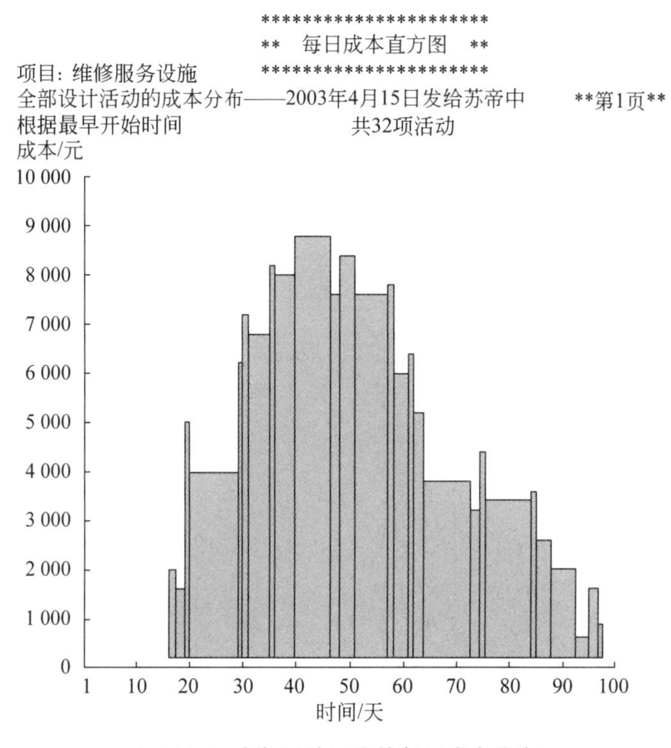

图 5-16 全部设计工作的每日成本分布

表 5-3 是项目所有活动控制性进度计划清单的一部分。为了说明整个项目全部 60 个活动可以得到的信息类型,此处列出了全部进度计划开头和结尾的部分。关键活动是时差为零的那些活动并在活动编号的左边用字母 C 表示,里程碑事件也在进度计划上注明。这个进度计划是一个综合了设计、采购和施工的摘要级的进度报告。

表 5-4 是整个项目的每月成本进度计划,分别按最早开始、最迟开始和目标时间显示了成本分布,百分比工期和百分比成本列在最右边的两栏。成本与工期之间呈非线性分布,例如,在工期完成 33% 的第 6 个月末,预期只支出 17.9% 的成本,但在工期完成 64.1% 的第 11 月末,预期支出了 54.3% 的成本。

表 5-3　全部活动的进度计划

项目名称：服务维修设施

全部活动的进度计划——2003 年 4 月 15 日发给苏帝中

活动编号	说　明	时间/天	最早开始时间	最早完成时间	最迟开始时间	最迟完成时间	总时差	自由时差
C 5	项目正式批准	3	1	3	1	3	0	0
C 10	制定工作计划	7	4	10	4	10	0	0
C 15	组成项目团队	5	11	15	11	15	0	0
20	设计承包商的工作	2	16	17	23	24	7	0
C 25	内部设计工作	3	16	18	16	18	0	0
30	设计发布会	1	18	18	25	25	7	0
35	项目场地工程设计	1	19	19	23	23	4	0
40	场地公用设施设计	1	19	19	54	54	35	0
C 45	A 楼 建筑/工程设计	1	19	19	19	19	0	0
50	B 楼 建筑平面图	10	19	28	26	35	7	0
55	场地平整设计	12	20	31	24	35	4	0
60	排水沟设计	10	20	29	55	64	35	0
⋮	⋮	⋮	⋮	⋮	⋮	⋮	⋮	⋮
260	生活污水设施系统	21	156	176	284	304	128	0
265	混凝土车道	60	156	215	211	270	55	0
225	B 楼 管道、暖通	75	167	241	221	295	54	0
230	B 楼 电气与电话	60	167	226	236	295	69	15
275	自用供水系统	7	177	183	305	311	128	0
285	地下电气和电话	14	184	197	312	325	128	73
280	混凝土停车场和人行道	15	216	230	271	285	55	0
240	A 楼 电气与电话	65	231	295	251	315	20	20
C 245	A 楼 管道、暖通	85	231	315	231	315	0	0
290	碎料停车场	40	231	270	286	325	55	0
250	B 楼建筑装饰	50	242	291	296	345	54	54
295	景观、植树、种草	20	271	290	326	345	55	55
C 270	A 楼建筑装饰	30	316	345	316	345	0	0
C 300	最终检查和批准	3	346	348	346	348	0	0

进度计划结束

表 5-4　项目全部活动的每月成本分布

项目：维修设施

全部活动成本进度计划——2003 年 4 月 15 日发给苏帝中

开始日期：2003.05.26

结束日期：2004.09.22

编号	年　月	最早开始		最迟开始		目标进度计划			
		成本/(元·月)	累计成本/元	成本/(元·月)	累计成本/元	成本/(元·月)	累计成本/元	工期/%	成本/%
1	2003 年 5 月	3 929	3 929	3 929	3 929	3 929	3 929	1.4	0.1
2	2003 年 6 月	48 841	52 770	34 645	38 573	41 743	45 672	7.5	1.5
3	2003 年 7 月	177 261	230 031	101 204	139 778	139 233	184 904	14.18	6.1
4	2003 年 8 月	130 583	360 614	130 838	270 616	130 711	345 615	20.1	10.3
5	2003 年 9 月	166 931	527 545	460 525	431 141	163 728	479 343	26.4	15.7
6	2003 年 10 月	69 255	596 800	63 784	494 925	66 519	545 863	33.0	17.9
7	2003 年 11 月	180 187	776 987	62 507	557 432	121 347	667 210	38.8	21.9
8	2003 年 12 月	247 116	1 024 103	111 945	669 377	179 531	846 740	45.4	27.7
9	2004 年 1 月	324 067	1 348 170	180 933	850 311	252 500	1 099 240	51.7	36.0
10	2004 年 2 月	332 900	1 681 071	235 742	1 086 053	284 321	1 383 561	57.5	45.3
11	2004 年 3 月	316 279	1 997 348	234 362	1 320 415	275 320	165 882	64.1	54.3
12	2004 年 4 月	242 022	2 239 371	245 967	1 566 382	243 995	1 902 877	70.4	62.3
13	2004 年 5 月	250 489	2 489 860	308 343	1 874 725	279 416	2 182 293	76.4	71.5
14	2004 年 6 月	284 017	2 773 877	329 589	2 204 314	306 803	2 489 096	82.8	81.5
15	2004 年 7 月	89 479	2 863 356	322 710	2 527 024	206 094	2 695 190	89.1	88.3
16	2004 年 8 月	110 461	2 973 817	338 893	2 865 917	224 677	2 919 867	95.4	95.6
17	2004 年 9 月	79 333	3 053 150	187 233	3 053 150	133 283	3 053 150	100.0	100.0

5.3.5　时间与工作之间的关系

度量设计类的工作有困难，因为设计是一个创造性的过程，它包括方案的构思、计算和评价以及其他一些无法用数量度量的任务，所以在看到图纸、技术说明、报告等这些可以计量的设计工作最终成果之前，可能已经为完成这些任务花费了大量的时间和成本。

对设计工作的计量因工作的多样性而更加复杂。例如，全部的设计计算书可能已经完成，图纸可能已生产了一半，但技术说明可能只编写了 1/4。在这种情况下，很难确定已经完成了多少设计工作，因为产生出来的工作没有一个共同的计量单位。因此，完成百分比通常被当做一种设计工作的计量单位使用。为了计量工作所确定的完成百分比标准必须在设计开始之前制定下来并由项目团队成员签字确认，这给按月进行的进展评价提供了一个共同的依据。

为了规定要求完成的每项任务成果的数量，可以给设计任务指定一个权重系数，权重系数之和为1.0，表示全部设计成果为100%。每个权重值应该通过项目经理和负责完成设计工作的设计师的共同努力来确定，这应当在开始设计工作之前做好。

在设计过程中必然有大量的重叠工作，例如，草图设计通常在设计计算书完成之前就开始，同样，在最终成品图纸开始之前最终计算书常常还未完成。为了表明整个项目期间所有任务的时间安排，项目经理和他的团队成员可以共同规定相关工作的重叠。表5-5是一个例子，其中列出了工作项目、权重和实现设计成果需要的每个任务的预计时间安排，可能还有必要在每一类中对权重系数做进一步的分解。表5-5中提供的信息只起说明的作用，因为每个项目都是独特的，所以必须为每个具体项目规定适合于它的权重系数。设计工作的时间安排取决于人员的可用性，这种信息可以通过对单个设计工作包汇总收集到。

表5-5　设计工作权重系数的举例

设计工作	权数	项目时间安排/%
审查支持材料	0.05	0～10
设计计算	0.10	10～25
初始草图	0.25	15～45
最终计算书	0.20	35～60
成品图纸	0.30	50～90
图纸批准	0.10	90～100
	1.00	

为了管理全部设计工作，可以用表5-5中的资料绘制一条工作/时间曲线，见图5-17。图5-17的上半部分是一系列独立代表每项设计工作的线段，按发生的顺序排列，每条线段的斜率是权重系数与完成工作所需时间的比值。图5-17的下半部分是整个设计工作的工作/时间曲线，是通过对单个线段的合成、叠加得到的，这条曲线表示计划的工作成果，并在用实际工作成果进行比较时起到一种控制依据的作用。它还可以被叠加到上节所讨论的时间/成本S曲线上，形成全面综合的成本/进度/工作曲线，这将在本章以后的几小节中讨论。

施工包括许多不同类型的工作，它们各有不同的计量单位，例如立方米、平方米、千克或个。因此，对于管理和控制整个施工来说，用百分比作为计量单位很方便。

用于计量设计的方法也可以用于施工，例如，一个项目可能由三个主要设施组成：场地工程、混凝土结构办公楼和组装金属结构房屋，可以给每个主要设施规定一个权重系数，同时规定它们计划的施工顺序，参见表5-6。

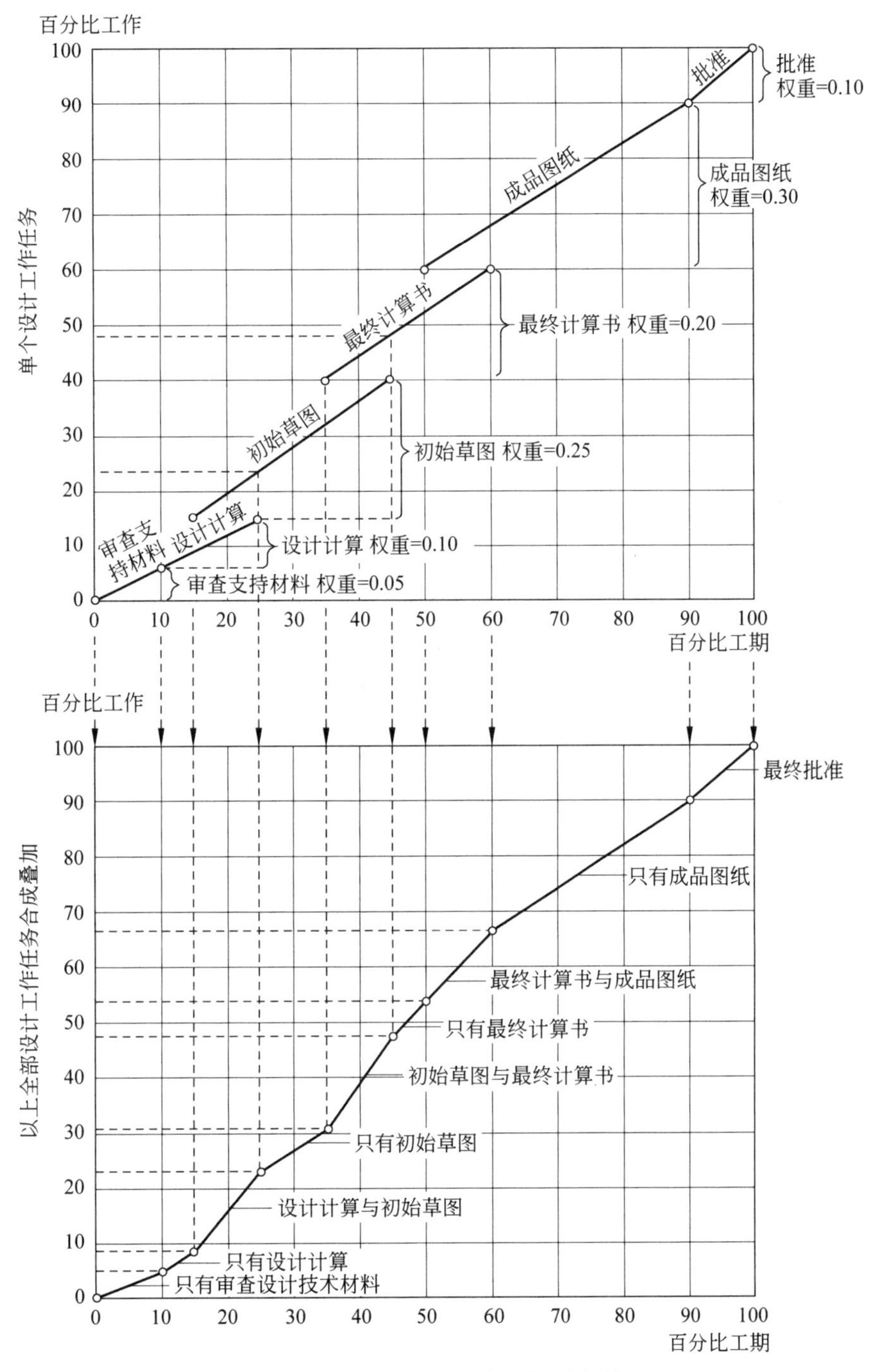

图 5-17　全部设计工作的工作/时间关系

表 5-6 施工权重系数举例

设　　施	权重系数	项目时间安排/%
场地工程	0.25	0～35
混凝土结构办公楼	0.40	15～75
组装金属结构房屋	0.35	65～100
	1.00	

表 5-6 只列出了项目的 3 个主要部分，可以通过将主要设施划分为更小的成分得到对计划工作更准确的定义，例如，场地工程可以分为场地平整、排水、铺路面、景观等。同样，两个房屋也可以分成更小的单元。无论项目的详细程度如何，所有权重系数之和等于 1，表示 100%完成项目。每个主要设施的权重和时间安排由项目团队的主要参加人员在施工开始之前确定，把它作为施工期间控制的依据。

图 5-18 展现了计划工作成果的合成，图的上半部分表示了 3 种主要设施施工任务的重叠和顺序；下半部分是整个项目的综合工作/时间曲线，通过 3 个主要设施的独立图形合成叠加得到。

这种方法是对整个项目所有设施的一种高度概括，根据项目的复杂程度和项目经理要求的控制级别，这种方法可以用在每个设施或一个设施的一部分上。

在最低的级别上，可能就要使用一种可以在工地进行实物计量的工作计量单位而不使用百分比。例如，"拉线"可以很容易地用米计量，"混凝土桥墩"可以用立方米计量。但在用实物数量代替百分比来表示工作时必须小心，例如，混凝土桥墩的施工包括钻孔、放钢筋和浇筑混凝土，对于一个有 18 个桥墩的项目，进度报告可能显示所有桥墩的钻孔都完成了，放了 9 个桥墩的钢筋并浇筑了 3 个桥墩的混凝土，如果立方米是唯一的控制量，那么被报告完成的就只是 18 个桥墩中的 3 个，已经完成的钻孔和放钢筋工作就没计算进来。在这种情况下，为了说明建造桥墩需要的每项任务，必须制定出一个权重系数系统，所有权重之和必须像之前所讨论的那样等于 1.0，以表示 100%的工作。

5.3.6 综合的成本/进度/工作

有经验的项目经理都熟悉仅仅使用局部信息，例如，只根据成本或时间跟踪项目状况监测存在的问题，可能希望在计划工期的中点完成项目预算的一半，但实际可能只完成了 20%的工作，只监测工期和成本可能会显示项目运行良好，但是因为没有把对工作的计量包括在项目控制系统之内，所以等到项目完成时很有可能出现成本超支和工期延误。因此，项目经理必须建立一个在项目期间而不是在之后提供有价值的反馈的综合成本/进度/工作系统，这样才能确保项目的状况能够被确定，并且可以在纠正成本最低的时候采取纠正措施。

前面几小节介绍了项目控制的成本/时间关系和工作/时间关系，但是分别评价这些

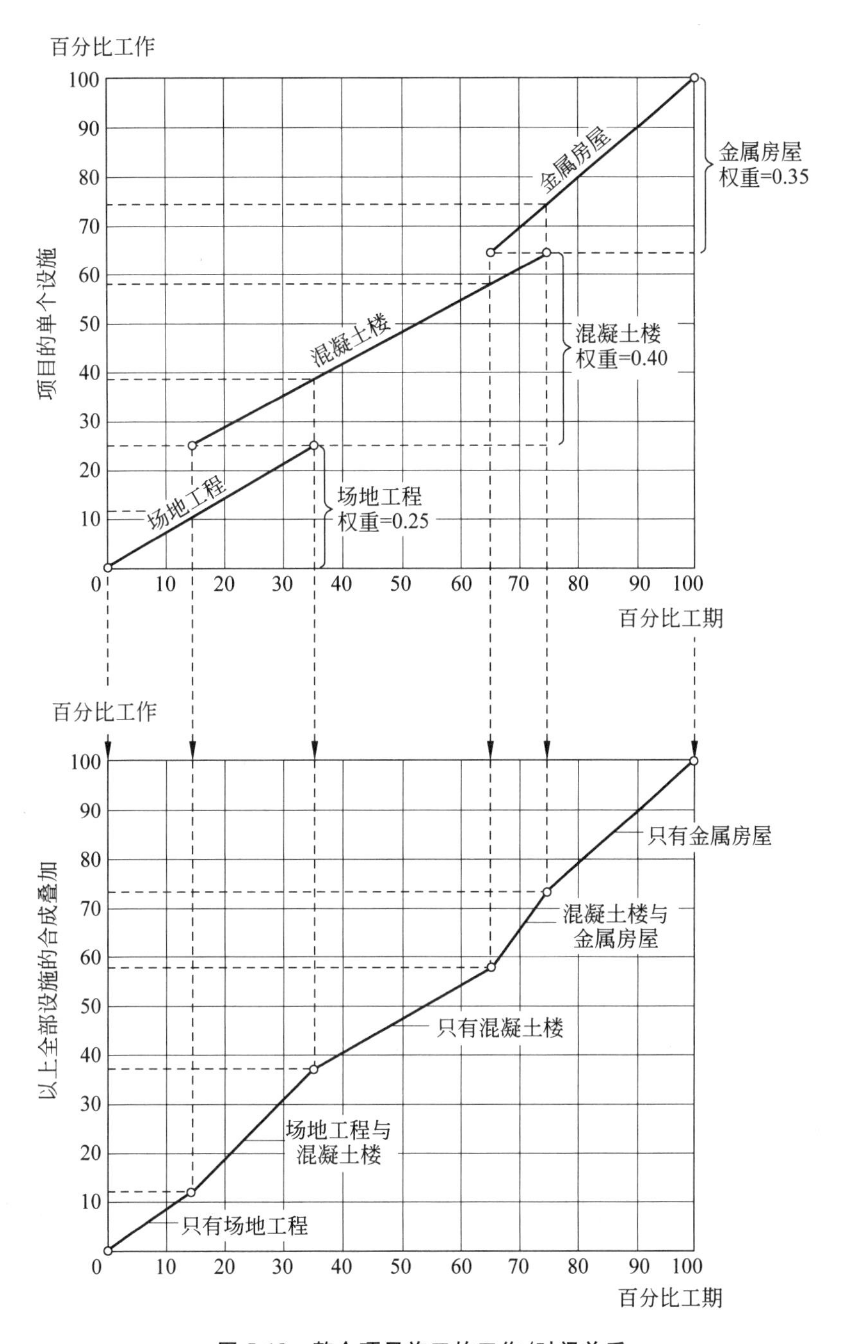

图 5-18 整个项目施工的工作/时间关系

关系提供不了项目的准确情况，所以可以绘制一个成本/进度/工作图，它显示一个项目的3个基本要素：范围（工作）、预算（成本）和进度（时间）的综合关系。图5-19左边的纵坐标是成本，横坐标是时间（工期），右边的纵坐标是工作，上方的曲线是前面讨论过的成本/时间S曲线，下方的工作/时间曲线显示了在整个项目期间工作与时间之间的关系。因此，这张图是对以前介绍过的信息的一种合成叠加。

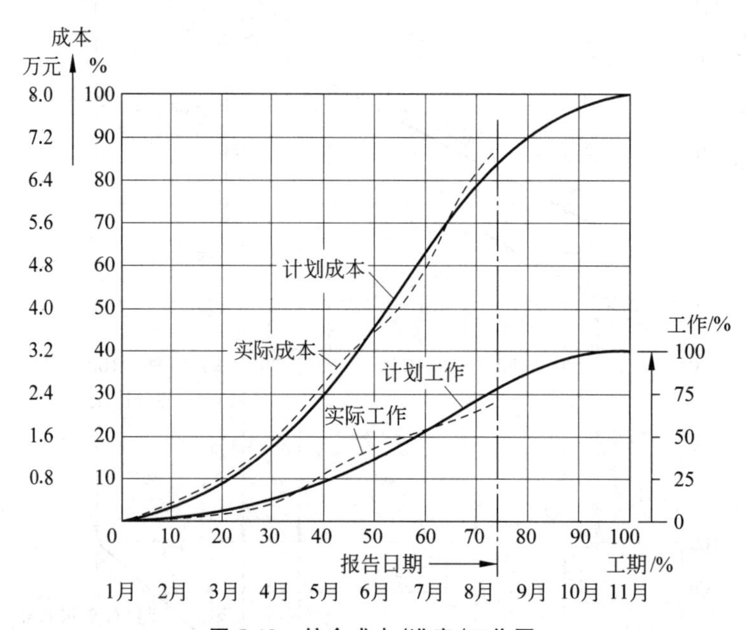

图5-19 综合成本/进度/工作图

成本的单位是金额，进度的单位是天，这是计量任何类型的项目都容易确定的计量单位。工作的计量单位使用百分比，它为项目的所有组成部分提供了一种共同的依据。正像之前讨论的那样，一个项目可能有三种建筑类型：混凝土结构、钢结构和木结构。适合混凝土建筑的计量单位可能是立方米，钢结构建筑的计量单位可能是吨，木结构建筑的计量单位可能是立方米。但是，因为不可能将立方米与吨相加，所以百分比是一种可以方便地用来表示工作的无量纲计量单位。

尽管百分比为工作提供了一种统一的计量单位，但还需要一个系数来给项目的每个部分规定工作的分配。例如，前面提到的有3个建筑物的项目可能对混凝土结构使用45%的系数，钢结构使用35%的系数，木结构使用20%的系数，把它们加在一起就表示整个项目的100%。确定这个系数要考虑的因素包括工时、成本或完成工作的时间。

要确定项目的状况，可以把实际的成本和工作叠加在曲线之上以便与计划的成本和工作进行比较，见图5-20。在图5-20(a)中，实际完成工作曲线在计划完成工作曲线之下，这表示进度落后于计划，图中上面的曲线显示在同一报告日期出现了成本超支，所以在此报告日期存在进度落后和成本超支的现象。还有可能出现图 5-20(b)～5-20(d)所反映的其他情况。

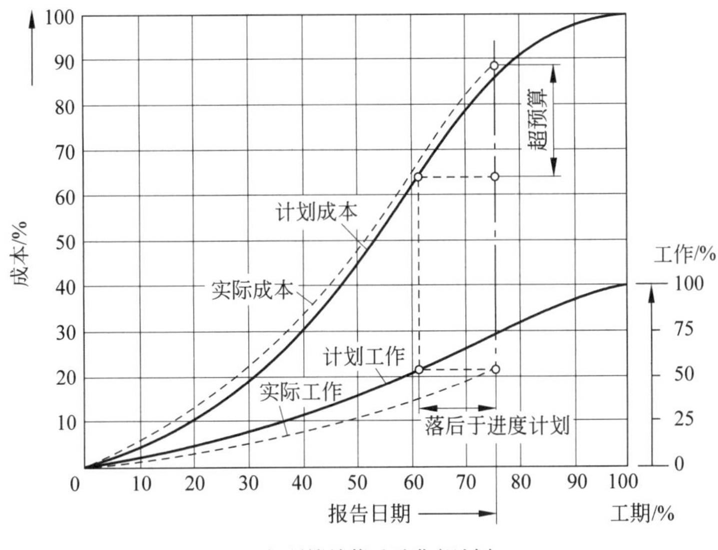

(a) 超预算并落后于进度计划

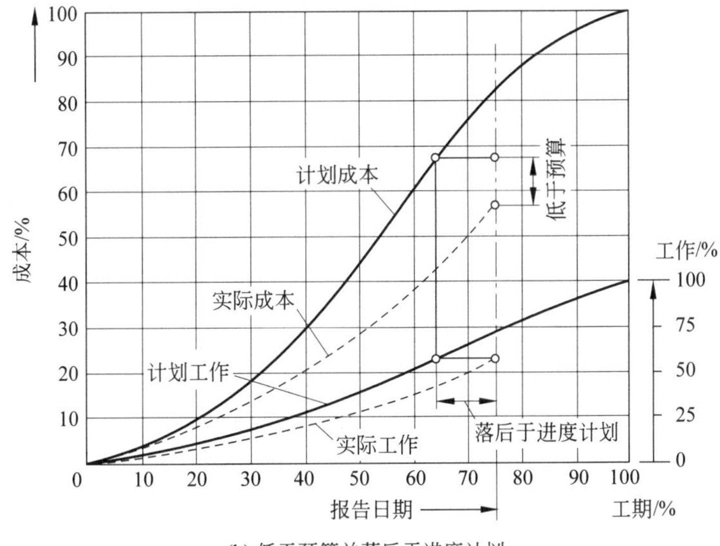

(b) 低于预算并落后于进度计划

图 5-20　分别用成本和工作进行进度对比

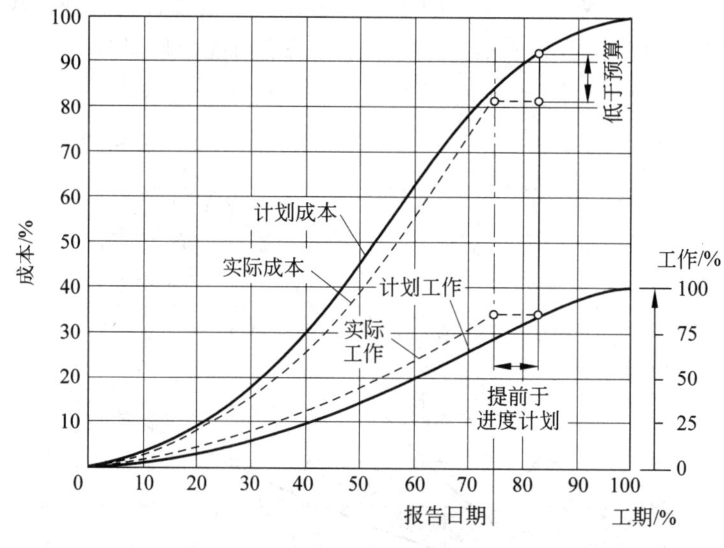

(c) 低于预算并提前于进度计划

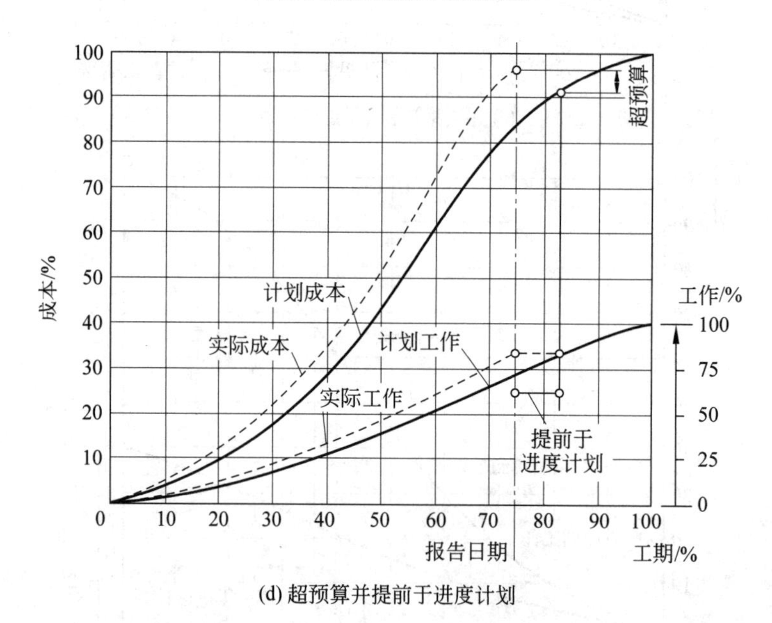

(d) 超预算并提前于进度计划

图 5-20　分别用成本和工作进行进度对比（续）

综合成本/进度/工作图提供了一个关于整个项目状况的有意义的摘要级报告。还可以绘制下一级的图，如只是混凝土建筑的图，用来评价项目某个局部的状况。根据项目的复杂程度和项目经理需要的控制级别可以绘制多个这种图。

5.3.7 项目进度的测定

进度测定指在进度计划执行过程中对项目实际进度的测定。

在项目进行当中，为了进行进度控制，需要定期测定项目的实际进度，并用测量得到的实际进度与计划进度对比。在测量项目的实际进度时，时间一般是确定的，因此，只能用到一定时间完成的任务数量反映项目的进度。即，项目的实际进度用到一定时间所完成的任务数量表示，如到 2010 年 8 月底，累计完成任务 200 项，或完成工作量(投资)3 000 万元，或完成全部任务的 20%。而在制定项目的进度计划时，人们习惯于用完成任务的时间来表示每个任务和整个项目的进度，如任务 A 的开始时间是 2010 年 7 月 1 日，完成时间是 2010 年 7 月 10 日。这种表示有利于在横道图或网络进度计划中比较直观地表现对任务所做出的时间安排，便于进度计划的执行。但这样一来，实际进度就无法与计划进度进行比较了。

为了给以后的项目进度控制提供一个比较基准，使实际进度与计划进度有可比性，在实际工作中，进度计划也用到一定时间完成的任务数量来表示，可以根据用横道图表示的时间/任务进度计划得到用到一定时间所完成的任务数量表示的进度计划。

1. 单个工作的进度测定

1）设计类进度的测量

单个设计工作的进度(完成百分比)通常可以用以下 4 种方法来确定：完成单元法、渐进里程碑法、开始/结束百分比法和比值法。

完成单元法(units completed method)适用于编写技术说明，假设技术说明的各部分有相等的工作量，用已完成的技术说明数除以将要产生的技术说明总数得到的百分比就可以测定工作。

渐进里程碑法(incremental milestone method)适用于测定图纸或采购等容易确认里程碑的活动。表 5-7 是测量图纸和采购的百分比的典型例子。

表 5-7 测量图纸和采购的百分比 %

图纸		采购	
开始画图	0	制定投标人名单	5
画完，未审	20	询价文件完成	10
内部审核完成	30	投标分析完成	20
提交业主批准	70	签订合同	25
第一次发布	95	卖方提交图纸	45
最终发布	100	批准卖方图纸	50
		设备装货	90
		设备到货	100

开始/结束百分比法(start/finish percentage method)用于那些难以事先规定好中间里程碑或需要的努力和时间难以估算的活动,对于这些任务,活动一经开始就把进度计为20%～50%,结束后计为100%。这一方法适用于像计划、设计、模型构筑和研究之类的工作,也适用于书写技术说明。

比值法(ratio method)适用于项目管理或项目控制这类贯穿项目始终的任务,这些任务没有特定的最终产品。它也适用于那些使用开始/结束百分比法的任务,任何时间点的完成百分比等于截至目前所用的工时(或成本)除以总工时(或成本)的当前估算。

2）施工类工作的测量

测量项目施工工作进度主要采用6种方法：完成单元法、渐进里程碑法、开始/结束法、监督人员评价法、成本比率法和加权单元法。使用哪种方法取决于项目的性质、复杂程度和项目经理所要求的控制级别。

完成单元法用于那种重复性和需要均衡工作的任务。一般来说,这种工作都处于控制的最低级别,所以规定工作只需要一个工作单元。例如,线路安装的完成百分比就等于已安装的长度除以需要安装的总长度。

渐进里程碑法用于那些包含了必须按顺序实施的子工序的任务。例如,工业项目中一个大型容器的安装可能包括表5-8中的一系列任务,每项子工序的完成被认为是一个表示全部安装的某个百分比的里程碑,该百分比是根据完成工作的估算工时建立的。

表5-8　大型容器的安装任务

任　　务	比例/%	任　　务	比例/%
验收和检查	15	内部构件安装完成	75
底座完成	35	测试完成	90
调整校正完成	50	业主验收	100

开始/结束法(start/finish method)用于没有明确的中间里程碑或者需要的时间难以估算的任务,例如,一个设备的调整校正根据实际情况可能是几小时到几天。工人们可以知道工作什么时间开始和什么时间结束,但无法在中间知道完成百分比。采用这种方法时,任务一开始就指定一个任意的完成百分比,任务完成就指定为100%,对于需要时间长的任务,开始百分比可以指定为20%～30%,对需要时间短的任务,开始百分比可以指定为0。

监督人员评价法(supervisor opinion method)是一种用于施工辅助设施之类的小型任务的主观方法,它是在无法使用某种更加离散的方法时生发出来的一种方法。

成本比率法(cost ratio method)用于行政管理任务,例如,项目管理、质量保证、合同管理或项目控制,这些任务伴随着很长一段时间,或者在整个项目期间持续进行。这些任务一般按合计金额和工时而不按工作成果的可测数量制定估算和预算。在这种方法中,完成百分比用下式计算：

$$完成百分比=\frac{截至目前的实际费用或工时}{费用或工时的总预测值}$$

加权单元法(weighted units method)用于那些包含主要工作的任务，这些主要工作在很长一段时间里进行。主要工作一般有几个重叠的分项工作，每个分项工作有不同的工作计量单位。钢材的一般计量单位是吨，对每个分项工作指定一个权重用以表示估计的成果，工时往往是要求的成果的理想计量单位。当每个分项工作的工作数量完成时，这些数量就被转换成等量的吨数，完成百分比就可以计算出来，如表 5-9 所示。

表 5-9　测定施工工作的加权单元法举例

权重	分项工作	单位	总数量	等量吨钢	截至目前数量	完成吨
0.02	基础螺栓	个	200	10.4	200	10.4
0.02	垫片	%	100	10.4	100	10.4
0.05	落砂	%	100	26.0	100	26.0
0.06	柱	根	84	31.2	74	27.5
0.10	梁	根	859	52.0	0	0.0
0.11	交叉支撑	根	837	57.2	0	0.0
0.20	围梁和防垂竿	跨	38	104.0	0	0.0
0.09	上下水管道及校正	%	100	48.8	5	2.3
0.30	连接	个	2 977	156.0	74	3.9
0.05	收尾工作	%	100	26.0	0	0.0
1.00	钢	吨		520.0		80.5

资料来源：Construction Industry Institute, Publication No. 6-5.

表 5-9 中，完成吨的计算公式为：

$$完成吨=\frac{截至目前数量\times相关权重}{总数量}$$

$$完成百分比=\frac{80.5\text{ 吨}}{520\text{ 吨}}=15.5\%$$

2. 项目进度的测定概述

1) 完成百分比矩阵法

确定项目总体进度的非常简单的方法是完成百分比矩阵法，它可以用于任何规模的项目，并且只需要少量的信息。根据项目中每个工作包的预算，利用一个完成百分比矩阵来测定项目总体进度，此时可以把成本、工时或实物工程量当中的任意一个当做预算使用。为说明这种方法，下面只使用了成本，但这种方法也可以只使用工时或实物工作量，有时项目经理还可能使用所有这三个量来确定项目的状况。

完成百分比矩阵法对每个工作包只要求两个输入变量：估算成本和完成百分比。可以在计算机上编制一个电子表格，见表5-10，对于给定的区域，表格里有来自工作包的6种信息。表格中的公式根据输入给每个工作包的“估算成本”计算“单元百分比”和“项目百分比”，同样，表格中的公式根据第二个变量“完成百分比”的输入计算“截至目前的成本”和“项目完成百分比”。

表5-10 完成百分比矩阵法的工作包信息和电子表格公式

工作包	
估算成本* 完成百分比* 截至目前的成本	单元百分比 项目百分比 项目完成百分比
计算公式	
来自估算的数据* 输入变量* 完成百分比估算成本	估算成本/合计单元成本 估算成本/项目总成本 截至目前的成本/项目总成本

说明：*为要求输入的数据

表5-11是一个电子表格，它展现了一个包括5个建筑物的项目的完成百分比矩阵方法。每个建筑物有4个组成部分：基础/结构、机械/电气、装饰/家具和专用设备。每个建筑物的“总成本”和“总项目百分比”列在电子表格的最右边两栏。项目所有建筑物的总成本代表项目总预算，为240 000元。电子表格中的公式计算出项目每个成分的“总成本”，例如，81 000元表示全部基础/结构工程的预算成本。

每个建筑物的组成部分含有表5-10中所讨论的来自工作包的6种信息。例如，建筑物A的结构工作包为15 000元，这表示建筑物A的30%和项目240 000元总预算的6%。当建筑物A完成70%输入电子表格时，公式就自动计算出“截至目前成本”为10 500元和整个项目完成百分比为4%。要获得项目状况需要的输入仅仅是“完成百分比”，在表5-11所示的电子表格中用下划线强调了这个输入。

因为输入是对矩阵中的每个工作包做出的，所以项目每个成分的总值在电子表格的底部计算。例如，结构工程一列中所有“截至目前成本”合计为24 550元，占整个项目的10%。同样，电子表格将最后一行每个成分的全部成本合计算出截至目前的项目总成本为30 750元，表示整个项目完成13%。

2）赢值法

赢值法用于监测工作的进度并将完成的工作与计划的工作进行比较。BCWS是项目中每个时间周期计划的或预算的货币量，根据项目计划把成本加载到CPM网络图上确定成本分布，确定BCWS，项目的S曲线表示的就是BCWS。ACWP是在项目期间任何时间点已经花费的实际货币量，它按照核算资料或由保存实际货币支出记录的责任方

表 5-11 项目的完成百分比矩阵

设施	基础/结构		机械/电气		装饰/家具		专用设备		总成本	总项目百分比/%
	估算成本完成百分比截至目前成本/元	单元百分比项目百分比项目完成百分比/%	估算成本完成百分比截至目前成本/元	单元百分比项目百分比项目完成百分比/%	估算成本完成百分比截至目前成本/元	单元百分比项目百分比项目完成百分比/%	估算成本完成百分比截至目前成本/元	单元百分比项目百分比项目完成百分比/%		
建筑物 A	15 000 ×70% 10 500	30 6 4	8 000 ×35% 2 800	16 3 1	10 000 ×0 0	20 4 0	17 000 ×0 0	34 7 0	50 000	21
建筑物 B	25 000 ×10% 2 500	28 10 1	9 000 ×0 0	10 4 0	23 000 ×0 0	26 10 0	33 000 ×0 0	37 14 0	90 000	38
建筑物 C	8 000 ×100% 8 000	40 3 3	3 000 ×80% 2 400	15 1 1	4 000 ×0 0	20 2 0	5 000 ×0 0	25 2 0	20 000	8
建筑物 D	2 000 ×100% 2 000	20 1 1	1 000 ×100% 1 000	1 0 0	0 ×0 0	0 0 0	7 000 ×0 0	70 3 0	10 000	4
建筑物 E	31 000 ×5% 1 550	44 13 1	18 000 ×0 0	26 8 0	21 000 ×0 0	39 9 0	0 ×0 0	0 0 0	70 000	29
估算合计和项目百分比	81 000	34	39 000	16	58 000	24	62 000	26	240 000	100
截至目前成本合计和合计完成百分比	24 550	10	6 200	3	0	0	0	0	30 750	13

确定。BCWP是根据已经完成的工作计算的赢得的货币量，它是用完成百分比乘以工作的预算数确定的。下面是用在赢值分析中的主要术语。

（1）基本数据

BCWS＝计划工作的预算成本（计划的）

ACWP＝已完工作的实际成本（实际的）

BCWP＝已完工作的预算成本（赢得的）

（2）偏差

$$CV = BCWP - ACWP（成本偏差 = 赢得的 - 实际的）$$

$$SV = BCWP - BCWS（进度偏差 = 赢得的 - 计划的）$$

（3）指数

$$CPI = \frac{BCWP}{ACWP}\left(费用绩效指数 = \frac{赢得的}{实际的}\right)$$

$$SPI = \frac{BCWP}{BCWS}\left(进度绩效指数 = \frac{赢得的}{计划的}\right)$$

（4）预测

BAC＝原始项目预算（完成时的预算）

$$ETC=\frac{BAC-BCWP}{CPI}（到完成的估算、剩余工作的估算）$$

EAC＝（ACWP＋ETC）（完成时的估算）

赢值法使用比率预测完成一个项目的成本。CPI用于预测可能的成本超支或节支量，它根据过去的绩效调整预算。SPI用于预测可能的工期提前或延迟量，它根据过去的绩效调整进度计划。以下的例子介绍了赢值分析中的计算，这些例子根据评价项目绩效的赢值方法随着对计算结果的解释提供了一种逐步的项目分析。

例5-1 对图4-20所示的上下水管道项目进行赢值分析以评价其进度。原始预算为147 500元，项目按进度计划用94个工作日完成。10个工作日后的项目状况报告提供了如下信息：

活动10，按计划进度100％完成，实际成本＝1 500（元）

活动20，按计划进度100％完成，实际成本＝2 200（元）

活动30，按计划进度100％完成，实际成本＝4 000（元）

BCWP＝7 600（元）， ACWP＝7 700（元）

BCWS＝7 600（元）， BAC＝147 500（元）

以上列出的BCWS和BCWP与表4-6中第10个工作日的值相同，因为活动10、活动20和活动30按照原始的进度计划都已经完成。

成本和进度偏差：

成本偏差，CV＝BCWP－ACWP＝7 600－7 700＝－100（元）

负值 CV 表示成本超支。根据情况报告,实际成本大于赢值 100 元。

进度偏差,SV=BCWP−BCWS=7 600−7 600=0(元)

因为 SV 为 0,所以项目是按计划进行的,项目既不提前也不落后于计划进度。

成本和进度绩效:

成本绩效指数,$CPI=\frac{BCWP}{ACWP}=\frac{7\ 600}{7\ 700}=0.987$

CPI 小于 1.0,表明项目绩效不好,赢值小于实际成本。

进度绩效指数,$SPI=\frac{BCWP}{BCWS}=\frac{7\ 600}{7\ 600}=1.0$

SPI 等于 1.0,表明进度绩效是准确地按计划进行的。

预计完成时的成本:

到完成的估算,$ETC=\frac{BAC-BCWP}{CPI}=\frac{147\ 500-7\ 600}{0.987}=141\ 743$(元)

根据对项目状况报告的分析,完成项目的剩余成本为 141 743 元。

完成估算, EAC=ACWP+ETC=7 700+141 743=149 443(元)

根据对项目状况报告的分析,项目完成时的估算成本为 149 443 元,它比原始预算的 147 500 元超出 1 943 元。

例 5-2 对图 4-20 中的上下水管道项目进行赢值分析以评价其进度。原始预算为 147 500 元,项目按进度计划用 94 个工作日完成。20 个工作日后的项目状况报告提供了如下信息。

上期分析:

BCWP=7 600(元), ACWP=7 700(元)

BCWS=7 600(元), BAC=147 500(元)

当前状况报告:

活动 40,100%完成,延误两天,实际成本=8 000(元)

活动 50,60%完成,延误两天,截至目前成本=3 200(元)

活动 60,50%完成,没有按正常的施工顺序开始,截至目前成本=6 300(元)

BCWP=22 720(元), ACWP=25 200(元)

BCWS=22 400(元), BAC=147 500(元)

以上列出的 BCWS 和 BCWP 与表 4-6 中第 20 个工作日的值不同,因为活动 40、活动 50 和活动 60 已经在与原始进度计划不同的时间完成,上面 22 400 元的 BCWS 是根据更新的项目进度计划计算的,同样,BCWP 也是根据更新的项目进度计划计算。

成本和进度偏差:

成本偏差,CV=BCWP−ACWP=22 720−25 200=−2 480(元)

负值 CV 表示成本超支。根据情况报告,实际成本大于赢值 2 480 元。

进度偏差，SV＝BCWP－BCWS＝22 720－22 400＝320(元)

SV 为 320 是因为赢值大于计划，表明项目提前于计划进度。

成本和进度绩效：

成本绩效指数，$CPI=\frac{BCWP}{ACWP}=\frac{22\ 720}{25\ 200}=0.90$

CPI 小于 1.0，表明项目绩效不好，本报告期赢值小于实际成本。

进度绩效指数，$SPI=\frac{BCWP}{BCWS}=\frac{22\ 720}{22\ 400}=1.01$

SPI 大于 1.0，表明进度绩效好于计划进行，项目提前于进度计划，比例 5-1 状况报告中的情况略好。

预计完成时的成本：

到完成的估算，$ETC=\frac{BAC-BCWP}{CPI}=\frac{147\ 500-22\ 720}{0.90}=138\ 644$(元)

根据对项目状况报告的分析，完成项目的剩余成本为 138 644 元。

完成估算，EAC＝ACWP＋ETC＝25 200＋138 644＝163 844(元)

根据对项目状况报告的分析，项目完成时的估算成本为 163 844 元，它比原始预算的 147 500 元超出 16 344 元，成本绩效明显比例 5-1 上期的状况报告差。

例 5-3 对图 4-20 中的上下水管道项目进行赢值分析以评价其进度。原始预算为 147 500 元，项目按进度计划用 94 个工作日完成。25 个工作日后的项目状况报告提供了如下信息。

上期分析：

BCWP＝22 720(元)，ACWP＝25 200(元)

BCWS＝22 400(元)，BAC＝147 500(元)

当前状况报告：

活动 50，100%完成，延误 1 天，最终实际成本＝6 200(元)

活动 60，100%完成，无额外延迟，最终实际成本＝12 600(元)

活动 70，100%完成，无延迟，实际成本＝2 100(元)

BCWP＝33 000(元)

ACWP＝36 600(元)（注意：包括活动 10－70 的最终实际成本）

BCWS＝31 740(元)，BAC＝147 500(元)

成本和进度偏差：

成本偏差，CV＝BCWP－ACWP＝33 000－36 600＝－3 600(元)

负值 CV 表示成本超支。根据情况报告，实际成本大于赢值 3 600 元。

进度偏差，SV＝BCWP－BCWS＝33 000－31 740＝1 260(元)

SV 为 1 260 是因为赢值大于计划，表明项目提前于计划进度。

成本和进度绩效：

成本绩效指数，$CPI=\frac{BCWP}{ACWP}=\frac{33\ 000}{36\ 600}=0.90$

CPI 小于 1.0，表明项目绩效不好，本报告期赢值小于实际成本。

进度绩效指数，$SPI=\frac{BCWP}{BCWS}=\frac{33\ 000}{31\ 740}=1.04$

SPI 大于 1.0，表明进度绩效好于计划进行，项目提前于进度计划，比例 5-2 上期状况报告中的情况好。

预计完成时的成本：

到完成的估算，$ETC=\frac{BAC-BCWP}{CPI}=\frac{147\ 500-33\ 000}{0.90}=127\ 222$（元）

根据对项目状况报告的分析，完成项目的剩余成本为 127 222 元。

完成估算，$EAC=ACWP+ETC=36\ 600+127\ 222=163\ 822$（元）

根据对项目状况报告的分析，项目完成时的估算成本为 163 822 元，它比原始预算的 147 500 元超出 16 322 元，成本绩效与例 5-2 上期的状况报告差不多。

例 5-4　对图 4-20 中的上下水管道项目进行赢值分析以评价其进度。原始预算为 147 500 元，项目按进度计划用 94 个工作日完成。70 个工作日后的项目状况报告提供了如下信息。

前一期分析：

$$BCWP=33\ 000（元），\quad ACWP=36\ 600（元）$$
$$BCWS=31\ 740（元），\quad BAC=147\ 500（元）$$

当前状况报告：

活动 80，100%完成，实际成本＝14 000（元）

活动 90，100%完成，实际成本＝800（元）

活动 100，100%完成，实际成本＝1 400（元）

活动 110，100%完成，实际成本＝5 000（元）

活动 130，100%完成，实际成本＝4 500（元）

活动 140，20%完成，实际成本＝680（元）

活动 160，30%完成，实际成本＝2 100（元）

$$BCWP=56\ 830（元），\quad ACWP=65\ 080（元）$$
$$BCWS=102\ 800（元），\quad BAC=147\ 500（元）$$

成本和进度偏差：

成本偏差，$CV=BCWP-ACWP=56\ 830-65\ 080=-8\ 250$（元）

负值 CV 表示成本超支。根据情况报告，实际成本大于赢值 8 250 元。

进度偏差，$SV=BCWP-BCWS=56\ 830-102\ 800=-45\ 970$（元）

SV 为－45 970 元是因为赢值小于计划，表明项目一直落后于计划进度。

成本和进度绩效：

成本绩效指数，$CPI=\frac{BCWP}{ACWP}=\frac{56\ 830}{65\ 080}=0.87$

CPI 小于 1.0，表明项目绩效不好，本报告期赢值小于实际成本。

进度绩效指数，$SPI=\frac{BCWP}{BCWS}=\frac{56\ 830}{102\ 800}=0.55$

SPI 小于 1.0，表明进度绩效明显比计划的差，项目落后于进度计划，将明显晚于计划工期完成。

预计完成时的成本：

到完成的估算，$ETC=\frac{BAC-BCWP}{CPI}=\frac{147\ 500-56\ 830}{0.87}=104\ 218$(元)

根据对项目状况报告的分析，完成项目的剩余成本为 104 218 元。

完成估算，$EAC=ACWP+ETC=65\ 080+104\ 218=169\ 298$(元)

根据对项目状况报告的分析，项目完成时的估算成本为 169 298 元，它比原始预算的 147 500 元超出 21 798 元，预计项目将有明显的成本超支。

5.3.8 监测项目绩效

CPI 和 SPI 提供了对项目进展状况的定量的测定。CPI 或 SPI 的值大于 1.0 表示好的项目绩效，而 CPI 或 SPI 的值小于 1.0 则表示差的项目绩效。这些指标的值可以画在图 5-21 上，以评价例行报告期内的项目绩效。

如图 5-21 所示，项目开始时的 CPI 和 SPI 等于 1.0。由于一些事件可能影响成本和进度，所以项目具有动态性。因此，随着项目逐周进行，预计这些绩效指标将会偏离这个初始起点。项目经理不必对 CPI 和 SPI 的轻微变化反应过度，例如，项目的最初两周出现了预计在项目早期就可能出现的绩效指标的小幅变化。

虽然小的偏离可以预计，但是从一个报告期到下一个报告期的大的变化应使项目经理警觉，然后调查项目绩效明显变化的原因。例如，第 7 周和第 8 周的报告显示了一个朝向不良项目绩效的明显变化，这种类型的报告值得引起项目经理的注意，进而要求团队成员确定项目中所发生的事和项目绩效这种明显变化的原因。

如果 CPI 和 SPI 的趋势向差的方向发展，也应加强对此的关注。例如，从第 2 周到第 4 周，项目绩效趋向好的方向，但在第 6、7 和 8 周期间项目开始出现大的变化。

因此，项目经理必须始终警惕项目中的变化。CPI 和 SPI 给项目经理提供所需要的信息，为了保证项目正在按正确的方向向成功地完成发展而监测工作进展需要这些信息。

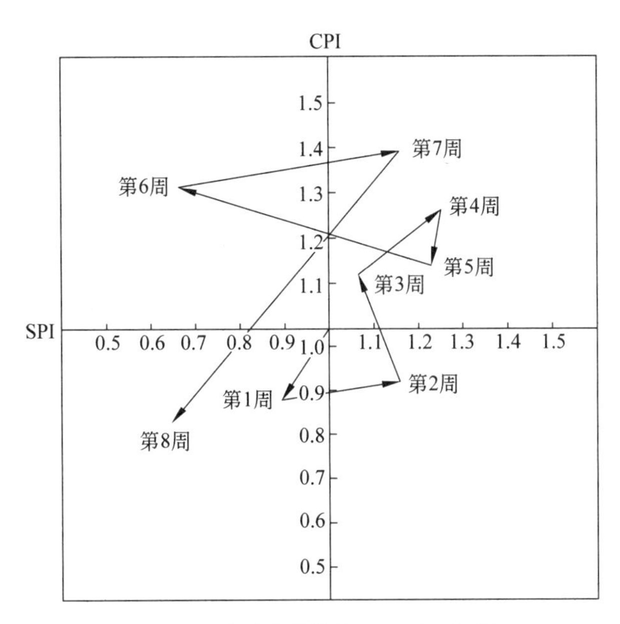

图 5-21 监测项目绩效——CPI 和 SPI

5.3.9 绩效指数的解释

图 5-22 所示为项目经理根据进展报告监测项目绩效的一种有价值的工具,它提供了一种将计划成本与实际支出和已经完成的工作进行比较的方法,如果数值之间出现了偏离,可以做出一些解释。

SPI 的值大于 1.0 表示项目提前于计划进度。如果初始生产速度被估计得过低或是实际的工作条件比原来预料的好,项目可能比预期进行得快;如果项目上有比预期多的人员,那么也可能使工作提前于进度计划进行。SPI 的值小于 1.0 说明项目落后于进度计划,项目进度可能由于气候影响、人员不足或者工作混乱而延误。

CPI 的值大于 1.0 表示好的项目成本绩效。如果实际生产率比计划的好,或者测出的完成工作百分比较高,就可能得出好的成本绩效。CPI 值小于 1.0 表示差的成本绩效,它可能是由实际生产率比计划生产率低造成的,也可能是由于低估了完成工作的百分比造成的。

项目经理应当从团队成员那里寻求信息,以便能很好地解释项目绩效指数的意义。图 5-22 和图 5-23 所示为对 CPI 和 SPI 数据的补充解释。

5.3.10 总时差与进度绩效指数的分析树

总时差(TF)是项目中松弛时间的一种度量,进度绩效指数(SPI)则是进度绩效的一

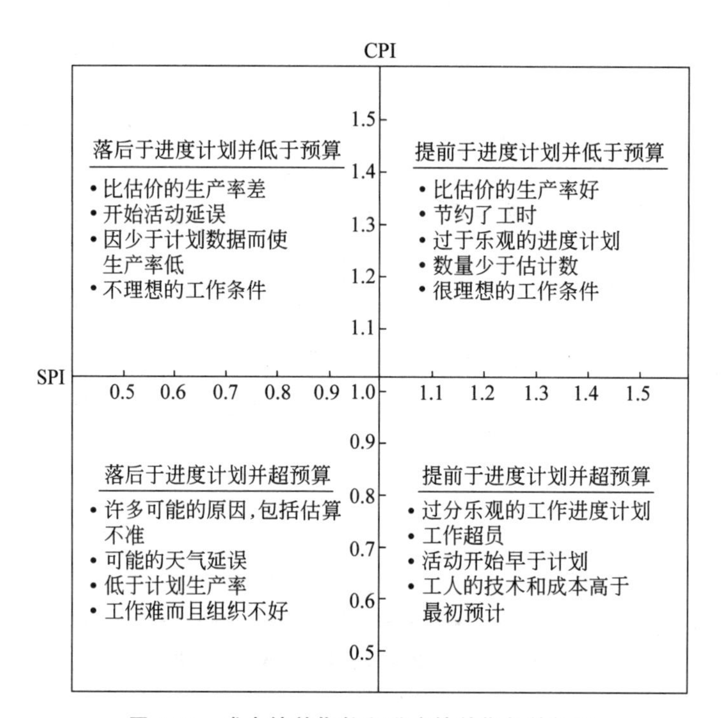

图 5-22 成本绩效指数和进度绩效指数的解释

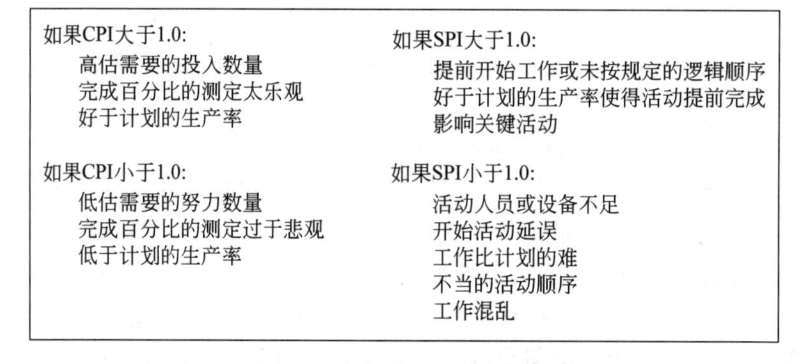

如果CPI大于1.0:
高估需要的投入数量
完成百分比的测定太乐观
好于计划的生产率

如果CPI小于1.0:
低估需要的努力数量
完成百分比的测定过于悲观
低于计划的生产率

如果SPI大于1.0:
提前开始工作或未按规定的逻辑顺序
好于计划的生产率使得活动提前完成
影响关键活动

如果SPI小于1.0:
活动人员或设备不足
开始活动延误
工作比计划的难
不当的活动顺序
工作混乱

图 5-23 CPI 和 SPI 的各种解释

种度量。在纯单代号 CPM 网络图中，总时差时为零的活动被定义为关键活动，并且这些活动在项目进度计划中形成关键线路。但是，使用紧后/紧前活动约束却可能使关键路线的一些活动的总时差大于零，而且把实际开始和完成时间加入进来更新进度计划也会导致不为零的总时差。

当活动被赋予一个特定的日历开始或完成日期时，由于它能导致关键线路上一些活动的总时差大于或小于零，因而对计划进度的理解可能更加复杂。例如，进度计划人员可能对一个活动指定肯定的时间，例如，指定一个活动在一个具体日期开始或结束，指定不早于一个具体日期开始或结束，或者不迟于一个具体日期开始或结束。

对于任何项目，SPI 可能大于、小于或等于 1.0，大于 1.0 表示好的绩效，而小于 1.0 表示差的绩效。因此，项目经理对项目绩效的分析会因各种总时差和进度绩效指数而变得复杂。图 5-24 是在考虑 SPI 的情况下对总时差进行评价的分析树。

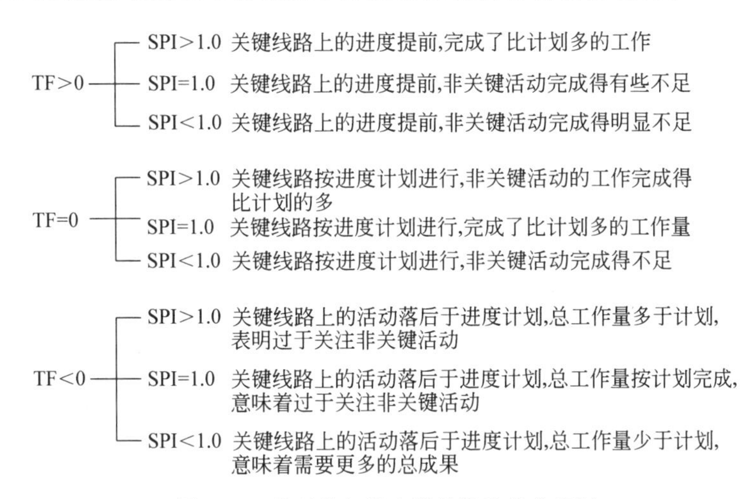

图 5-24 总时差与进度绩效指数的分析树

5.3.11 成本/进度偏差的原因

赢值法确定成本和进度与原计划之间的偏离量，但它没有确定产生问题的原因。项目经理及其团队必须评价每个状况报告以找出项目没有按计划进行的原因，问题可能是很多情况造成的。

原始的成本估算在赢值分析中是 BAC，因此，如果项目原始成本估算不准确，则在项目执行期间的所有进展测量就都是按不准确的预算测定的。为了从一个报告期到另一个报告期进行现实的比较，记录工作成本的系统必须一致。

再者，从一个报告期到另一个报告期还必须一致地应用测量完成工作的方法，否则预期的工作情况将变化很大。为了使用赢值法管理项目，每个项目必须根据独特的环境和条件得到评价。以下是可能使成本或进度不同于原始项目计划的一些事项：估算的错误、技术问题、设计错误、测试数据问题、可施工性、设备问题、上级管理问题、范围控制（变更令）、人员技术水平、资源的可用性、组织结构、经济/通货膨胀、材料交货延误、设备交货延误、差的生产速度、分包商妨碍或延误、天灾（天气、火灾、洪水等）、施工期间的事故。

5.3.12 趋势分析和预测

前几小节介绍了测定计划和实际成本、进度和完成工作的方法，为了更加有效，项目控制系统必须从项目一开始就要按常规收集和记录信息。在每个报告期都要将实际情况与计划状况进行比较，这样才能采取必要的纠正措施。随着信息积累，就可以进行趋势分析以评价成本和进度方面的生产率和偏差。图5-25所示为在一个特定的报告期进度、成本和工期的偏差。

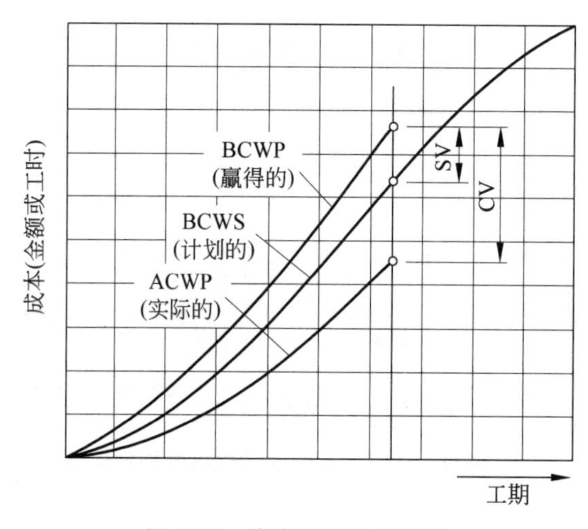

图5-25 成本和进度偏差图

最好用横道图显示进度状况。表5-12展示了一个给上级的摘要级报告，这是一个非常好的样板格式。

项目经理总是想知道对比计划项目和估计预算时所用的生产率，实际生产率到底怎么样，尽管还没有计算生产率的行业标准以下公式是生产率的通常表达式：

$$生产率指数=\frac{估计的单元速度}{实际的单元速度}$$

用这个公式计算那些有可计量工作单位的任务的生产率是有效的，生产率等于或大于1.0是有利的，而小于1.0是不利的，公式可以用于计算每个报告期任务的生产率。图5-26按时间标出生产率，可以用它给关键工种画出生产率图，也可以用完成百分比代替图的工期横坐标。

如图5-26所示，生产率在项目过程中有变化。由于项目工作的性质，小的变化是正常的并应当被预计到，大的变化应引起上级的注意，找到问题的来源并采取必要的纠正措施。有的问题可能是由于工人的技术或士气低、人员不足、材料交货延误、得不到工具或设备、不当的指示、恶劣的天气、技术困难或不良的现场监督，也可能是由于初始估算的不准确。生产率指数的趋势为项目管理提供了一种有效的工具。

表 5-12 摘要级管理报告的例子

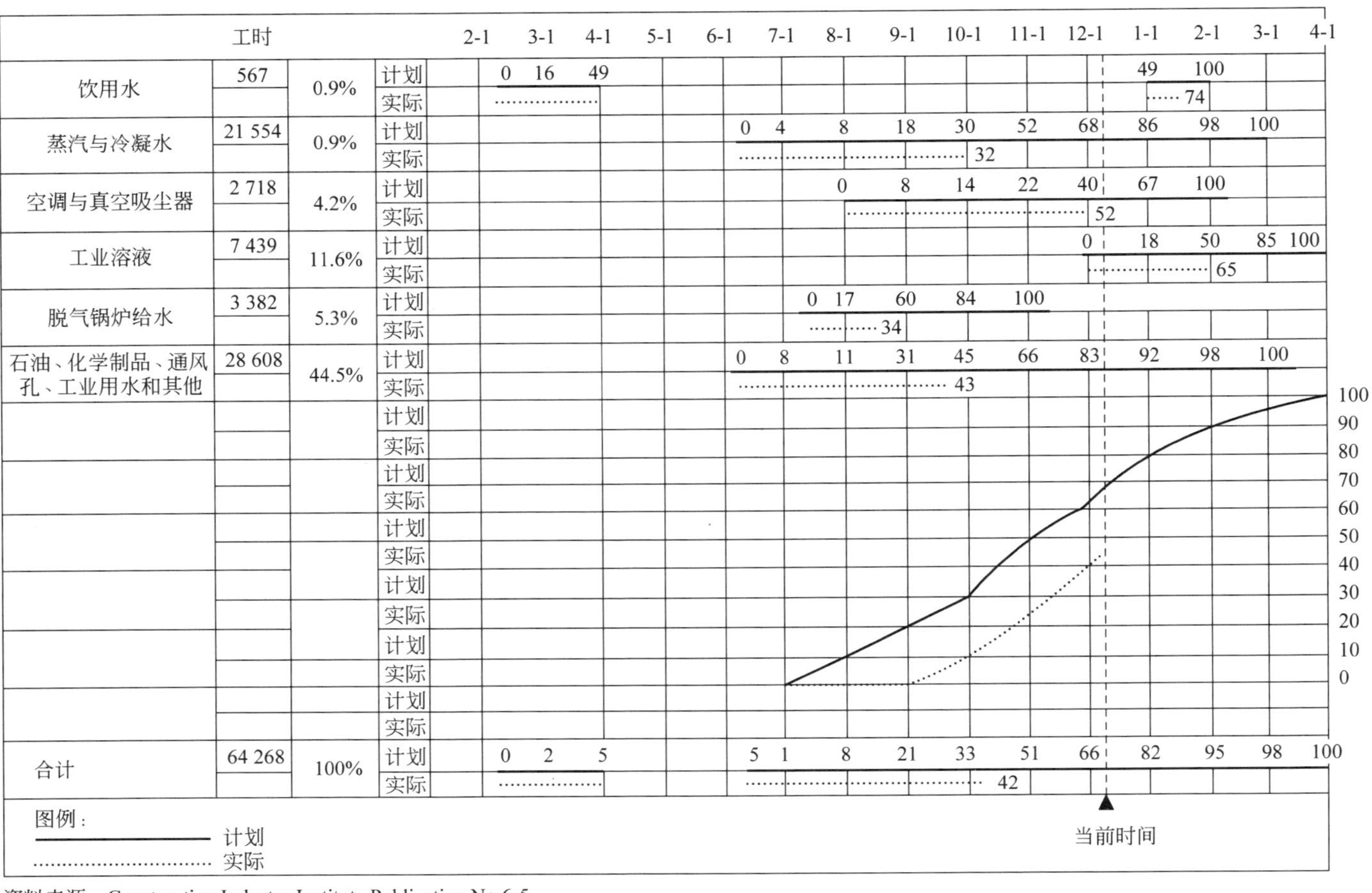

	工时			2-1	3-1	4-1	5-1	6-1	7-1	8-1	9-1	10-1	11-1	12-1	1-1	2-1	3-1	4-1
饮用水	567	0.9%	计划	0	16	49									49	100		
			实际													74		
蒸汽与冷凝水	21 554	0.9%	计划					0	4	8	18	30	52	68	86	98	100	
			实际									32						
空调与真空吸尘器	2 718	4.2%	计划							0	8	14	22	40	67	100		
			实际											52				
工业溶液	7 439	11.6%	计划											0	18	50	85	100
			实际													65		
脱气锅炉给水	3 382	5.3%	计划						0	17	60	84	100					
			实际								34							
石油、化学制品、通风孔、工业用水和其他	28 608	44.5%	计划					0	8	11	31	45	66	83	92	98	100	
			实际									43						
合计	64 268	100%	计划	0	2	5		5	1	8	21	33	51	66	82	95	98	100
			实际									42						

图例：
—— 计划
······ 实际

资料来源：Construction Industry Institute,Publication No.6-5.

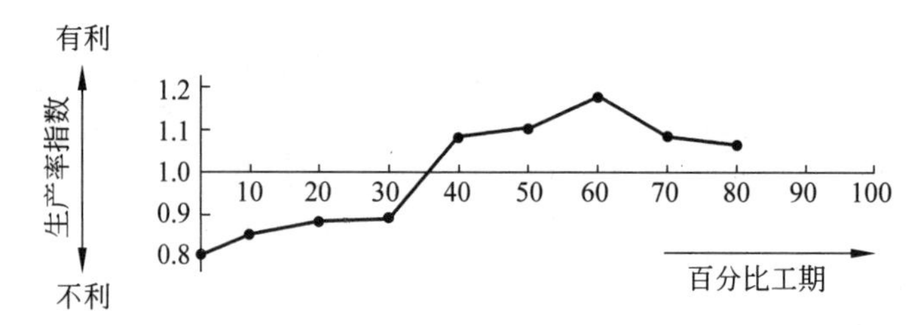

图 5-26　工种生产率图

参与项目的每个人都关心成本。正如前几小节介绍的那样，工作计划包括在整个项目期间预计的成本分布。在每个报告期，截至目前的实际成本都可以与该报告期的计划成本进行比较，以便评价成本偏差。成本比率是按下式定义的估算成本与实际成本之比：

$$成本比率=\frac{估算费用}{实际费用}$$

公式可以用来计算每个报告期的成本比率，并按时间绘图从而显示项目的成本趋势（见图 5-27）。成本比率等于或大于 1.0 是有利的，而小于 1.0 是不利的。利用成本比率可以对任务、任务组合或整个项目进行计算，还可以对进度进行类似的分析。

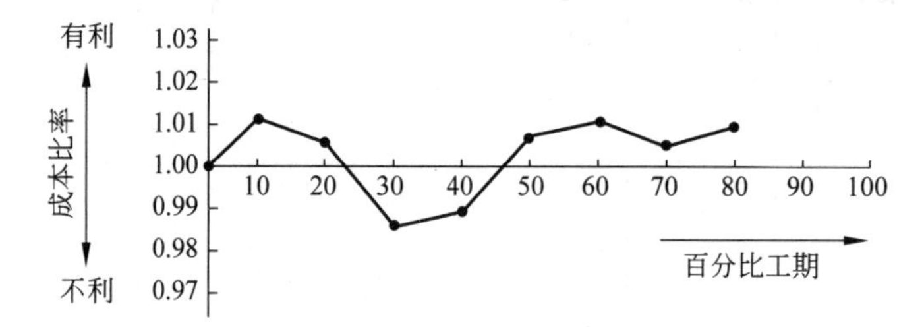

图 5-27　成本比率

随着项目的进行，成本比率趋势可以被当做一个指标去预测项目完成时可能的总成本。进度偏差趋势也同样可以作为一项指标去预测项目可能的完成日期。成本和进度的预测可以通过使用各种曲线拟合技术中的一种实现，于是，通过外推数据产生一条最佳的拟合曲线，趋势就可以被延续到将来的日期。

5.3.13　工作状况系统方法

之前介绍的成本与进度控制系统标准（C/SCSC）是管理项目成本和进度的有效方法，它需要明确的工作分解结构和详细的项目进度计划，它只有在成本和进度数据得到定期报告的条件下才有效。对于某些工程设计，由于完成项目的总时间很短，因此，项目可能在成本数据报告上来之前已经基本上完成。对某些项目经理来说，C/SCSC 方法复杂并且难以应用。

某些项目经理在跟踪工程设计工作时更愿意使用的一种替代方法是一个跟踪成本和工时的工作状况系统。表 5-13 是一个成本状况报告，表 5-14 是一个工时状况报告，它们呈现了用于项目跟踪的工作状况系统方法。这个例子中，项目被分成三个主要部分：直接工程设计、间接工程设计和业务成本。直接工程设计部分又按完成工作需要的专业细分为建筑、土木、电气、机械和结构。同样，间接工程设计和业务成本需要的主要工作也如表 5-13 和表 5-14 那样分解。

表 5-13　成本状况报告

用户　　　　更换锅炉项目　　　　项目地点

用户项目编号　　　　成本状况编号

2001.07.20

说明	A	B	C	D=A+B+C	E	F	G=E+F	H	I=G/D
	原始预算	根据变更令批准的	增大	完成时的预算	到最后一期累计的	本期	截至目前	完成时估算的	完成百分比
	成本/美元	成本/美元	成本/美元	成本/美元	成本/美元	成本/美元	成本/美元	成本/美元	%
直接工程设计									
建筑	9 799		2 900	12 699	0	0	0	12 699	0.0
土木	4 055		3 674	7 729	217	366	1 583	7 729	20.5
电气	17 203		2 929	20 132	1 327	529	1 856	20 132	9.2
机械	44 330		1 324	45 654	7 207	2 999	10 206	45 654	22.4
结构	11 278		14 086	25 364	159	0	159	25 364	0.6
小计	86 665	0	24 913	111 578	8 910	4 894	13 804	111 578	12.4
间接工程设计									
项目经理	23 412	12 606		36 018	5 794	1 921	7 715	38 018	21.4
进度计划人员	0	18 552		18 552	3 667	1 245	4 912	18 552	26.5
文秘人员	0	3 530		3 530	529	462	991	3 530	28.1
小计	23 412	34 688	0	58 100	9 990	3 628	13 618	58 100	23.4
业务费									
CADD 支出	9 100			9 100		80	80	9 100	0.9
差旅	1 200			1 200		33	33	1 200	2.8
邮资	300			300		0	0	300	0.0
复制	400			400		0	0	400	0.0
小计	11 000	0	0	11 000	0	113	113	11 000	1.0
合　计	121 077	34 688	24 913	180 678	18 900	8 635	27 535	180 678	15.2

表 5-14 工时状况报告

用户 更换锅炉项目 项目地点

用户项目编号 成本状况编号 工时状况报告

2001.07.20

说明	A	B	C	D=A+B+C	E	F	G=E+F	H	I=G/D
	原始预算	根据变更令批准的	增大	完成时的总预算	到最后一期累计的	本期	截至目前	完成时估算的	完成百分比
	工时	工时	工时	工时	工时	工时	工时	工时	%
直接工程设计									
建筑	240		104	344	0.0	0.0	0.0	344.0	0.0
土木	100		94	194	4.0	35.0	39.0	194.0	20.1
电气	324		70	394	25.0	13.0	38.0	394.0	9.6
机械	828		42	870	135.0	53.0	188.0	870.0	21.6
结构	200		352	552	3.0	0.0	3.0	552.0	0.5
小计	1 692	0	662	2 354	197	101	268	2 351	11.4
间接工程设计									
项目经理	390	210		600	120.0	32.0	152.0	600.0	25.0
进度计划人员	0	400		400	79.0	26.5	105.5	400.0	26.4
文秘人员	0	150		150	24.0	22.0	46.0	150.0	30.7
小计	390	760	0	1 150	223	81	304	1 150	28.4
业务费									
CADD 支出	961			961			0.0	961.0	0.0
小计	961	0	0	961	0	8	0	961	0.0
合计	3 043	760	662	4 465	390	189.5	571.5	4 465	12.8

成本和工时数据被输入到计算机电子表格程序中去计算项目的状况，顶部的标题规定了电子表格的条目。第一列(A)的数据表示批准的原始项目预算；第二列(B)为批准的变更令；第三列(C)表示完成工作需要增加的预算；第四列(D)是计算出的项目完成时的总预算，在电子表格中通过汇总前 3 列的数据计算出来。

E、F 和 G 列就像这些列顶部标题所规定的那样，表示累计的、本期的和截至目前的预算开支，项目的完成百分比是用“截至目前成本”除以“完成时的预算”得到的。

因为每类项目人员有不同的工资标准，所以有必要分别报告成本和工时。另外，在每种专业内也有不同的工资标准，所以只报告工时或只报告成本都不能准确确定项目状况，因此，两者都必须报告并加以分析。

5.4 小结

项目监控与控制过程包括跟踪、审查和调整项目进展与绩效，找出需要对计划做出变更的地方以及启动相应的变更等管理工作。项目监控与控制的主要作用是定期、连续地观察和测量项目绩效，从而确定项目实际绩效与计划之间的偏差。

监控与控制过程还包括：

- 控制变更，并对预计可能出现的问题推荐预防措施；
- 对照项目计划和项目绩效基准，监测正在进行中的项目活动；
- 干预那些逃避集成变更控制的因素，使得只有经过批准的变更才能实施。

这种持续的监测使项目团队能够掌握项目的健康状况，并发现那些需要格外注意的方面。监测与控制过程不是只监控一个方面的工作，而是监控整个项目各个方面的工作。在多阶段项目中，监控过程要对各项目阶段进行协调，以便采取预防或纠正措施，使项目实施符合项目计划。监控过程的结果可能是提出对项目计划的更新并获得批准。例如，未按期完成某项活动，就可能需要调整现行的人员配备计划、安排加班，或重新权衡预算和进度目标。

5.5 案例

案例1 ABC项目管理与控制

尽管李勇在ABC项目构思之时，就以助理项目经理的身份参加了项目，并在公司批准该项目后被任命为项目经理，但李勇的日子一直不好过，因为ABC项目一直处于失控状态，从实施第一天开始就延误，成本也超支。李勇发现职能部门经理把应分给他的项目资源用在他们自己“喜爱”的其他项目上。李勇因此而抱怨职能部门，但得到的是不要干预职能部门经理分配资源和预算的警告。大约6个月后，李勇被要求向公司经理和职能部门经理做进度汇报。

李勇利用这次机会大发牢骚。李勇在报告中用大量的事实数据，分析和预测ABC项目将比计划进度滞后整整一年。李勇不满职能经理派来的下属，认为他们工作节奏太慢，不适合该项目的快节奏要求。李勇报告项目目前实际开支已超出预算20%。

由于李勇对项目的充分认识和坦率评价，使对ABC项目的不信任者看到了一线希望。职能部门经理也意识到他们在完成ABC项目上要起作用。由于大多数问题已经清楚，可以通过提供足够的人员和资源来解决问题，公司决定立即采取补救行动来支持李勇拯救ABC项目。

而事情的发展远不像李勇想象的那样。之后，李勇不再向项目办公室报告，而是直接向经营经理报告。公司对该项目的兴趣变得非常强烈，要求他每星期一早上7:00召开会议以检查项目的情况并追赶进度。李勇发现自己花了更多时间在文字处理、报告和为每星期一早上的会议做准备工作而不是在ABC项目的决策与控制上。对于ABC项目，公司关心的是使计划回到原日程安排表上。李勇在恢复计划和制定人力资源要求上花了许多时间。

为了能紧密地跟踪ABC项目的进展状态，项目安排了一名程序经理助理。该助理认定ABC项目要想恢复原计划，必须把各种问题计算机化并通过一种复杂的计算机程序跟踪实施进展。于是，公司又为李勇配备了12名员工来编计算机程序。但尽管这样，ABC项目的进展状态却没有好转。而职能经理仍不为ABC提供充足的人员，因为他们认为李勇已从公司得到了足够的人员补充。

在花了约50万元编写用于跟踪ABC项目进展的计算机程序之后，程序员才发现计算机无法处理程序目标。李勇与一个计算机供应商讨论后，了解到要解决这个问题，还要花15万元用于编写程序和扩大计算机存储容量。不仅如此，这个过程还要花2个月时间。这时，李勇决定放弃计算机程序。

ABC项目已持续了一年半，但一个原型都未完成。项目仍然落后日程表9个月，超预算40%。李勇定期给客户提供项目进展报告，客户也就十分清楚这些情况。李勇花了大量时间跟客户分析问题的原因并告诉他自己的纠偏措施。李勇还要对付的另一个问题是ABC项目的零件供应商的供应时间也晚于合同规定。

在一个星期天的早上李勇正在为他的客户收集报告时，公司的一个副总裁来找他。副总裁对李勇说："李勇，对任何项目，人员名单中的第一人就是项目负责人。这个项目，你的名字放在第一位，如果你不能将问题解决好，你在公司的位置就很危险了。"李勇不知道该说什么。他无权控制造成问题的职能经理，但他却要承担问题的责任。

又3个月过去了，客户开始不耐烦了，他意识到ABC项目正陷于严重的困境之中，他要求李勇所在公司的经理和他的部下去看一看自己的工厂，并在一周内提出一个"很好"的报告。经理把李勇叫到他的办公室，说："李勇，去看看我们的客户，带上三四个职能经理，用尽你认为有用的办法，去安慰客户。"李勇和4个职能经理访问了客户，给客户做了长达4个多小时的汇报，详细地陈述了项目中的问题以及目前的进展情况。客户非常有礼貌，甚至说李勇的报告是一个极好的报告，但他完全不能接受报告的内容。项目仍落后6～8个月。客户要求每周汇报一次项目进展情况。客户还在李勇处安排一名代表，以便提供更直接、快速的客户服务。这么一来，项目就变得更热闹了。

客户代表不断要求新的信息和发现新的问题，这导致了项目的许多变更。李勇对客户代表很不耐烦，不同意项目的改变，并在许多公开场合反对客户代表的变更要求。客户认为变更是不需要成本和追加投入的。这样客户与制造商之间的关系大大恶化。

之后李勇被公司调离ABC项目，项目由罗伟接管，但出于同样的原因，在罗伟接任

6个月后，也被公司调离。之后吴峰接手领导项目，终于在落后计划1年的时间完成了ABC项目，总成本超预算40%。

问题：

(1) 项目失控，谁应负最大责任？

(2) 评价李勇的控制手段。

案例2　澳大利亚新议会建设项目成本和进度控制

澳大利亚新议会大厦建设期为7年，耗资9.82亿美元，成为澳大利亚人的骄傲。澳大利亚新议会大厦是一个非常复杂的建筑工程，它共有5 000个房间，4万件家具，5万平方米的石头工程，7 350扇门，17万平方米的草坪。为了平整土地，移走了100万立方米的石头，浇注了170万立方米的混凝土基础，在工程高峰时期，1天的工程进度是完成120万美元。

对于这么一个巨大的工程，澳大利亚新议会大厦项目使用了一套庞大的多功能的计算机集成软件系统，用来控制项目的设计、建造和装修。集成软件的功能组成为计划、成本控制、投标、图纸和样品、装修、库存控制、合同管理、财会、日常管理、风险管理。合同有540个，图纸有2万份。因此，计算机系统是一个处理合同和投标、图纸、信息要求、通知、变更要求、资产登记、进度报告、预算控制、合同支付、咨询费用等的信息中心。

该项目通过4个层次和众多的专用程序对项目各方面活动进行进度控制。专用程序包括用来解决特殊问题或要求的程序。另外，除了项目报告，项目进度审查和协调会议也是用来支持项目进度控制的。整个控制系统如图5-28所示。

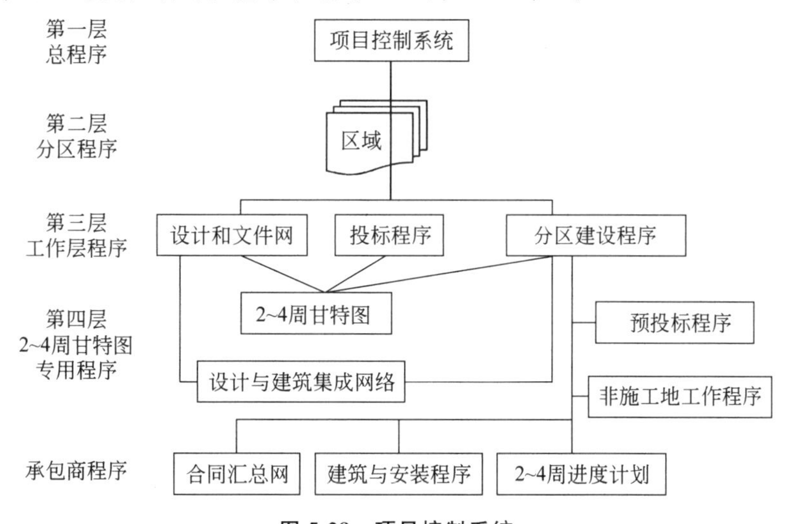

图5-28　项目控制系统

建立成本控制的原理是：将总投资的80%制定为预算计划，其余20%作为不可预见储备。因此，在设计过程中就要慎重地分配资金并确定各控制偏差，在实施过程中还要不断进行成本控制，每月对照预算、质量、性能进行测量。控制系统每6个月对未来预测一次，对未来的任务和问题重新定位。

问题：

（1）评价该项目控制计算机程序，它能实现预期目标吗？

（2）该项目的控制特点如何？

CHAPTER 6
第6章 项目沟通与冲突管理

6.1 项目沟通

从前面的章节可以看到，大多数项目是一个多兵种的临时团队，为了一个共同的项目目标，按照一定的项目管理流程进行协同工作。如何能够使项目团队步调一致地工作，如何保证在多变的内外部环境中使项目最终仍能够满足或者超过项目有关各方的期望呢？本章将介绍有关项目沟通的概念和方法。

本章的另外一个内容是冲突管理。冲突也是项目的基本特征之一，本章将介绍项目冲突发生的特点，以及如何应对和管理冲突。

6.1.1 项目沟通简介

在生活中少不了要与人沟通，通过沟通传递信息，很多通用的管理书籍中都介绍了进行有效沟通的方法。在项目的环境中，项目沟通除了包括通常意义的沟通之外还包括能够及时有效地产生、收集、分发、存储项目信息，直至最终处置项目信息。

要实现一个以前从未实现过的目标（项目具有的独特性），在项目执行过程中需要项目参与各方的配合。项目的内外部条件的变化也会影响到项目。项目有关各方对项目的期望也会在项目过程中发生变化。以上这些都需要有效的项目沟通，使需要信息的人能够从合适的信息提供者那里及时、便捷地获得所需要的信息。

项目管理是一个过程化的方法。项目沟通除了通常意义的沟通之外，还包括过程化的管理方法，保证沟通的及时、有效。

6.1.2 沟通的基本概念

1. 沟通模型

本节简要介绍双向沟通模型（内斯特罗姆所著《组织行为学》），这个过程指信息发送者与信息接收者之间的沟通过程，它通常包括以下8个步骤（见图6-1）。

步骤1：想法产生，或者是产生需要传递的信息。该步骤非常重要，因为它是沟通的源泉，只有在沟通开始时就确保所传递信息的必要性，下面几个步骤才有意义。在后面的

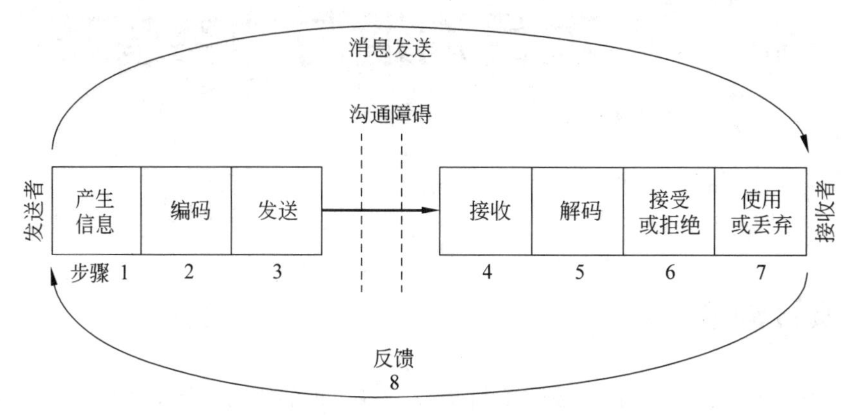

图 6-1　沟通过程模型

介绍中，可以看到项目沟通对所要传递信息的必要性是有所考虑的，有的甚至是事先进行规划。否则就会出现信息泛滥，有用的信息被淹没在其中，难以被人利用。

步骤 2：编码。编码就是把信息通过合适的文字、图形或者其他方式表达成消息，发送者要决定以什么样的表达方式对信息进行编码，这需要根据实际的沟通需要来确定。传递思想（信息）时需要考虑用什么合适的方法进行表达，以利于对方接收和理解。

步骤 3：发送。消息的发送方法也有很多方式，如电子邮件、电话、备忘录、个人拜访等。发送者还要考虑合适的沟通时间和场所，考虑如何避免一些沟通环境的干扰因素（例如个人的情绪、外部的环境等）。

步骤 4：接收。接收是指对消息的接收。接收的效果会受到接收方式的影响，最常见的方式包括听觉活动、阅读技巧、视觉活动、外部感觉器官的洞察力等。如果是口头沟通，要求接收者是一个很好的倾听者，否则就会造成消息的丢失。积极的倾听，能够反映出接收者对沟通的态度和认识，将在 6.1.6 小节中做简单介绍。

步骤 5：解码。解码就是接收者根据自己的判断对接收的消息进行理解，从中提取信息。这里非常重要的是：解码是发生在接收者的大脑中，可以看到他们参与了沟通，但并不能确定他们是否完全理解了发送者的意图。作为发送者，常常自认为意思已经表达得十分清楚，但一定要切记沟通目的不是仅仅让接收者接收到消息，而是要让他们理解。这一点其实并不容易达到，因为发送者和接收者常常具有不同的背景和看问题的角度。沟通双方个体的差异所带来的问题是最难克服的。但是沟通双方可以采取一些积极、合作的态度，最大限度地保证消息不失真地传递。

步骤 6：接受或拒绝。接收者可以全部或者部分接受消息中传达的信息，也可能会拒绝，这主要是根据接收者的判断。影响判断的因素有消息的准确度、发送者的权威性等。

步骤 7：使用或丢弃。这个步骤也很关键，接收者可以使用信息，也可以丢弃，或者保存下来供将来使用等。这个步骤接收者起主要控制作用。

步骤8：反馈。当接收者确认消息已收到，并反馈给发送者对消息中的信息的理解（甚至包括所采取的行动）时，整个沟通过程形成一个闭环。反馈能够反映出沟通的效果，使沟通处于受控状态。在项目沟通中，对反馈进行分析能够有效提高沟通的质量。

从以上沟通过程模型可以直观地看出，沟通是发送者和接收者的双向互动，无论是哪一方，都应该尊重对方为沟通效果所做的贡献。同时还应该意识到传递信息需要若干步骤，每一步都可能有若干种实现途径。根据沟通的具体环境和要求，选择合适的策略是很重要的，下一小节将介绍若干种沟通方式的特点。还需要强调的是：沟通过程模型只是对实际情况的一种描述，它表达了沟通中的最小单元（一对一），在本章后面几小节中可以看到项目中的沟通往往是一个团队沟通的问题（一对多，多对多），例如集体制定和更新计划、开会、报告、文档管理等都是沟通的重要手段。这些沟通往往是复杂并难以管理的，因此在理解了沟通最小单元模型的基础上，需要考虑沟通的整体效果和效率。

2. 沟通的方式

沟通方式的分类有很多种：口头沟通和书面沟通；正式沟通和非正式沟通；有时还可以按照媒体分类，如面对面沟通、电话、电子邮件、电视会议、网络媒体（企业网站、Internet应用平台、群件如Notes系统）等。不同的方式有着各自的特点，在不同的场景下发挥的作用也是不一样的。一个有效的沟通者应该能够在明确沟通目的的前提下，根据背景情况（沟通内容的性质、与沟通对象之间的关系等），合适地选择沟通场景（地点、时间、氛围等），灵活采用和组合沟通方式，达到最佳沟通效果。下面简要介绍口头沟通和书面沟通。

1）口头沟通

口头沟通可以是面对面的，也可以通过电话等其他非面对面方式。对于面对面的方式，沟通者必须注意这种沟通不仅仅是口头语言，而是一个全方位的沟通：除了语言得体、明确之外，身体语言、眼光的接触、表情、语气、穿着、周围环境等都能够传递信息。这些非直接的表达，往往更容易传递沟通者的某种倾向，或者某些潜在的意图。作为沟通者，应该感知对方传递过来的消息，应该常常问自己："是否这些方面都在向对方表达着同样的内容？"

对于非面对面的沟通方式，例如电话，要想达到面对面沟通的效果，几乎是不可能的，但是它的沟通成本很低，受时间、地点的约束要少得多。电话沟通也有很多学问，例如如何准备通话内容，如何突出重点，如何继续谈话等。有时电话沟通可以和其他方式结合在一起。例如通过电话沟通约一次面对面的交流，充分交流之后把详细的内容以书面形式传送给对方。

在项目中面对面的沟通对促进团队建设、发展良好的工作关系、建立对项目目标和策略的共同认识特别重要。这在项目各阶段的初期、团队建立初期尤为重要。通过面对面的交流，项目经理了解到项目有关各方对项目的期望和理解，这对今后项目的管理、组织、解决问题有非常大的帮助。这种与项目有关各方之间的沟通是贯穿项目始终的。

一些组织通过启动会议（kick-off meeting）、专题工作会（workshop）等方式鼓励大家面对面地交流、全方位地沟通。在一些项目中有专门为大家沟通的场所，有的就像战场上的指挥部一样（war room）：提供黑白板、投影仪，墙上甚至张贴着项目的进度图、网络图、组织结构图、项目工作分解结构和责任分工等，这些辅助工具能够有效地提高沟通的效果。也有的场所，例如工作区域附近的休息室、咖啡间，则为项目成员营造一种轻松的沟通氛围。

口头沟通也有不足之处，常常出现大家谈得很开心，但最终却没什么结果。要根据情况考虑与书面方式相结合。例如谈话时做些记录，之后发文字稿作为总结。

2）书面沟通

书面沟通就是通过文字方式传递信息。根据上文介绍的沟通模型，书面沟通也有多种形式（合同文件、计划、备忘录、会议文件、信函、报告）和多种媒介（电子方式、纸介质等）。书面沟通最大的一个特点是能够把信息及时地以一种相对稳定的方式记录下来，并且可以做到很有条理，它能够减小信息在传递过程中的失真。

书面沟通的表达也很有讲究，如文字、表格、图形等。有时我们讲"一图值千字"，就是说明不同的表达形式常常有各自特定的优势。为提高沟通效果，在表达中应考虑各种表达方式的组合，要符合接受对象的特征等（如财务人员可能会对数字更加敏感）。

书面沟通可以与口头沟通相辅相成，例如工作中常常使用的备忘录或者信件，可以减轻个人记忆力的压力。书面的文档往往可以作为口头沟通之前的提纲和之后的总结，这样能够提高沟通的效果和效率。

但是，书面沟通如果没有很好的管理和表达，往往会使人陷入过多不必要的文档之中。因此，首先应该考虑书面的文档是否有必要，谁需要这样的文档，他们关心哪些信息，然后考虑如何以清楚、简捷的方式表达；否则，大量的书面文件反而会对沟通造成障碍，起不到有效地传递必要信息的作用。

Joan Knutson 用"丰富度"（richness）来对不同的沟通方式进行总结。所谓"丰富度"是指沟通中人参与和相互交互的程度。例如面对面的沟通就是高丰富度，而没有针对性的沟通（如公告栏）则属于低丰富度（图 6-2）。根据她的研究，不同丰富度的沟通有着不同的适用场合。例如对于常规的沟通活动，如常规信息发布、共享（如会议通知）等，采用丰富度低的方式比较合适，因为这不需要太多的交互。但是，如果希望传递的信息能够有反馈，需要一定程度的交互，这就需要高丰富度的沟通。现代科技的发展（Internet、电视会议等）可以突破地域的限制进行交互度高的沟通。

需要强调的是，沟通是一个多方参与的活动（至少是两方），如果有一方是有效的沟通

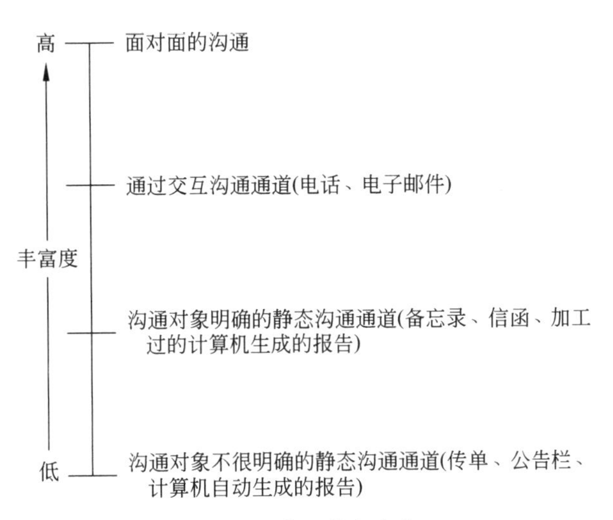

图 6-2 沟通的丰富度

者,他们的积极引导和参与通常可以使整个的沟通效果增强。例如会议上大家谈了很多,但事先没有安排谁来做会议纪要,多数人也不会很积极;如果有人自愿整理会议内容,形成一份简明扼要的纪要,会议的效果就能够体现出来。

6.1.3 项目沟通管理

1. 项目沟通的特点和原则

以上介绍了沟通的基本概念和不同的沟通方式,在实践中要根据具体的场景选择合适的沟通方式。在项目这种特殊的环境中,项目沟通还有着不同于一般的沟通管理的特点。

(1) 项目是独特的,没有完全相同的两个项目。客户的需求、项目的目标、项目的计划都需要通过沟通才能够达成一致。

(2) 项目管理的目标要达到或者超过项目有关各方的期望,但不同的项目利益相关者对项目成功的评价标准和期望是不同的,有的甚至是相互矛盾的(如项目承包方和业主对项目的总投资有着不同的期望)。如何达到平衡,需要项目经理组织多方进行沟通(有时候这种沟通已经超越了项目经理的职责范围,但项目经理必须要关注这方面的沟通,否则会给项目进展带来隐患)。

(3) 计划项目就是在预测未来。未来会有各种各样的变化,也会有新的风险的引入,一个变更申请很有可能打破原有的平衡(项目有关各方所期望的平衡,质量—时间—成本的平衡),最常见的如客户的需求发生了改变。应该有一种机制对这种变化进行分析和管理,要就重新回复平衡做必要的沟通,这些沟通可能会是跨部门的,甚至是跨组织的。

(4) 项目有一个从产生到消亡的生命周期，它的临时性决定了项目组常常也随着项目的立项而组建，随着项目的完结而解散，期间会经历一个团队成长的各个阶段(形成，磨合，规范，表现，解散)，团队的建设对于项目的成败非常关键，沟通在其中起着很重要的作用。

(5) 项目团队很少是只来自一个单一职能部门，人员组成来自组织的各个职能部门。从人员的获取、获得职能部门的支持、人员绩效的评估等方面，项目经理需要保持与职能部门的沟通畅通。

(6) 本章后半部分提到了项目中各种各样的冲突，冲突的发生很多是与项目本身的特点有关，冲突的合理解决往往离不开有效的沟通。

沟通的作用就是要及时地向合适的人传递他们必须了解的信息，并得到他们的响应。在项目中，沟通可以直接影响项目决策、团队协作的有效性和及时性。可以总结出以下沟通原则。

(1) 项目沟通需要事先规划。不同的阶段、不同的场景沟通的重点是不同的，要在遵循一定的管理流程的基础上有一些灵活性，在诸多沟通方式中选择最有效、最适于沟通场景的沟通方式。

(2) 项目沟通需要积极主动的态度。无论在项目中扮演什么角色，都要考虑自己的上级、平级和下级，考虑与他们沟通的必要性，进而采取积极主动的沟通方式。每个人不是坐在办公室里等着别人提供信息，而应该主动地收集所需的信息、提供别人需要的信息。特别是项目经理，应该定期拜访每个项目团队成员，主动拜访客户和公司上层管理人员，经常和支持项目的职能部门经理沟通。积极的沟通态度本身就是在传达一些信息。

2. 沟通的管理过程

每个项目只能够做一次，而且要一次就做成功！怎样才能保证项目沟通能够有条不紊地开展呢？这就要求能够事先对项目沟通进行规划，在项目实施中对项目信息进行收集、加工、分发。在 PMI 的项目管理知识体系 2012 版中，项目沟通管理分为以下 3 个过程。

(1) 制定沟通管理计划——根据利益相关者的信息需要、要求以及可用的组织资源，为项目沟通找到合适的方式并制定计划。

(2) 进行沟通管理——根据沟通管理计划，产生、收集、发布、储存、检索和最终处置项目信息。

(3) 控制沟通——为了满足利益相关者的信息需要在整个项目寿命期内监测和控制沟通。

PMI 的项目管理知识体系中项目沟通管理的内容如图 6-3 所示。

图 6-3 项目沟通管理(PMBOK)

3. 项目沟通管理计划的制定

项目管理有一个通用的原则：先计划，再做(First plan, then do)。这个原则几乎适用于项目的方方面面，对于项目沟通也不例外。项目沟通管理计划包括对项目有关各方的沟通需求进行分析，确定谁需要什么样的信息、什么时间、采取什么方式、由谁提供信息等。制定项目沟通管理计划需要考虑以下几个问题。

(1) 项目利益相关者的多样性。项目有关各方对项目的期望是不同的，他们在项目中对信息的需求也是不一样的。因此，在制定项目沟通管理计划时需要对主要的项目利益相关者进行分析，使项目沟通管理计划尽可能地符合各项目利益相关者的需要。

(2) 项目组织的层次特点。在制定项目沟通计划时一定要结合项目的组织分解结构，它为项目沟通提供了一个信息传递的层次结构。项目的沟通是要传递信息，这里一再强调是合适的信息，而不是所有的信息。项目组织可以根据项目大小进行分层，例如高层管理者、项目经理、子项目经理(组长)、项目团队成员。不同层次所需要的信息是不一样的，这要求每一层能够得到各自所需的信息，信息从下向上传递时经过信息过滤，过滤掉不重要的信息。例如，项目经理可能主要关心各个里程碑的执行情况，而小组长可能会更多地关心一些项目细节信息。

(3) 沟通的内容要结合工作分解结构(WBS)。工作分解结构本身就是一个很好的沟通工具，它使项目所要完成的工作一目了然地展现在大家面前。在 WBS 的统一框架下，项目沟通才会显得有条不紊。

项目沟通管理计划应该包括以下几个方面的内容。

(1) 项目沟通的目标和所采用的沟通的技术。

(2) 沟通的对象以及沟通的内容：对象包括项目出资方、客户、项目团队、项目分包商、供应商等项目有关各方，应该针对不同的对象确定各有侧重的沟通内容。

(3) 沟通的时间：针对不同的沟通内容确定沟通的时间和频率。在实际项目进展中，也会根据紧急的情况调整沟通的频率。

(4) 沟通的地点：确定沟通的媒介，例如面对面的会议或是电视会议等，当一个项目涉及多个地理位置的团队协作时，电视会议是一种常见形式。

(5) 沟通的技术：包括电子邮件、数据库、Internet 等，移动通信技术和 PDA 技术将对项目的沟通管理产生巨大影响。

(6) 沟通中信息的提供者：明确由谁负责提供相应信息。

(7) 沟通的原因：针对每一项沟通，描述为什么要进行这项沟通，这项沟通所对应的需求是什么。

沟通计划和其他计划一样，对项目沟通起着指导的作用，但也会在项目实施中不断被更新，以适合项目进展的需要。

6.1.4 主要的沟通方式

1. 项目计划

这里只是强调项目计划本身就是一个很好的沟通工具。一份目标明确、分工明确、可读性好的项目计划本身就在向项目参与各方传递着丰富的信息。这里不仅仅要考虑如何编写出高质量的项目计划，还要考虑如何把项目计划中的信息传递到需要它的人，需要考虑如何便于归档和查询，以及考虑项目计划发生变更后应该做出的措施，以保证变更后的信息及时有效地得以分发。

在一些项目中，项目经理把项目的工作分解结构、组织分解结构、职责分配矩阵、进度图挂在项目管理办公室的墙上，通过视觉效果加强沟通效果。

沟通与计划也是相辅相成的，在制定项目计划的时候，运用一些沟通技巧可以有效地促进：制定计划；传达计划信息给需要遵照执行的人。如果沟通能够帮助执行计划的人参与计划的制定，那么就使以上两件事合二为一了。

如图 6-4 所示，在制定项目网络图时，有一种叫墙上卡片的方法(cards-on-the-wall)，把需要做的任务一个个用 9cm×12cm 的卡片表示，每张卡片上包含以下信息：任务名称和编号、任务的工期和起止日期、任务的执行者、任务的输入、任务的具体工作和任务的输出等。制定计划的相关人员集中在一个大会议室中，这些卡片将被贴在会议室的一面墙上，之间的逻辑关系用细线来表示，通过这种直观的沟通手段使大家很容易表达对任务之间逻辑关系的意见，并形成一致意见，再利用项目管理软件把讨论结果记录下来。一旦把计划当做沟通，就会重视信息的传递和参与者的反应，这都有助于项目计划作用的发挥。

任务名称：______		任务编号：______
工期估算：______ 本任务责任人：______ 任务准备责任人：______ 开始日期：______	准备完成日期：______ 结束日期：______	
输入	任务描述	输出
1. ______ 从 ______ 2. ______ 从 ______ 3. ______ 从 ______ 4. ______ 从 ______	______ ______ ______ ______ ______ ______ ______ ______	1. ______ 到 ______ 2. ______ 到 ______ 3. ______ 到 ______ 4. ______ 到 ______

图 6-4　墙上卡片法

2. 会议

在项目的沟通中，会议是一个非常重要的沟通工具，但常常因为会议缺乏必要的规划和有效的组织而拖沓冗长、没有效率。其实如果方法得当，会议可以非常有成效，它可以促进项目信息的沟通、决策的制定和问题的解决。本小节主要介绍两方面内容：项目会议的分类和规划；项目会议的有效组织方法。

根据会议的功能，会议可以分为以下 3 种：信息采集、发布；制定决策；解决问题。

在现实中，一个会议可能会有多个功能，不同功能所采用的方式也不同。建议功能不要超过两个，否则会议会很难组织。根据项目的内容，项目会议可以分为启动会议和项目进展情况会议。

(1) 启动会议(kick-off meeting)。项目启动大会往往非常重要，它不仅仅发生在项目的开始阶段，在每个阶段开始或是某个任务开始时，如果有必要，就可以召开启动会议。启动会议的目的在于使大家明确目标和项目交付物、组织结构与责任分工，在启动会议上还可以介绍项目管理的流程和协作规则等。

(2) 项目进展情况会议。这个会议是结合项目计划召开的，会议根据项目的基准计划考量项目当前的状态，这种会议可以定期召开。因为项目计划有多层结构，状态会议也可划分为多个层次，如小组会议(对应于各项目小组工作计划)、子项目组会议(对应于子项目计划)、项目级会议(对应于里程碑计划)等。而且不同层次会议召开的频率不同，讨论的细节程度也不同。

以项目级会议为例，一般有以下内容需要考虑。

① 检查上次会议行动细目的完成情况，总结自上次会议项目所实现的工作（最好能够以里程碑进行衡量）。

② 项目的进展情况。将实际项目执行情况与项目的基准计划进行比较，涉及项目计划中的几个主要方面（如时间、成本和工作范围），具体内容在项目控制中会有所介绍。

③ 预测项目的趋势。根据项目的执行情况和历史数据，预测项目未来的执行情况，尤其是对项目结束的时间、成本和工作范围进行预测，做到未雨绸缪。赢值法是一种项目综合管理工具，它通过项目时间和成本的执行情况对项目未来的完工日期和完工成本做出预测。

④ 提出纠正措施和改进建议。基于差异分析和趋势预测，团队可能会发现问题，并能够提出纠正和改进建议，必要时需要单独召开问题解决会议进行专题突破。

⑤ 行动细目分配。会议的一些结果是以行动细目的形式表达——由谁负责在什么时间内采取什么行动，并达到什么效果。这项内容是每次会议纪要的重要内容，并在下次会议时往往首先检查这些行动细目，检查结果记录在该会议的纪要中。

(3) 项目指导委员会会议。这种会议往往与决策有关，会议的召开要根据会议的内容确定哪个层面的人参加并做出决策。

(4) 技术性会议。主要处理技术性问题，这里不做讨论。但一些通用的会议管理原则也是适用的。

在一个项目中，往往要事先对需要哪些会议做出规划，有的组织会在项目手册中明确写出：有哪些会议需要召开，会议的主要范围是什么，召开频率，参加人是谁，会议规模，会议主持者，甚至包括会议的准备程序。这样细致的规划有助于提高会议的效率。

另一个开会的原则是：没有必要开的会就有必要不开。因此，在召集会议之前应该先问自己三个问题。

- 这个会议是否真的有必要开？
- 有没有更好的方式实现会议的目标？
- 召开这个会议的结果会怎样？

本着这个原则，在每次开会时除了参照会议计划之外，还要结合会议的具体情况，保证参会人员的有效性和必要性。因为大家通常都忙于各自的工作任务，不想参加那些他们无所贡献又无所收获的会议。被邀请参加会议的人应该知道为什么他们被邀请参加。

关于如何有效地召开会议，有很多书籍都有所介绍，这里重点介绍一些常用的方法，以提高会议的质量和效率。

如果大家都懂得游戏规则，玩游戏时大家很容易达成默契。有些组织为召开会议也定出游戏规则（会议行为准则），并把它张贴在会议室中显眼的位置，见表 6-1。

表 6-1 团队会议行为准则

团队会议行为准则：
• 围绕所讨论的主题 • 按时到会和休会 • 每次只让一个人讲 • 每个人都有义务参加 • 坦率、诚实、诚恳 • 不要使用挖苦、嘲讽等言辞 • 会议的总体气氛是积极向上的 • 提出建设性批评 • 集中注意力，不要做影响会议的事 • 既做到理解他人，还要做到被人理解 • 决定是集体做出的，一旦做出，就要坚决执行，团队的步调要一致

这些游戏规则可以与项目团队成员一同制定，这样容易获得大家的认同。

下面是一些会议组织的技巧。

（1）会议议程。会议议程包括会议的起止时间和会议议题，还包括每个主题的时间分配及谁将负责该主题。会议议程一定要提前发布，并能够表达出对参会者有什么样的期望，这样使大家对会议内容有所了解并做相应准备，也方便大家安排各自时间和工作。

（2）会议采用灵活的沟通工具，便于大家理解。例如可以用白板记录会议议程和进度；用幻灯片进行讲演；用便事贴（post-it）记录议程之外但很重要的问题，待主要议题讨论完再讨论。

（3）会议协调员。这个角色负责时间的控制和话题的监督，防止会议跑题。

（4）会议纪要的及时发布。很多项目管理专家建议会议纪要的发布应该在24小时之内，这时大家对会议的内容还记忆犹新。这里需要指明的是会议纪要的发布并不是只给那些参会的人员，有些人有必要了解会议结果但不必亲自参会，发布会议纪要时应抄送给他们。会议纪要包括会议的主要议题、所做的决策、要采取的各项行动（包括谁负责、何时完成）。如果上次会议有一些行动项，本次会议纪要还要包括这些行动项的执行情况。如果下次会议的时间已经确定，会议纪要也要提醒大家谁将参加。

3. 报告

1）报告的内容

在项目中报告的作用主要有：通知有关各方项目的进展情况；比较项目实际执行情况与项目计划，为采取纠正措施做准备。一般来讲，项目报告包括以下内容。

（1）项目状态信息：描述目前项目所处状态，也就是实际情况与计划相比较的结果。

（2）项目的进度情况：描述项目的完成情况，例如项目完成的工作百分比、所花时间占总工期的百分比等。

(3) 项目预测。这是报告的一个重要功能，在项目管理中，我们不能管理过去，只能够根据过去的情况预测未来，并着眼于现在。项目预测包括对项目何时完工、最终实际总成本等的预计，它为当前是否要采取措施或者做某些决策提供依据。

(4) 质量状况，包括项目产品的质量情况和项目管理的有效性。

(5) 项目的一些统计数据，包括团队的工作量分配、问题出现的情况、风险等，对于大的项目，这些数据往往利用图表的方式直观地表达。

(6) 项目管理中一些令人担心的事件。项目经理可能要对一些事件进行处理，否则很有可能会对项目成功造成负面影响。

2) 报告的流程

作为一种沟通的工具，报告也遵循沟通的基本原则，所报告的信息对于接受报告的人来讲既是充分的，又是必要的。因此，报告也是分层次和分类别的：对于与项目有关的不同组织、不同部门和不同层次人员，提供广度、深度、内容的细节程度各不相同的项目报告，且报告的频率也不尽相同。

对于基层管理人员，他们所关心的是个人和小组工作任务的完成，因此，所需要的信息主要是关于个人和小组的工作任务及其影响因素，报告的频率相对较高。而高层管理者所需要的信息，其内容细节少、综合性强，大多数是综述性的项目进展情况，报告的频率相对较低。

对于项目报告，一般都有一个报告周期。例如，在某个产品开发的组织中，项目状态报告的周期是20天，即每隔20天要做一次报告，这20天是这样安排的：2天由子项目经理冻结计划，提交各子项目的执行情况报告；2天由项目经理汇总形成项目总体执行情况的报告；在剩下的16天中是对报告中发现的问题进行沟通、论证，采用“解决问题”的方法处理这些问题。不是为了报告而报告，而是为了发现问题和解决问题，为了确保项目的最终成功。

3) 报告中存在的问题

信息伴随着项目的进行，无处不有、无处不在，要想通过报告把任何情况都反映清楚是不可能的，也要考虑接受报告的人是否有时间了解所有的细节信息。如果不考虑项目资源的限制、不考虑项目成员对信息的接受和忍受力，项目报告会因为“信息泛滥”“报告泛滥”而没有起到应有的作用，对项目管理和控制造成负面影响。

根据项目的实践经验，在项目报告工作中一般存在以下一些问题。

(1) 报告细节内容太多，超越了人们有限的阅读耐性，也阻碍了持续的信息采集工作，造成了成本高、流于形式和缺乏信任等现象。

(2) 报告层次不清。一种情况是高层管理者越级了解过于具体的项目细节；一种情况是中层管理者不做汇总加工，把从下面收集的报告一股脑地向上提交。

如同口头交流一样，书面报告应该给读报告的人一种友好的印象，能够让他们比较轻松地获得报告所传达的信息。最好能够把写报告看做给别人留下好印象，创建个人品牌的机会，这样就不至于把它当做一种负担，而是一种必要的高效的沟通工具。定期收集大家对报告的反馈意见，根据需要和建议不断做出改进。

6.1.5 项目经理的沟通职责

根据以上介绍，项目沟通出现在项目的各个角落。解决问题和冲突需要沟通，统一思想、组织规划需要沟通，实施和控制时也需要沟通，项目中很多活动都可以或者应该被看做一种沟通。项目经理在项目沟通中扮演核心的角色，出色的沟通能力是一个优秀项目经理必须具备的素质。有的专家曾经毫不夸张地认为：在有的项目中，项目经理有90%的时间要花在沟通上。

项目经理的沟通角色主要体现在两个方面。第一个角色是项目沟通的枢纽，他们需要与业主、客户、项目团队、各提供支持的职能部门和其他项目利益相关者保持沟通通畅：明确目标和计划、信息的发布和更新、变更的信息发布和更新、问题的解决等。项目经理必须做好对上、对下和对平级的沟通。图6-5描述了项目经理所需要的沟通通道，这只是一个示例，因为在不同的项目中，项目经理需要做出类似的沟通渠道分析图，有助于识别出哪些人需要沟通，彼此关系如何，大家对项目沟通的需要是什么，等等。图6-6是一个客户与承包商的双向沟通模型，可以看到双方的项目经理（有时是合同经理）在项目中扮演的核心角色。

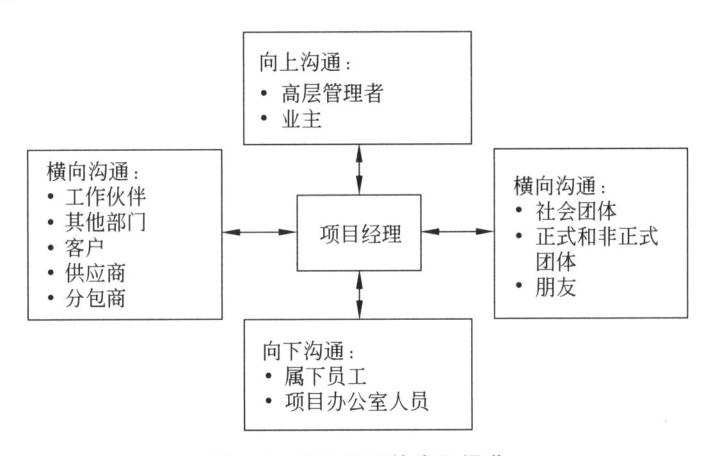

图6-5 项目经理的沟通渠道

项目经理不仅要自己做好沟通，他们的第二个角色是要做好项目整体沟通的规划、组织、协调、控制。项目经理要能够使各项目利益相关者通过沟通为整个项目做出贡献。项目是一个团队行为，必须使大家理解项目沟通的重要性和目的，并且通过沟通计划等方式

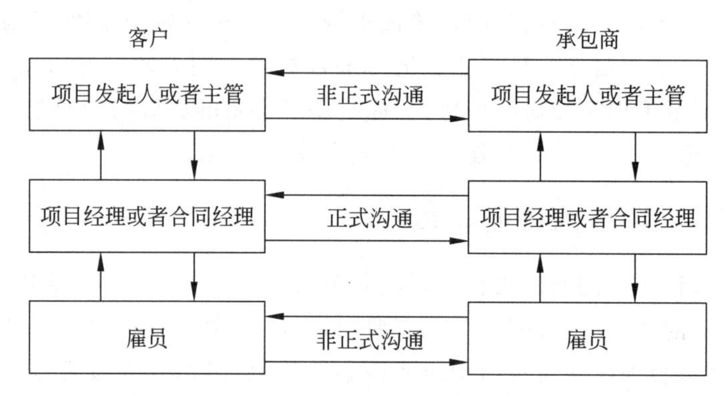

图 6-6 客户与承包商沟通模型

使大家明确各自的沟通角色和责任。项目经理还应该就计划中没有考虑到的实际情况做出反应，对项目沟通进行控制。

有一个非常重要的，也容易被忽视的是通用的沟通语言：项目有关各方来自不同背景，大家可能都会讲同一种人类的语言，但是项目语言也很重要，这包括对一些语言的具体含义的理解。如当询问“工作完成了多少?”项目小组的回答是“90%”。但是这“90%”意味着完成了90%的交付物，还是时间已经花了原计划工期的90%，还是资源花去原计划的90%？项目管理需要大家默契地配合，其基础是对一些概念有共同的认识，例如大家应该理解“计划”意味着什么(计划隐含的意思是今后工作的指南、项目控制的依据，计划具有严肃性和重要性等)，还应该理解工作分解结构(WBS)是什么含义。

有人曾经把项目经理领导和管理项目团队比做指挥家和乐队：乐队中每一位都是某个专项的音乐家，乐谱是协调大家一致工作的“项目计划”，但前提是大家都接受过相同的乐理知识的训练，这样才不至于对乐谱有不同的理解。在实际项目中，项目经理如果想当然地认为其他人也具备相同的背景知识，后果将是可怕的。项目经理有责任保证大家在项目沟通语言上能够保持一致，这往往需要一些培训。在一个公司中如果有一个长期形成的项目管理文化和氛围，人们是很容易形成一致的认同和理解的。

6.1.6 沟通技巧

本节重点介绍几个常用的沟通技巧。

1. 倾听

交流沟通的核心不是语言，而是理解。沟通中不但需要被对方理解，也应该努力地理解对方。曾经有人做过这样的比喻：“老天赐给人类两只耳朵和一个嘴巴，就是要让我们多听少说。”有效的倾听将会大大提高沟通的效果，因为它本身就要求倾听者抱着积极的沟通态度。内斯特罗姆曾经给出关于有效倾听的指导建议。

- 停止讲话。你不可能在讲话时还能做好听者。
- 使讲话者感到放松。创造谈话气氛,使讲话者不感到紧张和压力。
- 向讲话者表示自己愿意倾听。通过眼神的接触传递你对讲话者的话题感兴趣,不要做出一些与沟通无关的动作。谈话开始应该抱着理解对方的目的,而不是反对。
- 不要对别人的言论急于做出反应。发言之前应该稍稍停顿并且思考一下,而且可以让对方感觉到你在思考。
- 去除转移注意力的因素。如关上门,不要做分散注意力的小动作。
- 试着从对方的角度看待问题,联系自己的认识,寻找共同点。
- 要有耐心。为沟通留出足够的时间,不要中途打断交谈。
- 控制自己的情绪。在自己做出反馈、发言时,先停顿一下,整理一下情绪,否则会影响意思的表达。
- 对争议和批评从容待之。否则会使双方形成对峙局面,陷入沟通僵局。
- 提出一些切题的问题。这既表示你在认真倾听,也能够深入探讨一些话题。
- 停止讲话!再次强调这一点是因为其他注意事项都是基于此点,如果不能很好地控制自己的讲话,就不能成为一个好的倾听者。

从以上的建议中,能够感觉到一个好的倾听者在自己倾听的过程中向对方还传递了其他信息:对讲话者的尊重,对所讲内容的关切,平和谦逊的态度,表明自己认真和友善。这些不需要语言表达的信息都将为营造一种良好的沟通气氛创造条件。

2. 敞开办公室的门

以上讨论了很多沟通本身的话题,其实,物理环境的考虑也会影响沟通的效果。有一种方法叫做“敞开办公室的门”——如果项目经理办公室的门是敞开的,下级人员在与项目经理沟通时就少了一个阻碍因素。这种方法有可能会在一定程度上被电子邮件等方式所取代,但是必须理解办公环境的物理安排会对团队沟通有很大的影响。

3. 走访项目组

项目的各级经理与其被动地接收信息,不如主动走出办公室,走到项目团队中去(有类似于“下基层”的意思)。这样不但能够及时了解到关键的信息,还能够让大家感受到重视和支持。项目经理在处理每个沟通渠道时都可以考虑主动走出自己的办公室与项目各方进行沟通。

6.2 冲突管理

6.2.1 冲突管理简介

在项目的环境中冲突是不可避免的。大家对问题有不同的理解和意见是正常的，如果仅仅是简单地试图避免冲突、压制冲突，只能进一步恶化冲突，导致更大的不利。问题的关键在于如何对待冲突，如何做好冲突管理。

首先需要明确的是冲突具有两面性：冲突解决得好可以有助于团队的建设、改善项目状况，这是一个学习和提高的好机会；但如果解决不当，有的会给项目带来灾难性的后果，有的则给项目埋下隐患。因此冲突管理的作用是引导冲突结果向着积极的、协作的有利一面发展，而不是朝着破坏性的方向发展。在这个过程中，项目经理在解决冲突中扮演关键角色，他应该在做好冲突防范的同时，在冲突发生后分析冲突来源，运用正确的方法来解决冲突，并通过解决冲突发现问题、解决问题，促进项目工作更好地展开。

下面首先介绍项目冲突的来源，以及在项目中冲突发生的一些规律，接下来介绍处理冲突常用的几种办法，最后介绍如何采取措施做好冲突防范工作。

6.2.2 冲突的来源

冲突就是个人、团体、组织阻止或限制另一部分个人、团体、组织达到预期目标的行为。即使有些冲突阻碍了某个人目标的实现，但是其结果可能是有利的，因为它可能会产生新信息，这些新信息对决策过程是一种加强。相反，如果冲突导致了糟糕的项目决策，造成在不重要的事情上的拖沓延误，或者弱化了项目团队的凝聚力，这样的冲突对项目是有害的。

萨姆汉（Thamhain）和威尔蒙（Wilemon）曾经有过一次针对项目中冲突管理的研究调查，该调查总结了项目中最主要的7种冲突来源。

1. 进度计划冲突

围绕项目有关任务的时间确定、次序安排和进度计划会产生不一致的意见。进度冲突往往是与支持部门有关，项目经理对这些部门只有有限的权力和控制，但是他们各自有着不一致的工作优先权的考虑。例如，一件对于项目经理十万火急的事在相应的支持部门处理时却只有较低的优先级。进度计划冲突有时与技术问题和人力资源问题有关。

2. 项目优先权冲突

项目参加者经常对如何成功完成项目应该执行的活动和任务的次序及优先级有不同的看法。优先权冲突不仅发生在项目团队和其他支持团队(如职能部门)之间,在项目团队内部也会发生。这种冲突的发生往往是因为项目团队没有做当前项目的类似经验,项目优先权在项目执行过程中与原来设想的发生了很大的变化,需要对关键资源进行重新安排,项目进度也会因此受到很大影响。

3. 人力资源冲突

项目团队成员有很多是来自其他职能部门或者支持部门,这些人需要接受本部门的调度,而这些部门很有可能为多个项目提供资源支持。因此,在资源的调配和任务的分配上会出现冲突。每个项目经理都希望自己的团队是一支精锐部队,但他们又要必须面对组织需要,通盘考虑多个项目人力资源安排的现实,处理好项目与资源提供部门的关系是十分重要的。

4. 技术意见冲突

在以技术为导向的项目中,在技术问题、性能要求和各方面性能的权衡,包括技术实现手段方面会产生冲突。通常支持项目的部门或者组织主要负责技术投入和性能标准,而项目经理更关心如何满足成本、进度、性能目标。由于支持部门关心技术问题,因此,不能够从项目全局进行把握,常常出现一些技术人员忽略时间、成本、客户需求等约束因素而追求技术上的尽善尽美。项目经理必须把握项目整体质量,必要时要对一些看似不错的技术方案做出取舍。

5. 管理程序冲突

许多冲突来自项目应该如何管理。例如,项目经理的组织结构定义、责任和权力的定义、交互接口关系、项目范围、实施的计划与其他组织协商的合作协议、管理支持流程等。

6. 费用冲突

在对各项工作的费用估算方面,合作双方有着不同的理解。例如在预算分配时,支持部门(如职能部门)往往认为项目经理分配到的预算与承担的工作相比偏小。因为项目经理往往受到紧张的预算限制,尽可能地控制成本,而项目参与各方都希望自己这份工作能够获得更多的预算支持。另外,一些技术问题或者进度调整也会引发费用方面的冲突。

7. 个性冲突

个性冲突主要原因是个性的差异，而不是一个“技术”或者“管理”问题，通常由“以自我为中心”引发。虽然人与人之间的个性冲突可能不像其他冲突源那么强烈，但它却是最难有效解决的一种冲突。个性冲突还可能会被一些沟通问题或者技术争端而掩盖。例如，一位技术人员与项目经理在技术方面的争执，潜在原因却是彼此个性的冲突。

根据以上的调查研究，这 7 种冲突在项目生命周期的不同阶段其强度也不尽相同。如果项目经理理解了项目冲突的来源和不同项目阶段冲突的主要原因，就有可能避免或者减少潜在冲突的有害方面，见图 6-7。

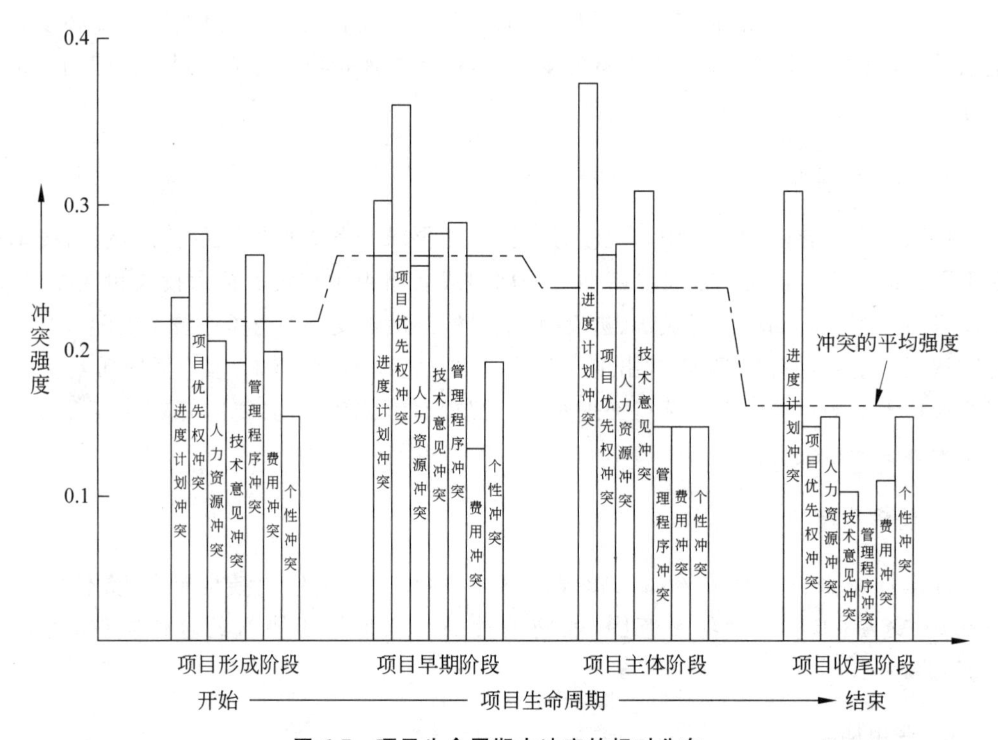

图 6-7 项目生命周期中冲突的相对分布

表 6-2 针对项目各个阶段最容易出现的冲突，总结了一些具体的减少冲突有害结果的建议，供项目经理参考使用。

表 6-2 主要冲突源及减少冲突有害结果的建议

项目周期阶段	冲突来源	建议
项目形成阶段	优先权	清楚定义项目计划，有关部门共同决策或者互相协商
	管理程序	建立执行项目必须遵守的详细管理程序，并确保得到关键管理者的批准认可。制定项目章程或者其他明确大家对项目理解的说明文档
	进度	在项目实际开始之前，事先对项目进度做出承诺。预测各部门的优先权考虑，评估对项目进度的影响
项目早期阶段	优先权	通过项目状态评估会议，向支持部门提供预计的项目计划和支持需求
	进度	和职能部门一同对工作分解结构中的各个工作包安排进度
	管理程序	对关键管理问题要制定应急计划
项目主体阶段	进度	连续不断地监督工作进展。向受影响的项目参与方通报信息和工作结果。对问题进行预计并考虑替代方案
	技术	尽早解决技术问题。与技术人员沟通，介绍项目的进度和成本的限制条件。强调尽早进行充分的技术测试。促进尽早就最终设计方案达成一致
	人力资源	及早就人力资源需求进行预测和沟通。与职能部门共同确定人力资源需求和优先权
项目收尾阶段	进度	项目进度监控收尾。考虑重新安排人员到一些关键项目活动上。加快解决技术问题，防止影响项目进度
	个性和人力资源	为项目结束后人力资源再次分配做出计划。保持与项目团队和支持部门的友好的合作关系。放松项目中紧张的工作气氛

6.2.3 冲突的应对策略

冲突的应对可以分为 5 种基本策略。

1. 回避或者撤出

回避或者撤出是指卷入冲突的人们从实际情况中撤出来，避免发生实际冲突或者潜在冲突。这种方法有时并不是一种积极的解决途径，它可能会使冲突积累起来，而在以后逐步升级。

2. 竞争或者强制

竞争或者强制的实质是“非赢即输”，它认为在冲突中获胜要比“勉强”保持人际关系更为重要。这是一种积极解决冲突的方式。当然，有时也可能出现一种极端的情形，如用权力进行强制处理，可能会导致团队成员的怨恨，恶化工作的氛围。

3. 缓和或者调停

“求同存异”是缓和或者调停策略的实质，即尽力在冲突中强调意见一致的方面，最大可能地忽视差异。尽管这一方式能够缓和冲突，避免一些矛盾，但它并不利于问题的解决。

4. 妥协

协商并寻求双方在一定程度上都满意的方法是妥协策略的实质。这种方法的主要特征是寻求一种折中方案。尤其当两个方案势均力敌、难分优劣时，妥协也许是较为恰当的解决方式。但是，这种方法并非永远可行。

5. 正视

正视或称为“面对”。直接面对冲突是克服分歧、解决冲突的有效途径。通过正视，项目团队成员直接正视问题、面对冲突，共同探讨，采取解决问题的态度，得到一个明确的结局。这种方法是一种积极的冲突解决途径，它既正视问题的结局，也重视团队成员之间的关系。以诚待人、形成民主的氛围是这种方法的关键。它要求团队成员花更多的时间去理解把握其他成员的观点和方案，要善于处理而不是压制自己的情绪和想法。

以上策略的分类和评价主要针对的是普遍情况，通常“正视冲突”是最有效的方法。但在实际的冲突面前，项目经理需要组合多种策略以达到最佳的效果。例如，在冲突最激烈或是信息掌握不充分的时候，可以考虑先采用“回避或者撤出”的策略缓解双方激烈、冲动的气氛，再采取积极的解决措施。

以上的这些策略都有适用的场合，但是最终应该对冲突采取“面对”的态度：对冲突原因进行分析，解决并采取预防措施，防止类似冲突的发生。

6.2.4 项目中的冲突管理

之前介绍了冲突的应对策略，这里介绍在项目中解决和防止冲突的方法。在使用每种方法时，项目经理可以根据实际情况采用不同应对策略的组合。

(1) 确立公司范围内解决冲突的方针和管理程序，形成健康的文化氛围。通过管理流程加强大家对项目目标和各自期望的理解，明确各方彼此分工，能在一定程度上避免冲突的发生。但是公司中的项目之间差异比较大，其中产生的冲突也各有各的特点，因此，这种方法不一定很有效果。如果公司内部形成一种有利于冲突解决的文化气氛，例如鼓励员工之间坦诚交流和建立信任，并得到公司制度的支持，在这种氛围下很多冲突矛盾比较容易解决。

(2) 在早期计划活动中建立项目冲突的解决程序。项目中的冲突是可以“计划”的，可以通过计划消除一些冲突的发生,也可以通过计划对可能发生的冲突事先制定处理方案,包括把责任落实到人。

(3) 借助上级解决冲突。有时项目经理和职能经理的分歧各有各的道理,冲突需要上一级管理者从更高层次进行权衡,这有利于维护公司利益的最大化。但在实践中这往往会成为"打小报告"。所以,建议冲突各方在充分协商沟通之后,仍达不成解决方案时再向上求助。

(4) 冲突双方以积极的态度直接接触,通过沟通和协商解决问题。维持友好的合作关系对处理冲突是十分有利的。在实际工作中,冲突双方可以采用正式或者非正式的方法进行沟通,尽可能在最小范围解决问题。

以上是解决冲突的方法,下面介绍一些解决冲突的具体步骤。具体操作是项目经理必须格外小心的,因为虽然选用了比较合适的解决冲突的策略和方法,但是由于具体操作的疏漏,也会影响最终效果。一旦冲突发生,项目经理必须做到以下几点:

- 对问题进行研究,并收集所有可以获取的信息;
- 制定因地制宜的解决方法;
- 营造合适的气氛和环境,有利于冲突的解决。

组织会议有时是一种解决冲突的有效方法,项目经理召集冲突各方参加,这种会议也要符合一定的逻辑步骤和次序。

(1) 营造合适的气氛,使大家都有参与冲突解决的愿望。

(2) 请大家思考并分析自己是如何看待自己和他人,考虑他人又是如何看待自己的。

(3) 收集有关信息:让大家在一种开放的氛围中把各自的感受表达出来。

(4) 定义问题:在大家充分地交流之后对冲突所涉及的问题进行定义,明确冲突各方的立场。

(5) 分享信息:把所有获得的信息向大家通报。

(6) 确定合适的优先权:为确定优先权和时间表而召开有关工作会议。

(7) 组建工作组:形成跨职能部门的解决问题工作组。

(8) 问题解决:取得职能部门的参与,保证各方为解决问题兑现承诺,并制定优先权次序和时间表。

(9) 制定行动计划,获得各方的承诺。

(10) 实施:按照计划开始工作。

(11) 后续活动:根据实施情况获得反馈。

作为一个能够有效解决冲突的项目经理,必须具备以下素质。

- 对所在组织有深入的了解。
- 能够在沟通时抱着理解的态度倾听,而不只是为了评价别人。
- 能够阐明具体冲突的本质。

- 能够理解他人的感受。
- 为解决分歧提出方法建议。
- 和冲突各方保持良好的关系。
- 促进冲突各方之间的沟通。
- 有能力找到解决方案。

在开会的过程中，项目经理或者团队领导应该充分运用项目沟通中合适的方法（如有效地倾听），在解决冲突时，避免彼此之间的矛盾进一步恶化。

6.3 小结

本章对在项目这种特定环境下的沟通和冲突管理方法进行了介绍。通过项目基本概念的介绍，强调沟通本身需要沟通各方积极地参与，选择合适的沟通策略和方法。在项目沟通管理中，重点介绍了项目中沟通的特点，包括沟通管理过程和沟通管理计划的编制。在主要的沟通方式中，介绍了项目计划、会议管理和报告，强调项目计划在项目沟通中起着非常重要的作用。沟通能力是项目经理非常关键的基本素质，在项目多变的环境中更加要求项目经理能够灵活地处理与项目各方、甚至不同个人的沟通关系。信任和理解是成功沟通的基础。沟通有很多技巧，各自有不同的应用场合，但都符合沟通的基本原则。

关于项目中的冲突管理，对冲突的来源进行了分析，并介绍了不同项目阶段冲突的强度分布。这不一定是通用规律，但在某一个具体项目中，一定有类似规律存在。项目经理应该事先洞察到冲突的前兆，及时采取措施。在介绍几种冲突的应对策略时强调，实际操作时要灵活地组合策略，以达到最佳效果。项目中的冲突管理重视未雨绸缪，事先做些防范工作。项目中的冲突有时是很微妙的，不但需要大的策略上要正确，而且在具体操作中也很有讲究。

6.4 案例

梅耶制造公司的设备进度计划①

埃迪·特纳尔正得意于他被提升的好消息，他被提升为分部门主管，负责新的工程研究实验室所有活动的进度计划。这个新的研究室是梅耶制造公司的重要部分。工程、制造和质量控制部门的执行负责人都急需一种新的测试设备。高层管理者感到这种新设备将缓解以前存在的许多问题。

① Harold Kerzner. Project Management—A System Approach to Planning, Scheduling, and Controlling[M]. 10th Edition. John Wiley & Sons, 2009.

新的组织结构(图 6-8)需要改变使用研究室的政策。这位新的分部门经理,经他的部门经理批准,将全权负责为新设备的使用建立优先权。由于上层管理者认为在制造、工程和质量控制之间将会有不可避免的冲突,所以需要新的政策改变。

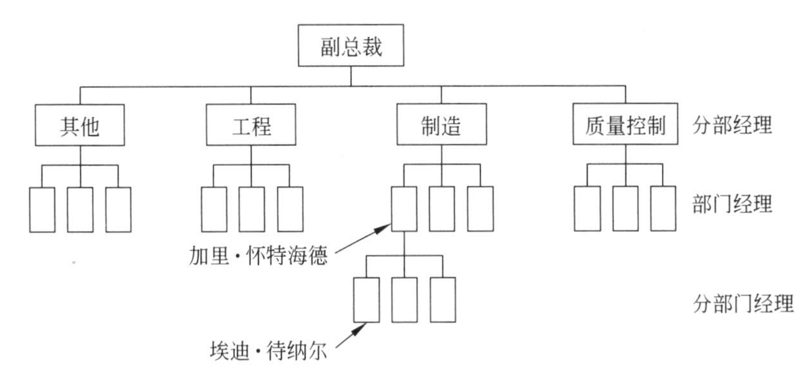

图 6-8 梅耶制造公司的组织结构

经过一个月的运行之后,埃迪发现他的工作是不可能进行的,因此他去找他的部门经理加里·怀特海德。

埃迪:"我花费大量时间试图让所有的部门经理满意,如果我把设备的主要使用时间给了工程部,那么质量控制与制造部则说我在徇私。甚至连我自己的人也说我在对其他部门负责人徇私情。我无法使每个人都满意。"

加里:"好的,埃迪,你知道这个问题是由工作而引起的,你会把工作做好的。"

埃迪:"问题是我只是一个分部门主管,却必须与部门经理打交道。这些部门经理们看不起我,好像我是他们的仆人,如果我是一个部门经理,那么他们会对我尊敬一些。我真正想说的是我想让您每星期发一次备忘录给这些部门经理,告诉他们新的优先权。他们不会像对我一样与您争论,我可以为您提供所有必要的信息。您所要做的一切就是签上您的名字。"

加里:"决定优先权和安排设备使用进度计划是你的工作,不是我的。这是一个新岗位,我想让你去应付它。因为我选择了你,我知道你能做到,我不想干预。"

在接下来的两个星期里,冲突继续恶化。埃迪感到他自己已不能收拾局面了。部门经理们根本不尊重他的上级授予他的权力。在这两个星期里,埃迪在每周开始的时候都给加里发备忘录,询问他是否同意优先权列表。但这两个备忘录没有得到任何反应,于是埃迪会见了加里,讨论恶化的局面。

埃迪:"加里,我已经发给您两个备忘录,想看看我在建立每周的优先权和进度计划表上有没有犯什么错,您收到我的备忘录了吗?"

加里:"是的,我收到了你的备忘录,但是正像我以前告诉你的,在为你做工作以外,我还有很多的问题要考虑，如果你不能胜任这项工作，请告诉我，我将寻找其他合格人选。”

埃迪回到他的办公桌前考虑着他的处境。最后，他作出决定，下星期他准备在他的签名下面留一块空白给加里签名，并把两人签名的文件副本送给所有的分部经理。“现在，让我们看看将会怎样吧。”埃迪说。

问题：

1. 埃迪遇到了哪些冲突问题？
2. 这些冲突为什么会发生？
3. 埃迪用什么办法解决冲突，结果怎样？
4. 如果你遇到这种情况，你怎样处理？

CHAPTER 7 第7章 项目风险管理

7.1 项目风险与风险管理

鉴于风险长期存在并且牵扯面广，一般都由项目经理牵头组织风险管理领导小组，建立风险管理体系，制定风险管理计划，不断地监控风险产生的可能性。许多大型项目还专门设置风险管理经理来负责风险管理工作，重要部门都有专职或兼职的保险管理员。

项目风险管理是指对工程项目的风险从识别到分析乃至采取应对措施等一系列的过程，它包括使积极因素的可能性及后果最大化和使不利事件的可能性及对项目目标的影响最小化两方面内容。以下是项目风险管理主要流程。

(1) 制定风险管控计划——决定怎样为一个项目开始着手、计划和进行风险管理活动。

(2) 识别风险——确认可能会影响项目的风险，并把风险所具有的特征整理在文件中。

(3) 实施定性风险分析——评价风险的发生概率和影响并把它们结合起来，为随后的进一步分析和行动排出风险的优先顺序。

(4) 实施定量风险分析——用数字分析已识别出的风险会给整个项目目标造成的影响。

(5) 制定风险应对计划——为了给实现项目目标增加机会或减少危害而制定方案和措施。

(6) 控制风险——在整个项目生命期间跟踪已识别出的风险、监测剩余风险、识别新风险、执行风险应对计划，以及评价它们的效果。

上述流程不仅彼此相互作用，而且还与项目管理其他方面的流程相互作用。根据项目的需要，每个流程可能需要一人或多人或几个团队一起工作。每个流程在每个项目中至少出现一次，并在项目一个或多个阶段(如果项目划分为阶段)中出现。虽然在本章中，流程被描述成泾渭分明的独立组成部分，但在实践中，它们却可能交叠和相互作用，其具体方式本章不拟详述。

项目风险是这样一种不确定事件或条件，一旦它发生，会对至少一个像时间、成本、范围或质量目标(也就是按照议定的进度计划达到怎样的项目工期目标；在议定的成本范围内达到怎样的项目成本目标）这样的项目目标产生积极或消极影响的概念。风险的起因可能有一种或多种，风险一旦发生，会产生一项或多项影响。例如：风险起因之一可能是项目需要申请环境许可证，或者是分配给项目的设计人员有限；而风险事件则是许可证颁发机构发许可证需要的时间比原计划长，或者因所分配的设计人员不足而无法完成任务。这两个不确定事件无论哪个发生，都会对项目的成本、进度或者绩效产生影响。风险条件则可包括项目环境或组织环境中可能促成项目风险的各个方面，例如：项目管理方式欠佳，缺乏集成的管理系统，平行开展多个项目或者过分依赖无法控制的外单位参与者。

项目风险源于任何项目中都存在的不确定性。已知风险是指已经识别出来并分析过的风险，可以通过本章描述的流程对这些风险进行规划，但是这样还无法对未知风险进行积极管理。就未知风险而言，项目团队可采取较谨慎的应对措施就这些风险分配不可预见事件储备，同时就无法通过经济有效方式或任何方式制定积极应对策略的已知风险分配不可预见事件储备。

组织应从风险对项目成功造成的危害或带来的机会的角度来看待风险。风险对项目所造成的危害只要能与冒此风险所得到的收获相抵，这种风险就属于可接受风险。例如：采用同步建设可能造成预算超支，但却是为提前完成项目所冒的风险，凡能够带来项目成功机会的风险（如可通过分配额外人员来赶工）不妨为之一搏，使项目目标从中受益。

人们对风险持有的态度（延伸到组织对风险持有的态度），将影响其对风险认知的准确性，也将影响其应对风险的方式。人们对风险的态度应尽可能明确表述，应当为每个项目制定满足组织要求的风险应对方法，并开诚布公地就风险及其应对措施进行沟通。风险应对可反映组织在冒险与躲避风险之间的平衡关系。

要想取得成功，组织必须承诺在整个项目进程中积极并一贯地采取风险管理。

7.2 制定项目风险管控计划

认真、明确的风险管控计划可以提高其他 5 个风险管理流程成功的可能性。风险管控计划决定怎样为一个项目开始着手、计划和进行风险管理活动。风险管控计划对保证风险管理（包括风险管理程度、类型和可见度）、项目风险程度和项目对组织的重要性相适应起着重要作用，它可以保证为风险管理活动提供充足的资源和时间，并为评价风险建立统一的标准。风险管理计划流程应在项目计划过程的早期完成，因为它对成功完成本章介绍的其他流程至关重要。

7.2.1 制定风险管控计划的依据

1. 项目管理计划

在对风险管理进行计划中，应当考虑所有批准的各种项目管理计划和基准，以使风险管控计划与它们保持一致。风险管控计划也是项目管理计划的一个组成部分。风险管控计划给出了受风险影响的范围、进度和成本的基准和现状。

2. 项目批准文件

项目批准文件提供各种条件，如高级别风险、高级别项目说明，以及高级别要求。

3. 利益相关者登记表

利益相关者登记表包含有关项目利益相关者的所有细节，提供他们任务的概况。

4. 企业环境因素

企业环境因素是指各种存在于项目周围并对项目成功有影响的企业环境与制度。包括：

(1) 组织或公司的文化和结构；

(2) 政府或行业标准(如管理部门的规章制度、产品标准、质量标准与工艺标准)；

(3) 基础(如现有的设施和生产设备)；

(4) 现有的人力资源，如技能、专业与知识(例如设计、开发、法律、发包与采购)；

(5) 人员管理(如雇用与解雇指导方针、员工业绩评价与培训记录)；

(6) 公司工作授权制度；

(7) 市场情况；

(8) 有关方面风险承受力；

(9) 商业数据库(如标准的成本估算数据、行业风险研究信息与风险数据库)；

(10) 项目管理信息系统(如自动化工具套件，例如进度管理软件工具、配置管理系统、信息收集与发布系统，或者与其他在线自动化系统的网络接口)。

组织及参与项目的人员的风险态度和风险承受度将影响项目管理计划。风险态度和承受度可以在政策说明书中表达或在行动中反映。

5. 组织过程资源

组织可能设有既定的风险管理方法，如风险分类、概念和术语的通用定义、标准样板、岗位职责、决策中的权力级别。

在制定项目文件时，任何用来影响项目成功的资源都可以作为组织过程资源。任何参与项目的组织都有正式或非正式的方针、程序、计划和原则，这些内容的影响都必须考虑。组织过程资源还反映了组织从以前项目中吸取的教训和学习到的知识，如实现的进度计划、风险数据和赢值数据。组织方法资源的组织方式因行业、组织和应用领域的种类而异。例如，组织方法资源可以归纳为如下两类。

1）组织管理工作的方法与程序

下面介绍组织管理工作的方法与程序。

（1）组织的标准过程，如标准、方针（安全健康方针、项目管理方针）、标准产品与项目生命期，以及质量方针与程序（过程审核、改进目标、检查清单以及供组织内部使用的标准过程定义）。

（2）标准化的指导原则、工作指令、方案评价标准和绩效测量准则。

（3）样板（如风险样板、工作分解结构样板和项目进度计划网络图样板）。

（4）为满足特定的项目需要调整整套组织标准过程的指导原则与准则。

（5）组织沟通需要（如可利用的特定沟通技术、允许使用的沟通媒介、档案的保留以及安全需要）。

（6）项目收尾指导原则或要求（如最终项目审计、项目评价、产品确认以及验收标准）。

（7）财务控制程序（如定时报告、必要的开支与支付审查、会计条例以及标准合同条款）。

（8）规定问题与缺陷控制、问题与缺陷识别和解决，以及行动追踪的问题与缺陷管理程序。

（9）变更控制程序，包括修改正式的公司标准、方针、计划与程序，或者任何项目文件以及批准与确认任何变更应遵循的步骤。

（10）风险控制程序，包括风险类型、概率的确定与后果以及概率与后果矩阵。

（11）批准与签发工作授权的程序。

2）组织保存和恢复信息的共同知识库

下面介绍组织保存和恢复信息的共同知识库。

（1）过程测量数据库，用于搜集和获得过程与产品的实测数据。

（2）项目档案（如范围、成本、进度、质量基准、绩效测量基准、项目日历、项目进度计划网络图、风险名单、计划的应对行动以及确定的风险后果）。

（3）历史信息与经验教训知识库（如项目档案和文件、所有的项目收尾资料与文件、以前项目选择决策结果与绩效的信息以及风险管理努力的信息）。

（4）问题与缺陷管理数据库，包括问题与缺陷状态、控制信息、问题与缺陷解决和行动结果。

（5）配置管理知识库，包括公司所有正式标准、方针、程序和任何项目文件的各种版本与标准。

（6）财务数据库，包括工时、发生的成本、预算以及任何项目成本超支的信息。

7.2.2 制定风险管控计划的方法

1. 分析技术

分析技术用于理解和规定项目的总体风险管理环境。风险管理环境是指在总的项目环境下,利益相关者的风险态度和战略风险显露。例如为了分级和描述项目利益相关者的风险偏好和承受度,可以进行一次利益相关者风险概况分析。也可以使用其他技术,如战略风险打分表,提供在总的项目环境下项目风险显露的高级别评估。根据这些评估,项目团队就可以为风险管理活动分配合适的资源和关注焦点。

2. 专家评价

为了保证制定出一个综合性的风险管控计划,应当从受过专业训练和掌握专业知识的群体或个人那里得到需要的意见和专业知识,这些人群包括:高级管理人员、项目利益相关者、有同类项目经验的项目经理、企业或项目领域的专题事务专家(subject matter experts,SME)、行业群体和咨询专家和专业和技术学会专家。

3. 会议

项目团队召开计划会议制定风险管理计划。与会者包括项目经理、选出的项目团队成员和有关当事人、组织内部负责管理风险计划和实施活动的人员以及其他应参与人员。

在会议期间,将制定开展风险管理活动的基本计划,确定风险成本因素和所需的进度计划活动,并分别将其纳入项目预算和进度计划中。同时对风险责任进行分配,并针对特定项目对用来进行风险分类和术语(如风险级别、按照风险类别确定的概率、按目标类型确定的影响以及概率和影响矩阵)定义的通用组织样板文件进行调整。这些活动的结果将汇总在风险管理计划中。

7.2.3 制定风险管控计划的成果

风险管控计划描述如何在项目中组织和实施风险管理,它是项目管理计划的从属计划。风险管控计划可包括以下内容。

(1) 方法论:确定实施项目风险管理可以使用的方法、工具及数据来源。

(2) 岗位职责:确定风险管理活动中每一类别行动的具体领导者、支援者及行动小组成员,明确各自的岗位职责。

(3) 预算:分配资源,并估算风险管理所需成本,将之纳入项目成本计划。

(4) 定时:明确在整个项目的生命周期中实施风险管理的周期或频率,包括对于风险管理过程各个运行阶段、过程进行评价、控制和修正的时间点或周期。

(5) 风险分类：它提供了一个框架，是确保系统、持续、详细和一致地进行风险识别的综合过程，并保证风险识别的效力和质量(组织可以使用提前准备的典型风险分类)。风险分解结构(RBS)(图 7-1)是提供该框架的方法之一，该结构也可通过简单列明项目的各个方面来表述出来。风险分解结构(RBS)列出了一个典型项目中可能发生的风险分类和风险子分类。不同的 RBS 适用于不同类型的项目和组织。这种方法的一个好处是提醒风险识别人员风险产生的原因是多种多样的。在风险识别过程中需对风险种类进行重新审核。较好的做法是在把它们用在风险识别过程之前先在风险管理计划过程中对风险类别进行审查。在将以前项目的风险分类应用到当前项目之前，可能需要对原有风险分类进行调整或扩展来适应当前情况。

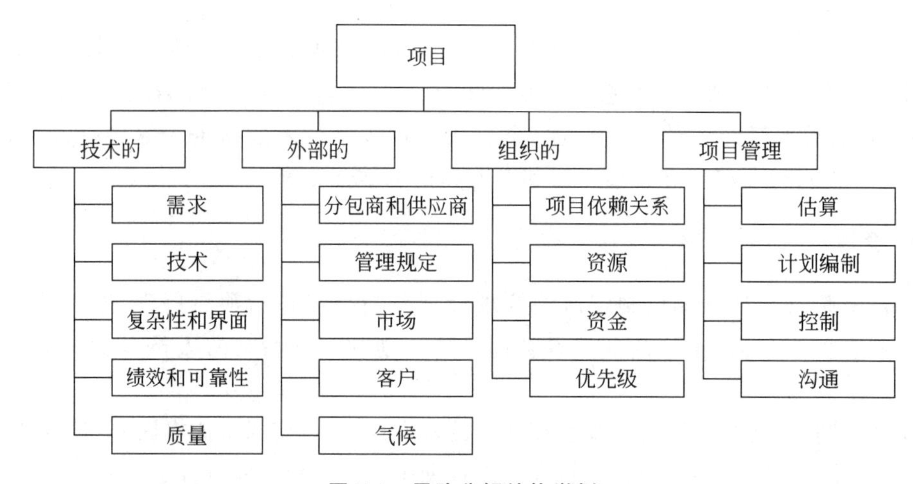

图 7-1 风险分解结构举例

(6) 风险概率和影响的定义：为了确保定性风险分析过程的质量和可信度，需要规定风险概率和影响的各种等级。要对风险管理计划过程中对风险概率级别和影响级别所作的一般规定依据个别项目的具体情况进行调整，以便在定性风险分析过程中使用。

可以使用一种相对等级从“非常不可能”到“几乎确定”代表概率值，或者给一般的等级规定一个数值概率(如 0.1、0.3、0.5、0.7、0.9)。测定风险概率的另外一种方法是描述与所考虑风险相关的项目状态(如项目设计的完备程度等)。

影响等级反映某项风险发生后，危害产生的消极影响或者是机会产生的积极影响，即对每个项目目标的影响程度。影响等级对于可能受影响的目标、项目规模和类型、组织策略和财务状况以及组织对特定影响的敏感性都是特定的。影响的相对等级只是一些诸如“很低”“低”“中等”“高”和 “很高”之类的排序描述法，逐级显示组织规定的影响等级。另一种方法是给这些影响分配数值等级，这些数值可以是线性值(如0.1、0.3、0.5、0.7、0.9)或非线性值(如0.05、0.1、0.2、0.4、0.8)。非线性等级可以反映组织避免高影响危害或利用高影响机会的愿望(即使其概率很低)。在使用非线性等级时，重要的一点是要了解其数值的含义、数值之间的关系、来源及其对项目各个目标的影响。

表7-1是针对与项目4个目标相关的风险评价的负面影响风险定义的例子。其中的数值说明了相对和数值(在例子中是非线性的)两种方法，这并不意味着相对的和数值的两种方法是等同的，是用一个数值而不是两个数值显示了两个备选方案。表7-1举例介绍了4个项目目标的风险影响定义，它们应当针对具体项目和组织的风险临界值在制定风险管理计划时做出调整。类似方法可以用于机会的影响定义。

(7) 概率和影响矩阵：根据风险可能对实现项目目标产生的影响对风险进行优先排序。进行风险优先排序的典型方法是使用检查表或概率和影响矩阵。通常由组织界定哪些风险概率和影响组合具有较高、中等或较低的重要性，据此可确定相应的风险应对计划。在风险管理计划过程中可以进行审查并根据具体项目进行调整。

表7-1 4个项目目标的风险影响等级

主要项目目标风险影响等级的定义条件

(只以消极影响为例)

项目目标	相对和数值等级				
	很低 0.05	低 0.10	中等 0.20	高 0.40	很高 0.80
成本	不明显的成本增加	成本增加小于10%	成本增加介于10%～20%	成本增加介于20%～40%	成本增加大于40%
工期	不明显的进度拖延	进度拖延小于5%	进度拖延介于5%～10%	进度拖延介于10%～20%	进度拖延大于20%
范围	范围减少几乎察觉不到	范围次要部分受到影响	范围主要部分受到影响	范围减少不被业主接受	项目最终产品实际不能使用
质量	质量等级降低不易察觉	只有少数非常苛刻的工作受到影响	质量降低需要业主批准	质量降低不被业主接受	项目最终产品实际不能使用

(8) 修订有关方面的承受度：可以在风险管理计划过程中对有关方面的承受度进行修订，以适用于具体项目。

(9) 报告格式：描述风险名单的内容和格式以及所需要的任何其他风险报告。规定如何对风险管理过程的成果进行记录、分析和沟通。

(10) 跟踪：说明如何记录风险活动的各个方面，以供当前项目使用或满足未来需求或满足经验教训总结的需要；说明是否对风险管理过程进行审核及如何审核。

7.3 识别风险

7.3.1 识别风险的重要性

风险管理首先必须识别潜在的风险领域，分析风险事件发生的可能性和危害程度，这是项目风险管理中最重要的步骤。项目风险经理(或称为项目风险管理人员)若不能准确地识别项目面临的所有潜在风险，就错过了处理这些风险的最佳时机，就将无意识地被动地自留这些风险。

风险识别包括确定风险的来源、风险产生的条件，描述风险特征和确定哪些风险会对本项目产生影响。风险识别的参与者应尽可能包括项目队伍、风险管理小组、来自公司其他部门的某一问题专家、客户、最终使用者、其他项目经理、项目相关者、外界专家等。

项目风险识别并非一蹴而就的事情，应当在项目自始至终反复进行。一旦风险被识别出来，通常就可以研究甚至实施简单而有效的风险应对措施。

7.3.2 识别风险的依据

1）风险管理计划

识别风险时用到的风险管理计划的主要内容是任务和责任的分配、列入预算和进度计划的风险管理活动，以及有时用风险分解结构表示的风险种类(如图 7-1 所示)。

2）成本管控计划

3）进度管控计划

4）质量管控计划

5）人力资源管理计划

6）范围基准

项目范围说明书中有项目假设，应当将项目假设的不确定性当作项目风险的可能原因进行评估。

WBS 是识别风险的一个关键依据，因为它有助于同时在微观和宏观层面了解可能的风险。可以在摘要级、控制账户级，以及工作包级识别，并随后跟踪风险。

7）活动成本估算

活动成本估算审查有助于识别风险，因为这种审查定量评估了完成计划规定的活动可能的成本，并把成本表示为一个合理区间，区间大小表示风险的程度。审查还可以推测完成活动的成本估算是否充足(是否给项目带来风险)。

8）活动持续时间估算

活动持续时间估算审查有助于识别风险，它可以分析活动或整个项目的时间宽限，这种估算同样可以用区间大小表示风险的相对程度。

9）利益相关者登记表

10）项目文件

项目文件给项目团队提供帮助他们更好地识别风险的各方面决策信息。项目文件增进跨团队和利益相关者的沟通，它包括：项目批准文件、项目进度计划、进度计划网络图、议题纪要、质量审核和识别风险有用的其他信息。

11）采购文件

如果项目需要从外部采购资源，采购文件就成为识别风险的重要依据。采购文件的复杂和详细程度应当与计划中的采购的价值、相应的风险相一致。

12）企业环境因素

在风险识别过程中，已发表的资料，包括商业数据库、学术研究、基准或其他行业研究也可能非常有用。

13）组织过程资源

可以从以前项目的项目档案中获得相关信息，包括实际数据和经验教训。

7.3.3　识别风险的基本方法

任何能进行潜在问题识别的信息源都可用于风险识别。信息源有客观和主观两种。客观的信息源包括过去项目中记录的经验和表示当前项目进行情况的文件，如工程文档、WBS、计划分析、需求分析、技术性能评价等；主观的信息源是基于有经验的专家判断。

识别风险是一项复杂的工作，下面是具有代表性的几种方法。

1. 文件审查

可以对项目文件（包括计划、假设、以前项目档案和其他信息）进行系统和结构性的审查。项目计划的质量、各个计划之间以及计划与项目需求和假设之间的一致性，都可能是项目的风险指标。

2. 信息采集技术

下面介绍信息采集技术。

（1）头脑风暴法：头脑风暴法的目标是得到一份项目风险的综合清单。项目团队经常与一批外部的各学科专家一起进行头脑风暴：在一位主持人的推动下，与会人员会产生出许多有关项目风险的想法，可以以诸如风险分解结构之类的风险分类作为一种框架，然后风险就可以被识别出来并且按照风险的类型分好类，并进一步加强对它们的定义。

（2）德尔菲技术：德尔菲技术是一种专家达成一致意见的方法。项目风险管理专家以匿名方式参与此项活动，主持人用问卷征求对重要项目风险的意见，答卷在总结之后退给专家，请他们进一步发表意见，在经过几轮这种过程之后，就可能达成一致意见。德尔菲技术有助于减少数据中的偏移，并防止任何个人对结果造成不当的影响。

（3）访谈：访问有经验的项目参与者、有关当事人或专题事务专家可以识别风险。访谈是收集风险识别数据的主要方法之一。

（4）根本原因识别：这是对项目风险的本质原因的调查。它加强了风险的定义并且能够按照成因给风险分类。如果找出了风险的根源，就可以制定有效的风险应对措施。

3. 检查清单分析

风险识别所用的检查清单可以根据历史资料、以往类似项目所积累的知识以及其他信息来源着手制定。风险分解结构的最底层可以作为风险检查清单使用。使用检查清单的优点之一是风险识别过程迅速简便；其缺点之一就是所制定的检查清单不可能包罗万象，应该注意探讨标准检查清单上未列出的事项。在项目收尾过程中，应对风险检查清单进行审查、改进，以供将来项目使用。

4. 假设分析

每个项目都是根据一套假定、设想或者假设的模式构思和发展的。假设分析是一种当把假设用于项目时检验假设有效性的工具，它从假设的错误、矛盾或不完整当中识别项目风险。

5. 图形技术

图形技术首先要建立一个工程项目的总流程图与各分流程图，它们要展示项目实施的全部活动。流程图可用网络图来表示，也可利用WBS来表示。图7-2表示了某一项目从采购到预制构件的简单流程，它的潜在损失风险如下。

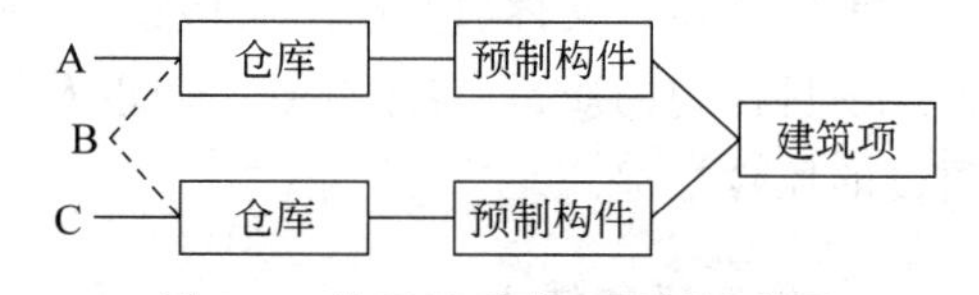

图7-2　某项目采购—预制流程图

（1）财产损失，包括供应商在送货途中的运输损失，仓储中的财产损失，车辆、制造设备、在制品与产成品的自然与人为损坏。

（2）责任损失，包括由于残次产品伤害第三者而导致的损害人身与财产而负的责任；由于建筑物不合格招致的罚款责任；由于施工不合格导致返工带来的损失；由于本企业运输车辆伤害他人或损害他人财产应负的责任。

（3）人员损失，指由于负责采购的职员死亡或其他人的伤亡致使企业遭受的损失。

其他图形技术包括：

(1) 因果分析图——也称“鱼刺图”或“石川图”，用于确定风险的起因。

(2) 影响图——是一种图解表示问题的方法，反映了变量和结果之间因果关系的相互作用、事件的时间顺序及其他关系。

6. SWOT 分析

这种技术保证从优势（Strenth）、弱点（Weakness）、机会（opportunity）与威胁（threat）（SWOT）的每个角度对项目进行审议，以扩大所考虑风险的广度。

7. 专家评价

7.3.4　识别风险的成果

识别风险过程的成果一般载入风险名单文件中。

识别风险的主要成果是进入风险名单的最初记录，它成为项目管理计划的组成内容。随着风险管理过程的继续，风险名单最终也将包括其他风险管理流程的成果。风险名单的编制始于风险识别过程，主要依据下列信息编制，然后可以用于其他项目管理过程和项目风险管理过程。

(1) 已识别风险的清单：描述已经识别出来的风险，包括其根本原因、不确定的项目假设等。风险几乎可以涉及任何方面，以下只是举了其中的个别例子。例如有少数几个交货期长的重大采购事项出现在了关键路线上，而港口的劳资争议将推迟交货，并随后耽误施工的完成。另一个例子是一项项目管理计划假设有 10 人参与项目，但实际仅有 6 个人可用，资源缺乏将影响完成工作所需要的时间，因此相关活动也将被拖延。

(2) 可能的应对措施清单：在风险识别过程中，可以确定针对一种风险制定的应对措施。如果确定了这样的措施，它可作为风险应对计划过程的依据。

(3) 风险根本原因：影响引起所识别风险发生的基本条件或事件。

(4) 更新的风险分类：识别风险的过程可能产生需要加入风险分类清单的新风险分类。根据风险识别过程的成果，可能需要改进或扩大风险管理计划过程中形成的风险分解结构。

7.4　实施定性风险分析

定性风险分析包括为了采取进一步行动，例如，定量风险分析或风险应对计划对已识别风险排出优先顺序的方法，组织可以通过关注高优先级的风险来有效地改善项目绩效；利用已识别风险的发生概率、风险确实发生对项目目标的相应影响以及其他因素，例如时间框架、项目成本、进度、范围和质量等制约条件的承受度，对已识别风险的优先级进行评价。

概率和影响级别的定义以及专家访谈可以帮助纠正该过程中所使用数据的偏移。有关风险行动的时限可能会加大风险的重要性。对项目风险可用信息的质量进行评价有助于说明评估风险对于项目的重要性。

定性风险分析一般是一种为风险应对计划建立优先级的快捷、有效的方法，它也为定量风险分析（如果需要该过程）奠定基础。定性风险分析在项目生命期间应当被回访，从而与项目风险的变化保持同步。定性风险分析需要使用风险管理计划和风险识别所产生的结果，这个流程后接定量风险分析流程或直接进入风险应对计划流程。

7.4.1 实施定性风险分析的依据

1. 风险管控计划

风险管理计划中用于定性风险分析的关键内容包括岗位职责、预算和计划好时间的风险管理活动、风险分类、概率和影响定义，概率和影响矩阵，以及修订的有关方面的风险承受度。这些依据通常在制定风险管理计划时针对项目进行调整。如果还没有这些内容，可以在定性风险分析时制定这些内容。

2. 范围基准

一般性或重复性的项目往往有更为熟知的风险。而采用最新技术或创新性技术的项目以及极其复杂的项目，往往有更大的不确定性。这可以通过审查项目范围说明书进行评价。

3. 风险名单

用于定性风险分析，来自于风险名单的一项关键依据是已识别风险的清单。

4. 企业环境因素

包括风险专家所做的类似项目的行业研究和来自行业或特殊来源的风险数据库。

5. 组织过程资源

以前项目风险的资料和经验教训知识库可以用于定性风险分析。

7.4.2 实施定性风险分析的方法

1. 风险概率和影响评价

风险概率评价研究每个具体风险将要发生的可能性；风险影响评价研究风险对项目

工期、成本、范围或质量目标的可能影响，既包括威胁的消极影响，又包括机会的积极影响。

要给每个识别出的风险评价出概率和影响，可以采用与按照所熟悉的风险种类挑选出来的参与者进行访谈或开会的方式评价风险，项目团队成员也要包括进来，或者项目以外的专业人士也包括进来，并且需要专家的意见，因为组织的历史项目数据库中的风险信息可能所剩无几，与会者可能不具有风险评价方面的任何经验，因此需要由经验丰富的主持人引导讨论过程。

在访谈或会议期间，每项风险的概率及其对每个目标的影响等级将被评价出来。起说明作用的细节内容，包括确定概率和影响等级所依赖的假设等也被记载下来，然后再根据风险管理计划中的定义对风险概率和影响确定等级。有时，概率和影响明显很低的风险就不需要确定等级，而是放在观察清单中用于以后的监测。

2. 概率和影响矩阵

根据风险分级可以为进一步的定量分析和风险应对给风险排出优先顺序。风险分级是由所评价出的风险概率和影响确定的。每个风险的重要性以及据此确定的风险优先顺序通常采用调查表或概率和影响矩阵（表 7-2）的形式得出。这种概率和影响矩阵决定了风险概率和影响的组合结果，它把风险分成高、中或低的不同等级。根据组织的偏好，可以使用描述性术语或使用数值表示。

组织应确定哪些概率和影响的组合结果属于高风险（红色状态）、中等风险（黄色状态）或低风险（绿色状态）。在黑白两色的矩阵中，这些状态可以用不同的灰度表示，如表 7-2 所示：深灰区域（数值最大）代表高风险；中灰区域（数值最小）代表低风险；而浅灰区域（数值介于最大和最小值之间）代表中等程度风险。

表 7-2 概率和影响矩阵

概率	危　害					机　会				
0.90	0.05	0.09	0.18	0.36	0.72	0.72	0.36	0.18	0.09	0.05
0.70	0.04	0.07	0.14	0.28	0.56	0.56	0.28	0.14	0.07	0.04
0.50	0.03	0.05	0.10	0.20	0.40	0.40	0.20	0.10	0.05	0.03
0.30	0.02	0.03	0.06	0.12	0.24	0.24	0.12	0.06	0.03	0.02
0.10	0.01	0.01	0.02	0.04	0.08	0.08	0.04	0.02	0.01	0.01
	0.05	0.01	0.20	0.40	0.80	0.80	0.04	0.20	0.10	0.05

通常，这些风险分级的规则由组织在项目开展之前提前制定，并把它们加入组织方法资源中。风险分级规则可以在风险管理计划中针对具体项目修订。

表 7-2 是一种常用的风险概率和影响矩阵。

如表 7-2 所示，组织首先可以针对每个目标（如时间、成本和范围）单独给一项风险分级；其次，也可以制定一些方法为每项风险确定一个总体的等级；最后，利用适合每个机会和危害的不同影响等级的定义，机会和危害可以在同一矩阵中得到处理。

风险分值帮助指导风险应对措施的制定。例如：如果发生了对项目目标产生不利影响的风险（即危害），而且它们处于矩阵中的高风险（深灰）区域，可能就需要采用主动性的应对策略和优先采取行动。而处于低风险区（中灰）的危害，可能只需要把它们列入观察清单或增加一项不可预见风险准备金，并不需要采取主动的管理措施。

对于那些机会也是如此，应当把那些可以最容易获得并带来最大利益的处于高风险（深灰）区域的机会当做首要目标，低风险（中灰）区域的机会应当受到监测。

根据每个风险的发生概率和如果确实发生对一个目标所产生的影响评出它的等级。组织对于低、中、高风险的临界值显示在矩阵中，并且决定着对于那个目标该风险打分为高、中、还是低。

3. 风险数据质量评价

要使定性风险分析可靠，就需要准确和无偏差的数据。风险数据质量分析是一种评价有关风险数据对风险管理有用程度的技术。它包括检查人们对风险的了解程度、风险数据的精确性以及质量的可靠性和完整性。

使用准确性低的数据得出的定性风险分析结果对项目毫无用处。如果对数据的质量不满意，就有必要搜集质量更好的数据。搜集风险信息往往有困难，并且消耗原定计划不包括的时间和资源。

4. 风险分类

项目中的风险可以按照风险来源（利用风险分解矩阵）、受影响的项目部位（使用工作分解结构）或其他分类办法（如项目阶段）分类，从而确定最易受不确定性风险影响的项目领域。按照共同的原因对风险进行分类可以制定出有效的风险应对措施。

5. 风险紧迫性评价

可以把近期需要采取应对措施的风险视为更迫切的风险。显示风险优先权的指标可以包括采取一种风险应对措施的时间、风险征兆、预警信号和风险等级。

7.4.3 实施定性风险分析的成果

实施定性风险分析的成果是项目文件更新，包括：

1. 风险名单更新

风险名单在风险识别过程中形成，并根据定性风险分析的信息进行更新，更新后的风险名单被纳入项目管理计划。来自定性风险分析的风险名单更新包括：

(1) 项目风险的相对排序或优先级清单。可以使用风险概率和影响矩阵，根据风险的重要程度进行分类。项目经理可以参考风险优先级清单，集中精力处理高危害性的风险，以获得更好的项目成果。如果组织更关注其中某一项目标，则可以分别为成本、时间、范围和质量目标单独列出风险优先级。对于被评定为对项目十分重要的风险而言，应对其风险概率和影响的评定标准与依据进行说明。

(2) 按种类分组的风险。可以揭示风险的共同根源或需要特别关注的项目领域。在发现风险集中的领域之后，可提高风险应对的有效性。

(3) 需要在近期采取应对措施的风险清单。那些需要采取紧急应对措施的风险和可以以后处理的风险应放在不同的分组。

(4) 需要补充分析和应对的风险清单。有些风险可能需要补充分析(包括定量风险分析)以及采取风险应对措施。

(5) 低优先级风险观察清单。在定性风险分析过程中，把评为不重要的风险放入观察清单中继续监测。

(6) 定性风险分析结果中的趋势。随着分析的反复进行，特定风险的某种趋势可能显露出来，从而使采取应对措施或进行进一步分析有不同程度的紧迫性或重要性。

2. 假设登记更新

随着定性风险分析中新信息的获得，原有的假设可能改变。假设登记因此要修订以适应这些新信息。假设可以合并进项目范围说明书，也可以保留单独的假设登记形式。

7.5　实施定量风险分析

定量风险分析是当通过定性风险分析排出优先顺序的风险对项目的竞争需要可能形成重大的影响时对那些风险进行的分析。定量风险分析是分析这些风险事件的影响并给这些风险指定一个数值等级。定量风险分析是在不确定情况下进行决策的一种定量化方法，这一过程利用蒙特卡洛模拟和决策树分析等技术，以便：

(1) 对项目结果以及实现项目结果的概率进行量化；

(2) 估计实现特定项目目标的概率；

(3) 通过量化风险对于项目总风险的相对贡献确定最需要关注的风险；

(4) 确定在已知项目风险的条件下限时并且能够实现的成本、进度或范围目标；

(5) 在某些条件或结果不确定时，确定最佳的项目管理决策。

尽管有经验的风险经理有时在风险识别之后直接进行定量风险分析，但定量风险分析一般在定性风险分析之后进行。在有些情况下，制定有效的风险应对策略并不需要定量风险分析。可以得到多少时间和预算以及对风险和影响定性或定量说明的需要决定着把什么方法用于特定的项目。定量风险分析应当在进行风险应对计划之后再次进行，并作为风险监测和控制的组成部分，以确定项目总风险是否已经减少到满意。重复进行定量风险分析反映出来的趋势可以指出需要增加还是减少风险管理措施，它是风险应对计划的一项依据。

7.5.1 实施定量风险分析的依据

实施定量风险分析主要依据以下内容。

(1) 风险管控计划

风险管理计划中用于定量风险分析的关键内容包括执行风险管理的岗位职责、预算和计划好时间的风险管理活动，风险分类，风险分解结构和修订的有关方面的风险承受度。

(2) 成本管控计划

(3) 进度管控计划

(4) 风险名单

(5) 企业环境因素

包括风险专家所做的类似项目的行业研究和来自行业或特殊来源的风险数据库。

(6) 组织过程资源

可以从行业或所有人那里得到的以前的、类似的已完项目信息，风险专家对类似项目的研究，以及风险数据库。

7.5.2 实施定量风险分析的方法

1. 数据收集和表示技术

1) 访谈

访谈技术用于对风险概率及其对项目目标的影响进行量化。需要的信息取决于采用的概率分布类型。例如：对有些常用的概率分布，会收集乐观(低)、悲观(高)与最可能情况的相关资料；而对其他分布，则会收集平均值和标准差的资料。表 7-3 是一个用于成本估算的三点估算法的例子。风险访谈调查确定了每个 WBS 元素的三点估计值。传统做法把各个最可能的值相加，得 4 100 万元，但相对来说这个值实现的可能性不大。将风险值域设定的理由形成文件是风险访谈的一个重要组成部分，因为它可以为该项分析的可信性和可靠性提供信息。

2）概率分布

连续概率分布表现为所计划活动的持续时间和项目组件的成本的数值的不确定性。离散分布可以用来表现不确定事件，如测试的结果或决策树的某种可能选项。图7-3显示了两个广泛使用的连续分布的例子，这些不对称分布描绘的形状与项目风险分析期间逐步得到的典型数据相符。如果在规定的最高值和最低值之间不存在明显比任何其他值都更可能的值，则可以使用均匀分布，如在概念设计阶段即是这种情况。贝塔分布和三角形分布常用于定量风险分析。其他常用的分布包括均匀分布、正态分布和对数正态分布。在图中，横坐标表示工期或成本的可能值，纵坐标表示相应的可能性。

表7-3　通过风险访谈收集的项目成本估算值域

万元

WBS元素	低	最可能	高
设计	400	600	1 000
建造	1 600	2 000	3 500
调试	1 100	1 500	2 300
项目合计		4 100	

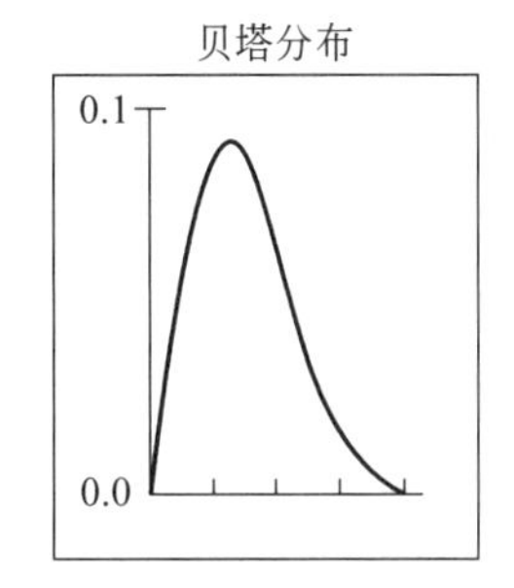

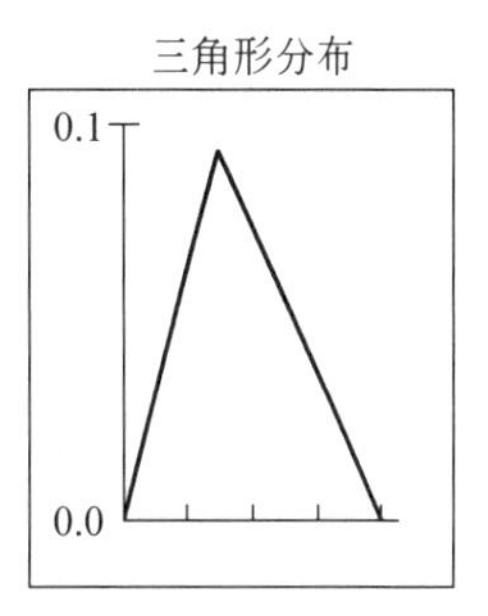

图7-3　常用概率分布的例子

2. 定量风险分析与建模技术

1）灵敏度分析

灵敏度分析帮助确定哪些风险对项目最可能有影响。它研究当把所有其他不确定因素都保持在基准值的条件下，每个项目元素的不确定性对正被考察的目标的影响程度。灵敏度分析最常用的显示方式是龙卷风图，它有助于比较具有高不确定性的变量对于更稳定变量的相对重要性。

2）期望值分析

期望值分析（EMV）是一个统计概念，它计算当未来事件包含发生或不发生的可能（即不确定状态下的分析）时的平均结果。机会的期望值一般表示为正值，而风险的期望值一般表示为负值。期望值是通过将每个可能结果的值与其发生概率相乘，再把它们相加起来计算的。这种分析的一个常见用途是用于决策树分析如图7-4所示，此图表示的决策树是一个建厂决策的例子，已知不同产品需求情况下的建设成本、概率和收益，解此决策树得出的结果是采用改建方案，因为决策值是0.46亿元（新建方案的决策值是

0.36 亿元）。建议在成本和进度风险分析中使用建模和模拟技术，因为它们比期望值分析更强有力，而且不会被错用。

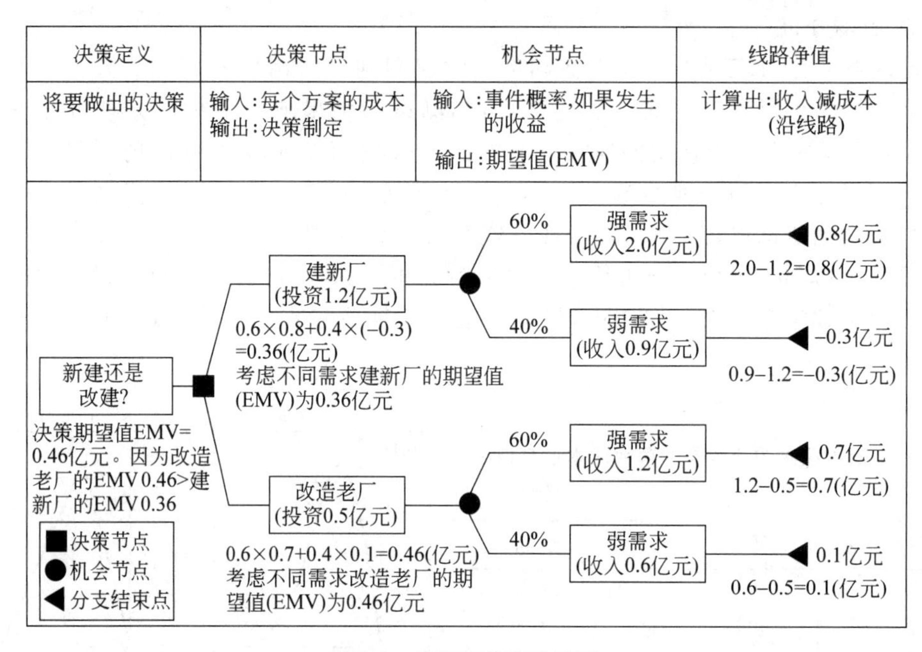

图 7-4 建厂决策的决策树

3）建模和模拟

项目模拟利用一个模型将详细规定的项目不确定性换算为它们对项目目标的可能影响。项目模拟一般采用蒙特卡洛技术。在一次模拟中，用按照一个概率分布函数（例如项目元素的成本和计划活动的持续时间）随机产生的输入值多次运算（迭代）项目模型，这个概率分布函数是为每次迭代从每个变量的许多概率分布中选定的。一个概率分布（例如总成本或完工日期）就可以计算出来。

对于成本风险分析，模拟可用传统的项目工作分解结构或成本分解结构作为模型；对于进度风险分析，可以使用单代号网络图（PDM）进度计划。图 7-5 显示了一个成本风险模拟的结果。如果假定数据的取值范围如表 7-3 所示服从三角形分布，那么这个累计的可能性分布表明那个最有可能的成本估算总额有超支的风险，它说明项目达到4 100 万元的估算只有 12%的可能性。如果一个保守的组织想要使成功的可能性达到 75%，就需要把预算定为 5 000 万元（将近 22%的不可预见费）。

3. 专家评价

组织内外部的专题事务专家，如工程或统计专家可以证实数据和技术是否正确。

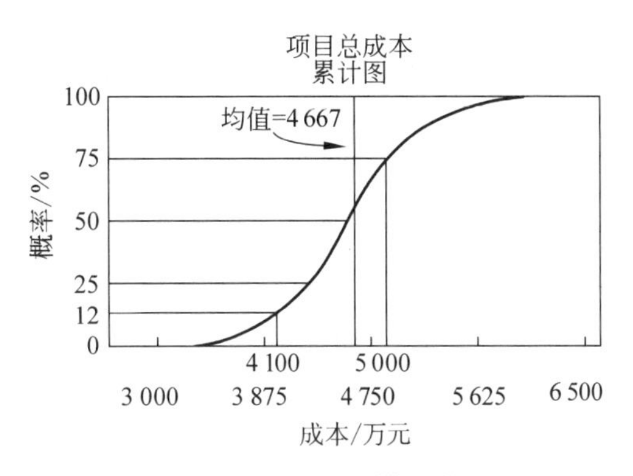

图 7-5　成本风险模拟结果

7.5.3　实施定量风险分析的成果

风险名单在风险识别中形成，在定性风险分析中更新，并在定量风险分析中进一步更新。风险名单是项目管理计划的组成部分。此处的更新主要包括以下内容。

(1) 项目的概率分析。在列出各种置信水平下的可能完工日期和成本的前提下，对可能的进度和成本结果做出估计。这个结果一般用累计分布表示，它与有关方面的风险承受度一起用于对成本和时间的不可预见事件储备进行量化。通过这样的不可预见事件储备，从而使超出既定项目目标的风险降低到组织可以接受的水平。如图 7-5 所示，在 75％时的成本不可预见事件储备是 900 万元，也就是大约等于最可能估算值总额(4 100 万元)的 22％。

(2) 实现成本和时间目标的概率。由于项目面临风险，利用定量风险分析的结果就可以估计按目前的计划实现项目目标的概率。如图 7-5 所示，实现 4 100 万元的成本估算(来自表 7-3)的概率大约为 12％。

(3) 已量化的风险优先清单。这个风险清单包括对项目造成最大危害或为项目提供最大机会的风险以及需要最多成本不可预见事件储备的风险和最可能影响关键线路的风险。

(4) 定量风险分析结果中的趋势。随着分析的反复进行，某种趋势可能显露出来，其结论影响风险应对措施。

7.6　制定风险应对计划

风险应对计划是制定方案和确定增加对项目目标的机会以及减少对项目目标的危害的行动的过程。风险应对计划在定性风险分析和定量风险分析之后进行，它确认已商定且已得到资金的风险应对措施的一个或多个责任承担人(风险应对措施的所有人)并向他们分配责任。风险应对计划根据风险的优先级处理风险,在需要时将资源和活动加入到预算、进度计划和项目管理计划中。

所有计划的风险应对措施必须符合风险的重要性、能经济有效地应付挑战、及时、在项目环境下是现实的、所有参与各方意见一致,并得到一个责任人承认。通常需要从几个备选方案中选择一项最佳的风险应对措施。

本节介绍为应对风险制定计划的常用方法。风险包括影响项目成功的危害和机会,本节将针对这两个方面分别讨论应对措施。

7.6.1 制定风险应对计划的依据

1. 风险管控计划

风险管控计划的重要内容包括岗位职责、风险分析定义、低中高风险的极限、进行项目风险管理需要的时间和预算。

风险管控计划的一些内容是风险应对计划的重要依据,这些内容包括低、中、高风险的极限,这种极限帮助人们了解那些需要采取应对措施的风险以及用于制定风险应对计划的人员分配、进度计划和预算制定。

2. 风险名单

风险名单最初在风险识别过程中形成,在风险定性和定量分析中得到更新。风险应对计划在制定风险应对策略时,可能要重新参考已识别的风险、风险的根本原因、可能的应对措施清单、风险所有人、征兆和预警信号。

风险名单给风险应对计划提供的重要依据包括:项目风险的相对等级或优先级清单、近期需要采取应对措施的风险清单、需要补充分析和应对的风险清单、定性风险分析结果中的趋势和根本原因、按分类分组的风险以及低优先级风险的观察清单。在定量风险分析过程中,风险名单得到进一步更新。

7.6.2 制定风险应对计划的方法

如果有若干种风险应对策略可用,应当为每个风险选择最有可能产生效果的策略或策略组合。可以利用风险分析的工具(如决策树分析)选择最适当的应对方法,然后为了实施该项策略而制定具体行动计划。可以选定主要策略和备用策略,可以制定一个退出计划,在所选策略被证明不是充分有效或者发生了一个可以接受的风险时实施。同时要为不可预见事件分配时间或成本储备。最后,可以制定一个不可预见事件计划,还要识别引发这些事件的条件。

1. 消极风险或危害的应对策略

通常使用四种策略处理危害或一旦发生就可能对项目目标有消极影响的风险。这些策略是回避、转移、减轻和接受。

1）回避

回避风险包括改变项目管理计划以消除由有害的风险造成的危害、使项目目标不受风险的影响、放宽有危险的目标（例如延长进度或减小范围）等。一些在项目早期出现的风险可以通过澄清需求、取得信息、改善沟通或获取专门技术避免。

2）转移

风险转移需要将威胁的消极影响连同应对的权力转给一个第三方。转移风险实际只是把风险管理的责任给了另一方，而并非将其消除。转移风险几乎总是伴随着向承担风险的一方支付风险成本。转移的手段丰富多样，至少包括使用保险、履约保证（金）、保证和担保等。在许多情况下，可以利用合同将特定风险的责任转移给另一方，使用成本加成类合同可以将成本风险转移给买方，如果项目的设计保持不变，可以用固定价格合同把风险转移给卖方。

3）减轻

风险减轻指的是把不利风险事件的概率和影响单独或一起降低到一个可以接受的程度。为了把不利风险事件的概率和影响单独或一起降低而早采取行动往往比在风险发生后亡羊补牢更为有效。采用不太复杂的工艺、进行更多的测试或者选用比较稳定的供应商都是减轻风险行动的实例。要想减低一项工艺或产品从实验室规模的模型放大到实际产品存在的风险，可能就需要开发样机。如果不可能降低风险的概率，则减轻风险的应对措施就可能通过瞄准决定严重程度的连接点专注于风险的影响。例如：设计时在子系统中设置冗余组件有可能减轻原有组件故障所造成的影响。

4）接受

采用这一策略的原因是很少有可能消除项目的所有风险。这种策略预示项目团队已经决定不为处置某个风险而改变项目计划，或者无法找到任何其他应对良策。可以把它用于机会或者危害。这个策略可以是被动的也可以是主动的。被动地接受不需要采取任何行动，当危害或机会出现时让项目团队去处理它们。最常用的主动接受策略是建立一项不可预见事件储备，包括一定的时间、资金或资源用于处理已知或只是有时可能的未知危害或机会。

2. 积极风险或机会的应对策略

建议使用四种策略应对对项目目标可能有积极影响的风险。这些策略是利用、分享、增加和接受。

1）利用

在组织希望确保某个机会得以实现的情况下，可以为那些有积极影响的风险选择这个策略。通过这个策略使机会肯定出现来寻求某个特定的正面风险的不确定性。直接利用措施包括为了缩短完成时间或得到高于原计划的质量给项目分配更多有能力的人员。

2）增加

增加这个策略通过单独或一起增加概率和积极影响，并识别这些有积极影响风险的关键促成因素和使它们最大化更改机会的“大小”。通过努力促进或加强机会的形成，以及提前瞄准和加强其引发条件可能提高机会发生的概率；也可以瞄准影响的促成因素，努力提高项目对于机会的敏感性。

3）分享

分享一个积极风险就是将风险的所有权分配给最有能力抓住对项目有利的机会的一个第三方，分享的实例包括组建风险分享的合伙契约、团队、带有特殊目的的公司或为处理风险的特殊目的而建立的联合体。

4）接受

接受一个机会是如果机会出现则愿意利用它，但不是主动追求它。

3. 应急应对策略

有些应对措施被设计出来只在某些事件发生时才使用。对于有些风险，项目团队可以制定一个只在某些预定条件下才执行的应对计划，这样做的前提条件是有实施这个计划需要的足够的预警信息。应当确定并跟踪那些引发应急应对策略的事件，如缺少的中间里程碑或在供应商那里得到更高的优先权。

4. 专家评价

有关对某个特定和规定的风险采取的措施的专家意见来自一些知识渊博的方方面面，凡是在建立风险对策方面受过专业教育、有专业知识、技能、经验、受过培训的群体或个人，都可以为此提供专门知识。

7.6.3 制定风险应对计划的成果

1. 项目管理计划更新

1）进度管控计划

更新进度管控计划是为了反映风险对策给过程和实践带来的变化，可能包括资源负荷和均衡的容忍度和行为的变化，也可能是进度计划策略的更新。

2）成本管控计划

更新成本管控计划是为了反映风险对策给过程和实践带来的变化，可能包括成本核算、跟踪和报告方面的容忍度和行为的变化，也可能是预算和不可预见费预留使用的更新。

3）质量管控计划

更新质量管控计划是为了反映风险对策给过程和实践带来的变化，可能包括需求、质量保证和质量控制方面的容忍度和行为的变化，也可能是需求文件的更新。

4）采购管理计划

更新采购管理计划是为了反映风险对策带来的政策变化，如制造还是购买决策或合同类型的变化。

5）人力资源管理计划

作为人力资源管理计划的组成部分，人员配备管理计划的更新是为了反映风险对策给项目组织结构和人员使用带来的变化，可能包括人员分配方面的容忍度和行为的变化，也可能是人员负荷的更新。

6）范围基准

由于采用风险对策会新增、调整或取消一些工作，可能要更新范围基准以反映这些变化。

7）进度基准

由于采用风险对策会增减一些工作，可能要更新进度基准以反映这些变化。

8）成本基准

由于采用风险对策会增减一些工作，可能要更新成本基准以反映这些变化。

2. 项目文件更新

在风险应对计划过程中，要选择好适当的应对策略、就策略形成一致意见、并把策略加入风险名单中。风险名单要编写到符合优先权排序和所计划的应对策略的一种详细程度。高、中级风险通常会更仔细地处理。判断为低优先权的风险被列入观察清单，以便进行定期监测。此时的风险名单包括以下内容：

(1) 风险所有人和分给他们的责任。

(2) 形成一致意见的应对措施。

(3) 实施所选应对策略采取的具体行动。

(4) 风险发生的征兆和预警信号。

(5) 实施所选应对策略需要的预算和进度计划活动。

(6) 应急方案和招致方案实施的引发因素。

(7) 要使用的退出计划，它作为对某个已经发生，并且原来的应对策略已被证明不当的风险的一种反应。

(8) 预计在已经采取了计划的对策之后仍将残留的风险，以及那些主动接受的风险。

(9) 作为实施一项风险应对措施的直接结果所产生的继发风险。

(10) 根据项目的定量分析和组织的风险极限计算出的不可预见事件储备。

其他需要更新的项目文件还可能包括：

(1) 假设登记更新

随着风险对策的采用中新信息的获得，原有的假设可能改变。假设登记因此要修订以适应这些新信息。

(2) 技术文件更新

随着风险对策的采用中新信息的获得，技术方法和物质交付成果可能变化。各种支持文件因此要修订以适应这些新信息。

(3) 变更申请

制订风险对策也往往导致在制定其他计划时，出现资源、活动、成本估算，以及其他事项的改变。当发现这些变化时，要通过进行集成变更控制过程来提出和处理变更申请。

7.7 控制风险

包含在项目管理计划中的已计划风险应对措施在项目生命期间得到执行，但为了发现新风险和变化着的风险，应当持续地进行监测项目工作。

风险控制是这样一个过程，它识别、分析和控制新风险，保持对已识别风险和观察清单中的风险的跟踪，重新分析现存的风险，监测不可预见事件计划的引发条件，监测残留风险，评审风险应对策略的实施效果。风险控制使用一些技术，例如偏差和趋势分析，这些分析需要使用项目实施过程中生成的绩效数据。风险监测与控制和其他风险管理流程是项目寿命期间的一种不断改进更新的过程。风险控制的其他目的在于确定是否：

(1) 项目假设仍然正确；

(2) 已评价的风险，以及趋势分析与原来的状态相比已经改变；

(3) 正确的风险管理政策和程序正得到执行；

(4) 不可预见事件的成本或进度储备应当随着项目风险的改变得到修正。

风险控制可能涉及选择一些替代策略、实施一项应急或退出计划、采取纠正措施或修改项目管理计划。风险应对的负责人应当定期向项目经理汇报计划的有效性、未曾预料到的后果以及为了适当地处理风险需要采取的任何中间纠正措施。风险控制过程还包括更新组织方法资源，其中包括为了有利于未来项目所建立的项目经验教训数据库和风险管理样板。

7.7.1　控制风险的依据

1）项目管理计划

2）风险名单

风险名单为风险监测与控制提供的关键依据包括已识别的风险和风险所有人、取得一致意见的风险应对策略、具体的实施行动、风险征兆和预警信号、残留风险和继发风险、低优先权风险的观察清单以及不可预见事件的时间和成本储备。

3）工作绩效数据

工作绩效数据包括项目可交付成果的状态、纠正行动和绩效报告在内的工作绩效信息是风险控制的重要依据。

4）工作绩效报告

工作绩效报告提供项目工作绩效信息，例如可能影响风险管理过程的某项分析。

7.7.2　控制风险的方法

1. 风险再评价

风险监测与控制通常需要在适当的时候利用本章介绍的流程识别新风险并对风险进行重新评价，应当预定好定期的风险再评价。项目风险管理应当是团队状况检查会议的一个议题，合适的重复次数和详细程度取决于项目相对于目标的进展情况。例如，如果出现了没有在风险名单中预计的风险或没有包含在观察清单中的风险，或对目标的影响与预期的影响不同，则计划的应对措施可能不当，那么就有必要进行补充风险应对计划，从而对风险进行控制。

2. 风险审核

风险审核是对在处理已识别风险和它们的根源当中使用的风险对策的效果以及风险管理过程的效果进行检查并把它们制定成文件。

3. 偏差和趋势分析

应当利用绩效资料评审项目实施当中的趋势，可以使用赢值分析、其他项目偏差和趋势分析方法监测项目总体绩效。这些分析的结果可以预测出在项目完成时项目成本和进度目标可能产生的偏离。与基准计划的偏差可以表明威胁或机会的可能影响。

4. 技术绩效测定

技术绩效测定将项目执行期间的技术成果与项目计划中的技术成果进度计划进行比

较。例如在一个里程碑时刻显示出比计划或多或少的功能性之类的偏差可以帮助预测在实现项目范围上的成功度。

5. 储备分析

在项目实施自始至终的过程中，一些风险可能会发生，进而对不可预见事件的预算或进度储备产生积极或消极的影响。储备分析在项目的任何时点将剩余的不可预见事件储备与剩余风险量进行比较，以确定剩余的储备是否充足。

6. 会议

项目风险管理可以是定期召开的项目状况检查会的一项议程。这个事项占用的会议时间可长可短，取决于已经识别出的风险、风险的优先级以及应对的难度。越经常实践风险管理，它就变得越容易，经常讨论风险使有关于风险，特别是威胁的讨论更容易并且更准确。

7.7.3 控制风险的成果

1. 工作绩效信息

作为控制风险的一种成果，工作绩效信息提供一种沟通和支持项目决策的机制。

2. 变更申请

实施应急方案或临时变通措施有时导致变更申请。变更申请编制并提交到集成变更控制过程，其中可以包括建议的纠正措施和预防措施。

建议的纠正措施是指那些使项目工作绩效重新与项目管理计划一致的活动，包括应急方案和临时变通措施。预防措施是指预先做好可能出现偏离主观预期轨道或客观普遍规律的应对措施。

3. 项目管理计划更新

如果批准的变更申请对风险管理过程产生影响，那么为了反映批准的变更，项目管理计划的相应组成文件应当得到修订并重新发布。

4. 项目文件更新

包括风险名单和其他文件更新。

更新的风险名单包括：

(1) 风险再评价、风险审核和定期风险评审的结果。这些结果可能包括对概率、影响、优先级、应对计划、所有人以及风险名单其他元素的更新。结果还可能包括不再有效的已结束风险。

(2) 项目风险和风险应对策略的实际结果可以帮助项目经理为整个组织的风险和未来项目的风险进行计划。

5. 组织过程资源更新

6个项目风险管理流程产生的信息可以用于未来的项目，并且应当把这些资料收入组织过程资源当中。包括概率和影响矩阵以及风险名单在内的风险管理计划样板可以在项目收尾时得到更新；可以把风险编制成文件并更新风险分解结构；来自项目风险管理活动的经验教训可以加入到组织的经验教训知识数据库当中；项目活动实际成本和持续时间的数据可以加入到组织的数据库中，其中包括风险名单的最终版本、风险管理计划样板、检查表和风险分解结构。

7.8　小结

项目风险是影响项目目标实现的所有不确定因素的集合。项目风险管理是在项目过程中识别、评估各种风险因素，采取必要对策控制能够引起不希望的变化的潜在事件和领域。项目风险管理的目的就是有利事件的积极结果尽量扩大，而把不利事件的后果降低到最低程度。

项目风险管理包括制定风险管控计划、识别风险、实施定性风险分析、实施定量风险分析、进行风险应对计划、控制风险等工作。

目前，风险管理已成为项目管理的组成部分。通过风险管理，项目管理者能有效地保证目标控制的顺利进行，寻找项目实施的最大保障，最终使项目的总目标最佳地实现。

7.9　案例

教　　训

这是20世纪90年代中期发生在我国的一个有关项目风险的问题，具有一定的代表性。

某机场(甲方)获得上级主管部门的支持，计划投资建设一套机场管理信息系统。由于种种原因，承建方(乙方)被指定为一家与民航有关系的国内公司。

乙方原本是一家只有十来个人的小型电脑公司，做过一些与民航相关的小工程，对民航的基本业务有一定的了解，所以知道一些客户的行话、术语，大面上的规划看上去还是像模像样的。系统规划包括：UNIX服务器、台式PC、局域网络设备、系统软件以及需要专门开发的应用软件。其中，应用软件部分是关键，是整个系统的灵魂，决定着项目的优劣、成败。

乙方为甲方所作的投资估算是：服务器、台式机、网络设备、系统软件等按厂商的公开价格计算，加上相关的施工费用，总计人民币约985万元。而应用软件开发的部分，由于无法作精确的估算，所以采取了非常笼统的"1∶1报价原则"，即参照系统部分985万元的基数，按1∶1作估算也是985万元，两项相加，项目总预算为1 970万元。由于甲方希望"软件要做得好一点"，加上其他种种原因，所以也并不砍价，痛痛快快地接受了这笔当时来说堪称"巨额"的软件开发费用。至于工期，甲方希望"尽快"，乙方便一拍脑袋承诺"半年交钥匙"。

甲方的目标是建成同行中的"国内先进水平""样板工程"，但对于这个"样板"的具体内容、应该建成什么样子却不甚了解，也没花多少心思去想。以往搞基建、土木工程，经验都比较多，什么规格的跑道有哪几层材料、各铺多厚、每平方米用多少料、造价大概多少、工期怎样安排合适，估算驾轻就熟。但是，对于计算机、网络、软件这些新玩意儿，谁心里都没谱。所以，项目建议书、可行性研究报告、投资估算等都由乙方全盘代办，对于甲方及其上级主管部门来说，都是照单全收。于是，双方顺利地按1 970万元签订了合同，工期就按乙方所说的半年而定。

计算机技术发展到今天的成熟阶段，硬件、网络、系统软件等已经成为标准化了的"积木"，看似高深，其实"装配"起来并不困难，只需要一两个熟练工人按部就班就可以轻松搞定。这一点，甲方不清楚，但乙方作为圈中人自然心里明白。

真正的难点和风险在于未引人注意的应用软件开发。这一点，甲方更不清楚，就连乙方也没有充分估计。

乙方以前从来没有承担过如此巨大的工程，也没有搞过稍有规模的软件开发。他们原本的如意算盘是这样的：系统成本按厂商的公开报价计算，这里面已经有了很大的"水分"，因为任何中间商都可以以差不多5折左右的价格拿到大部分的货，再转手以公开报价卖给客户，不费吹灰之力就已经赚了一半左右的钱。也就是说这部分的成本实际上只有500万元上下。而应用软件开发，由于客户方除了一个笼统的"国内先进水平""样板工程"之外，几乎没有任何具体的要求，所以弹性非常大，可以说全凭乙方的良心做事。而乙方的乐观估计是，只需动用十几个人，花上半年的时间，实际成本绝对到不了100万元。考虑到缴税、差旅以及其他各种相关费用等，该项目的总成本无论如何都不会超过900万元，预期的税后纯利润可达1 100万元之巨，真是个"肥得流油"的好项目！

如此巨额的利润空间是乙方从前根本没有想到的，所以就被冲昏了头脑，做出了好大喜功的决定：要向"世界先进水平"挑战！

于是，应用软件的设计规划由最初的4个子系统猛增到了18个，而每个子系统中也加入了许多完全出自想象的华而不实的功能。比如，乙方主动提出要把外场动态信息引到机场老总们的办公室里，而且要用电脑实时合成三维动画显示在大屏幕墙上——不是用文本显示，不是用闭路电视，也不是用标准显示器。

接下来，乙方的公司发生了翻天覆地的变化：原先的小阁楼待不下了，搬进了宽敞的写字楼；一下子添置了3辆轿车；公司员工们都换了新款的手机；公司首脑们纷纷出国考察，觉得人家的东西是漂亮，咱也能照猫画虎；程序员的规模急速膨胀到了100多人，然而活却越干越多。

半年很快就过去了，可是软件系统的初步设计都没有完全确定下来，因为领导和客户总会提出新的想法和要求。另外，包括该公司原有的员工在内，100多个程序员没有一个知道机场的信息管理应该是怎么回事，都得从头开始了解客户当前的现实情况，然后再闭门造车想象理想的未来模式应该是什么样的。还有，技术人员队伍相当不稳定，许多人是刚进来两三个月就又跳槽走了，开发管理跟不上，一个人走了一整块工作就全瘫痪了，没人能接上手，换个新人又得从头学起、从头再干……先后有超过300名开发人员接触过这个项目，大多数都是匆匆的过客。

一年过去了，情况照旧。软件产品依旧是毫无头绪的一团乱麻，完全陷入了一个无休止的低水平重复的怪圈里。全公司所有人只为了这一个大项目忙得一塌糊涂、乱得一塌糊涂，像走马灯似地变换着面孔。真应了那两句诗："年年岁岁花相似，'月月日日'人不同。"

又过了半年，还是没完没了。

直到经过了轰轰烈烈的整整一年零9个月之后，"补丁摞补丁"的应用软件才跌跌撞撞地分步上线投入试运行。又经过大半年之后，才渐渐稳定下来，至少是不再频繁出现莫名其妙的故障。最后实际投入使用的子系统只有3个，而且诸如三维动画、大屏幕什么的全都只做了一半就做不下去了，终于不了了之。而原本预期中1 100万元的巨额税后纯利润空间变成了负数。

后来经过反复的交涉，甲方上级主管部门又拨款280万元才勉强让这个项目做完，没有记入"半拉子工程"之列。但是关于"样板工程"的说法却再也没有人提起了。

问题：

(1) 这个项目中存在哪些风险？

(2) 这些风险能不能进行管理？应该怎样管理？

(3) 项目管理者有无进行风险管理？

CHAPTER 8 第8章 项目采购管理

项目采购管理是从项目团队以外购买或获得需要的产品、服务或成果必须进行的管理工作。项目组织既可以是项目产品、服务或成果的买方，也可以是卖方。

项目采购管理包括合同管理和变更控制过程，需要使用这些过程编制和管理项目团队成员签发的合同或采购订单。项目采购管理还要管理从项目所在组织（卖方）获得项目的外部组织（买方）发出的合同，管理这些合同规定给项目团队的合同义务。

项目采购管理包括如下内容。

（1）制定采购管理计划——把做出的项目采购决策、确定的采购方式、确定潜在卖方编制成文件。

（2）进行采购——得到卖方响应，选择卖方并签订合同。

（3）控制采购——管理采购关系、监督合同履行，如果需要则做出变更和纠正。

（4）结束采购——完成一次项目采购。

上述过程不仅彼此相互影响，而且还与其他项目管理过程相互影响。根据项目的具体需要，每个过程都可能需要个人或群体的努力。每个过程在每个项目中至少进行一次，并在项目的一个或多个阶段（如果项目被划分为多个阶段）进行。

项目采购管理围绕合同进行，合同是买卖双方之间的法律文件，是对双方都有约束力的协议，它规定卖方有义务提供规定的产品、服务或成果，规定买方有义务支付货币或其他等价报酬。合同可简可繁，应该与交付成果和所需工作的简繁程度相适应。

采购合同包括条款和条件，也可以包括买方规定卖方应履行或提供事项的其他款项。在遵守组织的采购政策的同时，项目管理团队必须保证所有采购都满足项目的具体需要。在不同的应用领域，合同也称做协议、协定、分包合同或采购订单。大多数组织都有政策和程序文件，用它们专门规定采购规则、规定代表组织签署和管理合同的权力人。

虽然所有项目文件都要经过某种形式的审批，但是合同的法律约束性往往意味着合同要经过更多的审批。在任何情况下，审批的重点都是确保合同语言能把满足既定项目需要的产品、服务或成果描述好。

项目管理团队可以尽早寻求发包、采购、法律和技术专家的支持。组织政策可能强行要求这些专家的参与。

项目采购管理包含的各种活动构成了合同生命周期。通过对合同生命周期进行积极管理，以及仔细斟酌合同条款和条件的措辞，就可以回避或减轻某些可识别的项目风险，或把它们转移给卖方。签订一项产品或服务合同，是分配风险管理责任或分担潜在风险的一种方法。

在复杂项目中，可能要同时或先后管理多个合同或分包合同。在这种情况下，每个合同的生命周期可能在项目生命周期中的任何阶段结束。项目采购管理是从买卖方关系的角度进行讨论的，买卖方关系可能存在于任何一个项目的许多层次上，存在与采购组织内部之间和内外之间的关系。

在不同的应用领域，卖方也可称为承包商、分包商、供货商、服务提供者或供应商。根据买方在项目采购过程中的位置，买方也可称为顾主、客户、主承包商、承包商、采购组织、政府机构、服务需求者或购买方。在合同生命周期中，卖方首先是作为投标人，其次是中标人，最后是签约供应商或供货商。

如果采购的不只是现货材料、货物或普通产品，卖方通常把采购作为一个项目来对待。在这种情况下：

(1) 买方成了客户，因而是卖方的一个关键项目利益相关者。

(2) 卖方的项目管理团队关注项目管理的全部过程，而不只是采购管理的过程。

(3) 合同条款和条件成为卖方许多管理过程的主要依据。合同可以实际包含各种依据（如主要交付成果、关键里程碑、成本目标），或者可以限制项目团队的选择（如在设计项目中，人员配备的决定往往要得到买方的批准）。

本章假定由项目团队担当买方，卖方来自项目团队的外部。本章还假设买卖方之间有正式的合同关系。但是，本章的大多数内容同样适用于项目团队内部各部门之间达成的非合同形式的协议。

8.1 制定采购管理计划

制定采购管理计划要把做出的项目采购决策、确定的采购方式、确定的潜在卖方编制成文件（图 8-1）。制定采购管理计划要确定两类项目需要：必须通过从项目组织以外获得产品、服务或成果来满足的需要，以及可以由项目团队实现的需要。

制定采购管理计划要决定是否需要取得外部支持。如果需要，则还要决定采购什么、如何采购、需要花费多少以及何时采购。如果项目需要从执行组织外部获得需要的产品、服务和成果，则每次采购都要经历从制定采购管理计划到结束采购的所有过程。

制定采购管理计划还要考虑到可能的卖方，尤其是在买方希望对卖方施加一定的影响或控制采购决策的情况下更是如此。同时，还要考虑由谁负责在进行项目期间获得或持有法律、法规或组织政策要求的相关许可或专业执照。

项目进度计划的要求可能对制定采购管理计划时制定采购策略产生重要影响，在编

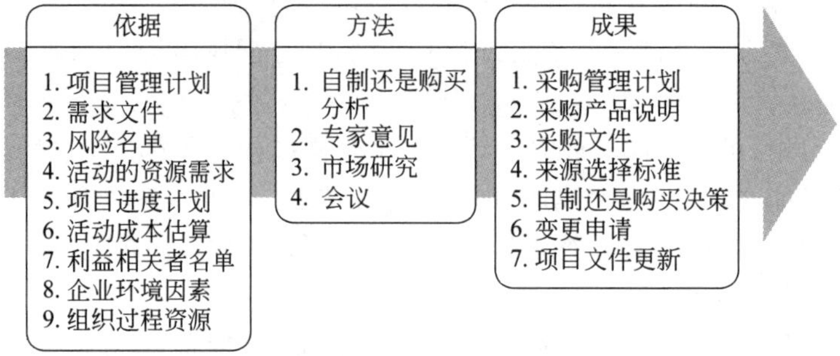

依据	方法	成果
1. 项目管理计划	1. 自制还是购买分析	1. 采购管理计划
2. 需求文件	2. 专家意见	2. 采购产品说明
3. 风险名单	3. 市场研究	3. 采购文件
4. 活动的资源需求	4. 会议	4. 来源选择标准
5. 项目进度计划		5. 自制还是购买决策
6. 活动成本估算		6. 变更申请
7. 利益相关者名单		7. 项目文件更新
8. 企业环境因素		
9. 组织过程资源		

图 8-1　制定采购管理计划的依据、方法和成果

制采购管理计划时所做出的决定也会影响项目进度计划，这些决定与编制进度计划、测算活动资源和自制还是购买决策都要统一考虑。

制定采购管理计划要考虑每个自制还是购买决策所包含的风险，还要审查为了减轻风险，有时是向卖方转移风险而拟使用的合同类型。

8.1.1　制定采购管理计划的依据

1. 项目管理计划

项目管理计划表述了项目的需要、理由、需求和当前边界，它包括范围基准和其他内容。范围基准包括以下组成部分。

(1) 范围说明书。项目范围说明书包含产品范围描述、服务描述和成果描述，交付成果清单和验收标准，以及有关技术问题的重要信息或可能影响成本估算的事项。还包括各种约束条件，如要求的交付日期、可用的熟练人员以及组织的政策。

(2) WBS。

(3) WBS 字典。WBS 字典和相关的详细产品说明规定交付成果，以及为产生每个交付成果需要完成的每个 WBS 组成部分中的工作。

2. 需求文件

需求文件可能包括：

(1) 制定采购管理计划时考虑的关于项目需求的重要信息；

(2) 带有合同和法律含义的需求，如健康、安全、安保、绩效、环境、保险、知识产权、同等就业机会、执照和许可。

3. 风险名单

风险名单中包括与风险有关的信息，如已识别的风险、风险责任人和风险应对措施。

4. 活动的资源需求

活动的资源需求包括诸如人员、设备或地点方面的信息。

5. 项目进度计划

项目进度计划包括要求的时点或强制交付日期方面的信息。

6. 活动成本估算

根据采购活动编制的成本估算，用于评价潜在卖方的投标书或收到的建议书的合理性。

7. 利益相关者登记表

利益相关者登记表提供项目参与者及他们在项目中的利益方面的详细情况。

8. 企业环境因素

对制定采购管理计划有影响的企业环境因素包括：

(1) 市场条件；

(2) 可以从市场获得的产品、服务和成果；

(3) 供应商情况，包括以往业绩或声誉；

(4) 适用于产品、服务和成果的典型条款和条件，或适用于特定行业的典型条款和条件；

(5) 当地独有的要求。

9. 组织过程资源

对制定采购管理计划有影响的组织过程资产包括：

(1) 正式的采购政策、程序和指南。大多数组织都有正式的采购政策和采购机构。如果没有，项目团队就必须为了完成采购活动提供资源和专业知识。

(2) 在编制采购计划和选择合同类型时要考虑的上级管理系统。

(3) 基于经验建立的合格卖方多级供应商系统。

通常合同分为两大类，即固定价格和成本补偿。还有第三种常用的合同类型，即混合型的工料合同。实践中，在一次采购中组合使用不同合同也是常见的。

(1) 固定价格合同。此类合同为要提供的产品或服务设定一个固定总价。固定价格合同还可以为达到或超过确定的项目目标，如计划交付日期、成本和技术性能，或其他可量化、可测量的目标规定财务奖励条款。卖方必须依法履行固定价格合同，否则就要承担相应的违约赔偿责任。采用固定价格合同，买方必须准确定义要采购的产品或服务。虽然允许范围变更，但范围变更通常会导致合同价格提高。

① 严格固定价格合同(FFP)。FFP 是最常用的合同类型。大多数买方都喜欢这种合同，因为货物的价格在一开始就确定了，并且不允许改变，除非工作范围发生变更。因合同履行不好而导致的任何成本增加都由卖方负责。在 FFP 合同下，买方必须准确规定要采购的产品和服务，对采购规范的任何变更都可能增加买方的成本。

② 固定价格加激励费用合同(FPIF)。这种固定价格合同为买方和卖方都提供了一定的灵活性，它允许有一定的履约偏离，并对实现既定目标给予财务奖励。通常，财务奖励都与卖方的成本、进度或技术性能有关。履约目标一开始就要设定好，而最终的合同价格要待全部工作结束后根据卖方履约情况确定。在 FPIF 合同中，要设置一个价格上限，卖方必须完成工作，高于上限的所有成本由卖方承担。

③ 固定价格加经济价格调整合同(FP-EPA)。如果卖方履约时间跨越数年相当长的周期，就会使用这种合同；许多长期关系也采用这种合同。这是一种特殊的固定价格合同，它事先规定允许根据条件变化，如通货膨胀、某些特殊商品的成本增加或降低，对合同价格进行最终调整。EPA 条款必须与可靠的财务指数联系在一起，这样才能准确地调整最终价格。FP-EPA 合同试图保护买方和卖方免受不可控外部条件的影响。

(2) 成本补偿合同。这一类合同向卖方支付为完成工作而发生的全部合法实际成本(可报销成本)，外加一笔费用作为卖方的利润。成本补偿合同也可以为卖方超过或低于预定目标，如成本、进度或技术性能目标，规定财务奖励条款。最常见的 3 种成本补偿合同是：成本加固定费用合同(CPFF)、成本加激励费用合同(CPIF)和成本加奖励费用合同(CPAF)。

成本补偿合同在一开始不能准确地规定工作范围且需要改变，或者存在较高风险的情况下，能让卖方做出改变。

① 成本加固定费用合同(CPFF)。卖方报销履行合同工作所发生的一切可列支成本，并得到一笔按最初估算的项目成本的一个百分比计算的固定费用。固定费用只针对已完成的工作支付，并且不因卖方的履约而变化。除非项目范围发生变更，固定费用维持不变。

② 成本加激励费用合同(CPIF)。卖方报销履行合同工作所发生的一切可列支成本，并在达到合同规定的履约目标时，得到预先确定的激励费用。在 CPIF 合同中，如果最终成本低于或高于原始估算成本，则买方和卖方要根据事先商定的分摊比例来分享节约部分或分担超出部分。例如，根据卖方的实际成本，按照 80/20 的比例分担(分享)超过(低于)目标成本的部分。

③ 成本加奖励费用合同(CPAF)。卖方报销履行合同工作所发生的一切合法成本，但是大部分奖励费用只有在满足了合同规定的许多主观性的履约标准的条件下，才能得

到支付。奖励费用完全由买方根据自己对卖方履约的主观判断来决定，并且卖方通常无权申诉。

（3）工料合同（T&M）。工料合同是兼有成本补偿合同和固定价格合同的特点的混合型合同。在不能很快准确规定产品说明书时，经常将工料合同用于增加人员、聘请专家以及外部支持。

这类合同与成本补偿合同的相似之处在于，对于买方它们都是开口合同，合同价因成本增加而变化。在授予合同时，买方可能并未确定合同的总价值和采购的准确数量。因此，就像成本补偿合同一样，工料合同的合同价值可以增加。很多组织在工料合同中规定最高价格和时间限制，以防止成本无限增加。另一方面，如果合同中规定了某些参数，工料合同又与固定单价合同相似。如果双方对某种资源的价格，如高级工程师的小时费率或某种材料的单位价格有了一致意见，那么买方和卖方就可以预先规定单位人工或材料价格，包含卖方利润。

8.1.2　制定采购管理计划的方法

1. 自制还是购买分析

自制还是购买分析是一种通用的管理技术，用来确定某项工作最好是由项目团队自行完成，还是必须从外部采购。有时，虽然项目组织有能力，但可能在为其他项目工作，为满足进度要求，项目就需要从组织外部获得这种劳务。

预算约束条件可能影响自制还是购买决策。如果决定购买，则应继续做出购买还是租赁的决策。自制还是购买分析应考虑全部相关成本，包括直接成本与间接成本。例如，买方的分析既要考虑购买产品的实际支出，也要考虑支持采购过程和采购到的事项所发生的间接成本。

2. 专家意见

专家的技术意见常用来评估本过程的依据和结果。专家的采购意见还可以用于制定或修改评价卖方建议书的标准。专家的法律意见可以是法律工作者所提供的相关服务，用来辅助处理一些比较特殊的采购事项、条款和条件。这些意见，包括商务和技术知识，既可以用于需要采购的产品、服务或成果的技术细节，也可以用于采购管理过程的各个方面。

3. 市场研究

市场研究包括对行业和特定卖方供货能力的检查。采购团队可以利用在展会、在线评价和更多来源得到的信息，找到市场供货能力。如果要抵消在多个能提供要求的材料或服务的卖方之间进行选择所存在的风险，为了利用成熟的技术，团队也可以提炼出一些特定的目标卖方。

4. 会议

不与潜在投标人举行交换信息的会议，自己单独研究可能无法提供形成采购策略的特定信息。当供应商可能支配着某种互利的方式或产品时，通过与潜在投标人协作，采购方可以在采购中受益。

8.1.3 制定采购管理计划的成果

1. 采购管理计划

采购管理计划说明如何管理从编制采购文件直到合同结束的各个采购过程。采购管理计划可能包括如下内容：

(1) 拟采用的合同类型；

(2) 风险管理问题；

(3) 是否需要编制独立估算，是否应把独立估算作为评价标准；

(4) 如果执行组织有采购、发包或采办部门，项目管理团队可以独自采取的行动；

(5) 标准化的采购文件；

(6) 管理多个供应商；

(7) 协调采购与其他工作，如制定进度计划与报告项目绩效；

(8) 可能影响采购的约束条件和假设条件；

(9) 确定采购需要的提前期，与项目进度计划协调；

(10) 进行自制还是购买决策，并与估算活动资源和制定进度计划联系在一起；

(11) 在每个合同中规定合同交付成果的计划日期，并与进度计划编制和进度控制相协调；

(12) 确定对履约担保或保险合同的需要，以减轻某种项目风险；

(13) 指导卖方编制和维护工作分解结构(WBS)；

(14) 确定采购/合同产品说明书的形式和格式；

(15) 确定预审合格的卖方；

(16) 用于管理合同和评价卖方的采购测量指标。

根据每个项目的需要，采购管理计划可以是正式或非正式的、非常详细或高度概括的。它是项目管理计划的子计划。

2. 采购产品说明书

根据项目范围基准，为每次采购编制的产品说明书(SOW)，只规定要包含在合同中的那部分项目范围。采购SOW充分详细地描述拟采购的产品、服务或成果，使未来的卖方确定他们是否能提供这些产品、服务或成果。针对采购事项的性质、买方的需要，或预期的合同形式，详细程度可能不同。工作说明书中可能包括规格、数量、质量要求、质量等级、性能参数、履约期限、工作地点和其他内容。

编写采购SOW要清晰、完整和简练。它要说明需要的附属服务，如绩效报告或项目结束后的运行支持等。某些应用领域对采购SOW有特定的内容和格式要求。每次进行采购，都需要编制SOW，不过，可以把多个产品或服务组合成一个采购事项，用一个SOW规定。

在采购过程中，应根据需要对采购SOW进行修订和改进，直到签订合同，这时SOW成为合同的一部分。

3. 采购文件

采购文件用于征求未来卖方的建议书。如果主要依据价格来选择卖方(如购买商业或标准产品时)，通常使用标书、投标或报价等术语；如果主要依据其他考虑(如技术能力或技术方法)来选择卖方，通常使用诸如建议书的术语。不同类型的采购文件有不同的常用名称，可能包括信息邀请书(RFI)、投标邀标书(IFB)、建议邀请书(RFP)、报价邀请书(RFQ)、投标通知、谈判邀请书以及卖方最初响应。具体的采购术语可能因行业或采购地点而异。

买方要制定采购文件促成未来的卖方做出准确、完整的响应，还要有助于对卖方响应进行评价。采购文件包括要求的响应格式、相关的采购工作说明书(SOW)以及需要的合同条款。对于政府采购，法规可能规定了采购文件的部分甚至全部内容和结构。

采购文件的复杂和详细程度应当与采购的价值和风险大小相适应。采购文件既要足以保证卖方做出一致且适当的响应，又要具有足够的灵活性，允许卖方为满足既定要求而建议更好的方式。

买方通常根据所在组织的相关政策，邀请潜在卖方提交建议书或投标书，可以通过公开发行的报纸、商业期刊、公共登记机关或因特网发布邀请。

4. 来源选择标准

来源选择标准通常是采购文件的一部分。制定这些标准是为了对卖方建议书进行评级或打分。标准可以是客观或主观的。

如果很容易从许多合格卖方获得采购品，则选择标准可限于购买价格。这种情况下，购买价格既包括采购品的成本，也包括所有附加费用，如运输费用。

对于比较复杂的产品、服务或成果，还需要确定和记载其他的选择标准。例如：

(1) 对需要的理解。卖方的建议书对采购工作说明书的处理情况如何？

（2）总成本或生命周期成本。如果选择某个卖方，是否能达到总成本（采购成本加运营成本）最低？

（3）技术能力。卖方是否拥有或能合理获得需要的技术和知识？

（4）风险。工作说明书中包含多少风险？卖方将承担多少风险？卖方如何减轻风险？

（5）管理方法。卖方是否拥有或能合理制定相关的管理流程和程序，确保项目成功？

（6）技术方案。卖方建议的技术方法、技术、解决方案和服务是否满足采购文件的要求？他们的技术方案可能导致比预期更好还是更差的结果？

（7）保修。卖方承诺在多长时间内为最终产品提供何种保修？

（8）财务实力。卖方是否拥有或能合理获得需要的财务资源？

（9）生产能力和兴趣。卖方是否有能力和兴趣来满足可能的未来需求？

（10）企业规模和类型。如果买方或政府机构规定了合同必须授给特定类型的企业，如小型企业、妇女开办的企业或弱势小型企业，那么卖方是否属于相应的类型？

（11）卖方的业绩。卖方过去的经验如何？

（12）证明文件。卖方能否出具来自先前客户的证明文件，证明其工作经验和履行合同情况？

（13）知识产权。卖方是否已声明对其要使用的工作流程或服务，或者对其将生产的产品拥有知识产权？

（14）产权。卖方是否已声明对其要使用的工作流程或服务，或者对其将生产的产品拥有产权？

5. 自制还是购买决策

自制还是购买决策记载了关于项目产品、服务或成果是从项目组织外部获得，还是由项目团队自行提供。它也可能包括为应对某些已识别风险而要求保险或履约担保的决定。自制还是购买决策文件可以比较简单，只包括一份清单和简要的决策理由。如果后续的采购活动表明需要采用不同的方法，可以修改自制还是购买决策。

6. 变更申请

制定采购管理计划可能导致对项目管理计划、子计划以及其他组成部分提出变更申请。通过实施集成变更控制对变更申请进行审查和处理。

7. 项目文件更新

需要更新的项目文件包括：

（1）需求文件；

(2) 需求跟踪矩阵;

(3) 风险名单,等等。

8.2 进行采购

进行采购是得到卖方响应、选择卖方并授予合同的过程(图 8-2)。在此过程中,团队收到投标书或建议书,并按事先确定的选择标准选出一家或多家有资格履行工作且可接受的卖方。

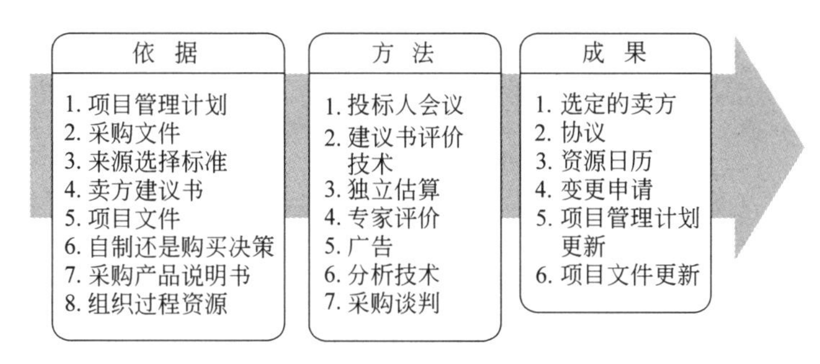

图 8-2 进行采购的依据、方法和成果

对于主要的采购对象,邀请卖方响应和评价响应的全过程可能要重复进行。可以根据初步建议书列出一份合格卖方的短名单,然后再对他们提交的更具体和全面的文件进行详细的评价。另外,选择卖方时,可以单独或组合使用本节介绍的各种方法。例如,加权系统可用于:

(1) 选择一个卖方,并要求卖方签订标准合同;

(2) 对建议书按加权得分排序,确定谈判的顺序。

8.2.1 进行采购的依据

进行采购的依据如下。

(1) 项目管理计划。作为项目管理计划的一部分,采购管理计划是实施采购的依据,它说明如何管理从编制采购文件到合同结束的各采购过程。

(2) 采购文件。

(3) 来源选择标准。来源选择标准可能包括供应商能力、生产能力、交付日期、产品成本、生命周期成本、技术专长以及拟使用的方法等。

(4) 卖方建议书。卖方为响应采购文件包而编制的建议书,包含基本的信息。评价小组将对其进行评价,来选择一个或多个中标人(卖方)。

(5) 项目文件。常用的项目文件包括:风险名单;与风险相关的合同决策。

（6）自制还是购买决策。

（7）采购产品说明书

采购产品说明书向供应商提供一套表达明确的目标、需求和结果，据此他们能够做出可量化的响应。采购产品说明书是采购过程中的一项关键内容，并在直到最终协议达成的整个过程中都可以根据需要修改。产品说明书可以包括：技术规格、要求的数量、质量等级、性能数据、履约期限、产品地点和其他要求，等等。

（8）组织过程资源。可能对进行采购有影响的组织过程资源包括：未来和以往的合格卖方名单；关于卖方以往相关经验的信息，包括正反两方面的信息。

8.2.2 进行采购的方法

1. 投标人会议

投标人会议（又称承包商会议、供货商会议或投标前会议）是在投标书或建议书提交之前，所有可能的卖方和买方召开的会议。会议的目的是保证所有可能的卖方对本项采购（包括技术要求和合同要求）都有明确和统一的理解，保证没有任何投标人会得到特殊待遇。要以修正案的形式把对问题的回答纳入采购文件。为公平起见，买方必须尽力确保每个可能的卖方都能听到任何其他卖方所提出的问题，以及买方做出的每一个回答。

2. 建议书评价技术

对于复杂的采购，如果根据卖方对已确定的加权标准的响应来选择卖方，则要根据买方的采购政策，规定一个正式的建议书评审流程。在授予合同之前，评委会要做出他们的选择，并报管理层批准。

3. 独立估算

对于许多采购，采购组织可以自行编制独立估算，或者邀请外部专业估算师做出成本估算，并将此作为衡量预期响应的标杆。如果两者之间存在明显差异，则表明可能采购产品说明书存在缺陷或不明确，以及/或者未来的卖方误解了或未能完全响应采购产品说明书。

4. 专家评价

专家评价可以用来评价卖方建议书。可以组建一个多学科评审团队对建议书进行评价。团队中应包括采购文件和相应合同所涉及的全部领域的专家，可能需要各职能领域的专业人士，如合同、法律、财务、会计、工程、设计、研究、开发、销售和制造。

5. 广告

在大众出版物(如报纸)或专业出版物上刊登广告,可以扩充原有的潜在卖方名单。对于某些类型的采购,政府机构可能要求公开发布广告,对于政府采购,大部分政府机构都要求公开发布广告。

6. 分析技术

采购包括规定某个需要,但规定需要的前提是承认卖方会通过他们的产品创造价值。为了保证需要可能和确实得到满足,分析技术可以帮助组织确认卖方是否准备就绪提供产品或服务、为制定预算确定预期成本,以及避免由于变更造成成本超支。通过检查以往履约信息,团队可以找出可能有更多风险,且要保证项目成功需要密切监测的领域。

7. 采购谈判

采购谈判澄清合同的结构、要求和其他条款,从而在合同签署之前达成一致意见。最终的合同措辞反映达成的全部一致意见。谈判的内容包括责任、变更的权限、适用的条款和法律、技术和商务管理方法、产权、合同融资、技术解决方案、总体进度计划、付款以及价格等。谈判的结果是买卖双方均可执行的合同文件。

对于复杂的采购,合同谈判可能是一个独立的过程,有自己的输入(如各种问题或待决事项清单)和输出(如记录下来的决定)。对于简单的采购,合同的条款和条件可能之前就已确定且不用谈判,只需要卖方接受。

项目经理可以不是采购的主谈判人。项目经理和项目管理团队的其他人员可以出席谈判会议,提供协助,并在需要时说明项目的技术、质量和管理要求。

8.2.3　进行采购的成果

1. 选定的卖方

根据建议书或投标书评价结果,那些被认为有竞争力,并且已与买方商定了合同草案(在授予之后,该草案就成为正式合同)的卖方,就是选定的卖方。对于较复杂、高价值和高风险的采购,在授予合同前需要得到组织高级管理层的批准。

2. 协议

向每个选定的卖方发出一项采购合同。合同可以是简单的订单或复杂的文件。无论合同文件的复杂程度如何,合同都是对双方具有约束力的法律协议,它规定卖方提供指定的产品、服务或成果,规定买方给予卖方相应补偿。合同是一种可以诉诸法院的法律关系。合同文件的主要内容会有所不同，但经常包括：产品说明书或交付成果；进度基准；绩效报告；履约期限；角色和责任；卖方履约地点；价格；支付条款；交付地点；检查和验收标准；保修；产品支持；债务限制；费用和保留金；罚款；奖励；保险和履约担保；对分包商的批准；变更申请处理；合同终止与替代争议解决（alternative dispute resolution，ADR）机制，ADR 方法可以作为采购合同授予的一部分事先确定。

3. 资源日历

在资源日历中记载签约资源的数量和可用性，以及每个特定资源的工作日或休息日。

4. 变更申请

将对项目管理计划、子计划和其他组成部分的变更申请，提交集成变更控制过程审查与处理。

5. 项目管理计划更新

项目管理计划中可能需要更新的内容包括成本基准、范围基准、进度基准和采购管理计划。

6. 项目文件更新

需要更新的项目文件包括需求文件、需求跟踪文件和风险名单。

8.3 控制采购

控制采购是管理采购关系、监督合同履行以及采取必要的变更和纠正措施的过程（图 8-3）。买方和卖方都出于相似的目的而管理采购合同。每一方都必须确保双方都履行合同义务，各自的合法权利得到保护。控制采购过程保证卖方的履约达到采购要求，买方也按合同条款履约。合同关系的法律性质，要求项目管理团队认识到控制采购时采取的各种行动的法律后果。对于有多个供应商的大项目，合同管理的一个重要方面是管理各个供应商之间的界面。

由于组织结构不同，许多组织把合同管理当做与项目组织相分离的一种管理职能。虽然采购管理员可以是项目团队成员，但他通常向另一个部门的主管汇报。如果执行组织是为外部客户实施项目的卖方，通常都是这种做法。

控制采购要把相应的项目管理过程用于合同关系，并把这些过程的结果集成到整个项目管理中。如果项目有多个卖方，涉及多个产品、服务或成果，这种集成就经常在多个层次上进行。需要应用的项目管理过程包括：

依据	方法	成果
1. 项目管理计划 2. 采购文件 3. 协议 4. 批准的变更申请 5. 工作绩效报告 6. 工作绩效信息	1. 合同变更控制系统 2. 采购绩效审查 3. 检查和审计 4. 绩效报告 5. 支付系统 6. 索赔管理 7. 记录管理系统	1. 工作绩效信息 2. 变更申请 3. 项目管理计划更新 4. 项目文件更新 5. 组织过程资源更新

图 8-3 控制采购的依据、方法和成果

(1) 指导与管理项目执行批准卖方在适当时间开始工作;

(2) 报告绩效监督合同范围、成本、进度和技术绩效;

(3) 实施质量控制检查和核实卖方产品是否符合要求。

控制采购过程还包括财务管理的内容,即监督向卖方的付款。这项管理保证合同中的支付条款得到遵循,保证按合同规定将卖方得到的支付与其进度联系起来。向供应商支付时,要重点关注的一个问题是,支付与完成的工作存在着紧密的联系。

控制采购过程审查和记录卖方根据合同正在或已经履约的好坏,并在需要时采取纠正措施。这种履约审查可以作为一种尺度衡量卖方在未来项目中完成类似工作的能力。在有必要确认卖方未履行合同义务,以及买方认为应该采取纠正措施时,也进行类似的评审。控制采购还包括根据合同终止条款管理合同工作的提前终止(有正当理由、有利或违约)。

在合同终止之前,经双方共同协商,可以随时根据合同的变更控制条款对合同进行修改,这种修改并不总是对买卖双方同样有利。

8.3.1 控制采购的依据

控制采购的依据如下。

(1) 项目管理计划。

(2) 采购文件。采购文件包含管理采购过程需要的完整的支持性信息,包括采购合同授予和工作说明书。

(3) 协议。

(4) 批准的变更申请。批准的变更申请可能包括对合同条款和条件的修改。例如,修改采购工作说明书、合同价格,以及对合同产品、服务或成果的描述。在把变更付诸实施前,应该以书面形式正式记录所有变更并得到正式批准。

(5) 工作绩效报告。与卖方绩效相关的文件包括:按照合同规定,由卖方编制的技术文件和其他文件;卖方绩效报告,卖方绩效报告显示哪些交付成果已经完成,哪些还没有完成。

（6）工作绩效信息。工作绩效信息包括满足质量标准的程度、已发生或已承诺的成本，以及已经付讫的卖方发票等。

8.3.2 控制采购的方法

1. 合同变更控制系统

合同变更控制系统规定了修改合同的流程。它包括文书工作、跟踪系统、争议解决程序以及批准变更需要的审批层次。合同变更控制系统应当与集成变更控制系统整合到一起。

2. 采购绩效审查

采购绩效审查是一种结构化的审查，要对照合同审查卖方按预算和进度计划交付项目范围和质量的进展情况。它可能审查卖方编制的文件、进行买方检查以及在卖方进行工作期间进行质量审核。绩效审查的目标是发现履约的好坏、完成采购产品说明书规定内容的进展情况以及未遵守合同的情况，使买方能够定量评价卖方表现出来的完成工作的能力。这些审查可能是项目状态审查的一部分，项目状态审查通常要包括关键供应商的绩效。

3. 检查和审计

在项目进行中，根据合同规定，由买方执行，卖方支持相关的检查和审计，以核实卖方的工作过程或交付成果是否符合合同要求。如果合同允许，某些检查和审计团队可以包括买方的采购人员。

4. 绩效报告

绩效报告向管理层提供关于卖方是否正在有效地实现合同目标的信息。

5. 支付系统

在项目团队中的有权成员对工作做出满意鉴定之后，通过买方的应付账款制度向卖方支付。所有支付都必须严格按照合同条款进行并做出记录。

6. 索赔管理

如果买卖双方不能就变更补偿达成一致意见，甚至对是否已经发生变更都存在分歧，那么那些请求的变更就是有争议的变更或潜在的推定变更。

这些有争议的变更也称为索赔、争议或申诉。在整个合同生命周期中，通常按照合同规定对索赔进行记载、处理、监督和管理。如果合同双方无法自行解决索赔问题,可能就必须按照合同规定的替代争议解决(ADR)程序处理。谈判是解决所有索赔和争议的首选方法。

7. 记录管理系统

项目经理采用记录管理系统来管理合同、采购文件和相关记录。它包含一套特定的流程、相关的控制指南以及作为项目管理信息系统一部分的自动化工具。该系统包含可检索的合同文件和信函档案。

8.3.3 控制采购的成果

1. 工作绩效信息

工作绩效信息为认定现有或可能的问题提供一种基础,以支持今后的索赔或新的采购。通过报告卖方的绩效,组织增加了有关采购绩效的知识,这些知识有助于改进预测、风险管理和制定决策。绩效报告也有助于处理与卖方的争议。

工作绩效信息包括报告遵守合同的情况,这给采购方提供了一种对预期和从卖方得到的特定交付结果的追踪机制。

2. 变更申请

管理采购过程可能导致对于项目管理计划及其子计划和其他组成部分,如成本基准、项目进度计划和采购管理计划的变更申请。整体变更控制对变更请求进行审查和批准。

已提出但未解决的变更可能包括买方发出了指令或卖方采取了行动,而对方认为指令或行动已构成对合同的推定变更。由于一方可能对推定变更存在争议并可能引起向另一方索赔,所以要通过函件对这些变更进行专门确认和记录。

3. 项目管理计划更新

项目管理计划可能需要更新的内容包括:

(1) 采购管理计划。需要更新采购管理计划,以反映影响采购管理、已批准的变更申请,包括这些变更对成本或进度的影响。

(2) 进度基准。如果发生了对整体项目绩效有影响的进度延误,可能需要更新基准进度计划,以反映当前的期望。

4. 项目文件更新

可能需要更新的项目文件包括采购文件等。采购文件包括,但不限于采购合同以及全部支持性进度计划、未获批准和已获批准的变更申请。采购文件也包括由卖方编制的技术文件和其他工作绩效信息，例如交付成果、卖方绩效报告、保修、包括发票和付款记录在内的财务文件，以及与合同有关的检查结果。

5. 组织过程资源更新

需要更新的组织过程资源包括：

(1) 信函。合同条款和条件往往要求买方与卖方之间的某些沟通采用书面形式，例如，对不良履约提出警告、提出合同变更请求或进行合同澄清等。信函可能包括买方审计与检查的结果报告，报告指出了卖方需纠正的不足之处。除了规定合同要求的文件外，双方还应完整、准确地保存全部书面和口头沟通以及全部行动和决定的书面记录。

(2) 支付进度计划和请求。所有支付都应按合同条款和条件进行。

(3) 卖方绩效评估文件。卖方绩效评估文件是由买方准备的，文件记载卖方继续完成当前合同工作的能力，说明是否允许卖方完成未来项目的工作，或给卖方正在完成项目工作的好坏评级。这些文件可能成为提前终止合同的依据，或决定着怎样处理合同罚款、费用或奖金。这些绩效评估的结果也可以纳入合适的合格卖方名单。

8.4 结束采购

结束采购是结束每次项目采购的过程(图 8-4)。因为要确认全部工作和交付成果均可接受，所以结束采购过程支持结束项目或阶段。

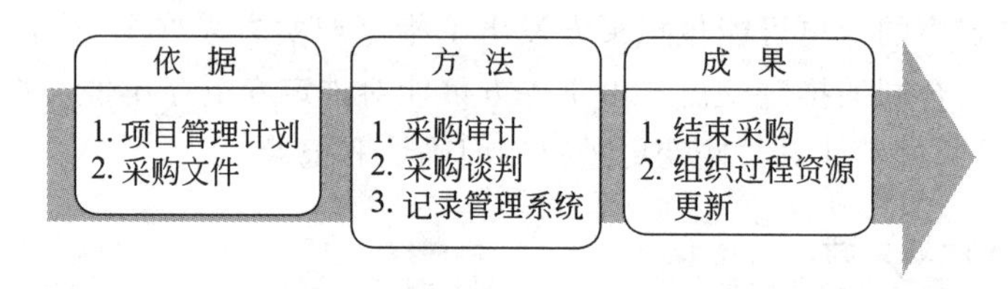

图 8-4 结束采购的依据、方法和成果

结束采购过程还包括一些行政管理工作，例如，处理未决索赔、更新记录以反映最终成果，以及把信息存档供未来使用等。要针对项目或项目阶段的每个合同结束采购。在多阶段项目中，合同条款可能仅适用于项目的某个特定阶段，这种情况下，结束采购就只能结束该阶段的采购。采购结束后，未决争议可能需要进入诉讼程序。合同条款和条件可以规定结束采购的具体程序。

合同提前终止是结束采购的一个特例，可能双方协商一致提前终止合同，或因一方违约而提前终止，或者合同有规定出于有利于买方而提前终止。合同终止条款规定了双方对提前终止合同的权力和责任，根据这些条款，买方可能有权因各种原因或仅因为有利于本方而随时终止整个合同或合同的某个部分。但是，根据这些条款，买方应该就卖方为该合同或该部分所做的准备工作给予补偿，并对该合同或该部分中已经完成和验收的工作支付报酬。

8.4.1 结束采购的依据

结束采购的依据如下。

(1) 项目管理计划。

(2) 采购文件。为了结束合同，要收集、索引和归档全部采购文件。合同进度、范围、质量和成本绩效的信息，以及全部合同变更文件、支付记录和检查结果，都要编目。这些信息可用于总结经验教训，并为以后的合同评价承包商提供基础。

8.4.2 结束采购的方法

可以采取以下方法结束采购。

(1) 采购审计。采购审计对从制定采购管理计划到控制采购的所有采购管理过程进行结构化审查，目的是找出可供项目其他采购合同或执行组织内其他项目借鉴的经验与教训。

(2) 采购谈判。在所有采购关系中，通过谈判最终公正地解决全部未决事项、索赔和争议，是一个重要的目标。如果通过直接谈判无法解决，则可以尝试替代争议解决(ADR)方法，如调解或仲裁。如果所有方法都失败了，就只能选择向法院起诉这种最不可取的方法。

(3) 记录管理系统。

8.4.3 结束采购的成果

1. 结束采购

买方通常通过授权的采购管理员向卖方发出关于合同已经完成的正式书面通知。对正式采购结束的要求通常在合同条款和条件中规定，并包括在采购管理计划中。

2. 组织过程资源更新

需要更新的组织过程资源包括：

(1) 采购档案。为了纳入到最终的项目档案中，要编制一套完整的、带索引的合同文件(包括已结束的合同)。

（2）交付成果验收。买方通常通过授权的采购管理员向卖方发出关于交付成果已通过验收或未通过验收的正式书面通知。通常都会在合同中规定对交付成果的正式验收要求，以及如何处理不符合要求的交付成果。

（3）经验教训文件。为了改进以后的采购，应当为项目档案编制经验教训文件、工作总结和过程改进建议。

8.5 小结

项目采购管理是从项目团队以外购买或获得需要的产品、服务或成果必须进行的管理工作。项目组织既可以是项目产品、服务或成果的买方，也可以是卖方。

项目采购管理包括制定采购管理计划、进行采购、控制采购、结束采购等工作，各项工作有着自己的工作依据、方法和成果。

8.6 案例

GMS公司的项目采购管理

1. GMS公司简介

GMS公司是一家在风力发电领域持续成长的公司。作为风力发电机的国际主要供应商，GMS已占据风电领域主导地位，2005年GMS累计装机容量超过7 500MW，客户遍及全球。至2006年，公司拥有包括设在美国、中国等地的28家生产厂。

1）GMS在世界风机供应领域的优势

GMS最早参与中国可再生能源的开发利用，并在众多的企业中脱颖而出。GMS已签合同装机量达716.5MW。GMS中国工厂于2006年7月投资建设完工。工厂占地十万平方米，包括制造、仓库、风机维护与服务。GMS在世界风机供应领域的优势如下：

（1）强大的设计能力。

（2）高效的垂直统一管理，已达到生产能力最大化。

（3）最优的性能，设计可靠、坚固。开发更高级更多样的产品。

（4）由优秀的专家组成的服务团队保证提供完善的解决方案和技术支持。

2）近年GMS取得的主要成绩

2006年的营业收入超过24亿欧元；

GMS公司是全世界最大的独立风力开发投资商；

GMS公司迄今在全世界已经联网的风力发电总容量超过9 800MW；

GMS公司是全世界第二大的风力发电设备制造商。

2. GMS公司采购现况及复合材料国产化的必要性

1) GMS公司采购中存在的问题

公司在2006年建厂时，对原材料的要求比较高，所有原材料都是从国外进口。原材料的采购存在以下问题：

(1) 产品质量不够稳定

(2) 采购成本较高

(3) 库存费用高

(4) 供应商交货准时性较差

(5) 交货周期较长交货周期超过其正常生产周期的2～3倍。

2) 复合材料国产化的必要性

欧洲风电的发展经验表明，降低原材料成本，实现原材料国产化才可以使企业处于不败之地。复合材料为国外材料，材料采购容易受到风云变幻的国际环境影响。作为风电的核心部件扇叶，要摆脱复合材料采购受制于人的局面，必须对复合材料实行全面国产化。复合材料实施国产化是风电行业实施国产化的里程碑，具有重要的意义，它可以带动风电其他材料的国产化进程。同时复合材料国产化的过程也是建立规范和标准的过程，这一过程可以逐步建立和完善风电行业的标准和技术规范，帮助建立我国自主研发和生产机型的认证机构，形成支撑风电行业发展的产业链，提高风电机组生产制造的管理水平和质量控制水平，提升科研院所在先进技术的研发、人才培养和产业化等方面的能力，构建风电行业的信息平台，使我国真正成为风能大国。

3. 制定项目采购管理计划

1) 编制采购计划

2) 询价计划的编制

包括招标文件和评价标准。

从供应链的合作关系考虑主要有以下几项：

(1) 技术方面

(2) 产品质量

(3) 供应能力

(4) 价格

此外，供应商的业绩、客户满意度、供应商是否愿意为采购方管理库存，供应商的信誉和信用状况等也应该予以考虑。

4. 项目采购计划的执行

1) 询价

询价之前，首先根据项目要求，收集并整理相关资料，编辑成规范化的文物料清单；列出重用部件；准备图纸和CAD列出设备和固定资产清单；确定质量标准，包括质量管理体系、不良率、过程控制能力和可靠性要求等；明确交货要求、包括按时交货的百分率、JIT、采购周期等；确定产能要求，明确产能的灵活性要求等；准备生产场地；确定包装和运输要求；确定是否有特殊要求，比如防静电、防污染等；确定安全、健康和环保要求被列入产品要求中；明确对售后服务的支持要求；确定产品转移要点，包括库存量、物料、模具、夹具、应用软件等；确定是否需要技术和其他非直接支持；确定对直接人工的要求等。相应的文件需要供应商提供如ISO证书、材质检测报告、ROHS报告、MIDS报告等。

根据最后确定的竞标方式，向供应商发放询价文件，包括技术标准、图纸、交货要求、报价方式、报价期限、采购条件。通常对一种产品进行三家供应商的选择，以确保采购国产化的正确实施。供应商提供的报价，应给出价格明细，包括所用的原材料价格、人工费、加工时间、机器或设备单位小时的费用、包装运输费，利润率等，以帮助分析供应商所报的价格是否合理，以及有助于了解供应商的成本结构，和每个供应商的成本优势和劣势，为以后项目的供应商初步筛选提供资料。同时附上保密协议，要求供应商不得复印或转送，并且在报完价后返回。因为在询价时，会提供各种零部件的图纸及技术要求规范给供应商，以及产品的需求量，交货地等重要信息，需要供应商保密，特别是对那些为竞争者提供零部件或服务的供应商，更需要它们切切实实地遵守保密协议书，签订了保密协议书就会有法律效力，对供应商有很好的监督作用。

在收到报价后，要对其条款仔细分析，对其中的疑问要彻底澄清，而且要求用书面方式作为记录，包括传真、电子邮件等。比较不同供应商的报价，会对其合理性有初步的了解。在价格谈判之前，一定要有充分的准备，设定合理的目标价格。对小批量产品，其谈判的核心是交货期，要求其提供快速的反应能力；对流水线、连续生产的产品，核心是价格。但一定要保证供应商有合理的利润空间。同时，价格谈判是一个持续的过程，每个供应商都有其对应的学习曲线，在供货一段时间后，其成本会持续下降。与表现优秀的供应商达成策略联盟，促进供应商提出改进方案，以最大限度节约成本。

2）选择供应商

（1）寻找、筛选合格的供应商

（2）评价供应商

企业必须建立一个小组用以控制和实施供应商评价。组员应该以来自采购、质量生产、技术、计划、财务市场、物流等部门。对于技术要求高、重要的采购项目来说，特别需要设立跨职能部门的供应商选择小组。组员必须有团队合作精神、具有一定的专业技能。评价小组必须同时得到企业和供应商最高领导层的支持。

对有竞争力报价的供应商，会根据实际情况，比如报价的真实性和实际性选择其中的几家最具竞争潜力的供应商进行评估。由采购人员提出申请，由主任审核员根据评估的要求和标准，对供应商进行现场评估，并打分，还要写出报告，报告分内外两份，一份给供应商,一份给公司内部人员。报告包括对供应商管理水平的总评,对每一项内容的评估结果和需要改进之处,供应商管理的强项和弱项等,一般主任审核员会在评估结束两个星期后,把报告发给供应商。公司内部人员不仅会收到评分表,对整体管理水平强弱分布一目了然,还会收到详细报告,其中描述了评分的事实依据和必要的细节,以帮助更好地了解供应商的整体管理能力。如果该新供应商最终被选为正式供应商,采购人员还必须和供应商开发工程师一起监督和跟踪供应商的改进措施,以确保主任审核员在现场质量评估中发现的不足之处得以改进和进一步的提高,更好提高供应商的管理水平。每个公司都有自己的供应商评估体系,公司的评估体系对供应商的评估的范围很广并且要求较高。它侧重于供应商整个管理体系,共有 7 个大类,23 个小项。它包含了质量、价格、柔性、供货服务水平、企业内部竞争力水平、合作兼容性、企业外部环境。对每个方面还有细分的要求。如表 8-1 供应链环境下供应商的评价指标体系。

表 8-1　供应链环境下供应商的评价指标体系

准则层	指　标　层	指标属性	指标内涵简单说明
质量	产品合格率	定量	采购产品中合格产品所占的比率
	质量认证情况	定量	企业通过 ISO 认证的数目和需要通过认证的数目的比率
	质量检验体系	定性	所采用的质量检验的科学性,实用性
价格	产品的价格	定量	产品价格占同行业该产品均价的比率
	价格的稳定性	定量	价格波动的频率
柔性	时间柔性	定量	可以缩短的交货松弛时间占正常交货时间的百分比
	品种柔性	定量	可生产产品品种数的范围
	数量柔性	定量	在盈利条件下可以供货的数量范围
供货服务水平	及时供货能力	定量	按合同规定的数量,质量,时间以及地点等条件交货的能力
	售后服务水平	定性	服务人员素质及技术服务水平等
企业内部竞争力水平	财务状况	定性	总资产周转率,总资产收益和资产负债率等放慢的综合体现
	管理水平	定性	管理制度,经营理念,组织机构和管理方法的先进程度
	人员素质	定性	员工的综合素质
	装备水平	定性	装备与工艺的先进程度
	信息化水平	定性	企业信息化的应用水平
	环保水平	定性	环保体系认证情况及产品环保水平

续表

准则层	指　标　层	指标属性	指标内涵简单说明
合作兼容性	战略目标兼容性	定性	战略目标的相似程度
	管理体制兼容性	定性	管理体制的相似程度
	企业文化兼容性	定性	企业文化理念的相似程度
企业外部环境	政治法律环境	定性	政府扶持政策和法律的完备程度
	经济技术环境	定性	当地经济技术的发展水平与潜力
	自然地理环境	定性	当地的气候条件与交通便捷程度
	社会文化环境	定性	当地的宗教信仰与风俗习惯

(3) 实施供应链合作关系

最后，选出目标供应商，将选择的结果通知供应商后并与供应商签订框架合同，准备下一阶段的产品和过程的验证工作。框架合同的签订是为了让供应商尽早了解公司的采购要求，包括一般采购条件、环境要求、理赔流程和协议、文件管理要求、价格协议、电了采购协议、付款条件协议、长期供货和降价协议、保密协议、停线赔偿协议、PPM协议。在这些协议签署的情况下，才让供应商试制样品，向供应商提出的供货要求，免得样品试制完成后批量供货时才知道有许多要求没有了解和准备，而耽误供货，最终耽误公司的生产。

在实施供应链合作关系的过程中，市场需求将不断变化，可以根据实际情况的需要及时修改供应商评价标准，或重新开始供应商评价选择。在重新选择供应商的时候，应给予旧供应商足够的时间适应变化。

(4) 产品样件的检验及小批量试制生产

目标供应商确定后，将对目标供应商进行产品和过程验证。首先要组建跨部门团队的项目小组，由采购员担任项目组长，通过项目管理法，运用项目管理的手段跟踪零部件本地化的进展，可以更好地利用有限的资源，发挥团队的智慧，保障零部件本地化的任务按时或提前完成。

采购部门对样品进行初次采购。这时需要将供应商的信息包括(供应商名称、联系人、公司地址、物流运输方式、生产周期、付款方式、供应商税务登记号、开户银行及账号等内容)录入SAP系统，得到新的供应商编号。

样品由仓库收到后，由质量部进行来料检验。检验合格后，由工程部安排具体时间进行工程试验。如果来料检验不合格，产品将被退回供应商进行改善。

样品经过工程试验后，质量部门需要准备全套的PPAP文件，提交给西班牙本部进行最后的审核。其中PPAP文件包括：产品检测报告、供应商制成能力报告、生产能力报告、材料测试报告、失败模式影响分析(FMEA)、质量控制计(control plan)、产品生产流程图(flowchart)等。

(5)正式生产

当项目设定的验证过程都已通过,同时回顾一下批量生产的检查表,逐项核对,以确保工作中无遗漏,若所有的任务均已完成,则准备所有文件及实验报告发送给西班牙本部,得到西班牙本部的批准后,就意味着供应商获得了批量生产供货的资格。此时采购部正式通知相关部门新供应商的信息。同时发给供应商生产计划、生产预测和库存要求并获得供应商的认可,以确保物料的正常供应,确保生产进行。释放最新物料清单,防止存在不同版本物料,影响生产和产品质量。批量生产以后,供应商应与其他部门建立更多的联系保证日常供应,采购部则从台前转向幕后对其进行监督管理和改善活动。

5. 采购的控制——合同管理

合同管理具体的实施内容及方法包括:

1) 与供应商保持联系追踪和催货:根据合同条款中工作明细内容追踪了解合同的执行状况,从供应商处得到发货通知单等相关文件。

2) 建立执行报告:按合同中规定的时间进度监督合同执行进程,对于分步骤供应的合同商品和服务,监控合同方的成本、进度和技术绩效是否符合合同要求,执行报告的作用也是向企业管理方提供供应商是否有效地完成合同目标等信息。企业的合同执行报告内容涵盖供应商品的发货准时性、发货数量准确性,执行中问题及澄清等。

3) 质量控制:由于合同明确规定了供应商应该负的质量保证责任,企业为确保供应商遵守这些质量保证,需要对供应商的产品进行质量控制。

4) 变更控制:一般合同签订后即具法律效力,供应商和企业都必须按照合同规定执行,但在合同的执行中也可能会发生无法执行下去的情况,这种情况下就必须请求变更合同。

变更请求须以书面文件方式提出,包括对合同条款的修订和对产品和劳务说明的修订,只有变更请求被按正确方式批准,并且需要了解情况的人都知晓变更的发生,变更才可生效。如果供应商的工作不令人满意,那么终止合同的决定也被作为变更请求处理。如果供应商和企业不能就变更的补偿达成一致,则会发生争端或诉讼,由仲裁机构或法院解决。

5) 合同资金管理:在合同的支付条款中,价款的支付与合同取得的进展联系在一起,企业依此实行对合同资金的管理,包括对滞纳金的统计及扣除。

6. 合同收尾

合同收尾对企业未来的采购工作有一定意义,企业评判供应商质量,考核供应商水平,评估供应商有一部分工作就是建立在合同收尾的文件记录所提供的内容里,因此企业为今后发展供应商考虑,对产品核实所做的采购审计工作必须客观翔实,了解项目采购中各步骤的进程在企业供应链中的效果,也为今后企业制定同合格的供应商共同发展的规划做依据。同时企业通过对整个采购流程的复查，对项目采购流程也应该做一个相应的评估，这通常能使采购执行人员从中发现很多项目采购流程中的细节性问题。通过这个过程，许多采购执行人员可以为本企业的生产能力和与供应商的衔接形成一个更为清晰的了解，为今后进一步完善国产化项目采购奠定基础。

问题：

1. GMS公司原材料的采购存在哪些问题？
2. GMS公司复合材料国产化有无必要？
3. GMS公司的项目采购管理是怎样实施的？
4. GMS公司复合材料国产化采购会成功吗？

CHAPTER 9 第9章 项目终止

当一个项目的目标已经实现，或者已经明确看到该项目的目标不再需要或不可能实现时，该项目即达到了它的终点。

项目终止是项目生命周期的最后阶段，对项目终止阶段的有效管理其目的在于在适当的时候做出正确的决策，通过分析影响项目成功/失败的因素，为今后的项目管理积累宝贵的经验。

本章分为4部分：项目终止方式、项目终止过程、项目成功/失败因素分析、项目结束报告。

9.1 项目终止方式

当项目出现下列情况之一时就将会被终止：

(1) 项目的目标已经实现；

(2) 项目的有关工作已经停止或放慢，进一步的进展已不可能；

(3) 项目被无限期地延长；

(4) 项目所必需的资源被分配给其他项目；

(5) 项目的关键成员，特别是项目经理，在高层管理人员面前成为不受欢迎的人。

项目终止的方式各不相同，这取决于不同的分类方式。如按项目终止的原因，可分为正常终止或非正常终止；按项目完成的结果，可分为成功式终止与失败式终止；按项目终止的程度，可分为完全终止与非完全终止；按照项目终止时的状态，把项目终止方式分为绝对式终止、附加式终止、集成式终止、自灭式终止。

9.1.1 绝对式终止

所谓绝对式终止(termination by extinction)，也就是说项目一旦终止，所有与项目有关的实质性活动都将停止，项目组将被解散，项目组成员回到原来的单位或重新安排工作。

采取绝对式终止的项目，可能是成功的项目，也可能是失败的项目。可能有以下几种情况。

(1) 项目已经成功地实现项目目标，如某建筑项目按要求建成。

（2）以项目目前的状态来看，项目是不成功的，为了获得期望的结果得花费更多的费用或更长的时间，需要有更好、更快、更便宜的方式替代。如一种新药的功效测试失败。

（3）外部环境的变化如政治原因、突发事件等迫使项目停止。如美国“挑战者”号的爆炸迫使当时大量的太空项目停止。

一旦项目以这种方式被终止，虽然其实质性活动都将停止，但大量的后续组织活动仍然需要，这时对项目组成员的去留需要重新安排，而项目的所属财产、设备、物料等则需根据合同授权重新分配，与此同时还需准备项目的最终报告。

9.1.2 附加式终止

所谓附加式终止（termination by addition），就是指项目终止时被发展为企业或组织的一个组成部分，即“附加”给企业。

附加式终止一般是对企业内部项目而言，即项目的实施是为企业本身而用，而且以这种方式终止的项目，一般是成功的项目。

这种“附加”的过程可能是先把项目转化为企业的一个部门，然后逐步发展壮大而成为一个独立的子公司。这种项目的成功往往成为企业新的经济增长点。例如，新产品开发项目，产品一旦开发成功并成功上市，给企业带来经济效益，企业有可能视产品的市场需求情况，就该产品而成立一个事业部，进而成立一家子公司。

以这种方式终止的项目，其项目成员及所属财产、设备可直接转移给新成立的部门或子公司，其组织运行方式由项目管理方式过渡为日常的、标准化的公司式运作方式。这时，项目经理需经历一个角色转换过程，如由项目经理转为公司总经理，这时他需具备更高的管理才能。当然，项目组成员为追求创新也可能转而投入新的开发项目。

9.1.3 集成式终止

所谓集成式终止（termination by integration）是指项目终止时，项目的结果被转变为企业或顾客的运营系统的一个有机组成部分，与企业或顾客现有的系统完全融合在一起。采取集成式终止的项目，可能是企业内部的项目，也可能是企业外部的项目。采取这种方式终止的项目一般是成功的项目。

大多数成功的项目都采取集成式终止的方式，这是一种运用最普遍、最复杂的方式。例如，一个项目小组负责为客户安装一个新的机械加工中心，在指导顾客运行及维护后，项目结束。该中心进而成为客户的制造中心的一个组成部分，而操作人员经培训后就能处理该系统出现的问题。

以这种方式终止的项目，项目的所属财产、设备、物料或者人员以及项目所产生的功能被分配到现有的组织中，成为现有组织要素的有机组成部分，与企业或客户融为一个整体。

9.1.4 自灭式终止

所谓自灭式终止(termination by starvation),顾名思义就是项目通过自生自灭的方式而最后终止,这是一个逐渐终止的过程,往往通过预算的缩减来逐渐终止项目,最终使项目不了了之。因此,形象地说,这也是一种饥饿式终止的方式。当高层管理人员由于种种原因,如政治原因、经济原因,没有办法维持一个项目,或意识到项目不可能成功而应该终止,但又不愿意承认失败、不希望立即终止一个不成功的项目时,往往采取这种项目终止方式。因此,采取这种方式终止的项目,往往是不成功的项目或没有实力使之成功的项目。例如,东南亚金融危机,使得泰国大量在建的建设项目由于资金被抽回而被迫停止。以这种方式终止的项目,由于项目的预算被大大地缩减,使项目不可能有任何进展,迫使项目组成员不得不做重新安排。这时,项目实质上是终止了,但项目作为合法的实体仍然存在,例如,可能还会有项目秘书每年起草有关“项目无进展”的报告。当然,也有可能当经济复苏时,资金到位,项目又重新开始。

9.2 项目终止过程

讨论项目终止过程,首先要考虑的问题就是决定项目终止的因素有哪些,如何做出终止决策,以及决策制定以后,如何来执行决策。下面将分别讨论。

9.2.1 项目终止决策

进行项目终止决策,可以采取定性分析,也可以采取定量分析,无论定性分析还是定量分析,首先要确定终止项目的决定因素,然后针对这些决定因素进行定性或定量分析。

1. 项目终止决定因素

要想较早地做出终止一个项目的决策,无论采取何种方法都是很难的。项目无论成功还是失败,都有其固有的生命周期,对有关项目终止的决策很难制定一系列标准,而对一系列问题的回答则可以作为管理人员制定决策的依据。下述问题是针对 R&D 项目的,但对问题稍做修改也可以拓展到其他项目。

(1) 项目是否还与组织的目标一致?

(2) 项目是否具有实际应用价值?

(3) 高层管理人员是否对项目有充分的热情来支持项目的实施?

(4) 项目的范围是否与组织的财务能力相一致?

(5) 该项目是否获得了其他所有部门(如财务、制造、市场等)的支持?

(6) 项目所代表的技术相对现有技术领先太多还是太少?

(7) 项目组仍然具有创新性吗? 或者已经停滞不前了?

(8) 项目中所包含的新知识是否可以得到专利、版权或商业秘密的保护？

(9) 项目是否能够承包出去而不影响质量？

(10) 目前项目组成员的素质能够保证项目继续进行吗？

(11) 组织是否具备所要求的技能而使得项目得以全面实施或拓展？

(12) 项目所涉及的领域是否已被彻底开垦过？

(13) 项目是否失去了某些关键人物？

(14) 项目组成员是否对成功抱有极大的热情？

(15) 项目的潜在结果是否可以通过购买或分包而更有效地获得而不必自己开发？

(16) 项目是否有可能实现最低目标？可以获得利润吗？获得利润的时机如何？

(17) 项目的效益/成本比是否仍然合理？

(18) 现在是否是把项目附加给组织或集成为现有组织的有机组成部分的时候？

(19) 就现在来看，完成项目所需要的时间和成本要求是否还将支持该项目？

(20) 对该项目所投入的时间、人员、资金等是否有更好的运用机会？

(21) 环境的改变是否对项目产出的需要有了更改？

上述问题有所重叠，有些问题还可以进一步拓展。

项目终止需要一个决策过程，终止决策的制定就如项目选择决策一样需要借助一些模型进行定量分析，进行前进/停止(go/no go)决策。但首先通过对一些问题的回答做出定性判断，如：项目的目标是否与公司目标仍保持一致？高层管理人员是否对项目有充分的支持？项目在技术上与现有技术相比是否处于领先地位？

一项通过对美国 36 家公司的调查分析表明，影响项目终止决策的重要因素如表 9-1 所示。

表 9-1 影响项目终止决策的重要因素

影响项目终止决策的重要因素	认为该因素重要的公司数目
技术方面	
实现技术目标或商业结果的概率低	34
以现有的 R&D 能力不能解决技术或制造问题	11
其他项目在获得 R&D 人员和资金方面有更高的优先权	10
经济方面	
低利润率或低投资回报率	23
作为产品开发项目其开发成本太高	18
市场方面	
市场潜力小	16
市场需求发生变化	10
其他	
商业化需要太长的时间	6
对其他项目或产品有副作用	3
专利问题	1

由此可见，项目终止的决定因素有技术方面的、经济方面的、市场方面的以及其他一些方面，根据这些决定因素，可以考察项目当前是否满足这些因素，在定性分析的基础上，做出决策。由于考虑的因素较多，而且比较复杂，因此需要借助一些模型来分析。

2. 项目终止决策模型

上述对项目终止问题的分析主要是通过对一些问题的回答做定性判断。项目终止决策就是在项目实施过程中决定项目是继续进行还是就此终止，也就是进行前进/停止决策。

进行终止决策的最直接的方法就是把项目终止问题看成项目选择问题，也就是在某一决策点上，重新对项目进行评价。即考虑在当前的条件下，在项目现有状态下，企业是否愿意以所估计的时间、成本对项目继续进行投资，以保证项目最终完成。这种分析方法反映了这样一个观点，即与项目有关的沉没成本不应该影响项目现有的投资决策。因此，项目终止决策可以借助一些项目选择模型进行定量分析。

项目选择的定量模型主要有两类：技术经济模型和评分模型。技术经济模型主要是通过对一些主要的技术经济指标进行评价来决定项目的选择。评分模型的基本形式如下：

$$S_i = \sum_{j=1}^{n} S_{ij} W_j, \quad i = 1, 2, \cdots, n$$

式中：S_i 为第 i 个项目的总得分；S_{ij} 为第 i 个项目关于第 j 个指标的得分；W_j 为第 j 个指标的权重。

这种评分模型简单明了，易于实际操作，但在选择投资组合时未考虑到资源的约束问题。若考虑到资源的约束，上述评分模型可以扩展为下述整数规划模型：

$$\max \sum_{i=1}^{n} x_i S_i$$

$$S_i = \sum_{j=1}^{n} S_{ij} W_j, \quad i = 1, 2, \cdots, n$$

$$x_i = 0 \text{ 或 } 1, \quad i = 1, 2, \cdots, n$$

$$\sum_{i=1}^{n} x_i m_{ki} \leqslant M_k, \quad k = 1, 2, \cdots, n$$

式中：M_k 为第 k 种资源的总数；m_{ki} 为第 i 个项目所需的第 k 种资源量。

9.2.2 项目终止实施

一旦决定终止一个项目，就将开始项目终止的具体实施过程。实际的终止过程可以是有计划地、有序地进行，也可以是简单地立即执行，即立即放弃项目。为了使项目终止有一个较好的结果，有必要对终止过程像对待项目生命周期的其他阶段一样，进行计划、制定预算，并做好适当的进度安排。具体过程如图 9-1 所示。

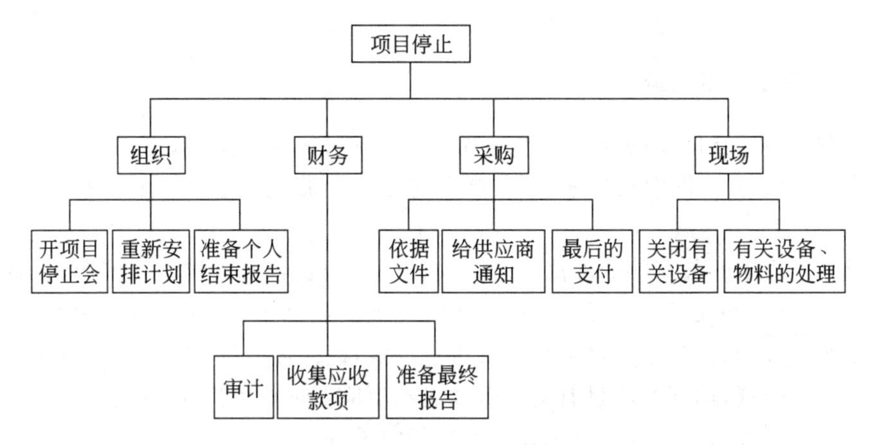

图 9-1 项目终止实施

表 9-2 列举了停止一个项目时，其行政管理部分及项目实体部分所需要考虑的事项检查清单(checklists)。

表 9-2 项目终止有关事项检查清单

项目名称： 完成日期：
合同号： 成本类型：
客户： 项目经理：

事项编号	任务描述	是否要求	要求日期	责任分配	优先级	备注
A	项目办公室和项目小组					
1.	进行项目终止会议					
2.	制定有关项目办公室和项目小组解散和重新安排的计划					
3.	执行必要的人事行动					
4.	为每个项目办公室和项目组成员准备个人绩效评价					
B	指示和过程					
	颁布下述指示：					
1.	终止项目办公室和项目小组的工作					
2.	停止一切工作和合同					
3.	终止报告过程					
4.	准备最终报告					
5.	完成并处理项目文件					

续表

事项编号	任务描述	是否要求	要求日期	责任分配	优先级	备注
C	财务					
1.	停止财务文件和记录					
2.	审计最终费用和成本					
3.	准备项目最终财务报告					
4.	收集应收款项					
D	项目定义					
1.	形成最后达成一致的项目范围文件					
2.	准备最终的项目分解结构并把它归入项目文件					
E	计划、预算和日程安排					
1.	针对所有按合同可以交付的最终产品指定实际交付日期					
2.	针对合同中的其他义务指定实际完成日期					
3.	准备项目和任务的最终状态报告					
F	工作授权和控制					
1.	停止一切工作并停止履行合同					
G	项目评价和控制					
1.	保证所有布置的任务完成					
2.	准备最终评价报告					
3.	召开最终的评价会议					
4.	停止有关财务、人力和进度报告程序					
H	经理和客户报告					
1.	向客户递交最终报告					
2.	向经理递交最终报告					
I	市场营销和合同管理					
1.	对所有最终合同文件经过必要的修改、放弃和有关的统一处理进行汇编					
2.	对所有的合同条款进行核实和遵守					
3.	对交货和顾客接受文件进行汇编					
4.	正式通知顾客合同完成					
5.	对顾客的任何索赔要求进行跟踪					
6.	对顾客的索赔进行准备					
7.	关于合同完成情况进行公共关系声明					
8.	准备最终的合同状态报告					
J	扩展——新企业					
1.	形成项目或合同扩展或其他有关新企业的文件					
2.	取得扩展的承诺					

续表

事项编号	任务描述	是否要求	要求日期	责任分配	优先级	备注
K	项目记录控制					
1.	完成项目文件并移交给有关的经理					
2.	按要求的程序处理其他项目记录					
L	采购和分包					
	针对每个采购订单和分包合同：					
1.	提供服从和完成的文件					
2.	对最终的支付和会计记录进行核实					
3.	通知卖方/合同方最终完成					
M	工程文件					
1.	对所有工程文件进行汇编和保存					
2.	准备最终的技术报告					
N	现场运作					
1.	停止现场运作					
2.	对设备和物料进行处理					

表格说明如下。

第 1 列——事项编号：每个所列举的任务都被赋予一个特别的编号并分类聚集，其中分类是按功能分类而不是按组织和设备分类。

第 2 列——任务描述：是任务的简要描述，任务被划归到最为适当的类别中。

第 3 列——是否要求：检查所列举的这一项是否应用于该项目。

第 4 列——要求日期：填入完成该项任务所要求的日期。

第 5 列——责任分配：填入查看该任务是否如期完成的有关责任人姓名，这个责任人可能是项目办公室成员或某职能部门内部的人员。

第 6 列——优先级：由项目经理建立一个优先级系统。例如：优先级为 1，说明任务必须在合同结束日期之前完成；优先级为 2，说明任务必须在合同结束日期之后的两个星期内完成。

第 7 列——备注：填入有关说明。

在有些组织内，项目停止过程是在项目经理的直接监督下进行的，但这容易造成一些两难情况。对于大多数项目经理来说，项目终止也就是他作为项目领导任期结束的信号。如果该项目经理同时还负责其他项目，问题就不会严重，但是，如果该项目经理没有其他项目可以负责，而且面临着回到职能部门那种一成不变的日常工作中去，项目终止过程便会受影响。

表 9-2 中可以看出，项目终止的实施是一个复杂的过程，有许多需要处理的文档，如

A-4、B-4、C-3 和 G-2 几项，如果对这些成堆的文件草率处理是不明智的，如果项目经理对这些工作疏于管理，就会给人造成工作马虎的印象，这种个性对他的职业发展是很不利的。

项目经理也可以做这种选择，即对整个项目终止过程的管理放手不管，而让项目行政管理人员来负责处理有关事务，这种情况常常发生在对项目的评价及有关奖惩都已经完成的时候。在这种情况下，项目组成员往往会有类似的感受和反应，即纷纷忙于在项目最后结束之前寻找新的工作岗位，这样就可能拖项目结束工作的后腿。有时对一些长期项目也会专门任命一个项目终止负责人，在这种情况下，项目经理转而负责其他项目或回到原来部门。项目终止负责人可能是由项目组外部人员担任，也可能是由熟悉项目环境的项目组内部行政管理人员担任。当项目终止过程需要必要的技术知识时，项目组的技术人员可以被升级负责项目终止工作，这种升级可以起到一种激励作用，也是对他管理经验的一种培养。

项目终止负责人的主要职责有以下 8 个方面。

(1) 保证所有任务的完成，包括由分包者承担的任务。

(2) 通知客户项目完成并保证按时交货，必须由客户认同表示接受项目。

(3) 保证完成有关文档，包括项目的最终评价并准备项目终止报告。

(4) 理清最终的账目，并监督最后的发票递交给顾客手中。

(5) 重新安置人员、物料、设备及其他资源。

(6) 决定保存什么记录(手册、报告和其他文件)。保证有关文件存放在适当的地方并负责文件递交给母公司的文档管理员保管。

(7) 提供有关产品支持，例如备件、服务等，决定如何提供支持，并落实有关责任。

(8) 监督项目有关账目的结清。

对于规模不大的项目，上述列举的各项任务比较简单，但是即使是小型或中型的项目，项目经理或项目终止负责人都应该保证担负起所列举的各项责任。

上述责任中，对项目组成员的重新任命或解散，对项目经理来讲需要格外注意，处理不当，很容易产生人际冲突。项目经理应该就新的任命争取与项目组成员单独或以小组的方式沟通，使项目组成员了解项目终止计划，并帮助项目组成员找到自己的新位置或新工作。即使是在大型项目中，项目经理不可能与每个项目组成员沟通，也应该委托有关的人事负责人去做这项工作，应该力求使项目组的每个成员都能感到自己被关心。

9.3　项目成功/失败因素分析

前面我们分析了项目终止方式，既有成功的终止，也有失败的终止，然而，决定项目成功/失败的因素究竟有哪些呢？如何对项目的成功/失败进行因素分析？本节将具体讨论这两个问题。

9.3.1 项目成功/失败的决定因素

随着对项目终止问题的研究逐渐深入,有关项目成功/失败因素的研究也逐渐多了起来。众多研究得出的一个共同的观点就是影响项目成功的因素随行业不同、项目类型的不同甚至企业的不同而不同。例如,R&D项目与建设项目,由于这两类项目本身特点相差很大,影响其成功的因素相差就会很大。此外,如何定义项目的成功/失败,对分析也会有很大的影响。例如,一般来说,项目的目标——成本、时间、性能实现时,就可以定义为项目成功,但对有些R&D项目来说,由于其技术结果相对来说非常重要,有时即使超预算、延期完成,只要技术性能得以实现,也可以算项目成功。有时,也可以从顾客的角度定义项目成功,即所谓项目成功,就是项目结果被顾客所接受。项目目标与企业目标一致与否,对项目成功的影响也很大。一般来说,如果一个项目本身与企业现有的技术能力、现有的营销领域或营销渠道不相匹配,就说明项目的目标与企业的战略目标不相一致,那么项目以失败告终的可能性就比较大。

一个项目往往不是孤立存在的,它需要与项目外部建立一系列的联系,如与母公司之间,与客户之间等,因此,分析影响项目成功的因素就可以从这样三个方面着手,即决定于项目组本身的因素、决定于母公司的因素、决定于客户的因素,这就需要分析这三个团体的哪些行为会促进项目的成功。下面主要从管理者的角度分析。

(1) 项目组本身,特别是项目经理的如下行为因素对项目的成功有决定性的影响:

① 项目经理坚持拥有选择项目组关键成员的权力。

② 选择在各自的领域有可靠经验与技术的项目组成员。

③ 从一开始就激发项目组成员的使命感。

④ 力求充分的权力,建立起适合项目的组织结构。

⑤ 充分协调,能够与客户、母公司、项目组成员保持良好的关系。

⑥ 力求提高项目的公众形象。

⑦ 在决策制定和问题解决方面有项目组关键成员的辅助。

⑧ 对成本、时间和技术性能目标的估计符合现实。

⑨ 对预计到的潜在问题有相应的对策。

⑩ 项目组的组织结构要适当,要扁平化及有充分的灵活性。

⑪ 最大程度上加强对人和关键决策的影响力。

⑫ 掌握一套切实可行的项目计划和控制工具。

⑬ 避免过分依赖一种控制工具。

⑭ 强调实现成本、时间、技术性能目标的重要性。

⑮ 在控制之下保持适当的变化。

⑯ 对高效的项目组成员给予工作安全性的保障。

（2）一个企业如果没有企业高层领导的支持，就不可能成功。高层领导的支持主要是通过给予项目充分资源及行政管理支持。母公司，特别是企业高层领导的如下行为因素对项目成功会产生决定性影响。

① 高层领导愿意做必要的协调。

② 愿意保持组织结构的灵活性。

③ 愿意适应变化。

④ 有效的战略计划。

⑤ 起外部缓冲剂的作用。

⑥ 尽早选择一个具有良好性格特征，又具有技术技能、管理技能和项目管理经验的项目经理。

⑦ 对项目经理进行必要的指导。

⑧ 对项目经理充分授权，给予项目经理制定重要决策的机会。

⑨ 对项目及项目组成员投入热情。

⑩ 建立一条短的、非正规的沟通渠道。

⑪ 避免给项目经理过分的压力。

⑫ 避免任意删减或增加项目成本预算。

⑬ 与主要客户、项目经理建立密切的工作关系。

（3）对于一个合同项目，客户往往也有相应的项目组织，该项目组织需要与承担项目实施任务的项目组织密切配合，因此，客户组织对项目成功也有很大的影响力，主要表现在对项目提出明确的要求，对项目组有关信息的要求能够快速反应，保证项目组不受任何干涉地完成项目。

客户组织的如下行为因素对项目成功会产生决定性的影响。

① 愿意做协调的努力，从一开始就鼓励开放与诚实的参与。

② 与项目组保持密切联系。

③ 建立起一套合理的目标及评价准则，清楚地理解成本、时间及技术性能目标的相对重要性。

④ 变化应遵守一定程序，并对变化作出快速的决策。

⑤ 及时和准确地沟通，建立起短的、非正规的沟通渠道和扁平化的组织结构。

⑥ 为项目提供充足的资源。

⑦ 尽量减少繁杂的办事程序及复杂的报告关系。

⑧ 对项目组或主要的项目联络人要充分授权，允许其对项目的有关重要决策能够做出接受或拒绝的快速反应。

上面分别讨论了三个方面行为因素对项目成功的决定作用，如果把项目组、母公司及客户组织三方面的行为因素结合起来，可以得到在项目的整个生命周期内影响项目成功的综合因素如下。

（1）项目一旦启动，计划、控制等项目管理工作贯穿项目的始终，如对冲突的解决、对变化的管理。

（2）人是一个系统中最重要的因素，应分配适当的人做适当的工作。

（3）分配充分的时间和精力做项目最基本的工作——工作的定义与计划，主要工具有工作分解结构和网络计划。

（4）保证工作包具有适当规模，是可管理的，而且投入的时间和精力是符合现实的。

（5）在项目实现过程中建立适当的计划和控制系统，以便清楚知道将去哪里，什么时候将到达那里。

（6）确信信息流是符合现实的，信息是解决问题和制定决策的基础，信息的实时有效的沟通有助于项目顺利实施。

（7）愿意更新计划，因为任何完美的计划都有可能走入迷途，变化是不可避免的。

（8）把责任、绩效与奖励绑在一起，实施目标管理，采取必要的激励措施。

（9）在项目结束之前，就对项目终止进行计划，例如，适当安置人员，适当安置物料及其他资源，管理好知识的转移，清理与客户之间的财务支付与报告关系。

上面讨论了对项目成功有决定影响的因素，如果从项目失败的角度来考虑，造成项目失败的主要原因有如下几个方面。

（1）项目的目标与范围定义得不清楚，或在项目实施过程中做了不恰当的改变，导致前后不一致。项目的目标是否实现是衡量项目是否成功的关键，项目范围如果界定不清或前后不一致，容易在项目组成员中造成混乱。

（2）高层管理人员的支持不充分或对项目施加了过多的影响。高层管理人员的支持不充分，会导致项目所需资源的获得有困难，影响项目组成员对项目投入积极性，而高层管理人员对项目施加过多的影响，又会削弱项目经理的权力，不利于冲突的解决。

（3）挑选了不恰当的人担任项目经理。项目经理是项目的灵魂，项目经理工作的成败主要取决于项目经理，如果项目经理过分关注技术细节而忽略了对项目的全面管理，项目就难以成功。

（4）计划和控制环节薄弱。项目急于求成，而忽略了全面的计划，这样，在项目实施过程中就会危机不断，困难重重，项目的进度就会放慢，不能按时、在预算内完成。

对项目加以管理的最终目的就是要最终实现项目目标，实现项目的预期结果，保证项目成功，分析项目成功/失败的决定因素，也就是换一个角度总结性地来看如何做好项目的管理工作。

9.3.2 项目成功/失败的因素分析

Pinto & Slevin 通过对美国有经验的项目经理人员的调查发现，有 10 个因素影响项目的成功实施。这 10 个因素按重要程度排列顺序如下：

(1) 定义明确的项目目标；

(2) 高层管理人员的行政支持；

(3) 明确界定项目组成员的责任及制定详尽的项目实施计划；

(4) 充分了解客户对项目的要求；

(5) 项目成员的选择、任用及其培训；

(6) 为达到技术要求所需要的技术基础及专家；

(7) 顾客或委托人对最终产品或服务的认可；

(8) 上级组织定期地监督和反馈；

(9) 通畅的沟通渠道；

(10) 项目组解决冲突的能力。

Pinto 的结论全面地涵盖了项目成功的要素。

9.4 项目结束报告

项目终止过程中，项目经理的一项重要工作就是要写项目结束报告。项目结束报告是项目的最后一个重要文件，项目结束报告不是简单地对项目进行评价的记录，而是项目历史的记录，目的是累积项目管理经验，为改进将来的项目管理而服务。

项目结束报告应包含如下几项内容。

(1) 项目绩效：把项目最终所实现的结果与计划要实现的目标作比较，比较之后提出项目管理的一系列建议。

(2) 管理绩效：记录项目管理过程中出现的问题及解决问题的方式，总结管理经验。管理虽不能解决项目中的技术问题，但却对技术的实现起促进作用，并可避免某些问题的发生。

(3) 项目组织结构：记录项目所采用的特有的组织形式，并分析该组织形式的优缺点。

(4) 项目小组成员：对小组成员的表现、成员之间的沟通及相互合作精神进行评价。

(5) 项目管理技术的运用：项目的实施结果在一定程度上依赖于项目管理技术的运用，如预测技术、计划技术、预算技术、进度计划及资源分配技术、控制技术等。这里主要对这些技术是否运用得当进行检查与总结。

项目结束报告的最后递交，也就标志着项目的最后结束。

9.5 小结

本章主要讨论了项目生命周期的最后阶段——项目终止过程中的一些问题，包括项目终止的方式、项目终止的过程、项目成功/失败因素分析以及项目结束报告。

项目终止的方式按项目终止时的状态可以分为4种：绝对式终止、附加式终止、集成式终止、自灭式终止，其中附加式终止和集成式终止一般针对成功的项目，而自灭式终止主要针对失败的项目。

项目终止过程主要包括：项目终止决策过程、项目终止实施过程。制定项目终止决策，首先要明确影响项目终止决策的重要因素，这些因素主要有技术方面、经济方面、市场方面及其他方面，通过对这些方面因素的考虑，可以做出定性分析，除此以外，项目终止决策还可以借助一些定量模型来分析。

一旦决定终止一个项目，就将开始项目终止的具体实施过程，有必要对终止过程进行计划、制定预算并做好适当的进度安排。项目终止工作主要有组织、财务、采购及项目现场等方面，每个方面都有一系列具体的任务。项目终止过程可以由项目经理负责，也可以另外任命项目终止负责人。项目终止负责人的主要职责就是要保证项目的工作完成、保证交货、完成有关的文档、重新分配人员及其他资源、监督有关财务账目的结清等。

影响项目成功/失败的因素有很多，可以从项目本身、母公司、客户组织三个方面来分别分析各自的行为因素对项目成功的影响。造成项目失败的主要原因有：项目目标和范围定义不清楚、高层管理人员不支持、项目经理人选不当以及计划和控制薄弱。影响项目成功/失败的因素贯穿项目管理的整个过程。

项目的最后一个重要文件就是项目结束报告，它是项目历史的记录，其主要内容包括项目绩效、管理绩效、项目组织结构、项目组成员绩效评价、项目管理技术的运用。项目结束报告的最后递交，标志着项目的最后结束。

9.6 案例

超级掌上电脑开发项目

OPQ公司即将完成一个3年的项目，一个开发和生产新型掌上电脑的项目。这种超级电脑不过一个烟盒大小，却有着价值1万元的电脑的全部功能和特性。组装线和所有生产设施将在6个月后建成，7个月后开始首批生产。工厂经理认为应该考虑终结项目了。他想到了三种方法结束项目，即绝对式、附加式和集成式，但他不知道哪种方法最好。

问题：

你推荐三种方法中的哪一种？为什么？

APPENDIX A 附录 项目管理案例

本附录以“宏运贸易公司网站建设项目”为例，通过该项目实施过程中产生的各种项目管理文档，说明项目管理的一般流程和主要环节，演示各种项目管理文档应具有的基本内容，有助于读者进一步理解项目管理的原理和过程。

本附录包括“宏运贸易公司因特网站点建设项目”中如下一些项目管理文档：

- 项目建议书；
- 项目假定条件和风险评估；
- 项目人力资源图；
- 项目工作任务分解及工作小时估算；
- 项目工作任务逻辑关系图；
- 项目工作计划；
- 项目进度横道图；
- 项目开工文档；
- 项目状态报告；
- 项目变更函件及项目变更申请表；
- 项目验收准备通知。

由于篇幅所限，以上项目文档都作了精简，仅保留主要内容。另外，在生成项目工作任务逻辑关系图、项目工作计划、项目进度计划横道图时利用了项目管理软件 Project Workbench。

宏运贸易公司网站建设项目建议书

宏运贸易公司(Fortune Trading Company，FTC)计划建立一个 Web 站点，以便在因特网上发布其产品信息，该公司待发布的产品信息共有 5 大类，100 子类，计 10 000 余种。

CBM 公司是一个专门进行网络系统集成和服务的研究开发中心，有兴趣为宏运贸易公司(FTC)开发该网站。本建议书给出了有关本项目的主要考虑。

整个项目的完成需要宏运贸易公司(FTC)和 CBM 公司双方的共同努力。

宏运贸易公司将负责提供场地(80 平方米的机房)、供电、空调、资金和合格的工作人员。宏运贸易公司负责因特网的网络连接，并负责域名的申请，宏运贸易公司还将积极配合 CBM 公司的程序员搞好有关数据库开发的调研工作。

CBM 公司在该项目中主要负责准备机房、系统安装集成、开发数据库应用程序、开发专用网页界面、人员培训以及对整个项目的管理等，CBM 将提供约 1 000 小时的服务。

CBM 公司将要完成的工作任务如下：

(1) 机房布置。CBM 公司将负责机房的装修、网络布线和办公家具的配备等。

(2) 系统安装。CBM 公司将负责计算机系统、网络设备和办公设备的采购，并负责所有设备的集成工作和所有软件的测试。

(3) 应用软件设计。CBM 公司将派出技术人员，通过与宏运贸易公司业务人员的合作，开发产品信息录入程序和 Web 站点页面框架和界面程序。

(4) 技术培训。CBM 公司将负责宏运贸易公司技术人员的培训，包括 Windows-NT、Windows XP 和浏览器的使用培训，以及产品信息录入操作程序培训。

(5) 技术支持。宏运贸易公司人员负责所有数据的输入和校对。在整个数据录入过程中，CBM 公司始终提供技术支持。

(6) 项目管理。CBM 公司将负责整个项目的管理工作并确保项目的成功。

依据上述安排，CBM 公司认为项目需要经费人民币 100 万元，其中设备费 60 万元，服务费 40 万元。CBM 公司将在合同签订和收到首笔付款后，立即开始项目工作。预计项目的建设期为两个月。

CBM 公司希望宏运贸易公司仔细审阅本建议书并于 10 日内给出积极的回复。

项目假定条件和风险评估

1. 假定条件

(1) 在合同签订以前，待装修的机房必须是现成的。

(2) 在项目开始之前，电源和网络必须接入机房。

(3) FTC(宏运贸易公司)所提供的数据录入人员必须懂得计算机的基本操作。

(4) FTC(宏运贸易公司)应当为本项目软件开发人员的调研工作提供充分的协助。

(5) 本项目开发组的参加人员必须是经过训练的、懂得技术规范的专业人才，并有可靠的时间保障从事本项目的有关工作。

(6) 本项目所需要采购的所有计算机硬件、软件及网络器件都是在市场上容易购到的。

(7) 所有系统设备及计算机硬件、软件都具有可靠的质量保证，一旦有质量问题发生，供应商可以在 24 小时内前来解决。

2. 风险评估

项目在实施中存在着以下的风险：

(1) 宏运公司未能按项目进度要求及时提供机房，保证电源供应和空调设施。

(2) 宏运公司未能在项目进度要求期限前完成网络的申请开通和域名申请登记工作。

(3) 宏运公司参加项目的人员专业技术水平不足。

(4) 与机房装修、布线任务的分包商及硬软件系统供应商的合约谈判出现困难。

(5) 机房装修、布线任务的分包商未能按期完成任务。

(6) 硬软件系统供应商未能按期交货，产品出现质量问题未能在规定时间内解决问题。

(7) 对项目组成员在项目工作中的参与度和能力估计不准。

(8) 在系统运行期对客户的技术支持超过预计时间。

项目人力资源图

项目人力资源图如图 A-1 所示，人员基本信息如表 A-1 所示。

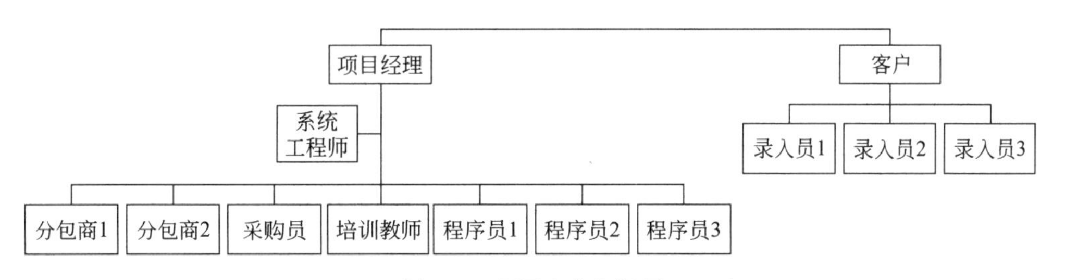

图 A-1　项目人力资源图

表 A-1　人员基本信息

人员简称	人员名称	每天可用小时数	人员简称	人员名称	每天可用小时数
PM	项目经理	8	SUB1	分包商 1	8
SA	系统工程师	8	SUB2	分包商 2	8
PGM1	程序员 1	8	CUS	客户	8
PGM2	程序员 2	8	DIO1	(数据)录入员 1	8
PGM3	程序员 3	8	DIO2	(数据)录入员 2	8
PUR	采购员	8	DIO3	(数据)录入员 3	8
INST	培训教师	8			

项目工作任务分解及工作小时估算

如图 A-2 和表 A-2 所示。

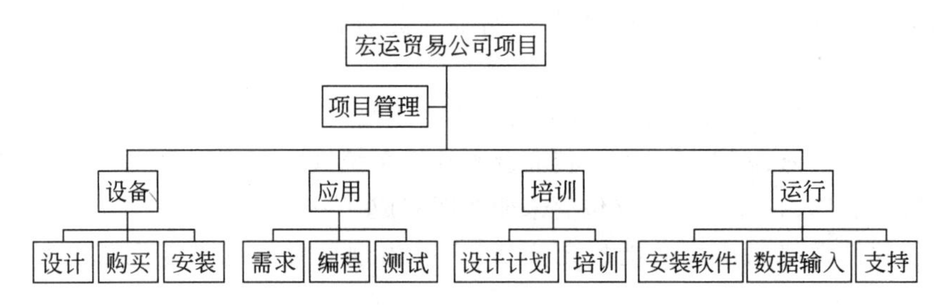

图 A-2 项目工作任务分解

表 A-2 项目工作任务小时估算

类型	任务名称	提交成果	完成评价指标	估算小时
Phase	项目管理			
Task	编写项目目标文档(POD)	项目目标文档	符合项目标准	24
Task	开发项目计划	项目计划	符合项目标准	24
Task	编写开工文档	开工文档	符合项目标准	16
Task	管理			240
Task	项目开工会议			56
Phase	设备			
Activity	设计			
Task	机房设计	机房设计图	客户认可	8
Task	布线设计	布线图	客户认可	4
Task	网络设计	网络设计图	客户认可	16
Activity	采购			
Task	机房装修分包	分包合同	项目经理认可	16
Task	布线分包	分包合同	项目经理认可	8
Task	软、硬件产品采购	采购合同	项目经理认可	40
Activity	安装			
Task	机房装修	机房	客户认可	0
Task	布线	布线	客户认可	0
Task	软、硬件产品安装	运行的软、硬件	客户认可	40
Task	专线申请和域名登记	专线、域名	可用	0
Task	系统集成	运行的系统	客户认可	16

续表

类型	任务名称	提交成果	完成评价指标	估算小时
Phase	应用			
Activity	需求			
Task	面谈			24
Task	撰写需求报告	需求报告	客户认可	16
Activity	开发			
Task	数据库设计	数据库模式	项目经理认可	16
Task	数据库初始化			8
Task	数据录入模块设计	模块设计报告	客户认可	16
Task	数据录入模块编程	程序	符合设计要求	40
Task	数据录入模块用户手册	用户手册	客户认可	8
Task	Web 页面设计	页面设计	客户认可	16
Task	Web 页面编程	程序	符合设计要求	40
Task	Web 页面用户手册	用户手册	客户认可	8
Activity	测试			
Task	制定测试计划	测试计划	项目经理认可	16
Task	执行测试			48
Task	撰写测试报告	测试报告	项目经理认可	8
Phase	培训			
Activity	开发培训课程			
Task	培训课程设计	培训提纲	客户认可	16
Task	培训材料准备	培训材料	客户认可	32
Activity	提供培训			
Task	上课			16
Phase	运行			
Task	安装软件	运行系统	客户认可	8
Task	数据录入			0
Task	提供技术支持	技术支持	符合项目标准	80
			工作小时合计：	924

注："类型"栏中的"Phase，Activity，Task"是 Project Workbeach 软件中用于分别表示任务分解(WBS)中任务的不同层次，其中 Phase 为第 1 层，Activity 为第 2 层，Task 为第 3 层。

项目工作任务逻辑关系图

如图 A-3 所示。

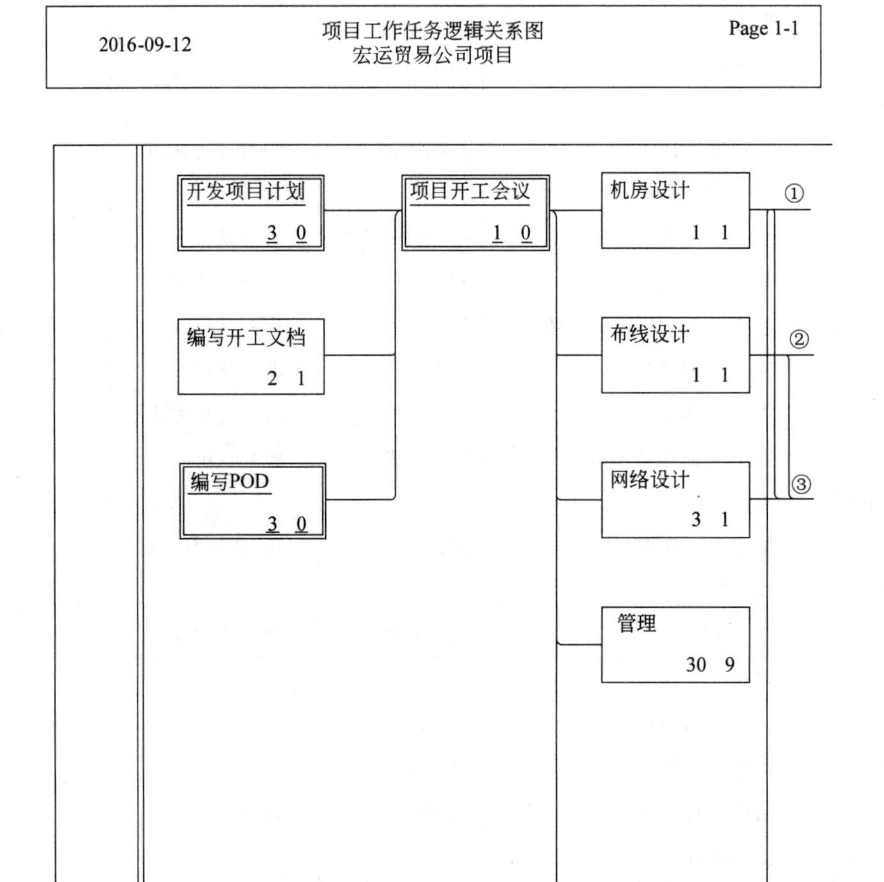

图 A-3 项目工作任务逻辑关系图(1)

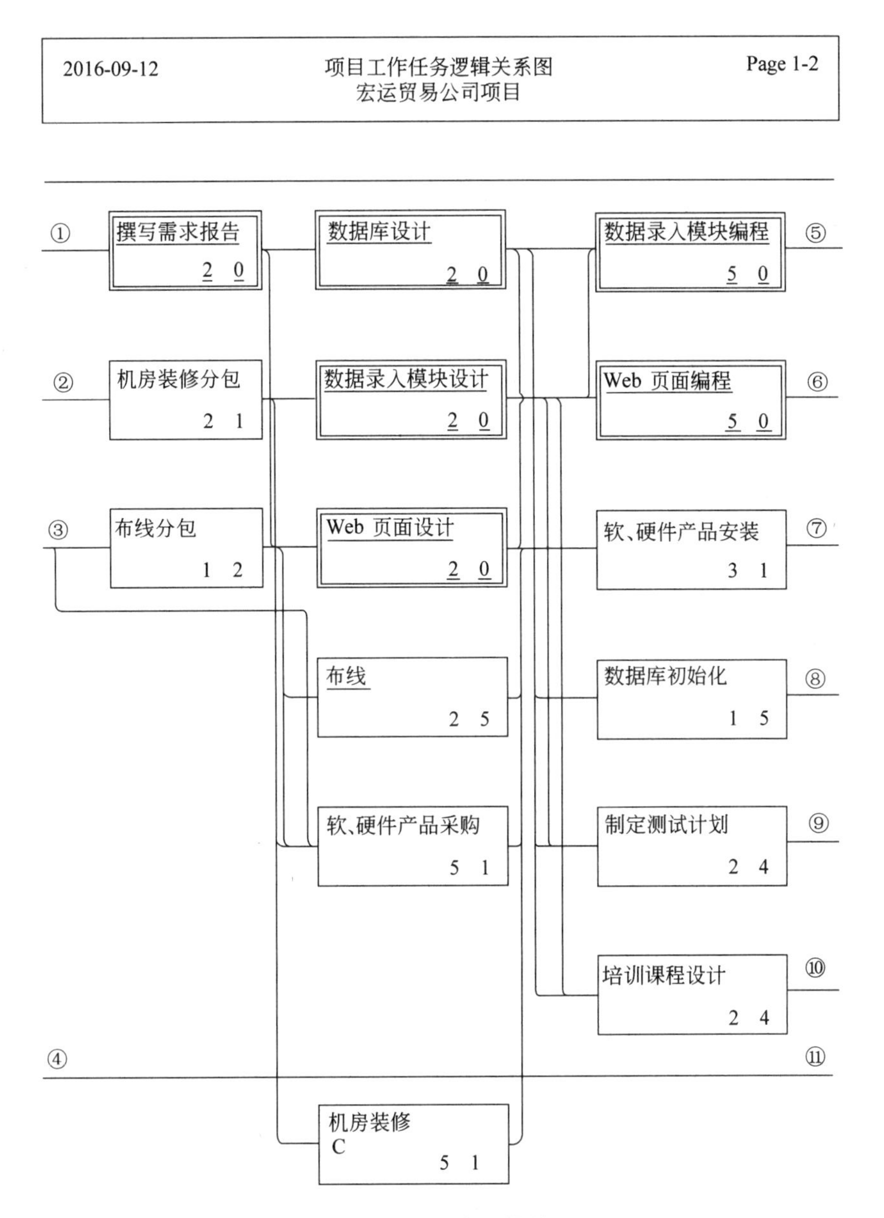

图 A-3　项目工作任务逻辑关系图(2)

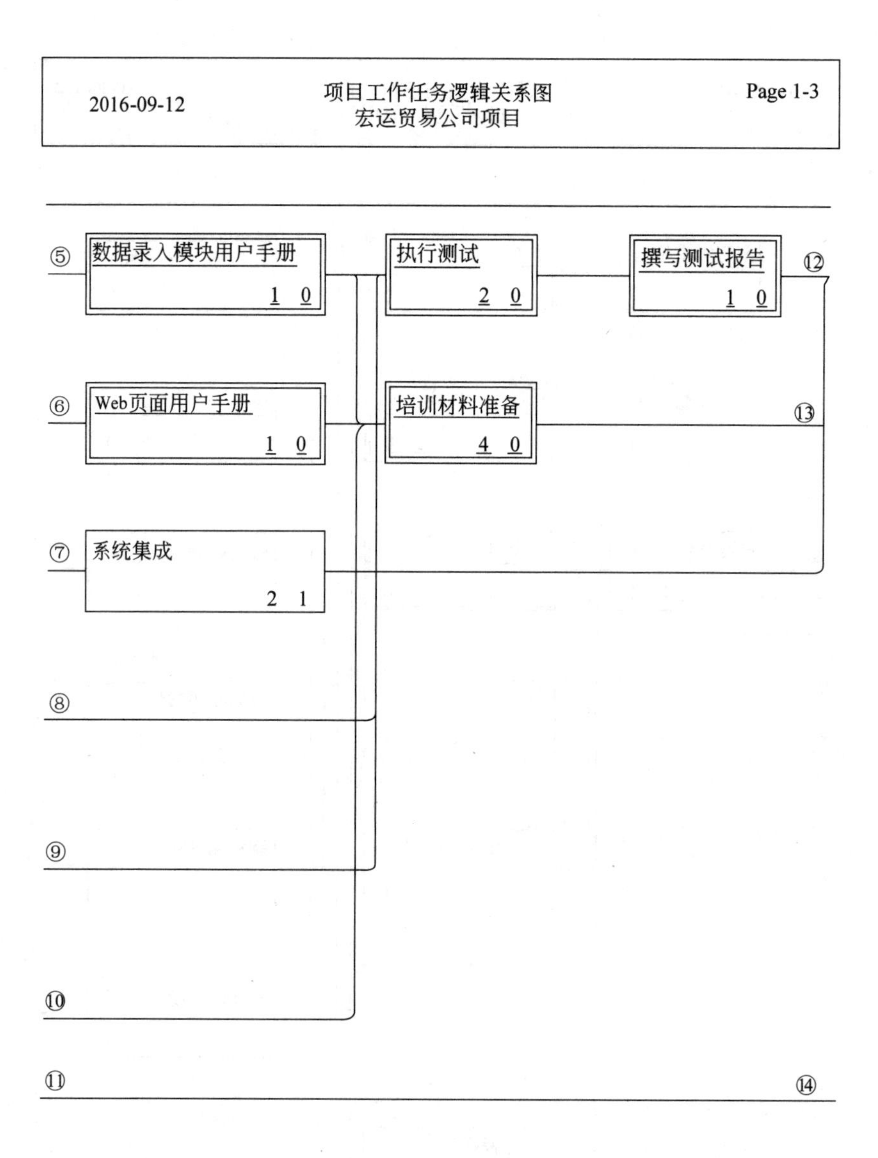

图 A-3 项目工作任务逻辑关系图(3)

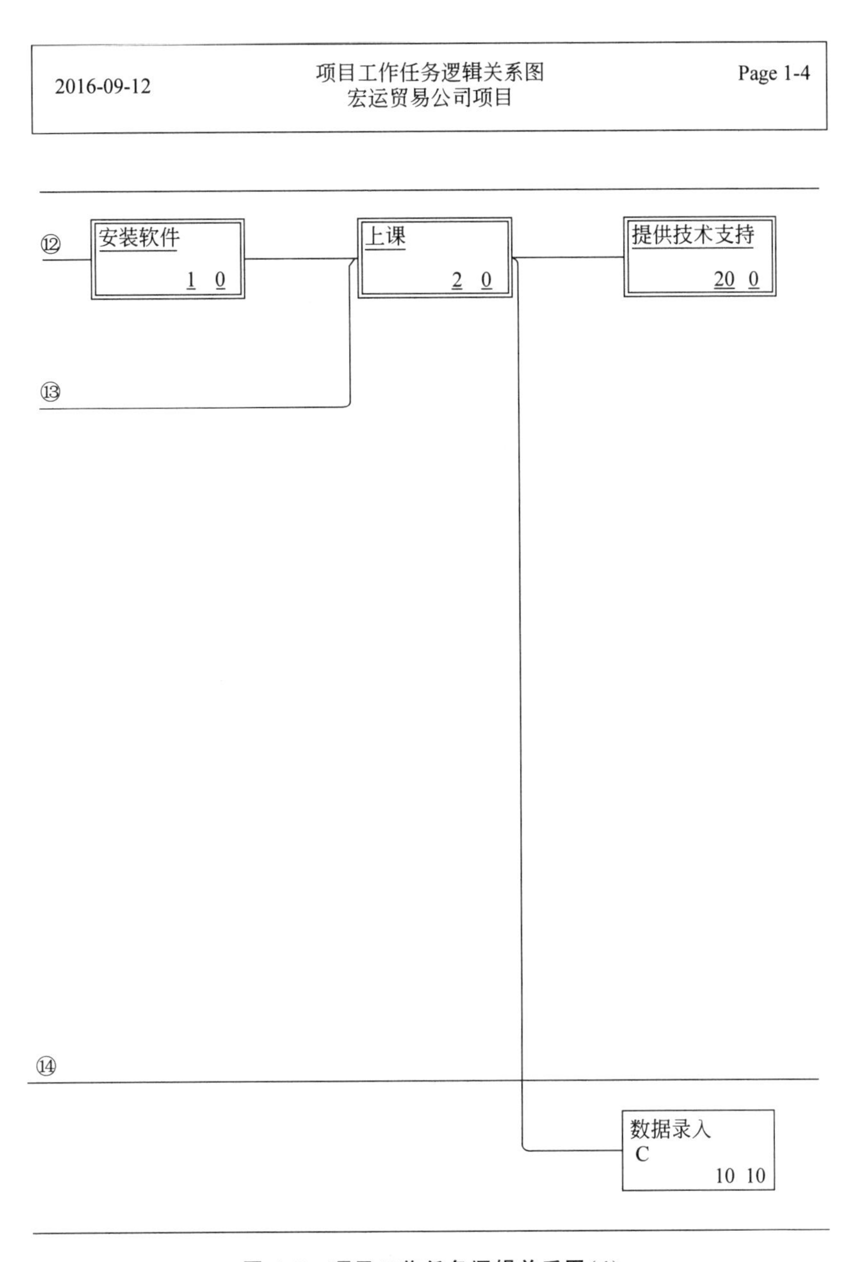

图 A-3 项目工作任务逻辑关系图(4)

项目工作计划

如图 A-4 所示。

2016-09-12	项目工作计划 宏运贸易公司项目	Page1-1

类型	任务名称	人员	时间估算	实际时间	延续天数
Phase	项目管理				
Task	编写 POD	PM	24.0	.0	3
Task	开发项目计划	PM	24.0	.0	3
Task	编写开工文档	PM	16.0	.0	2
Task	管理	PM	240.0	.0	30
Task	项目开工会议	PM	8.0	.0	1
		SA	8.0	.0	
		PGM1	8.0	.0	
		PGM2	8.0	.0	
		PGM3	8.0	.0	
		INST	8.0	.0	
		PUR	8.0	.0	
Phase	设备				
Activity	设计				
Task	机房设计	SA	8.0	.0	1
Task	布线设计	SA	4.0	.0	1
Task	网络设计	SA	16.0	.0	3
Activity	采购				
Task	机房装修分包	PUR	16.0	.0	2
Task	布线分包	PUR	8.0	.0	1
Task	软、硬件产品采购	PUR	40.0	.0	5
Activity	安装				
Task	机房装修	SUB1	.0	.0	5
Task	布线	SUB2	.0	.0	2
Task	软、硬件产品安装	PGM1	20.0	.0	3
		PGM2	20.0	.0	
Task	专线申请和域名登记	CUS	.0	.0	1
Task	系统集成	SA	16.0	.0	2
Phase	应用				
Activity	需求				

图 A-4　项目工作计划(1)

2016-09-12	项目工作计划 宏运贸易公司项目	Page1-2

类型	任务名称	人员	时间估算	实际时间	延续天数
Task	面谈	PGM3	24.0	.0	3
Task	撰写需求报告	PGM3	16.0	.0	3
Activity	开发				
Task	数据库设计	PGM1	16.0	.0	2
Task	数据库初始化	PGM1	8.0	.0	1
Task	数据录入模块设计	PGM2	16.0	.0	2
Task	数据录入模块编程	PGM2	40.0	.0	5
Task	数据录入模块用户手册	PGM2	8.0	.0	1
Task	WEB 页面设计	PGM3	16.0	.0	2
Task	WEB 页面编程	PGM3	40.0	.0	5
Task	WEB 页面用户手册	PGM3	8.0	.0	1
Ativity	测试				
Task	制定测试计划	SA	16.0	.0	2
Task	执行测试	PGM1	16.0	.0	2
		PGM2	16.0	.0	
		PGM3	16.0	.0	
Task	撰写测试报告	SA	8.0	.0	1
Phase	培训				
Activity	开发培训课程				
Task	培训课程设计	INST	16.0	.0	2
Task	培训材料准备	INST	32.0	.0	4
Activity	提供培训				
Task	上课	INST	16.0	.0	2
Phase	运行				
Task	安装软件	PGM1	8.0	.0	1
Task	数据录入	DIO1	.0	.0	10
		DIO2	.0	.0	
		DIO3	.0	.0	
Task	提供技术支持	PGM1	80.0	.0	20

图 A-4　项目工作计划(2)

项目进度计划横道图

如图 A-5 所示。

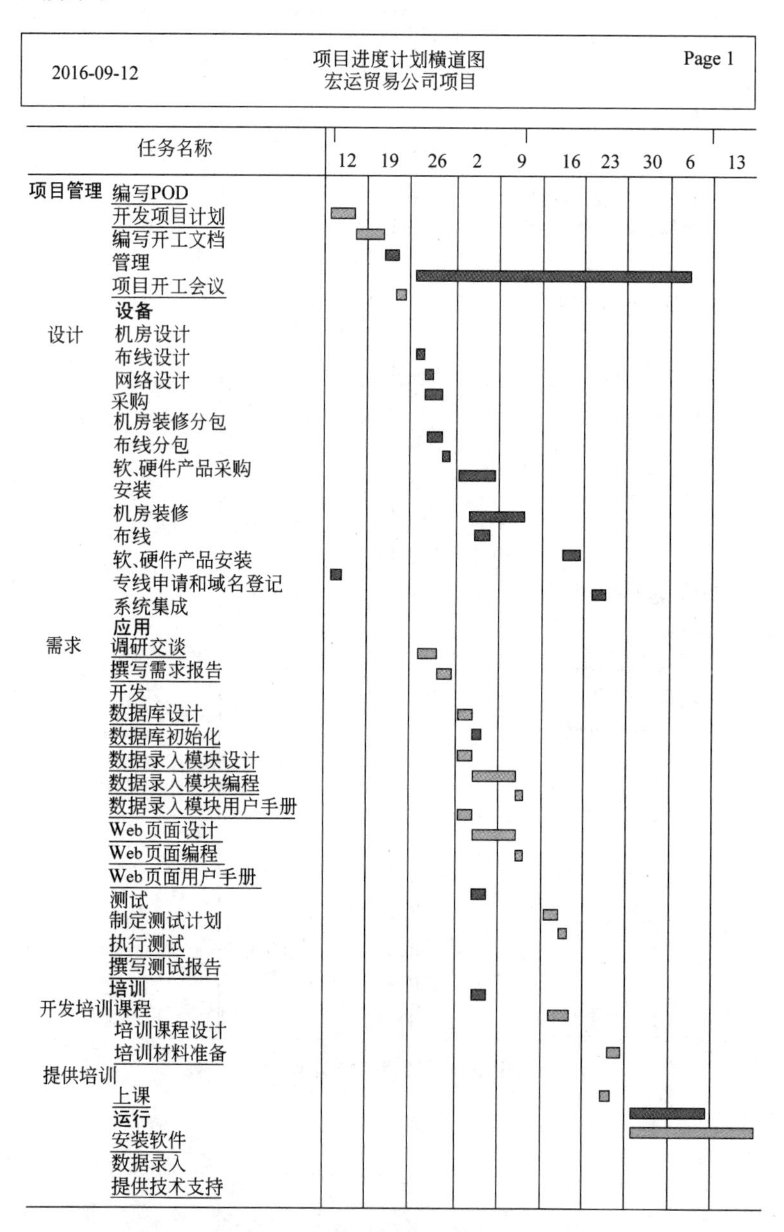

图 A-5 项目进度计划横道图

项目开工文档

文档组成内容：

(1) 建议书

(2) 项目目标文件(POD)

(3) 项目假定条件和风险评估

(4) 项目人力资源图

(5) 项目工作分解结构

(6) 项目工作计划

(7) 项目个人任务计划

(8) 项目标准

(9) 项目状况报告计划

(10) 项目会议计划

(11) 项目变更控制程序

项目开工会议日程：

9:00am　　人员介绍和项目简介

10:00am　　提交项目有关文件，项目组进行审阅

2:00pm　　讨论项目的问题并对项目计划进行必要修订

4:00pm　　对所有建议和修订做出结论

5:00pm　　项目文档定稿

状况报告计划：

每人在每周五下午5时前提交状况报告。

会议计划：

CBM公司内部项目状况会议每周一上午8时，CBM公司所有项目工作人员必须参加。

向FTC公司汇报项目状况会议每周二上午8时进行。

项目状态报告

(20161001)

已完成和进行的工作：

(1) 项目管理，完成项目目标文档和项目规划文档，提交给FTC

(2) 完成布线，完成机房装修设计，网络设计，得到FTC确认

（3）完成培训计划，提交给 FTC
（4）完成测试计划
（5）机房装修和布线分包合同签订
（6）系统软件硬件合同洽谈
（7）客户需求调研和需求报告完成，得到 FTC 确认
（8）数据库设计完成，得到 FTC 确认，数据库初始化完成
（9）数据录入界面完成，得到 FTC 确认，编码工作正在进行
（10）Web 页面设计完成，得到 FTC 确认，编码工作正在进行
下周进行的工作：
（1）完成机房装修
（2）签订系统软件硬件采购合同
（3）完成设计录入模块编码和用户手册
（4）完成 Web 页面编码和用户手册
存在或需要说明的问题：
（1）系统软件硬件采购洽谈复杂，比预定计划延迟 2 天，但对整个项目计划没有影响。
（2）下次项目报告时间：20161008。

项目变更函件及项目变更申请表

函件 1

CBM 公司
李先生：

您好！

我们通过对公司产品分类的进一步研究，认为将原来 5 大类、100 小类的 10 000 余种产品，分为 10 大类、100 小类，能使客户更快、更直接地找到自己所需的产品。因此，我们希望贵公司能就涉及上述变化的 Web 页面和数据库作相应修改。

祝业安！

宏运贸易公司
2016 年 10 月 5 日

函件 2

宏运贸易公司
郑先生：

您好！

贵公司要求将产品由原来的5大类改为10大类的信已收到。

上述改变将使原计划发生如下变化：

(1) 增加20小时的工作量，使Web页面和数据库作相应的修改，因此，费用会增加；

(2) 对原项目进度表会有1到2天的影响。

祝业安！

CBM公司

2016年10月11日

表 A-3 项目变更申请表

项目变更申请表(PCR)		项目编号：9801
		申请表编号：PCR003
变更建议说明： 产品大类从5大类改为10大类		
变更提交者：*宏运贸易公司*		日期：2016年10月5日
√接受___拒绝 用户项目经理：××××××		日期：2016年10月5日
√接受___拒绝 项目经理：××××××		日期：2016年10月5日
变更调查承担者：××××××		日期：
变更调查工作小时数：估算：5 实际：		
变更拒绝理由：		
变更实施的影响和描述： 产品数据库和Web页面须作相应修改，工作量增加20小时，对原进度会有1～2天的影响。		
变更实施的工作小时数估算：20		
__批准___否决 变更实施	用户项目经理：	日期：
__批准___否决 变更实施	项目经理：	日期：

项目验收准备通知

函件

宏运贸易公司

尊敬的郑先生：

我高兴地通知您，到目前我们的项目已接近尾声。我们已完成了以下工作：

（1）机房装修。

（2）机房布线。

（3）硬、软件设备的采购，安装，调试和集成。机房内的网络已与INTERNET连通，Web站点也已开通。

（4）数据库系统已完成设计和初始化，已开通。

（5）数据输入模块和Web页面已开发完成。

（6）培训方案设计已完成。

余下的工作只有使用人员培训，软件安装和后期的技术支持。贵公司需完成产品数据的录入工作。

因此，我请您开始准备项目结束和验收工作，我预计项目工作在四周后结束，并于11月25日可以进行验收。

CBM公司
2016年10月22日

参 考 文 献

[1] 毕星，翟丽. 项目管理[M]. 上海：复旦大学出版社，2000.

[2] 毕星. 项目管理精要[M]. 北京：化学工业出版社，2002.

[3] 加罗德·D. 奥伯兰德. 工程设计与施工项目管理[M]. 毕星等译. 北京：清华大学出版社，2006.

[4] The PMI Standards Committee. A Guide to the Project Management Body of Knowledge. Fourth Edition[M]. Philadelphia：Project Management Institute，2008.

[5] Jack R. Meredith，Samuel J Mantel，Jr. Project Management—A Management Approach[M]. John Wiley & Sons，Inc.，2008.

[6] Harold Kerzner. Project Management—A System Approach to Planning，Scheduling，and Controlling[M]. 10th Edition. John Wiley & Sons，2009.

[7] Joel Koppelman. Technology futures for project management[J]. Project Manager Today，Nov./Dec.：18-20.

[8] 中国(双法)项目管理研究委员会. 中国项目管理知识体系(C-PMBOK2006)[M]. 修订版. 北京：电子工业出版社，2008.

[9] 约翰·W. 内斯特罗姆. 组织行为学[M]. 英文版，10 版. 北京：机械工业出版社，1998.

教师服务

感谢您选用清华大学出版社的教材！为了更好地服务教学，我们为授课教师提供本书的教学辅助资源，以及本学科重点教材信息。请您扫码获取。

» 教辅获取

本书教辅资源，授课教师扫码获取

» 样书赠送

管理科学与工程类重点教材，教师扫码获取样书

清华大学出版社

E-mail: tupfuwu@163.com
电话：010-83470332 / 83470142
地址：北京市海淀区双清路学研大厦 B 座 509

网址：http://www.tup.com.cn/
传真：8610-83470107
邮编：100084